Frauen,
die Geschichte machten

Peter Arens

Stefan Brauburger

Frauen, die Geschichte machten

Kleopatra ▪ Jeanne d'Arc ▪ Elisabeth I.
Katharina die Große ▪ Königin Luise ▪ Sophie Scholl

Von Peter Arens und Stefan Brauburger

In Zusammenarbeit mit Carl Dietmar, Anja Greulich, Friederike Haedecke, Mario Sporn

KURZERKLÄRUNGEN DER ABBILDUNGEN AUF DEN TITELSEITEN UND IM VORWORT:
Seite 1: Jeanne d'Arc, Buchminiatur
Seite 3: Kleopatra und ihr Sohn Cäsarion, Hathor-Tempel, Ägypten; Elisabeth I., The Rainbow Portrait; Sophie Scholl, undatiert
Seite 6: Napoleon und Königin Luise in Tilsit
Seite 8: Relief von Kleopatra
Seite 9: Jeanne d'Arc, Pantheon, Paris; Elisabeth I., The Drewe Portrait
Seite 10: Katharina die Große im Krönungsornat
Seite 11: Büste von Königin Luise
Seite 12: Sophie Scholl

Umwelthinweis

MIX
Papier aus verantwortungsvollen Quellen
FSC® C004592

Verlagsgruppe Random House
FSC® N001967
Das für dieses Buch verwendete FSC®-zertifizierte Papier Eurobulk von Biberist liefert Papier Union.

Impressum

1. AUFLAGE 2013

GRAFISCHE GESTALTUNG UND SATZ:
Thomas Dreher, München
(dreher@gestaltungswelten.de)

UMSCHLAGGESTALTUNG:
buxdesign, München

BILDREDAKTION:
Dietlinde Orendi, Annette Mayer

KARTOGRAFIE:
Peter Palm, Berlin

DRUCKVORSTUFE:
Lorenz & Zeller, Inning a. A.

DRUCK UND BINDUNG:
Appl, Wemding
Printed in Germany

ISBN 978-570-10171-1
www.cbertelsmann.de

Vorwort

»Die Weltgeschichte ist nichts anderes als die Biografie großer Männer«, schrieb ein Historiker Mitte des 19. Jahrhunderts. Und die These, dass eigentlich nur die »Herren der Schöpfung« den Weltenlauf bestimmten, findet auch heute noch treue Anhänger. Scheint doch der Blick in die Vergangenheit zu belegen, wie selten Frauen als geschichtsmächtige Macherinnen in Erscheinung traten. Das liegt auch daran, dass bis weit ins 20. Jahrhundert hinein fast ausschließlich Männer darüber bestimmten, was in den Geschichtsbüchern zu lesen war. Und doch hatten auch sie ihre Historie – jene Frauen, die sich nicht zufriedengaben mit der ihnen zugewiesenen Rolle, die in ihrer Epoche Grundlegendes bewegten, Besonderes leisteten. Ob in der Kunst, in der Literatur, in der Wissenschaft oder in der Politik, es gab sie immer: starke weibliche Persönlichkeiten, die sich in ihrer männlichen Umwelt zu behaupten und durchzusetzen wussten – aller Gegenwehr zum Trotz.

»Darf die Frau denken?« Solchen Fragen glaubten Wissenschaftler allen Ernstes noch zu Kaisers Zeiten nachgehen zu müssen. Dass die Frau als ein dem Manne ebenbürtiges Wesen anerkannt wurde, war noch im 20. Jahrhundert durch scheinbar unüberwindliche Hindernisse verstellt. Auch heute noch gibt es genügend Beispiele für die Missachtung jeglicher Gleichberechtigung. Über viele Epochen errangen Frauen, wenn überhaupt, nur hinter den Kulissen Einfluss. Mitunter waren sie die eigentlichen Lenkerinnen hinter den angeblich bestimmenden Herrschern. Manche bedeutende Frauen gerieten in Vergessenheit, wurden erst von der Nachwelt entdeckt oder zu Ikonen erhoben. Einige galten als Heilige, manche als Kaiserinnen oder Königinnen der Herzen, andere wiederum gelangten schließlich an die Macht oder rissen sie an sich, prägten die Geschicke ganzer Völker, entschieden über Krieg und Frieden. Immer wieder begehrten Frauen gegen die Zustände ihrer Epoche auf, mussten Gewalt und Verachtung männlicher Gegner über sich ergehen lassen, leisteten trotz erheblicher Widerstände Großes, zahlten dafür einen hohen Preis, opferten bisweilen ihr Leben. Manche von ihnen zählen zu den großen historischen Vorbildern.

Und was ist heute anders als in den Jahrhunderten zuvor? Zweifellos haben Frauen in den modernen Gesellschaften bessere Chancen, Macht und Einfluss zu gewinnen, in führende Positionen zu gelangen. Doch beharrlich gehütete Klischees und Vorurteile verhindern oder behindern immer noch eine tatsächliche Gleichstellung. In den Führungsetagen von Politik, Wirtschaft, Wissenschaft, Medien sind Frauen unterrepräsentiert. So verstummt der Ruf nach der Frauenquote auch dort nicht, wo seit Jahren eine Bundeskanzlerin regiert.

Von Frauenbildern, Frauenrollen, Frauenträumen und Karrieren handelt dieses Buch, das im Kontext der ZDF-Reihe »Frauen, die Geschichte machten« entstand. Es sind sechs Porträts herausragender Persönlichkeiten, die in der Vergangenheit sichtbare Spuren hinterließen, in einer Zeitspanne von 2000 Jahren, vom Altertum bis ins 20. Jahrhundert. Es geht um Frauen, die mächtig waren und ohnmächtig, umjubelt und angefeindet, entschlossen und verzweifelt, kämpferisch und ergeben – und sie schrieben Geschichte, durch Mut, Beharrlichkeit und Willensstärke. Die Rede ist von Kleopatra (69–30 v. Chr), Jeanne d'Arc (1412–1431),

Elisabeth I. (1533–1603), Katharina der Großen (1729–1796), Luise von Preußen (1776–1810) und Sophie Scholl (1921–1943).

Wie wurden sie zu Frauen der Geschichte? Wie gelang es ihnen, aus dem Schatten der Männer ihrer Zeit herauszutreten? Worin liegt ihre historische Bedeutung?

Kleopatra

Kleopatra, die letzte Pharaonin Ägyptens, ist die bekannteste und zugleich schillerndste Herrscherin der Antike. Sie war klug, machtbewusst und erwies sich im Angesicht der römischen Übermacht als geschickte Strategin. Um ihren Thron und die Unabhängigkeit ihres Landes zu erhalten, setzte sie auch auf die Kunst der Verführung. Mit Julius Cäsar und Marcus Antonius hatte sie Kinder. Als Octavian (der spätere Kaiser Augustus) ihrer Herrschaft ein Ende bereiten wollte und sie bedrohte, entschied sich die Königin vom Nil für Selbstmord. Sie wollte sich nicht als Kriegsbeute in Rom vorführen lassen.

Ob sie fortan als Ikone weiblicher Macht oder als tragische Heldin in Erinnerung blieb – jede Epoche prägte ihr eigenes Kleopatra-Klischee. Große Dichter und Denker, bildende Künstler, Filmemacher und Akteure der Popkultur schufen Projektionen einer Symbolfigur, die hin und her gerissen ist im Wechselspiel von Erotik und Realpolitik, Macht und Ohnmacht, Hingabe und Trotz, Stärke und Schwäche. Und dennoch blieb sie immer auch geheimnisvoll, rätselhaft, unnahbar, die königliche Göttin vom Nil – ein Nimbus, der immer Raum für Fantasien und Deutungen ließ und dazu einlädt, stets neu zu entdecken, wer sie eigentlich wirklich war, die »ewige Diva«.

Jeanne d'Arc

Jeanne d'Arc verdankt ihren Ruhm dem Niedergang ihres Landes. Die Engländer beherrschten weite Teile Frankreichs. Der französische Thronfolger erwies sich als unfähig, seine Heimat zu verteidigen. Doch dann legte das einfache Bauernmädchen den Harnisch an und warf sich in den Kampf – unter Berufung auf eine göttliche Eingebung. »Für Frankreich, den Glauben und den König«, lautete der legendäre Schlachtruf, mit dem die mutige »Jungfrau von Orléans« entscheidende Siege errang. Später fiel sie in die Hände ihrer Feinde. Sie verbrannten die 19-Jährige als Ketzerin, 500 Jahre nach ihrem Tod wurde sie heilig gesprochen.

Jeanne ist die erste weibliche Heldin des Mittelalters, mehr noch, vielleicht die erste universale Heldin unseres Europa, die im Bewusstsein vieler Kulturen lebendig geblie-

ben ist. Unbeirrbar schlug sie ihren Weg ein, über Standesgrenzen hinweg, allen Widerständen zum Trotz, um Ungeheuerliches zu bewirken: Getrieben von religiöser und patriotischer Überzeugung brachte sie die Nation hinter sich, besiegte ihre Feinde und verhalf dem König auf seinen Thron. Eine unglaubliche Geschichte – und doch ist sie wahr. So liegt es nahe, dass die Jungfrau von Orléans in Frankreich als Nationalheldin und Heilige verehrt wird, als leuchtendes Idol des Widerstands gegen scheinbar übermächtige Feinde – auch im 20. Jahrhundert, zur Zeit der Résistance gegen die deutsche Besatzung.

Längst jedoch gehört Jeanne der ganzen Welt, als Vorbild gerade für Jüngere: aus fester Überzeugung handeln, das Elternhaus, die Heimat hinter sich lassen, sich einer guten Sache verschreiben, mit Konventionen brechen, Hindernisse überwinden, den Gang durch die Institutionen antreten, an die Spitze streben, um dort etwas zu bewegen. Jeanne d'Arc vermag auch ohne die Stimmen der Heiligen in modernen Zeiten ein Beispiel zu geben.

Elisabeth I.

Elisabeth I. machte als »jungfräuliche Königin« Geschichte, »verheiratet« war sie nur mit England. Ledig und kinderlos regierte die Tochter Heinrichs VIII. 45 Jahre lang, in einer Zeit, in der Frauen ihres Standes vor allem Thronfolger gebären sollten. Ihre ärgste Rivalin Maria Stuart starb auf dem Schafott. Das spanische Königreich und die katholische Kirche waren Elisabeths Feinde, doch ihr größter Widersacher war ihr eigenes Herz – wenn sie der Staatsräson folgen sollte und nicht ihren

Gefühlen. Sie fand großen Rückhalt beim Adel und beim Volk, »gute Königin Bess« wurde sie genannt, während Katholiken in ihrem Land um ihr Leben bangen mussten. Unter ihrer Regentschaft blühten Handel, Kunst und Kultur, Shakespeares Werke erlangten Weltruhm. Die Königin legte das Fundament für das britische Empire, das später fast den ganzen Globus umspannen sollte.

Ihre Berühmtheit verdankt sie auch Chronisten, Literaten, Poeten, Musikern und Künstlern, die sie verehrten. Vom Goldenen Elisabethanischen Zeitalter ist die Rede. In der ansonsten von Männern bestimmten Welt glänzte Elisabeth durch selbstbewusste Auftritte und beherzte Reden und wusste sich in Szene zu setzen. Während sich heute einige Historiker von jeder posthumen Verklärung distanzieren wollen und vor einer Überbewertung von Elisabeths historischer Leistung warnen, zählt die jungfräuliche Königin laut einer internationalen Studie immer noch zu den zehn bedeutendsten Briten der Geschichte.

Katharina die Große

Katharina die Große zu werden, eine mächtige russische Kaiserin, war Sophie Auguste Friederike von Anhalt Zerbst nicht in die Wiege gelegt. Die Prinzessin aus einem unbedeutenden deutschen Adelsgeschlecht heiratete den als russischen Thronfolger vorgesehenen Großfürsten Peter. Doch schon bald fand das »Märchen« ein Ende. Ihre Ehe wurde über die Jahre zur Katastrophe. Nach dem Tod von Kaiserin Elisabeth musste Katharina fürchten, von ihrem Gatten übergangen oder abgeschoben zu werden – er hatte eine Geliebte, mit der er den Zarenthron besteigen wollte. Über solche Demütigungen triumphierte seine Ehefrau schließlich durch einen Staatsstreich. Ob Katharina auch den Mord an ihrem Ehemann Peter III. zu verantworten hat, ist bis heute ungeklärt. Zahllose Liebschaften und sexuelle Ausschweifungen werden ihr nachgesagt, doch die russische Kaiserin war vor allem klug, überaus belesen und politisch versiert. Als Alleinherrscherin führte sie Russland zu neuer Größe.

Und sie prägte – als Verfasserin ihrer umfangreichen Memoiren – das Bild, das sie bei Zeitgenossen und Nachwelt hinterließ, am liebsten selbst. Ihren »Untertanen Glück, Freiheit und Wohlstand zu verschaffen«, das habe

sie gewollt, der Aufklärung wollte sie in ihrem Reich zum Durchbruch verhelfen: mehr Bildung, Wohlfahrt, Kunst, Kultur für das Volk, die Reform der Verwaltung und eine erhebliche Vergrößerung des Reichs – vieles davon hat sie erreicht. Doch die Lage der Leibeigenen, von denen Millionen in Russland in Knechtschaft lebten, blieb kaum verändert schlecht. Katharina wollte es der Nachwelt überlassen, »unparteiisch zu beurteilen, was ich getan habe«. Sie war die einzige Herrscherin, die jemals den Beinamen »die Große« erhielt.

Königin Luise

Luise von Preußen wurde schon zu Lebzeiten als »Königin der Herzen« verehrt. Jung, schön und freundlich, wie sie war, brachte sie frischen Wind in die Hohenzollern-Dynastie, fand nicht nur bei Adligen und Gelehrten Bewunderung, sondern auch beim Volk. Frauen im Bürgertum nahmen sich Luise zum Vorbild. Zehnmal wurde sie schwanger, sie galt als gute Landesmutter. Standesschranken überwand sie eher dem Gefühl nach, weniger aus Überzeugung. Aus der großen Politik wollte sie sich heraushalten, doch als Napoleon ihren Gemahl, König Friedrich Wilhelm III., herausforderte, bedrängte Luise ihren Ehemann, dem »Ungeheuer« Einhalt zu gebieten. Der französische Kaiser sah in ihr deshalb eine Kriegstreiberin. Nach Preußens katastrophaler Niederlage gegen Frankreich trat weniger der Monarch als viel mehr Königin Luise Napoleon Bonaparte entgegen, um – allerdings vergeblich – einen milderen Frieden zu erwirken. Ihren Gemahl ermunterte sie zu politischen Reformen.

Patrioten verklärten sie nach ihrem frühen Tod mit 34 Jahren zur Symbolfigur des neu erwachenden Preußen und der jungen nationalen Bewegung. Im Gründungsmythos des 1871 geeinten Deutschen Reiches erhielt sie einen Ehrenplatz, Kaiser Wilhelm I. war einer ihrer Söhne. Nach dem Untergang Preußens infolge der beiden Weltkriege verblassten auch die Erinnerungen an sein Herrscherhaus. In den Wirtschaftswunderjahren der Bonner Republik machten Sissi-Filme Furore und nicht Kinostreifen über die Monarchin der Hohenzollern. Erst in den 80er-Jahren erfolgte eine Rückbesinnung auf Preußen in Deutschland West und Ost, allerdings »ohne Legende«. Ein Trend, der sich nach der Wiedervereinigung fortsetzte. Doch Luises 200. Todestag im Jahr 2010 begleiteten gut besuchte Ausstellungen, biografische Neuerscheinungen und viel mediale Aufmerksamkeit. Vielleicht ist es der Beginn eines Comebacks.

Sophie Scholl

Sophie Scholl war erst 21 Jahre alt, als das Todesurteil an ihr vollstreckt wurde. Ihr Vergehen: Mut, sich gegen das Unrecht aufzulehnen, den Krieg und die NS-Verbrechen öffentlich anzuprangern. Gemeinsam mit ihrem Bruder Hans war Sophie Scholl im Februar 1943 verhaftet worden, nachdem sie an der Münchner Universität Flugblätter verteilt hatten. Kurz nach der Katastrophe von Stalingrad verschärfte das NS-Regime seine Maßnahmen, jeglichen Widerstand im Keim zu ersticken. Anfangs hatte Sophie Scholl sich noch vom »schönen Schein« der Diktatur blenden lassen, doch gehörte sie nicht zu den vielen Millionen, die über den Terror und die Verbrechen des Regimes hinwegsahen, sondern schloss sich der studentischen Widerstandsgruppe »Weiße Rose« an, die das wahre Gesicht der Nazi-Herrschaft offenlegte.

Sophie Scholl ist neben Claus Schenk Graf von Stauffenberg die bekannteste Figur des Widerstands gegen Hitler. Das hängt nicht nur mit ihrer Biografie, den Texten und Äußerungen zusammen, die von ihr überliefert sind, sondern auch mit den Fotos, die wir von ihr kennen. Sie zeigen das jugendliche, beinahe kindliche Gesicht einer Zwanzigjährigen. Es fällt nicht leicht, sich vorzustellen, dass sie beim Verhör und vor Gericht eine so mutige und unbeugsame Haltung einnahm. Man hatte ihr angeboten auszusagen, dass sie schuldlos in die Machenschaften ihres Bruders hineingezogen worden sei – er war ja tatsächlich die treibende Kraft. Doch die junge Frau blieb standhaft, sie entschied sich, »gerade zu sein«, Verantwortung für ihre Taten zu übernehmen und sich nicht herauszureden. Dafür bezahlte sie mit dem Leben und wurde zum moralischen Vorbild.

Den Mitwirkenden an der Filmreihe und allen am Buch beteiligten Mitautorinnen und Mitautoren gebührt herzlicher Dank, auch den wissenschaftlichen Beratern, die ihre Fachkenntnisse bei der Erstellung und Durchsicht der Manuskripte einbrachten: Prof. Dr. Christoph Schäfer, Prof. Dr. Gerd Krumeich, Prof. Dr. Jürgen Klein, Prof. Dr. Jan Kusber, Dr. Daniel Schönpflug und Dr. Barbara Beuys. Es ist unser Anliegen, auch Erkenntnisse, die nicht in den Fernsehfilmen Berücksichtigung gefunden haben, einem interessierten Publikum zu vermitteln.

Peter Arens

Stefan Brauburger

Kleopatra

Mit Macht und Eros

Sie konnte Heere befehligen und eine Flotte aufbauen. Sie konnte Verrat wittern und Konkurrenten ausschalten. Sie sprach mindestens neun Sprachen und verhandelte mit Königen. Als Kleopatra mit 39 Jahren starb, endete ein Leben voller sensationeller Triumphe und katastrophaler Niederlagen. Und hinter ihr ging ein Reich unter, das drei Jahrtausende Bestand gehabt hatte. Sie war die letzte Königin von Ägypten, Mutter von vier Kindern, Geliebte Gaius Julius Cäsars, Geliebte des Feldherrn Marcus Antonius und die größte Feindin Octavians, des späteren Kaisers Augustus. An politischem Talent kamen ihr nicht viele Menschen gleich, doch ihr Mythos fußt auf ihren Liebesaffären.

Kleopatra – ihr Aussehen ist in der Vorstellung der Welt mit dem der jungen Elizabeth Taylor in dem gleichnamigen Spielfilm von 1963 verschmolzen: eine betörende Schönheit von exotischer Undurchschaubarkeit. Nach zwei Jahrtausenden der Legendenbildung ist die wahre Kleopatra nahezu komplett im Nebel der Geschichte verschwunden. Quellen, die die Ereignisse aus ihrer Sicht oder der Perspektive ihrer Freunde und Untertanen beschrieben, sind nicht erhalten. Und keiner der Historiografen, die sich ihrer Geschichte annahmen, hat sie noch selbst erlebt. Sie schrieben Generationen oder gar Jahrhunderte später. Ob Plutarch, Cassus Dio oder Appian, alle waren beeinflusst von der Propaganda ihres Todfeindes Octavian, des späteren Augustus. Jeder von ihnen verfolgte mit seiner Darstellung eine Absicht. In ihren Werken mischen sich Wahres mit Erfundenem und Politisches mit purem Tratsch. Denn damals wie heute war die Öffentlichkeit eher an den Bettgeschichten der Mächtigen interessiert als an ihrem politischen Handeln.

Geboren, um zu herrschen

Im Winter des Jahres 69/68 v. Chr. kam Kleopatra VII. in Ägypten zur Welt. Ihr Vater, Ptolemaois XII., trug den Beinamen Auletes, der Flötenspieler. Er war ein hochgebildeter Mann mit einer ausgeprägten Leidenschaft für die schönen Künste und die Musik. Seine Familie war griechischen, genauer: makedonischen Ursprungs. Sie waren die Nachkommen eines

Richard Burton und Elizabeth Taylor in »Cleopatra«.

»Cleopatra«

Der monumentale Spielfilm mit Elizabeth Taylor in der Rolle der Kleopatra prägte das moderne Bild der letzten Pharaonin. Der Film von 1963, der auf der Romanvorlage *Kleopatra – Ihr Leben und ihre Zeit* von Carlo Maria Franzero basiert, schmückte die antiken Begebenheiten fantasievoll aus. Berühmtheit erlangte er vor allem durch die Liebesbeziehung zwischen den Hauptdarstellern Liz Taylor und Richard Burton, der die Rolle des Antonius spielte. Da beide zu diesem Zeitpunkt noch mit anderen Partnern verheiratet waren, erregte sich die Boulevardpresse über den Skandal des Jahres. Der damals teuerste Film aller Zeiten mit rund vier Stunden Länge gewann 1964 vier Oscars.

Generals Alexanders des Großen, der sich beim Tod des großen Königs das Gebiet am Nil als Zentrum seines Reiches gesichert hatte. Jener Ptolemaios I. hatte es verstanden, die griechischen Einwanderer und die einheimischen Eliten auf sich einzuschwören und damit unangefochten in die Fußstapfen der ägyptischen Pharaonen zu treten, deren Thron der älteste der damals bekannten Welt war. Als Kleopatra geboren wurde, blickte Ägypten bereits auf eine jahrtausendealte Tradition zurück: Nofretete, deren Porträt wir heute in Berlin bewundern können, war schon fast 1300 Jahre tot, die Sphinx bei den großen Pyramiden ein Jahrtausend zuvor bereits einer Grundsanierung unterzogen worden. Kleopatra war Griechin, nicht Ägypterin, doch ihre Familie hatte die gottgleiche Stellung des Herrschers in der Pharaonentradition übernommen.

Kleopatras Mutter, die zweite Frau des zwölften Ptolemaios, bleibt mangels sicherer Überlieferung eine schemenhafte Gestalt. Die Forschung zieht in Betracht, dass sie nicht dem Herrscherhaus angehörte und wohl Ägypterin war. Möglicherweise entstammte sie dem Geschlecht der Hohepriester von Memphis. Mit Kleopatras Mutter zeugte Ptolemaios drei weitere Kinder: Kleopatras Schwester Arsinoë und zwei Brüder, die beide ebenfalls den Namen Ptolemaios trugen.

Über die Kindheit und Jugend Kleopatras ist nahezu nichts überliefert. Wir wissen nicht, ob sie Freundinnen hatte oder vereinsamt hinter Palastmauern saß. Es ist nichts darüber bekannt, ob sie ein wildes oder eher zurückhaltendes Kind war, wer ihre Ammen waren oder ob sie ein Haustier besaß. Doch sollte sie überhaupt eine Kindheit, wie wir sie heute verstehen, gehabt haben, war sie kurz. Denn zur standesgerechten Erziehung einer hellenistischen Prinzessin gehörte eine umfassende kulturelle und intellektuelle Ausbildung. Die

Diese Kleopatra zugeordnete Basaltstatue ist in der Eremitage in St. Petersburg zu finden.

Die Geschichte Ägyptens

Die Geschichte des pharaonischen Ägypten beginnt an der Wende vom 4. zum 3. Jahrtausend v. Chr. Die Forschung teilt sie in das Alte, das Mittlere und das Neue Reich auf. Die großen Pyramiden von Gizeh wurden um die Mitte des 3. Jahrtausends und damit bereits im Alten Reich errichtet. Während des Mittleren Reichs, das um die Wende vom 3. zum 2. Jahrtausend v. Chr. begann, erlebte Ägypten eine Phase wirtschaftlicher und kultureller Blüte. Im Neuen Reich, beginnend in der Mitte des 2. Jahrtausends v. Chr., wurde das Tal der Könige zur Begräbnisstätte der Pharaonen. Am Ende des 4. Jahrhunderts v. Chr. begann die Zeit der Ptolemäer, die mit Kleopatra endete. Ägypten wurde römische Provinz.

Zur Zeit Kleopatras bereits jahrtausendealte Vergangenheit: die Sphinx und die Chephren-Pyramide von Gizeh.

Quellen heben vor allem die ungewöhnliche Vielsprachigkeit hervor. Plutarch berichtet, Kleopatra »wusste ihre Zunge wie ein vielstimmiges Instrument mit Leichtigkeit in jede ihr beliebige Sprache zu fügen und bediente sich nur im Verkehr mit ganz wenigen Barbaren eines Dolmetschers. Den meisten erteilte sie persönlich Bescheid, so den Äthiopiern, Troglodyten, Hebräern, Arabern, Syrern, Medern und Parthern«. Der königliche Palast, in dem sie vermutlich aufwuchs, lag in unmittelbarer Nähe zur Bibliothek und zum Museion von Alexandria, dem legendären Zentrum antiker Bildung. Mehr als 400 000 Papyrusrollen lagerten in der berühmten Bibliothek. Kleopatras Vorfahren hatten Unsummen investiert, um das Wissen der damaligen Welt in Alexandria zu sammeln. Die Metropole am Mittelmeer ist heute in ihrem antiken Aussehen nur noch schwer vorstellbar. Die Küstenlinie hat sich ins Landesinnere verschoben, und der Nil verläuft mehr als fünf Kilometer weiter östlich. Damals war Alexandria das pulsierende Herz des Landes. Hier trafen die Handelswege aus aller Welt zusammen. Griechische, ägyptische und jüdische Einflüsse sammelten sich zu einem Schmelztiegel der Kulturen. Der Nil, die Quelle allen ägyptischen Wohlstands, ergoss sich mit einem seiner

Kleopatras Vater Ptolemaios XII. versuchte, die Unabhängigkeit seines Reichs gegenüber Rom zu bewahren.

Arme dort ins Mittelmeer. Sein fruchtbarer Schlamm wurde Jahr für Jahr sehnsüchtig im Nildelta erwartet. Blieb die Nilschwemme aus, drohten Hunger und Unruhen. Erreichte sie die gewünschte Höhe, sicherte der Nil dem Land gigantische Ernten. Die Ptolemäer hatten sich über die Generationen einen enormen Reichtum gesichert. Kleopatra war, als sie den Thron bestieg, wahrscheinlich die reichste Frau der Welt. Seit Beginn des zweiten vorchristlichen Jahrhunderts hatte mit den Römern eine offenbar unaufhaltsame Macht den östlichen Mittelmeerraum übernommen. Römische Politiker richteten gierige Blicke auf das reiche Land am Nil. So entschied sich Ptolemaios XII., seine Schätze einzusetzen, um sich die Römer gewogen zu machen. Geld gegen Unabhängigkeit war die einfache Rechnung, und sie ging zunächst auf. Die Frage, wie selbst das ägyptische Reich die astronomischen Summen, die Ptolemaios den Römern versprochen hatte, überhaupt aufbringen sollte, ließ er unbeantwortet. Das Reich ächzte unter der stetig steigenden Steuerlast, und 57 v. Chr. wurde die Situation im eigenen Land für den König so brenzlig, dass ihm nur die Flucht nach Rom blieb. Die Forschung geht davon aus, dass ihn seine Tochter Kleopatra auf dieser Reise begleitete. Sie kannte also wahrscheinlich Rom und die lateinische Sprache. 55 v. Chr. konnten Vater und Tochter mit römischer Unterstützung nach Ägypten zurückkehren, wo Ptolemaios vier Jahre später starb.

In zweitausend Jahren konnten nur eine oder zwei andere Frauen von sich behaupten, eine so uneingeschränkte Macht über ein so gewaltiges Reich ausgeübt zu haben. Kleopatra bleibt fast allein an einem nur von Männern besetzten Tisch.

STACY SCHIFF, BIOGRAFIN

Im Alter von 18 Jahren bestieg Kleopatra gemeinsam mit ihrem zehnjährigen Bruder Ptolemaios XIII. den Thron. Zwar hatte es faktisch bereits allein herrschende Frauen in Ägypten gegeben, doch offiziell musste ein Ehemann in die Regierung eingebunden sein. Trotz ihrer Jugend hatte Kleopatra schon zahllose politische Intrigen und Gewalttaten erlebt. In der Familiengeschichte der Ptolemäer gab es stets Gewalt gegen engste Verwandte. Auch Kleopa-

Cäsar wird nach seiner Ankunft in Ägypten das abgeschlagene Haupt des Pompeius präsentiert. Gemälde aus dem 18. Jahrhundert.

tras Vater hatte seine erstgeborene Tochter Berenike, Kleopatras älteste Schwester, hinrichten lassen, nachdem sie sich gegen ihn aufgelehnt hatte. Der junge Ptolemaios XIII. schickte sich nun an, dem Muster seiner Vorfahren zu folgen. Zwei Jahre nach der gemeinschaftlichen Thronbesteigung mit Kleopatra ließ er sich von seinen Beratern anstiften, gegen die Schwester zu putschen. Binnen kürzester Frist entbrannte ein Bürgerkrieg zwischen den Parteigängern der Königin und denen des Königs. Kleopatra musste aus Alexandria fliehen und sammelte ihre Truppen im Hinterland. Der junge Ptolemaios war wohl wenig mehr als ein Spielball seiner Regenten. Sie entlockten ihm auch die Zustimmung zu einem Mord, der in der antiken Welt zu einem Aufschrei führte: Im Römischen Bürgerkrieg waren die Truppen des Pompeius denen seines Rivalen Gaius Julius Cäsar unterlegen, sodass er nun Schutz in Ägypten suchen musste, dessen Königshaus er stets unterstützt hatte. Doch der Feldherr hatte kaum den Fuß auf festen Boden gesetzt, als er am Strand von Pelusium im flachen Wasser enthauptet wurde. »Tote Männer beißen nicht«, war der zynische Ratschlag des Königsberaters Theodotos gewesen. Doch mit Pompeius' Tod war die Gefahr, in den römischen Bürgerkrieg hineingezogen zu werden, für Ägypten keineswegs gebannt.

Denn nur wenig später landete Julius Cäsar mit einer kleinen Kriegsflotte, 3200 Legionären und 800 Reitern in Alexandria an. Als ihm das abgeschlagene Haupt des Pompeius präsentiert wurde, zeigte Cäsar nicht die erhoffte Reaktion. Keine Freude, im Gegenteil, er wandte sich entsetzt ab. Der Feldherr war eines Widersachers entledigt worden, doch er erkannte auch, dass er die Römerfeindlichkeit der Alexandriner unterschätzt hatte. Mit einem viel zu schwachen Truppenkontingent stand er nun inmitten eines vom Bürgerkrieg erschütterten Landes und musste zusehen, wie man wieder herauskam, ohne das Gesicht zu verlieren oder gleich den ganzen Kopf. Cäsar begab sich zunächst in die Rolle des Schlichters. Er forderte die zerstrittenen Geschwister auf, ihre Heere zu entlassen und zu ihm in den Palast von Alexandria zu kommen, um über das weitere Schicksal des Landes zu verhandeln. Ptolemaios kam, jedoch ohne ein wirkliches Zeichen der Unterwerfung. Nun war es an Kleopatra zu handeln.

Die Flucht nach vorn

Ob und inwieweit es zwischen ihr und Cäsar bereits Vorgespräche gegeben hatte, ist nicht überliefert. Doch in jedem Fall war es ein äußerst heikles Unternehmen, zu Cäsar zu gelangen. Der Römer wohnte auf dem Gelände des königlichen Palastes, also eigentlich in Kleopatras Zuhause. Doch in den Straßen Alexandrias gärte es, und sie konnte jederzeit den Leuten ihres Bruders in die Hände fallen. Natürlich hätte sie Unterhändler schicken können. Doch sie entschied anders: »Kleopatra wählte unter ihren Freunden als einzigen Begleiter Apollodoros von Sizilien und bestieg mit ihm einen kleinen Nachen, der bei einbrechender Dunkelheit in der Nähe des königlichen Palastes anlegte«, berichtet der griechische Schriftsteller Plutarch. »Da es keine Möglichkeit gab, unentdeckt hineinzukommen, legte sie sich der Länge nach in einen Bettsack. Apollodoros schnürte ihn mit Riemen zusammen und trug das Bündel durch die Tore zu Cäsar hinein.« So getarnt gelang es Kleopatra, unerkannt in den Palast zu kommen. Es ist davon auszugehen, dass sie sich irgendwo im Gebäude zurechtmachte und mit den königlichen Insignien schmückte. Cäsar zerzaust und derangiert gegenüberzutreten wäre einer ägyptischen Königin unangemessen gewesen. Und dann standen sie sich gegenüber: der erfolgreichste Feldherr Roms und die Erbin des ältesten Thrones der Menschheit. Ein Mann und eine Frau.

Der berühmte, aus grünem Schiefer gefertigte »Grüne Cäsar« aus der Antikensammlung in Berlin zeigt einen entschlossenen Herrscher.

Kleopatras Nase. Wenn sie kürzer gewesen wäre, das gesamte Gesicht der Erde sähe anders aus.

BLAISE PASCAL, PHILOSOPH DES 17. JAHRHUNDERTS

»Schon dieser listige Einfall, der Kleopatras entschlossenes Wesen verriet, gewann Cäsars Herz«, berichtet Plutarch, »und vollends erlag er ihrer Anmut und dem Reiz ihres Umgangs.« Zwar unterscheiden sich die Berichte der Geschichtsschreiber, was diesen denkwürdigen Auftritt angeht, doch sind sich alle sicher, dass die 22-jährige Kleopatra und der dreißig Jahre ältere Cäsar sich binnen kürzester Frist in die Arme sanken. Was genau sich in dieser Nacht abgespielt hat, ist natürlich nicht überliefert. Doch lassen die Berichte, so abenteuerlich sie

Kosmetik und Kleidung im Alten Ägypten

Mitglieder der ägyptischen Oberschicht verwendeten viel Zeit und Mühe auf ihr Äußeres. Männer und Frauen entfernten sorgfältig jegliche Körperbehaarung und salbten sich mit Duftölen, deren Mixturen teilweise überliefert sind. Lilien, Zimt, Kardamom oder Lavendel gaben die süßere Duftnote, Weihrauch oder Myrrhe die etwas herberen Varianten. Das Gesicht wurde farbenfroh geschminkt. Da ein blasser Teint als vornehm galt, griffen die Frauen zu Bleiweiß oder hellen Lehmgemischen, Ockerfarben und Henna wurden als Rouge eingesetzt, die bevorzugte Lippenfarbe war knallrot. Die bis

Geschminkte und reich geschmückte Frauen während eines Fests. Mit parfümgetränkten Zweigen und Zapfen fächern sie sich Düfte zu. Wandmalerei aus einer Grabkammer in Oberägypten, 15. Jahrhundert v. Chr.

heute wohl bekannteste Schminkvariante Ägyptens ist der hochgezogene schwarze Lidstrich. Er wurde aus Kohle und verschiedenen Mineralien gemischt. Neben seiner dekorativen Funktion hatte er durchaus auch medizinische Bedeutung. Die Mischung der schwarzen Schminke schützte vor bakteriellen Entzündungen, die in Ägypten sehr verbreitet waren. Lidschatten in Smaragdgrün oder Blau unterstrichen das dramatische Make-up der Augen.

Viel Aufwand wurde um Perücken betrieben, die aus Echthaar und bisweilen auch aus Tierhaar kunstvoll gefertigt wurden. Das Kunsthaar wurde meist geflochten oder zu aufwendigen Lockenstrukturen frisiert. Bienenwachs und Harz dienten als eine Art Gel, um den komplizierten Aufbau zu festigen. Die ohnehin schweren Perücken wurden zusätzlich mit Kränzen, Diademen, Ringen oder Bändern geschmückt, was das Tragen in der Hitze noch zusätzlich erschwerte. Das Volk kleidete sich vor allem in Leinen oder Stoffe aus Schaf- oder Ziegenwolle. Die bevorzugte Kleidungsfarbe war Weiß. Je nach Geschmack konnten aber auch farbenfrohe Varianten getragen werden. Kleopatras Kleidung wurde aus Seide, hochwertigem Leinen oder der wertvollen ägyptischen Baumwolle gefertigt. Zu ihrer Zeit hatten plissierte Gewänder die einfachen Tuniken ersetzt, und an den Füßen trugen reiche Ägypter Sandalen, die mit dünnen Bändern befestigt wurden.

teilweise sind, durchaus Schlüsse zu. Plutarch schildert Kleopatras Erscheinung keineswegs als lasziv. »Denn ihre Schönheit, wie man sagt, war für sich genommen insgesamt nicht so unvergleichlich und von der Art, dass sie beim Anblick erstaunte, aber im Umgang hatte sie einen unwiderstehlichen Reiz, und ihre Gestalt zusammen mit der gewinnenden Art der Unterhaltung war sehr überzeugend, und die in allem sie umspielende Anmut hinterließ einen Stachel.« Kleopatra beeindruckte Cäsar, der einer schnellen Eroberung nie abgeneigt war, demnach mehr mit ihrer selbstbewussten, intelligenten Art als mit dem Einsatz allzu körperlicher Mittel. Ihr Selbstverständnis als Frau war mit dem einer Römerin dieser Zeit nicht vergleichbar. Hatte eine Römerin keinerlei Mitspracherecht bei der Wahl ihres Ehepartners, konnte eine Griechin in hellenistischer Zeit – und somit auch eine Ägypterin – über ihre Hochzeit mitbestimmen. Frauen waren unter gewissen Bedingungen erbberechtigt und verfügten teilweise über erhebliche Vermögen. Sie konnten wirtschaften, vor Gericht aussagen und wirkten als einflussreiche Priesterinnen. Kleopatra, zudem die höchste Repräsentantin des ptolemäischen Herrscherhauses, war eine vollkommen andere Erscheinung als alle Damen, die Cäsar bis dahin kennengelernt haben dürfte.

Wie auch immer das erste Treffen konkret verlief – Kleopatra hatte Cäsar von nun an auf ihrer Seite. Der Römer zitierte den jungen Ptolemaios zu sich und eröffnete ihm, er gedenke, im Sinne des Testaments des verstorbenen Königs zu handeln, was auf eine gemeinsame Regierung des Geschwisterpaares hinauslief. Der Junge verlor den Quellen zufolge vollkommen die Fassung und stürzte weinend aus dem Palast. Er zeterte und klagte, ihm geschehe schreckliches Unrecht. Römische Soldaten

Denkwürdiger Auftritt: die erste Begegnung von Cäsar und Kleopatra.
Gemälde von Giovanni Battista Tiepolo, 1747.

mussten ihn schließlich mit Gewalt festhalten und schleppten ihn in die königlichen Gemächer zurück. Doch die Partei des jungen Königs wusste einen Großteil der Alexandriner hinter sich. Cäsars Truppen in der Stadt waren schwach, und der Feldherr musste die Stadt befrieden, wollte er sie lebend wieder verlassen. Ende Oktober 48 v. Chr. verkündete Cäsar, dass Ptolemaios und Kleopatra nach alter Väter Sitte verheiratet und gemeinsam herrschen würden. Dies, so allerdings die Einschränkung, würde unter Vormundschaft des römischen Volkes geschehen, die aktuell durch ihn verkörpert würde. Doch die Gefahr war noch nicht gebannt. Die Unruhen in Alexandria brodelten weiter, und Cäsar und Kleopatra sahen sich alsbald im Palast mehr belagert, als dass sie die Situation wirklich gesteuert hätten. Erst im März 47 v. Chr., nachdem Cäsars Entsatzarmee eingetroffen und Kleopatras Bruder im Nil ertrunken war, besserte sich die Lage. Cäsar und Kleopatra waren ein Paar und zeigten das offenbar auch öffentlich. Die Historiografen werden nicht müde, das Liebesleben der beiden in schwelgerischen Farben zu zeichnen. Sueton behauptet, Cäsar habe Gelage mit Kleopatra bis in die Morgenstunden ausgedehnt, und die beiden seien auf einem königlichen

Prunkschiff auf dem Nil gesegelt. Erst als sie sich anschickten, bis Äthiopien weiterzufahren, hätten die Männer Cäsars mit einer Aufkündigung der Gefolgschaft gedroht. Einige Historiker haben die Geschichte der romantischen Kreuzfahrt begeistert aufgenommen, bringt sie doch etwas Farbe in das sonst so verworrene Bild der sich stetig ändernden politischen Konstellationen in Ägypten. Ein Mann, eine Frau, das Wasser, die Sonne, die Liebe – so schön kann antike Geschichte sein. Neuere Forschungen allerdings bezweifeln, dass es eine längere Vergnügungsfahrt überhaupt gegeben hat. Sie passt zeitlich gar nicht in das enge Korsett von Cäsars politischer und militärischer Agenda. Der angeblich vor Liebe blinde Feldherr, den die Geschichtsschreiber gern aus Cäsar machen wollten, handelte durchaus rational und überlegt. Kaum waren die Machtverhältnisse in Ägypten geklärt, reiste er im Frühjahr 47 nach Kleinasien ab, um sich drängenden strategischen Aufgaben zu widmen.

Mitten in seiner Tollheit, seinem Wahnsinn, mitten in einem Palast, in dem Pompeius' Geist noch hauste, räumte dieser Frauenheld, vom Blut von Pharsalos noch besudelt, der Liebe Einfluss auf seine Pläne ein und ließ Ehebruch und einen Bastard in diesem Krieg eine Rolle spielen. O Schande! Er vergaß Pompeius, gab Julia Hurenkinder zu Geschwistern und ermöglichte es der geschlagenen Partei, sich im entferntesten Winkel des libyschen Reiches zu sammeln. Er opferte schimpflich seine Zeit der Liebe zu einer Ägypterin und wollte Pharos lieber verschenken als für sich erobern.

LUKAN ÜBER CÄSAR IN ÄGYPTEN

Kleopatra blieb zurück und mit ihr ein Kind, das wahrscheinlich im September 47 zur Welt kam. Sie benannte den Jungen nach seinem leiblichen Vater, in der Verkleinerungsform wurde daraus Cäsarion – kleiner Cäsar. Sein offizieller Name war Ptolemaios XV. Kaisar. In ihm trafen sich also Rom und Ägypten. Es ist davon auszugehen, dass Kleopatra diese hochbrisante Namensgebung mit Cäsar abgestimmt hatte.

Im Zentrum der Macht

Im Juni 46 v. Chr. folgte Kleopatra mit ihrem Sohn dem Geliebten nach Rom. Die Forschung geht davon aus, dass das zumindest mit der Duldung Cäsars geschah, wenn er sie nicht sogar selbst eingeladen hatte. Sie bezog ein Haus des Feldherrn jenseits des Tiber. Zwar lag es kaum eine Viertelstunde entfernt von jenem Haus, in dem Cäsar selbst mit seiner Ehefrau Calpurnia lebte, doch was sich auf der anderen Seite des Flusses und damit außerhalb des Stadtzentrums abspielte, wurde von den Römern toleranter betrachtet. Cäsar und Kleopatra kannten die Spielregeln der römischen Gesellschaft und respektierten sie, zumindest soweit es nötig war. Dass die beiden ein Paar waren, wusste jeder in Rom. Cäsar konnte keinen Schritt in der Hauptstadt machen, ohne dass es sich wie ein Lauffeuer herumgesprochen hätte. Und auch Kleopatra versteckte sich nicht, sondern versuchte ganz offensiv Teil der römischen Gesellschaft zu werden. Das Rom, das sie kennenlernte, war kaum mehr als ein groß gewordenes Provinznest. Die marmorne Pracht der augusteischen Zeit, das Kolosseum und die Foren der späteren Kaiser existierten noch nicht. Die Hauptstadt des Reiches war ein lautes, dreckiges Gewimmel, in dem ständig Häuser einstürzten und Lärm an Bau-

Cäsar und seine Gattin Calpurnia. Wandmalerei von Fabio Canal, Venedig, Palazzo Mangilli-Guion, um 1760.

stellen herrschte. Nach Einbruch der Dunkelheit war es angeraten, zu Hause zu bleiben, wollte man nicht in die Hände von Halunken fallen. Die Speisen und Getränke auch auf den Tischen der Reichen waren einfach und ließen es an Raffinesse fehlen. Erst langsam hielt Exotisches wie Zimt, Ingwer und Pfeffer Einzug in die römischen Villen. Auch modetechnisch hatte die Stadt nichts zu bieten. Die Männer trugen Togen, die Frauen wenig raffinierte Kleider. Für Kleopatra kam der Wechsel von Alexandria nach Rom wohl einem heutigen Umzug von New York nach Castrop-Rauxel gleich. Doch die kämpferische Königin verstand es, aus dem Mangel an gesellschaftlichem Esprit in der Stadt einen Vorteil zu machen. Sie lud in ihr Haus ein und zeigte den Römern, wie man wirklich zu leben verstand. Bei Kleopatra wurde mit hellenistischem Prunk getafelt und unterhalten. Der berühmte Sänger M. Tigellius Hermogenes erfreute das Publikum mit seinen Kompositionen, und der Philosoph Philostratos gab bestaunte Kostproben seiner Redekunst. Kleopatra, so heißt es, habe ihm rhetorisch durchaus Paroli bieten können. Die Damen bestaunten ihren Schick und eiferten ihr in Frisur und Mode nach. In wenigen Monaten avancierte Kleopatra zur Trendsetterin der römischen Gesellschaft. Beachtet war sie – aber nicht beliebt.

Und nun gar der Hochmut der Königin selbst, als sie in den Gärten jenseits des Tibers residierte! Davon kann ich nur mit größter Erbitterung reden. Mit denen will ich also nichts zu tun haben.

CICERO IN EINEM BRIEF
AN SEINEN FREUND ATTICUS

»Ich hasse sie«, stellte der sinnenfeindliche Moralist Cicero kurz und bündig fest und dürfte damit nicht zuletzt Cäsars Gattin Calpurnia aus der Seele gesprochen haben. Doch auch die anderen Frauen beäugten Kleopatra kritisch. Eine Römerin hatte einen klar abgesteckten Aufgabenbereich. Sie organisierte den Haushalt des Mannes und empfing dessen Gäste. Sie kümmerte sich um die Kinder und den Wohlstand des Hauses. Viele Frauen der Oberschicht wurden mehrmals hintereinander verheiratet

Er hatte für Kleopatra nur Verachtung übrig: der römische Politiker und Philosoph Marcus Tullius Cicero.

Die Überreste des Tempels der Venus Genetrix in Rom. Hier ließ Cäsar ein goldenes Standbild der Kleopatra aufstellen.

und wieder geschieden, je nachdem, wie sich die politische Konstellation in der Stadt entwickelte. Für eine römische *matrona* muss Kleopatras Lebensstil pure Provokation gewesen sein. Sie führte ein selbstbestimmtes Leben, wie es einer Römerin nie möglich gewesen wäre. Sie nahm sich, was sie wollte, und das waren – so zumindest die gängige Interpretation der Zeit – Macht und Sex. Dass sich hinter der lasziven Verführerin eine klar kalkulierende Politikerin verbarg, der es immerhin gelungen war, ihr Land vor einer totalen Vereinnahmung durch das Römische Reich zu bewahren, sahen nur die wenigsten Zeitgenossen.

Doch selbst Cicero zeigte seine Verachtung nur hinter Kleopatras Rücken. Tatsächlich war er wohl mehrere Male Gast in ihrem Haus und hatte sich angeregt mit der ägyptischen Königin unterhalten. Diese hatte ihm sogar seltene Schriftstücke zugesagt, die Cicero aber nie erhielt. Cäsar selbst goss Öl ins Feuer, indem er im Tempel der Venus Genetrix eine goldene Statue Kleopatras aufstellen ließ. Das war noch mehr als ein öffentliches Bekenntnis zu seinem Verhältnis mit Kleopatra. Es war hellenistischer Herrscherbrauch, und was konnte das anderes heißen, als dass Cäsar selbst auf dem Weg dazu war, sich in solche Traditionen einreihen zu wollen?

»Auch du, Brutus?«: Die Ermordung Cäsars im Theater des Pompeius am 15. März 44 v. Chr. gehört zu den großen Dramen der Menschheitsgeschichte.

Herrlich war es, sie anzusehen und ihr zu lauschen, und sie konnte so jeden, selbst einen liebessatten Mann in bereits vorgerücktem Alter, sich gefügig machen.

CASSIUS DIO

Auch als Cäsar wieder auf einen Feldzug gehen musste, blieb Kleopatra in Rom. Ihre gesellschaftliche Position war offenbar schon gar nicht mehr von der direkten Anwesenheit ihres Geliebten abhängig. Ab Herbst 46 v. Chr. ging Cäsar in Spanien militärisch gegen die Söhne und Gefolgsleute des Pompeius vor. Und auch von der Eroberung einer Schönen namens Eunoë durch Cäsar ist die Rede. Dem Verhältnis zu Kleopatra scheint dies keinen Abbruch getan zu haben. Cäsar war der mächtigste Mann des Reiches. Er nahm sich alles heraus – privat wie öffentlich. Die letzten Monate seines Lebens waren geprägt vom rücksichtslosen Ausbau seiner absoluten Machtposition. Ab dem Ende des Jahres 45 v. Chr. wurde er, zurück in Rom, mit so vielen Ehren überschüttet, dass er ohnehin mehr als Gott denn als Mensch erschien. Im Februar 44 v. Chr. wurde er zum Diktator auf Lebenszeit ernannt. Er trug prachtvolle Gewänder, saß auf einem vergoldeten Sessel, bei dem sich mancher an einen Thron erinnert fühlte. Sein Gesicht prangte auf römischen Münzen. Eine solche Ehre war noch keinem lebenden Römer zuteilgeworden. Cäsar nahm all diese Würdigungen gern an, womöglich auch ermuntert von Kleopatra, in deren Kultur das gang und gäbe war. Dort war ein Herrscher mehr als ein Mensch – er war gleichsam ein Gott. Im Frühjahr 44 bereitete Cäsar einen gigantischen Feldzug gegen die Parther vor, jene Großmacht im Osten, die sich der römischen Hegemonie hartnäckig widersetzte. Das würde mit einer langen Abwesenheit verbunden sein. Ein seltsames Orakel machte die Runde. Parthien könne nur ein König erobern, hieß es. In diesem Spruch bündelte sich die größte Sorge Roms. Strebte nicht Cäsar nach der Königswürde – er, der ohnehin seine Zeit mit einer Königin vertat, anstatt die Republik wieder zu festigen?

Doch Cäsar und Kleopatra sahen die Gefahr nicht oder wollten sie nicht sehen. Seine Leibwache entließ der Feldherr und lehnte eine andere – so ist überliefert – mit den Worten ab, es sei besser, einmal zu sterben, als sich immer zu fürchten. Und so hatten die Attentäter leichtes Spiel, als sie Cäsar am 15. März in der Curia des Pompeius umringten und mit 23 Dolchstößen niederstreckten.

Wie Kleopatra auf die Nachricht von Cäsars Tod reagierte, ist nicht überliefert. Sie verlor ihren Geliebten und den Vater ihres Sohnes. Doch die Tragweite des Geschehenen ging noch weit über die persönliche Tragödie hinaus. Sie hatte nun keinen Schutzherrn mehr. Kleopatras Traum von einer römisch-ägyptischen Dynastie war geplatzt, und Cäsarion, dessen Existenz ihre Macht bis dahin so gefestigt hatte, war nun in akuter Gefahr. Cäsars Testament, das am 17. März 44 v. Chr. eröffnet wurde, war für Kleopatra eine einzige Enttäuschung. Cäsar erwähnte Cäsarion mit keinem Wort. Stattdessen ernannte er seinen Großneffen Gaius Octavius zu seinem Erben und adoptierte ihn. Damit noch nicht genug: Kleopatras bisherige Wohnung in den Gärten Cäsars ging per Testament in die Hände des römischen Volkes über. Kleo-

Er wurde von Cäsar adoptiert und zum Erben ernannt: der Großneffe des Diktators, Gaius Octavius, genannt Octavian.

patra war mit einem Schlag obdachlos und politisch entmachtet. Es blieb nur der Weg zurück nach Ägypten. Während Rom in den Unruhen nach dem Mord an Cäsar bebte, ließ sie ihr Gepäck verladen und verschwand mit ihrem Gefolge in Richtung Küste. Die Quellen deuten an, dass sie zu diesem Zeitpunkt erneut schwanger war, aber wohl in den Wirren nach Cäsars Tod eine Fehlgeburt erlitt. Im April war sie bereits auf hoher See und erreichte wenig später Alexandria. »Dass die Königin verduftet ist, kann mir nur recht sein«, schrieb Cicero am 16. April gehässig an seinen Freund Atticus. Kleopatra war 26 Jahre alt und sollte die Stadt Rom nie wiedersehen.

Ein neuer Anfang

Kaum zwei Jahre nachdem sie ihr Reich so hoffnungsvoll verlassen hatte, kam sie zurück, und ihre Zukunft war ungewisser denn je. Doch Kleopatra dachte nicht daran, in Trauer und Untätigkeit zu versinken. Noch hatte sie Ägypten, und sie war entschlossen, es für sich und ihre Nachkommen zu sichern. Aus Rom mit zurückgebracht hatte Kleopatra auch ihren Ehemann. Denn offiziell war sie während ihrer Liaison mit Cäsar mit ihrem zweiten Bruder, Ptolemaios XIV., verheiratet gewesen. Dieser starb nun kurz nach der Rückkehr ins Heimatland. Mancher Historiograf vermutete, Kleopatra habe ihre Hand im Spiel gehabt. Nachweisen lässt sich das nicht, doch der Weg war nun frei, Cäsarion zum Mitherrscher zu erheben. Er erhielt den wohlklingenden Titel »König Ptolemaios, zugleich Cäsar, vaterliebender, mutterliebender Gott«. Seine Mutter nahm vorläufig Abstand von ihren Weltherrschaftsplänen. Ägypten zu sichern war allein Aufgabe genug. Über mehrere Jahre war die Nilschwemme zu niedrig gewesen oder sogar ganz ausgefallen. Hungersnöten und den damit verbundenen Unruhen konnte nur mit großzügigsten Schenkungen aus den pharaonischen Vorräten entgegengewirkt werden. Durch kluge Finanzpolitik gelang es ihr, die klammen Staatskassen einigermaßen in Ordnung zu bringen.

Während Kleopatra am Nil darum rang, wenigstens das zu sichern, was von ihren hochfliegenden Plänen mit Cäsar übrig geblieben war, machte sich in Rom ein anderer auf, in die Fußstapfen des großen Feldherrn zu treten. In den chaotischen Tagen nach Cäsars Ermordung trat dessen Gefolgsmann Marcus Antonius auf den Plan. Die Witwe Calpurnia hatte ihm, Cäsars wichtigstem Militär, das Privatvermögen und die Papiere des Verstorbenen ausgehändigt. Noch übte Antonius kluge Zurückhaltung in der Verfolgung der Cäsar-Mörder, konnte er sich doch nicht sicher sein, welche Teile des Senates hinter ihm standen. Doch schon bald zeigte sich, dass das römische Volk keineswegs den Tod eines Tyrannen bejubelte, sondern ganz im Gegenteil Cäsar wirklich betrauerte. Dem Senat blieb nichts anderes übrig, als ein *funus publicum,* eine öffentliche Leichenfeier, für den Toten zu gestatten. Hier kam es zur wohl denkwürdigsten aller Trauerreden, die William Shakespeare Jahrhunderte später literarisch überhöhen sollte. In flammenden Worten prangerte Marcus Antonius die grausige Tat an und riss die Zuhörer derart mit, dass die Mörder Cäsars ihr Heil in der Flucht suchen mussten. Doch in seinem Führungsanspruch war Antonius nicht allein. Gaius Octavius – Octavian –, Cäsars Adoptivsohn, war nicht gewillt, auf seine Rechte als Erbe zu verzichten. Für Marcus Antonius mag

der 18-jährige schmächtige Jüngling zunächst kaum mehr als lästig gewesen sein, doch sollte er sich schnell als ernst zu nehmendes Hindernis entpuppen. Der Großneffe Cäsars war zum Zeitpunkt des Mordes nicht in der Stadt gewesen, doch auf die dramatische Nachricht hin eilte er zurück und nahm das Testament des Feldherrn an, das ihn zum alleinigen Erben machte. Ein nicht unerhebliches Risiko, denn angesichts großer Hinterlassenschaften für das römische Volk waren die Schulden Octavians gigantisch. Doch der junge Mann hatte richtig kalkuliert. Octavian nannte sich selbstbewusst Gaius Julius. Mit der Anknüpfung an seinen Adoptivvater brachte er das Volk genauso hinter sich wie mit großartigen Spielen zur Erinnerung an Cäsar. Ein Komet, der wie bestellt zum Zeitpunkt der Spiele erschien, verhieß Gutes

Leichenrede des Marcus Antonius nach William Shakespeare

Mitbürger! Freunde! Römer! Hört mich an:
Begraben will ich Cäsar, nicht ihn preisen.
Was Menschen Übles tun, das überlebt sie;
Das Gute wird mit ihnen oft begraben.
So sei es auch mit Cäsarn! Der edle Brutus
Hat euch gesagt, dass er voll Herrschsucht war;
Und war er das, so war's ein schwer Vergehen,
Und schwer hat Cäsar auch dafür gebüßt.
Hier, mit des Brutus' Willen und der anderen
(Denn Brutus ist ein ehrenwerter Mann,
Das sind sie alle, alle ehrenwert),
Komm ich, bei Cäsars Leichenzug zu reden.
Er war mein Freund, war mir gerecht und treu;
Doch Brutus sagt, dass er voll Herrschsucht war,
Und Brutus ist ein ehrenwerter Mann.
Er brachte viel Gefang'ne heim nach Rom,
Für die das Lösegeld den Schatz gefüllt.
Sah das an Herrschsucht wohl dem Cäsar gleich?
Wenn Arme zu ihm schrien, so weinte Cäsar,
Die Herrschsucht sollt' aus härterm Stoff bestehn.
Doch Brutus sagt, dass er voll Herrschsucht war,
Und Brutus ist ein ehrenwerter Mann.
Ihr alle saht, wie am Lupercusfest
Ich dreimal ihm die Königskrone bot,
Die dreimal er geweigert. War das Herrschsucht?
Doch Brutus sagt, dass er voll Herrschsucht war,
Und ist gewiss ein ehrenwerter Mann.
Ich will, was Brutus sprach, nicht widerlegen;
Ich spreche hier von dem nur, was ich weiß.
Ihr liebtet all ihn einst nicht ohne Grund:
Was für ein Grund wehrt euch, um ihn zu trauern?
O Urteil, du entflohst zum blöden Vieh,
Der Mensch ward unvernünftig! – Habt Geduld!
Mein Herz ist in dem Sarge hier beim Cäsar,
Und ich muss schweigen, bis es mir zurückkommt.

Mit seiner fulminanten Trauerrede machte Marcus Antonius seinen Anspruch auf die Nachfolge Cäsars deutlich.

für die künftigen Pläne Octavians. Doch weder Marcus Antonius noch Octavian konnten realistisch hoffen, die Nachfolge Cäsars und die Verfolgung der Mörder allein bewerkstelligen zu können. Am 27. November 43 taten sie sich mit dem Feldherrn Lepidus im sogenannten Zweiten Triumvirat zusammen und beanspruchten damit für die fünf kommenden Jahre die Vollmacht, über nahezu alle Staatsangelegenheiten zu entscheiden. In der Schlacht von Philippi besiegten die Cäsarianer im Oktober 42 v. Chr. die Cäsar-Mörder Brutus und Cassius. Anschließend ordneten sie ihre Machtbereiche neu. Marcus Antonius fiel dabei der Osten des Reiches zu.

Der Osten lag Marcus Antonius. Er war nicht nur ein erfahrener Militär und selbstbewusster Soldat – er wusste auch die angenehmen Seiten des Lebens zu schätzen. Bereits früh hatte er gelernt, sich auf die Launen des Schicksals einzustellen. Als er zehn Jahre alt war, starb sein Vater und hinterließ nichts als einen Berg von Schulden. Die Fröhlichkeit, aber auch einen Hang zum Unsteten habe er von seinem Vater, hieß es von Marcus Antonius. Die Mutter, eine beeindruckende Persönlichkeit, so die einhellige Auffassung der Römer, lehrte ihn wohl die Vorliebe für starke Frauen. Seine Soldaten liebten den Feldherrn, der ihnen in der Schlacht mutig voranging und am Abend ausgedehnte Trinkgelage veranstaltete. Cicero wurde nicht müde, vor dem zügellosen Irren zu warnen, der Antonius in seinen Augen war. Besonders übel nahm er ihm eine Episode, als Antonius eines Morgens im Senat hätte sprechen sollen, stattdessen aber die Überreste eines vorabendlichen Hochzeitsmahls in seinen Schoß erbrach. Ebenso sorglos wie im Umgang mit Alkohol war der Feldherr offenbar bei seinen Finanzen. Geld gab er stets mit vollen Händen aus, ob es ihm gehörte oder nicht. Ein fröhlicher Typ, der lieber handelte als grübelte. Seine äußere Erscheinung war imposant. Ein kräftiger, breitschultriger Mann mit hellen Locken, dessen Charme schon Heerscharen von Frauen erlegen waren. Die Mächtigen Kleinasiens bereiteten ihm einen warmen Empfang. Antonius genoss, dass man ihn nach östlicher Sitte mit kultischer Verehrung empfing. Im strengen Rom waren solche Herrscherkulte verpönt gewesen. Plutarch: »Als er in Ephesos einzog, gingen Frauen als Bacchantinnen, Männer und Knaben als Satyrn und Pane kostümiert vor ihm her, von Efeu und Thyrsosstäben, vom Klang der Saiteninstrumente, von Schalmeien und Flöten war die Luft erfüllt, und ihn selbst priesen sie als Dionysos, den Freudenbringer, den Huldreichen.« Antonius liebte den Genuss, doch auf der anderen Seite zeigte er sich als vorausschauender Realpolitiker. Er empfing zahlreiche Gesandte, pflegte regen diplomatischen Austausch mit den regionalen Machthabern und belohnte diejenigen, die im Kampf gegen die Cäsar-Mörder auf der richtigen Seite gestanden hatten. Obendrein bewies er Gespür für die Grenzen der finanziellen Belastbarkeit der Region. Zwar trieb er erhebliche Steuern ein, aber er schaffte es, die Bewohner der östlichen Provinzen nicht nachhaltig gegen sich aufzubringen.

Für die meisten war er ein »Rohverschlinger«, der »Grausamwilde«. Männern von edler Geburt nahm er ihr Vermögen und verschenkte es an Galgenstricke und Speichellecker.

PLUTARCH ÜBER MARCUS ANTONIUS

Kleopatra, die bedeutendste Königin des Ostens, hielt ihn hin, obschon der Triumvir dringend auf eine Neuordnung des Verhältnisses zwischen Rom und Ägypten wartete. »Obwohl sie von ihm selbst und von seinen Freunden viele Briefe bekam, die sie herbeiriefen, so achtete sie das gering«, schreibt Plutarch. Marcus Antonius bestellte Kleopatra schließlich zum Gespräch über die weitere Zusammenarbeit nach Tarsos, nicht wissend, dass er damit die Weichen für den Rest seines Lebens stellte. Denn die Königin von Ägypten inszenierte einen Auftritt, der der legendären Bettzeugszene in nichts nachstehen sollte.

Kleopatras kostbar geschmücktes Schiff auf dem Kydnos. Gemälde von Francis Danby, 1843.

Auf einem Schiff mit vergoldetem Heck, so berichtet Plutarch, sei sie den Fluss Kydnos zum Quartier des Marcus Antonius hinaufgefahren. »Sie selbst lag unter einem reich mit Gold verzierten Sonnendach, gekleidet und geschmückt, wie man Aphrodite gemalt sieht, und Knaben wie gemalte Liebesgötter standen zu beiden Seiten und fächelten ihr Kühlung zu. Ebenso standen die schönsten Dienerinnen, gekleidet wie Nereiden und Chariten, teils an den Steuerrudern, teils bei den Tauen. Herrliche Düfte von reichlichem Räucherwerk verbreiteten sich über die Ufer ... es verbreitete sich in der Masse das Gerücht, Aphrodite komme in feierlichem Zuge, den Dionysos zu besuchen zum Heile für Asien.«

Der Historiker Christoph Schäfer machte in seiner Biografie Kleopatras anschaulich, was unter der Bezeichnung »gekleidet und geschmückt wie ... Aphrodite« konkret vorzustellen sei. Anhand des Vergleiches mit einer hellenistischen Venusstatuette aus Pompeji geht er davon aus, dass Kleopatra eine Art vergoldeten Bikini mit einem netzartigen Mieder trug, der mehr betonte, als er verdeckte. Goldener Schmuck, darunter eine Bauchkette, die sich im Nabelbereich kreuzte, betonte den reizvollen Auftritt.

Die Ägypterin ging nicht etwa von Bord und bat um Audienz. Ganz im Gegenteil: Sie ihrerseits lud Marcus Antonius ein, auf ihr Schiff zu kommen. Hier richtete sie, folgt man dem griechischen Rhetor Athenaios, ein spektakuläres Gastmahl aus. »Das Geschirr war vollständig aus Gold und mit Edelsteinen edelster Machart besetzt, auch die Wände waren mit purpurnen und golddurchwirkten Teppichen geschmückt. Kleopatra stellte für Antonius und die, die er mitbringen wollte, zwölf Speiseliegen zu je drei Gästen bereit. Als er von der Pracht völlig erschlagen war, lächelte sie nur und sagte, das sei ein Geschenk für ihn, und lud ihn für den folgenden Morgen noch einmal ein mit seinen Freunden und Offizieren. Da schmückte sie das Bankett noch weit mehr aus und ließ das vorige kümmerlich erscheinen, und wieder schenkte sie es ihm. Jeder der Offi-

Vor einem goldenen Sonnenuntergang: die Landung der Kleopatra in Tarsos. Gemälde von Claude Lorrain, 1642.

ziere konnte das Speiselager, auf dem er geruht hatte, mitnehmen, und sogar die Beitische für die Trinkgefäße und die Tischdecken wurden unter ihnen geteilt, und sie konnten sie mitnehmen. Die höheren Chargen bekamen beim Verlassen Sänften mit Trägern zur Verfügung gestellt, die meisten bekamen Pferde mit silbernem Zaumzeug, allen leuchteten äthiopische Sklaven mit Fackeln vor. Am vierten Tag wurde der Boden der Speiseräume mit Rosen im Wert von einem Talent bestreut, und alles war mit Girlanden behängt.« Eine fantastische Schilderung, die selbst in Details realistisch anmutet, gehörte doch solche Prachtentfaltung und Luxusdarbietung zur Repräsentation hellenistischer Herrscher. Kleopatra hat Marcus Antonius sicherlich mit märchenhaftem Reichtum beeindrucken wollen. Sie verließ sich aber nicht allein auf ihre körperlichen Reize und den Prunk. Sicherlich kannte sie seinen Ruf. Vielleicht wusste sie, dass er durchaus ein Faible für starke Frauen hatte. Dieser Mann verfügte über das nötige Selbstbewusstsein, den Umgang mit einer gelegentlich durchaus auch derb auftretenden Frau nicht zu scheuen. Wie schon Cäsar erkannte Antonius in Kleopatra eine Frau, die ihm das Wasser reichen konnte. Vielleicht steigerte auch die Vergangenheit Kleopatras im Bett Cäsars ihre Attraktivität, denn Marcus Antonius verstand sich ja als legitimer Nachfolger des großen Juliers – auf dem Schlachtfeld und vielleicht auch anderswo. Kleopatra spielte das Spiel mit und setzte auf die richtige Karte. Anstatt dem starken Militär gegenüber das schutzbedürftige Mädchen zu markieren, brach sie schon bei ihrem ersten Besuch mit lautem Getöse in die Männergesellschaft ein. »Da nun Kleopatra auch in den Scherzen des Antonius den Soldaten und den schlichten Mann erkannte«, so erzählt Plutarch, »bediente auch sie sich ihm gegenüber alsbald ungehemmt und rückhaltlos dieses Tones.« Sie gab die Frau, mit der man Pferde stehlen kann und die trotzdem sexy ist. Damit traf sie genau den Geschmack des Antonius. Wohl noch während dieses ersten Treffens wurden Kleopatra und Antonius ein Paar. »In dem Moment, in dem er sie zum ersten Mal sah, verlor Antonius ihretwegen den Verstand wie ein Jüngling, obwohl er vierzig Jahre alt war«, staunte der Geschichtsschreiber Appian.

Kleopatra, deren gefährlich schönes Gesicht geschminkt war … ist mit Perlen geschmückt und trägt ein Vermögen am Hals und im Haar … Ihre Brüste schimmern weiß durch Gewebe aus Sidon.

LUKAN

Dass die Quellen sich in Anbetracht derart spektakulärer Ereignisse nahezu ausschließlich auf den zwischenmenschlichen Aspekt konzentrieren, überrascht wenig. Dennoch werden im Rahmen des ausschweifenden Kennenlernfestes auch handfeste politische Absprachen stattgefunden haben, die für die Zukunft wegweisend wurden. Rom und Ägypten waren politische Schwergewichte, und wie diese miteinander umgingen, war von weitreichender Bedeutung. Antonius gewann mit Ägypten die wichtigste Unterstützung für seinen Machtausbau im Osten. Kleopatra war nun zurück auf der ganz großen Bühne der Macht. Ihre Feinde bekamen das binnen kürzester Frist zu spüren. Wohl auf Antonius' Befehl wurde Kleopatras rebellische Schwester Arsinoë im Artemistempel von Ephesos getötet. Sie war die stets präsente Bedrohung von Kleopatras Machtansprüchen in Ägypten gewesen. Mit ihr starb das letzte ihrer Geschwister. »Jetzt hatte Kleopatra alle ihre Verwandten umgebracht«, hetzte ein römischer Chronist, »bis niemand mehr von ihrem Blut am Leben war.« Auch andere politische Gegner verschwanden durch plötzlichen Tod von der Bildfläche.

Zwei vom gleichen Schlag

Der Winter 41/40 v. Chr. dürfte die glücklichste Zeit in der Beziehung von Kleopatra und Antonius gewesen sein. In Ägypten verwöhnte die Königin ihren Liebhaber mit allen erdenklichen Aufmerksamkeiten. Der Feldherr hatte ohnehin eine Neigung zu östlichem Prunk und fand in der Ägypterin eine Frau, die das alles mit großem Spaß mitmachte. Was kostete die Welt? Nichts, was Kleopatra und Antonius nicht hätten bezahlen können. »Im Orient lässt sich gut ruhen«, lässt Shakespeare Jahrhunderte später Antonius in jenem Drama sagen, das das Schicksal des Feldherrn und seiner ägyptischen Geliebten unsterblich machte. Was da aber im Osten vor allem zu ruhen schien, war das Pflichtbewusstsein des römischen Triumvirn. »Sie gewährte ihm einen glänzenden Empfang«, berichtet Appian, »und so blieb er den Winter über dort, dabei ohne die Abzeichen seines Amtes und in der Kleidung und Lebens-

»Gekleidet und geschmückt, wie man Aphrodite gemalt sieht«; die erste Begegnung von Marcus Antonius und Kleopatra auf dem Kydnos. Gemälde von Lawrence Alma-Tadema, 1883.

Stilisiertes Abbild der Fulvia, der ersten Ehefrau des Marcus Antonius, auf einer römischen Münze.

weise eines Privatmannes.« Tatsächlich verbrachte Antonius die Wintermonate in rauschhaften Gelagen, bei denen sich die Tische unter den teuersten Speisen bogen. Kleopatra ließ sich ständig etwas Neues einfallen, um den Geliebten bei Laune zu halten. »Sie würfelte, zechte und jagte mit ihm, sah ihm zu, wenn er seine Waffenübungen hielt«, erzählt Plutarch. »Kleopatra behandelte Antonius wie einen Schuljungen auf Ferien«, schreibt eine moderne Biografin. Verkleidet streifte sie mit ihm durch das nächtliche Alexandria und trieb allerlei Schabernack mit den Einwohnern. Antonius konnte, als einfacher Diener verkleidet, in solchen Nächten sogar ungestraft an zünftigen Straßenschlägereien teilnehmen. Die Alexandriner spielten gutmütig mit. Vielleicht erkannten sie Kleopatra und Antonius, doch die Stadt, die wenige Jahre zuvor Julius Cäsar so erbittert bekämpft hatte, liebte den neuen Mann an der Seite ihrer Königin.

Buchstäblich über Nacht schien aus einem, der die harte Pritsche der Feldlager gewohnt war, ein Partylöwe geworden zu sein. Doch so kopflos, wie die Quellen glauben machen könnten, war in jenen wilden Monaten weder Marcus Antonius noch Kleopatra. Beide ließen ihre politischen Ambitionen nicht aus den Augen. Kleopatra hatte durch die Bindung an den mächtigen Feldherrn erreicht, dass sie als Königin von Ägypten weiterhin anerkannt wurde und ihr Land politisch weitgehend eigenständig blieb. Tatsächlich zeigt eine kolportierte Anekdote, dass sie sich auch durchaus um die politische Zukunft ihres Liebhabers sorgte. Sie habe ihm einen geräucherten Fisch an eine Angel stecken lassen und dann, als er den seltsamen Fang an Land zog, gesagt: »Überlass doch, Imperator, die Angelrute uns Königen von Pharos und Kanopos; dein Fang sind Städte, Königreiche und Kontinente.« Doch auch Antonius selbst hatte seinen Blick für die römischen Verhältnisse keineswegs verloren. Aus dem Osten erreichte ihn die Nachricht, dass die Parther gegen das Römische Reich rüsteten, aus dem Westen wurde berichtet, dass Antonius' Ehefrau Fulvia gemeinsam mit seinem Bruder einen Bürgerkrieg gegen Octavian angezettelt hatte. Nun war sie auf der Flucht nach Griechenland. Dieser Konflikt mit Octavian kam Antonius äußerst ungelegen. Der Zeitpunkt war alles andere als günstig, seine Abmachungen mit dem Vertragspartner aufs Spiel zu setzen. Zwar traf Antonius seine Frau in Griechenland, ließ sie dann aber zurück. Kurz darauf wurde Fulvia schwer krank und starb. Appian lästert, sie habe sich aus Bosheit das Leben genommen, »weil sie wütend auf Antonius war, der sie krank zurückgelassen hatte«. Tatsächlich war Antonius vom Tod seiner Ehefrau durchaus getroffen. Vielleicht machte er sich Vorwürfe, weil er ihre Krankheit nicht ernst genug genommen hatte. Fulvia, die in den Quellen wie so viele selbstständige Frauen der Antike als zickiges Mannweib verunglimpft wird, war Antonius stets eine loyale Gefährtin gewesen, die Geld mit in die Ehe gebracht, ihm zwei Söhne geschenkt und politisch immer zu ihm gestanden hatte. Ihr größtes Geschenk an den Ehemann aber war ihr Tod zum rechten Zeitpunkt. Sie war ein ernst zu nehmender Störfaktor des Triumvirats gewesen und die Hand des Antonius zudem nun wieder frei für eine neue Gefährtin. Sie hätte Kleopatra heißen können, wenn Antonius das gewollt hätte. Doch der Römer hatte andere Pläne. Als Kleopatra im Herbst des Jahres 40 v. Chr. ein Zwillingspaar von ihm zur Welt brachte, war er erneut verheiratet: mit Octavia, der Schwester seines Vertragspartners Octavian. Genau wie Cäsar vor ihm hatte er Ägypten sofort verlassen, als es die politischen Umstände erforderten.

Das Konterfei von Octavia, der zweiten Ehefrau des Staatsmanns, wurde ebenfalls auf einer Münze verewigt.

Antonius eroberte sie [Kleopatra] so vollständig, dass er, während in Rom seine Gattin Fulvia in seiner Sache mit Cäsar [Octavian] Krieg führte und ein parthisches Heer in Mesopotamien operierte …, sich einfach von ihr nach Alexandria mitnehmen ließ, dort mit Scherz und Zeitvertreib das Leben eines unbeschäftigten jungen Mannes führte und das kostbarste Gut, wie Antiphon es nennt, vergeudete und verprasste: die Zeit.

PLUTARCH

Ein Mann – zwei Frauen

Octavia war, so machen es die Quellen glauben, von ganz anderem Schlag als die verführerische Ägypterin. Sie war eine stille und freundliche Natur, die den ihr zugedachten Platz als *matrona* in der römischen Gesellschaft mit großem Pflichtbewusstsein ausfüllen wollte. Dennoch – sie war kein blasses Heimchen am Herd. Auch sie fand einen Weg, von Marcus Antonius durchaus geschätzt zu werden. Die Ehe, die Octavian und Antonius zu Schwägern machte, besiegelte im Herbst 40 v. Chr. den Vertrag von Brundisium, dem heutigen Brindisi, in dem sich die Triumvirn noch einmal aussöhnten.

Antonius reiste im Anschluss nach Athen und ließ sich mit seiner neuen Ehefrau feiern. Octavias Konterfei zierte schon bald dort geschlagene Münzen. Antonius kleidete sich nach griechischer Manier und ließ keine Gelegenheit zu einem ausschweifenden Fest verstreichen. Er ließ sich sogar als Dionysos anreden, baute eine Hütte aus Laub und Ästen, die er mit Trommeln und Tamburinen schmückte, wird berichtet. Dahinein legte er sich und betrank sich mit seinen Freunden. In den Quellentexten wird all das nicht ernsthaft moniert, hatte Antonius doch die tugendhafte Octavia an seiner Seite. Und obschon die Ehe aus ausschließlich politischen Gründen geschlossen worden war, waren die Eheleute sichtbar glücklich miteinander. Schon ein Jahr nach der Heirat wurde die erste gemeinsame Tochter, Antonia, geboren. Ihr sollte noch eine Schwester desselben Namens folgen. Es ist nicht überliefert, wie Kleopatra auf die Nachricht von Antonius' erneuter Eheschließung reagierte. Natürlich, er war auch schon verheiratet gewesen, als sie ihn kennengelernt hatte, doch Fulvias Tod wäre Kleopatras Chance gewesen. Aber der Feldherr hatte sich nicht einmal an die offizielle Trauerzeit nach Fulvias Tod gehalten und Kleopatra damit jede Einwirkung auf ihn verwehrt. Wir wissen ebenfalls nicht, ob in den Jahren zwischen 40 und 37 v. Chr. überhaupt Kontakt zwischen den beiden bestand. Allerdings dürfte Kleopatra über den durchaus zufriedenstellenden Verlauf der Ehe des Antonius stets auf dem Laufenden gehalten worden sein. Aber auch darüber, dass die neue Verwandtschaftskonstellation das Triumvirat nicht dauerhaft stärken konnte.

Octavian und Antonius rangen um die Vormachtstellung im Reich und bezichtigten sich gegenseitig, zu wenig militärische Unterstützung zu leisten. Im Frühsommer 37 v. Chr. reisten Marcus Antonius und seine Frau, die bereits wieder schwanger war, nach Italien zurück. In Tarent gelang es Octavia dann noch einmal, die beiden Männer zu versöhnen. Sie erbat bei Antonius mehr Schiffe für Octavian, die dieser im Kampf gegen den Rivalen Sextus Pompeius benötigte. 120 wurden gewährt, die Lücken zu füllen, die Stürme und der andauernde Seekrieg in der Flotte Octavians gerissen hatten. Dieser wiederum versprach 20 000 Soldaten für den Krieg des Antonius gegen die Parther. Wie sehr sich Octavia persönlich um die Aussöhnung bemüht hatte, zeigen ungewöhnliche Münzen, die in dieser Zeit geprägt wurden. Auf ihnen sind Octavia und Antonius abgebildet, die einander das Gesicht zuwenden, oder aber die Köpfe von Antonius und Octavian gegenüber dem der Octavia. Eine solche Profildarstellung einer Frau im Verein mit den wichtigsten Machthabern im Reich hatte es noch nie gegeben. Der »Vertrag von Tarent« verlängerte das Triumvirat von Marcus Antonius und Octavian – wobei Lepidus als eigentlich Dritter im Bunde nicht konsultiert wurde – um weitere fünf Jahre. Um die Abmachung zu bekräftigen, wurde Antonius' zehnjähriger Sohn mit Octavians einziger Tochter Julia verlobt. Doch nur wenig später verabschiedete Antonius seine Frau und die Kinder und schickte sie in den Westteil des Reiches zurück. Der bevorstehende Kriegszug gegen die Parther sei zu gefährlich für die Familie, so die offizielle Version. Doch tatsächlich war sie Antonius im Osten wohl einfach im Weg.

37 v. Chr. befahl Marcus Antonius Kleopatra zu sich nach Syrien. Was genau seine Kehrtwende verursacht hatte, wird aus den Quellen nicht ganz klar. Für Plutarch steckt natürlich Kleopatra dahinter, »das schreckliche Übel, das lange Zeit geschlummert hatte«. Das Verlangen nach ihr sei in Antonius so jäh wieder aufgelodert, dass er nicht anders konnte. Moderne Historiker vermuten nüchterner, dass Antonius die Winkelzüge seines Rivalen Octavian leid war. Immer wieder hatte die Versöhnung für eine gewisse Zeit funktioniert, aber eigentlich war klar, dass die beiden dauerhaft nicht friedlich nebeneinander existieren konnten. Octavia war

das Bindeglied mit Octavian. Sie zu verlassen hieß, das Bündnis mit Octavian zu sprengen. Antonius schickte einen Boten nach Alexandria und ließ seiner Exgeliebten mitteilen, er warte in Antiochia auf sie. Und die Königin von Ägypten folgte, obwohl es sie wahrscheinlich eine erhebliche Überwindung gekostet haben dürfte, Antonius zu verzeihen, dass er sie schwanger hatte sitzen lassen und eine politisch passendere Frau geheiratet hatte. Ob sie wieder einen pompösen Auftritt inszenierte, ist nicht überliefert. Aber diesmal hatte sie eine noch stärkere Waffe dabei: die inzwischen dreijährigen Kinder des Antonius, die dieser noch nie gesehen hatte. Alexander Helios und Kleopatra Selene hatte sie die Zwillinge ebenso klingend wie programmatisch genannt. Sonne und Mond, so die Übersetzung der Namen. Die beiden lernten einen Vater kennen, den sie bislang nur aus den Reden ihrer Mutter kannten. Doch ob diese voller Sehnsucht oder voller Wut waren, ist nicht bekannt. Sicher aber ist: Antonius und Kleopatra knüpften nahtlos dort an, wo sie drei Jahre zuvor aufgehört hatten. Es scheint, dass sich wiederum persönliche Zuneigung und politisches Kalkül aufs Beste ineinanderfügten. Antonius hatte schon zu Beginn ihrer Beziehung wichtige Gebiete unter ptolemäische Verwaltung gestellt. Diese Politik, die durchaus auch in seinem politischen Interesse lag, setzte er nun fort. »Als sie kam, machte er ihr zur Vergrößerung ihres Reiches kein kleines und geringfügiges Geschenk, sondern Phönizien, Koilesyrien, Zypern und einen großen Teil Kilikiens, dazu noch den balsamtragenden Teil von Judäa und von dem nabatäischen Arabien den ganzen Strich, der dem äußeren Meer zugewendet ist«, schreibt Plutarch und fährt fort: »Diese Geschenke erregten den stärksten

Wissenschaftler gehen davon aus, dass es sich bei dieser Statuette um eine Darstellung von Kleopatras und Antonius' Sohn Alexander Helios handelt.

Anstoß bei den Römern.« Auch aus Sicht des römischen Feldherrn waren die Gebietsübertragungen an lokale Größen durchaus sinnvoll, denn er musste sich und seinen Truppen den Rücken für den unwiderruflich anstehenden Partherfeldzug frei halten, und eine direkte

Verwaltung jener Regionen kam damals schon wegen des Mangels an geeignetem Personal nicht infrage. Antonius bedachte auch andere Herrscher, die ihm loyal erschienen, doch nur die Übertragungen an Kleopatra wurden von der Partei Octavians zu Propagandazwecken als Schenkungen dargestellt, als hätte der Triumvir hier soeben das komplette römische Tafelsilber verscherbelt. Denn schon wieder kriselte es im Gefüge des Triumvirats, und jede tatsächliche oder erfundene Verfehlung des Antonius, sei sie moralischer oder politischer Art, kam Octavian und seinen Gefolgsleuten gerade recht.

Wenige Monate nach der Geburt der zweiten Antonia durch Octavia in Rom war Antonius schon wieder Vater geworden: Kleopatra brachte in Ägypten den gemeinsamen Sohn Ptolemaios Philadelphos zur Welt. Eine Familie im Westen in Rom, eine Familie im Osten – ein klassisches Dilemma, in das sich Marcus Antonius sehenden Auges manövriert hatte. Sein Gegenspieler Octavian wetzte die Propagandamesser. In der von ihm maßgeblich beeinflussten Quellenüberlieferung erscheint Kleopatra als Hure, die Antonius zu Sündhaftigkeit und Verschwendung animierte. Octavia dagegen war in der öffentlichen Darstellung die schmählich Betrogene, die dennoch großherzig zu ihrem Gatten stand. Tatsächlich ertrug Octavia die peinliche und für sie augenscheinlich auch wirklich traurige Situation mit bemerkenswerter Größe. Für Antonius rückten seine privaten Schwierigkeiten, die gleichzeitig hochpolitischer Natur waren, zunächst in den Hintergrund. Mit einer gewaltigen Armee zog er gegen die Parther, um die Großmacht an der Ostgrenze des Reiches in die Schranken zu weisen. Zwar bewältigten seine Truppen beeindruckende Strecken, doch von einem Sieg der Römer konnte keine Rede sein. Verzweifelt schickte Antonius 36 v. Chr. Boten an Kleopatra, sie möge ihm Gold und Vorräte zukommen lassen. Doch die Königin reagierte nicht sofort. Es war Winter und das Mittelmeer nur unter Schwierigkeiten schiffbar. Die von Antonius verlangten Summen musste auch eine Herrscherin von Ägypten erst einmal auftreiben. Doch schließlich kam sie und rettete Antonius mit ihren Mitteln aus einer prekären Situation. Zwar konnte er mit dem Gold Kleopatras seine Männer noch einmal besänftigen, doch es ließ sich nicht leugnen, dass der großspurig angekündigte Feldzug ein Debakel war. Die Parther hatten sich immer wieder einer entscheidenden Schlacht entzogen, das römische Heer aber ständig aus dem Hinterhalt angegriffen. Demoralisiert und entkräftet musste Antonius schließlich den Rückzug antreten und verlor Tausende Männer durch Hunger, Krankheiten und Erschöpfung. Die Schuld am jämmerlichen Verlauf der großangelegten Kampagne gibt Plutarch wieder der Königin von Ägypten. »Weil er nämlich eilte, mit ihr den Winter zu verbringen, eröffnete er den Feldzug vor der gehörigen Jahreszeit und handelte in allen Stücken mit unüberlegter Hitze. Gleich als wäre er seines Verstandes nicht mehr mächtig, sondern durch Gifttränke oder Zaubermittel betört, sah er sich immer ängstlich nach dem Gegenstande seiner Liebe um und war mehr darauf bedacht, recht bald zurückzukehren, als die Feinde zu besiegen«, so der Geschichtsschreiber.

Kleopatras Schätze beruhigten die Situation in Antonius' Lager, doch zwischen dem Paar kam es offenbar auch zu Auseinandersetzungen. So folgte Antonius Kleopatras Bitte nicht, gegen Herodes, den König von Judäa, vorzugehen. Es war also keinesfalls so, dass der Feldherr blind ausführte, was ihm seine Geliebte einflüsterte. Tatsächlich war Kleopatra nicht die einzige Frau, die zur Rettung des Antonius eilte. Auch Octavia machte sich von Rom aus mit Soldaten nach Osten auf, um ihn zu unterstützen. 37 v. Chr. hatte Octavian in Tarent seinem Bundesgenossen 20 000 Soldaten versprochen, doch was er seiner Schwester nun mitgab, waren, obgleich Elitekämpfer, gerade einmal 2000. Ein Affront für Antonius insbesondere in Anbetracht der prekären militärischen Lage. Es geschah, was Octavian wohl beabsichtigt hatte: Die Situation eskalierte. Antonius weigerte sich, Octavia persönlich zu empfangen. Die Soldaten nahm er an, doch seine Ehefrau musste blamiert wieder abreisen. Kleopatra habe ihn erpresst, so raunen die Quellen. Sollte er sie verlassen, werde sie sich das Leben nehmen, habe sie ihrem Geliebten gedroht. Anscheinend hatte sie in Anbetracht von Octavias untadeligem Verhalten und in dem Wissen, dass diese Frau Antonius keineswegs zuwider war, ihre Felle davonschwimmen sehen. Plutarch schreibt: »Als Kleopatra erkannte, dass Octavia den Kampf mit ihr aufnehmen wollte, begann sie zu fürchten, dass sie, die außer der Würde ihres Charakters und der Macht Cäsars auch noch die Gabe des liebenswürdigen Umgangs Antonius gegenüber besaß, unüberwindlich sein und den Mann ganz und gar fesseln würde, und so stellte sie sich, als ob sie in Antonius verliebt wäre, und suchte sich durch zu leichte Ernährung körperlich herunterzubringen.« Folgt man dem Historiografen, griff sie nun tief in die Trickkiste der Frau, die einen Mann halten will. »Ihr Blick strahlte auf, wenn er kam; ging er weg, so war er hinschmelzend und tief betrübt«, so Plutarch.

Antonius' Ehefrau Octavia entwickelte sich zur Gegenspielerin Kleopatras.

»Sie richtete es so ein, dass er sie oft weinen sah, wischte aber die Tränen ab und suchte sie zu verbergen, als wollte sie, dass er es nicht bemerkte. Die Schmeichler ereiferten sich für sie und schalten Antonius einen harten, gefühllosen Mann, der eine Frau in den Tod treibe, die einzig und allein an ihm hinge.« Dass Kleopatra um den Mann Antonius fürchtete, ist durchaus nachvollziehbar, denn dieser hatte aus seiner Wertschätzung für die offizielle Ehefrau nie ein Hehl gemacht. Allerdings dürfte sich der erfahrene Feldherr Marcus Antonius nicht wegen einiger theatralischer Auftritte seiner Geliebten für die Ablehnung des von Octavia überbrachten Hilfsangebotes entschieden haben. Tatsächlich war die Truppenstärke des Kontingentes, das Octavian seiner Schwester mitgegeben hatte, lächerlich gering. Antonius entschied sich für die ungleich größere Unterstützung durch das Ptolemäerreich und gleichzeitig für Kleopatra. Octavian kam der Skandal gerade recht. Er hatte mit einer Zurückweisung seiner Schwester gerechnet, die ihm in seinem Propagandafeldzug gegen Antonius neue Munition verschaffte. War es nicht ekelhaft, die tugendhafte Octavia so zu behandeln, die doch trotz aller Brüskierungen nur hatte helfen wollen? Stattdessen verlustierte sich Antonius weiterhin mit der Schlange Kleopatra! Erwartungsgemäß war die römische Öffentlichkeit, die Octavian aufs Genaueste ins Bild setzen ließ, entrüstet.

Die Schlacht der Propagandisten

Marcus Antonius war 34 v. Chr. ein psychologisch wichtiger Schlachterfolg gegen den König von Armenien gelungen, der seinen durch den vergeblichen Partherkrieg angekratzten Ruf als

An der Außenwand des Hathor-Tempels in Dendera (Oberägypten) findet sich diese Darstellung von Cäsarion (2. von rechts). Der Sohn von Cäsar und Kleopatra bringt ein Weihrauchopfer dar, seine Mutter steht hinter ihm.

Feldherr aufpolieren konnte. Ein Triumphzug in Rom kam in Anbetracht des angespannten Verhältnisses zu Octavian für Antonius nicht infrage. Dennoch wollte er seinen militärischen Erfolg präsentieren und entschied sich für eine pompöse Siegesparade in Alexandria. Die Wahl des Ortes war heikel. Zwar war ein rauschendes Fest psychologisch wichtig, da es in militärischer Hinsicht schon lange nichts mehr zu feiern gegeben hatte. Doch gleichzeitig durften die Römer, die sich noch immer mit dem Triumvirn Antonius verbunden fühlten, nicht endgültig verprellt werden. Klug war es also, den Triumph erst gar nicht so zu gestalten, wie man es in Rom getan hätte. Der Geschichtsschreiber Velleius Paterculus berichtet: »Er hatte befohlen, man solle ihn als neuen Liber Pater [= Bacchus bzw. Dionysos] bezeichnen. Mit Efeu bekränzt, mit einer goldenen Krone geschmückt, den Thyrsosstab in der Hand und Kothurne an den Füßen, so war er auf einem Prozessionswagen wie Liber Pater durch Alexandria gefahren.« Der Feldherr inszenierte sich also wie Dionysos mit Attributen, die den Alexandrinern sofort verständlich waren. Der gesamte Ablauf der triumphalen Prozession folgte dem Brauch einer hellenistischen *pompé*, nicht eines römischen Triumphzuges. Sollten Antonius und Kleopatra gehofft haben, den Römern sei ein solcher Ablauf so fremd, dass sie sich nicht um ihren eigentlichen Triumphzug in der Stadt betrogen fühlten, erreichten sie das Gegenteil. Von Octavians Partei angestachelt, nahm ihm die römische Plebs den Prunk besonders übel, von dem sie selbst gern profitiert hätte. »Damit kränkte er die Römer besonders, weil er die höchste Ehre und Auszeichnung, die das Vaterland zu vergeben hatte, Kleopatra zuliebe den Ägyptern zukommen ließ«, bemerkt Plutarch.

Cäsarion war unter dem Namen Ptolemaios XV. ab 44 v. Chr. Mitregent seiner Mutter.

Die für Kleopatra noch bedeutsamere Zeremonie folgte wenige Tage später im Gymnasion von Alexandria: Antonius und Kleopatra präsentierten sich auf goldenen Thronen sitzend mit ihren drei gemeinsamen Kindern und mit Cäsarion. Letzteren anerkannte Antonius öffentlich als leiblichen Sohn Julius Cäsars. Wie einige Historiografen berichten, erhielten Cäsarion und die anderen Kinder Kleopatras dabei umfangreiche Gebiete als ihren Herrschaftsbereich: Ägypten, die Kyrenaika, Zypern, Medien, Parthien, Phönizien und Syrien. Die Forschung sieht diese angeblichen Schenkungen heute differenzierter und verweist manches in den Bereich der Fabel. Die Einsetzung des Zwillings Alexander Helios als König von Armenien erscheint plausibel, die anderen Übertragungen waren wohl eher von Octavians Gefolgsleuten in Rom kolportiert worden. Kleopatras Söhne erhielten den ehrenvollen Titel »König der Könige«, sie selbst hieß nun »Königin der Könige«. All diese zeremoniellen Einzelheiten waren aufs Feinste mit der Erwartungshaltung im Osten abgestimmt. Hier erhofften sich Antonius und Kleopatra Rückhalt. Doch der Preis, den sie dafür im Westen zahlten, sollte augenscheinlich viel höher sein, als die beiden erwartet hatten.

Die Anhänger Octavians tobten. Was fiel diesem Antonius ein? Römische Rechte, römische Territorien – alles einer hinterlistigen Verführerin aus dem Osten zum Fraß vorgeworfen! Angesichts der octavianischen Propaganda empfanden viele Römer das Verhalten des Antonius als Affront gegen ihr Wertesystem. Doch für das sinnenfrohe Paar in Alexandria schien diese Aufregung weit weg. Sie feierten sich und ihre Liebe. Plutarch hat eine eindrucksvolle Schilderung hinterlassen, die sich, wohl abzüglich einiger Übertreibungen, auch von anderen Quellen bestätigt findet. Eine ganz spezielle Partyclique habe es gegeben, die sich die »unnachahmlichen Lebenskünstler« nannten. »Die Mitglieder luden einander täglich abwechselnd ein, mit einem kostspieligen Aufwand, der jedes Maß und jede Vorstellungskraft sprengte«, so Plutarch. »Davon hat der Arzt Philotas von Amphissa meinem Großvater

»So soll es sein«: eine Anordnung aus der Kanzlei der Kleopatra mit der wahrscheinlich eigenhändigen Signatur der Königin.

Lamprias folgende Geschichte erzählt: Er habe damals in Alexandria seine Wissenschaft, die Medizin, studiert, sei mit einem der königlichen Köche bekannt geworden und habe sich von ihm – ein junger Mensch, wie er war – bereden lassen, sich einmal die kostbare Zubereitung der königlichen Tafel zu besehen. Als er, in die Küche geführt, außer der großen Menge anderer Speisen acht Wildschweine sah, die gerade gebraten wurden, habe er sein Erstaunen über die Menge der Gäste geäußert. Da habe der Koch gelacht und gesagt, es seien gar nicht so viele Gäste, sondern nur etwa zwölf. Aber jedes Gericht, das aufgetragen wird, muss die volle Garheit haben, die ein kurzer Augenblick zerstört. Denn es könnte geschehen, dass Antonius sofort eine Mahlzeit verlangt und nach Kurzem, wenn es gerade so trifft, das Essen verschiebt und viel mehr zu trinken verlangt oder dass eine Unterhaltung dazwischenkommt. Daher ist nicht eine, sondern sind viele Mahlzeiten, so sagte er, bestellt. Denn die Zeit der Tafel ist nicht zu erraten.«

Zahlreiche weitere Anekdoten ranken sich um diese Jahre in Alexandria. So auch die wohl bekannteste Mär rund um Kleopatras Verschwendungssucht: Sie habe Antonius die Wette angeboten, dass sie bei einem einzigen Mahl zehn Millionen Sesterzen verzehren könne. Und Antonius, der auf die Wette einging, habe staunend zugesehen, wie sie eine unfassbar teure Perle in Essig auflöste und die Flüssigkeit einfach austrank. Eine großartige Geschichte, die allerdings einen Haken hat: Perlen lösen sich in Essig nicht auf.

Doch wer auch immer sie erfunden hat, brachte damit die Zeit der rauschhaften Feste auf den Punkt. Antonius hielt mit seiner Freude über diesen Lebenswandel auch gar nicht hinter dem Berg. Er veröffentlichte sogar eine – wohl satirisch gemeinte – Schrift mit dem unmissverständlichen Titel *De ebrietate sua*, also: Über seine Trunksucht. Auch Kleopatra scheint einigermaßen trinkfest gewesen zu sein. Properz behauptet, sie habe noch in ganzen Sätzen formuliert, obwohl »ihre Zunge begraben lag in reichlich genossenem Wein«.

Für Kleopatra war dieser Lebenswandel überhaupt nicht so außergewöhnlich, wie er den römischen Geschichtsschreibern erscheint. Die überzogene und verschwenderische Prachtent-

Prunk und Prachtentfaltung der Kleopatra inspirierten immer wieder Künstler: hier das »Gastmahl der Kleopatra« von Giovanni Battista Tiepolo, 1742.

faltung gehörte zur hellenistischen und damit auch zur ptolemäischen Tradition. Kleopatras Vorfahren hatten es kaum anders gehalten. Und Antonius war offenbar ein Charakter, den man für all das leicht begeistern konnte. So banal es klingt – die beiden passten einfach zueinander. Möglicherweise hat Antonius in dieser Zeit seine Geliebte Kleopatra sogar offiziell geheiratet, so mutmaßen zumindest einige Quellen. Plutarch behauptet, Antonius habe sich zwei Frauen genommen, was sich noch kein Römer bislang erlaubt habe. Dass ein in irgendeiner Form rechtskräftiger Akt vollzogen worden wäre, ist jedoch höchst unwahrscheinlich. Offensichtlich aber präsentierte sich das Paar als Aphrodite und Dionysos, und eine solch himmlische Vereinigung zählte in der östlichen Öffentlichkeit ohnehin mehr als irgendein Staatsakt. Für Kleopatra war dies sogar eine erheblich geschicktere Art, ihre Bindung an Antonius zu präsentieren. Hätte sie ihn offiziell geheiratet, hätte sich auch die Frage nach seinem Status in Ägypten gestellt. Wäre er dann König gewesen? Oder zumindest Herrscher? In vielerlei Hinsicht war es aus Kleopatras Sicht schlauer, nicht auf einer offiziellen Hochzeit zu bestehen. Für Antonius ohnehin, denn nach wie vor war er mit Octavia vermählt.

Doch 32 v. Chr. machte der Triumvir Nägel mit Köpfen und reichte die Scheidung von Octavia ein. Wie die Hochzeit war auch der Scheidungsakt im Rom der späten Republik an wenige Formalitäten gebunden. Man zog einfach in getrennte Haushalte oder schickte einen Scheidungsbrief. Antonius sandte Boten nach Rom, die Octavia mit dem schlichten Satz »Du magst Deine Sachen mitnehmen« aus einer Ehe herauswarfen, die längst keine mehr war. Allerdings – zwischen den Menschen Antonius und Octavia hatte sich nie eine wirkliche Abneigung entwickelt. Ganz im Gegenteil hatte Octavia stets politisch und persönlich treu zu ihrem Mann gestanden, ganz gleich, wie hoch die Wogen der Bürgerkriegswirren schlugen. Der Grund, dass er gerade jetzt die Scheidung herbeiführte, kann eigentlich nur privater Natur gewesen sein. Politisch handelte Antonius sich damit nur noch größere Schwierigkeiten ein, denn die römische Öffentlichkeit hatte dafür keine Sympathie. Es scheint, als hätte Kleopatra ihn zu diesem Schritt gedrängt. Möglicherweise war sie es leid, stets als lästige Geliebte verunglimpft zu werden, vielleicht aber saß die Verletzung auch tiefer, die Antonius' erste Trennung von ihr und seine anschließende Heirat hinterlassen hatten.

Der Ton zwischen den Parteien wurde nun vollends rau: In einem Brief an Octavian stellte Marcus Antonius seine Sicht der Entwicklung des Konflikts dar. »Warum bist Du anderen Sinnes geworden?«, fuhr er den ehemaligen Kampfgenossen an. »Weil ich mit der Königin schlafe? Ist sie denn meine Frau? Habe ich denn jetzt erst damit angefangen, oder mache ich das nicht schon seit neun Jahren? Und schläfst Du schließlich bloß mit (Livia) Drusilla? So wahr du lebst, ich wette, dass Du beim Lesen dieses Briefes schon mit Tertulla oder Terentilla oder Rufilla oder Salvia Titisenia oder gleich mit allen geschlafen hast. Kommt es darauf an, wo und auf wen man scharf ist?« Octavian schoss kräftig zurück. Über seinen Freund C. Calvisius Sabinus ließ er verbreiten, Antonius habe Kleopatra bei einem Gastmahl in Gegenwart vieler Gäste die Füße massiert. Bei Gerichtsverhandlungen habe er Liebesbriefchen gekritzelt, und als die Königin in einer Sänfte vorbeigetragen wurde, sei er aufgesprungen und habe

Dieser römische Silberdenar aus dem Jahr 32 v. Chr. mit den Bildnissen von Marcus Antonius und Kleopatra zeigt die Verbindung der beiden Herrscherhäuser.

sich wie ein Hündchen an die Trage gehängt. Für die römische Öffentlichkeit waren solche Schlagabtausche wahrscheinlich höchst vergnüglich. Denn wann hatte das einfache Volk schon mal die Gelegenheit, von Bettgeschichten der Herrschenden zu erfahren?

Krieg gegen Kleopatra

Mit der Scheidung hatten sich Marcus Antonius' private Verhältnisse geklärt. Octavian schlachtete die neuen Gegebenheiten genüsslich aus und stilisierte die Trennung der Eheleute, die faktisch in Rom etwas absolut Alltägliches war, zur eigentlichen Kriegserklärung des Antonius gegen Rom. Und die treibende Kraft hinter all dem, daran ließ Octavians Partei in ihrer Propaganda keinen Zweifel, war Kleopatra. Kaum etwas spielte Octavian so sehr in die Hände wie die fatale Bindung des Antonius an die Königin von Ägypten. Denn nicht Marcus Antonius war das offizielle Kriegsziel, sondern die Frau an seiner Seite. Obwohl er schon lange außer Landes war, hatte Antonius in Rom noch immer eine beachtliche Gefolgschaft. Die beiden Konsuln des Jahres 32 v. Chr., Gnaeus Domitius Ahenobarbus und Gaius Sosius, standen auf seiner Seite und hatten sich mit Hunderten weiterer Senatoren in den Osten begeben. Doch die Freude über die Neuankömmlinge währte nicht lang, denn im Lager des Antonius kam es zu erheblichen Streitigkeiten, in deren Mittelpunkt nicht zuletzt Kleopatra stand.

Ahenobarbus kehrte zu Octavian zurück, angeblich weil Kleopatra sich ihm gegenüber allzu hochmütig aufgeführt hatte. Ähnliche Geschichten häuften sich. So beschwerte sich ein gewisser Geminus, er sei von der Ägypterin an der Tafel verspottet und mit einem schlechten Platz abgespeist worden. Kleopatra habe in ihm einen Fürsprecher von Octavia gesehen, hieß es. Beleidigt wechselte Geminus die Seiten. Ein Quintus Dellius sei aufgrund der völlig ausufernden Trinkgelage aus dem Lager des Antonius geflüchtet. Er habe regelrecht um sein Leben gefürchtet, nachdem er Kleopatra in einer Tischgesellschaft wohl beleidigt hatte. All diese Geschichten fügten sich zu einem propagandistischen Gesamtbild: Antonius, ein liebeskranker Schwächling, war willenlos in den Fängen der königlichen Hure vom Nil gefangen.

Doch weiterhin hörte ein gewaltiges Heer auf das Kommando des mächtigen Feldherrn. Bei seinen Soldaten stand Antonius hoch im Kurs. Die Kampagnen Octavians, den Rivalen als weibstolle Memme darzustellen, waren bei dessen Legionen auf taube Ohren gestoßen. Antonius' Soldaten wussten, dass ihr Anführer durchaus bei klarem Verstand war. Kleopatra dagegen gab eine dankbare Zielscheibe ab. Sie stand für Dekadenz, für Verschwendung und für Hochmut. Und bei aller Übertreibung gab sie immer wieder Anlass, ihren Ruf als arrogante Intrigantin zu festigen. Sie habe Römer, die bei ihr zu Gast waren, verspottet, hieß es. Ihre römischen Leibwachen seien gezwungen worden, ihren Namen auf die Schilde zu schreiben. Ja, sie habe sogar verkündet, einst auf dem Kapitol Recht sprechen zu wollen. Jede ihrer Eskapaden, ob sie nun wirklich geschehen oder von Octavians fantasievollen Propagandisten erfunden worden waren, schürte in Rom die Stimmung für einen finalen Kriegszug gen Osten. Ein absoluter Coup gelang Octavian, als er – übrigens gegen jedes menschliche und göttliche Recht – das Testament des Antonius, das dieser in Rom im Tempel der Vestalinnen hinterlegt hatte, öffnen ließ und dessen Inhalt öffentlich verlas. Dort stand angeblich zu lesen, Antonius wolle im Fall seines Todes an der Seite Kleopatras in Alexandria bestattet werden. Die Römer waren fassungslos.

Octavian inszenierte die Kriegserklärung höchst dramatisch: Als Mitglied der Fetialen, eines uralten Priesterkollegiums, vollzog er das Ritual höchstpersönlich. Er warf eine blutige Lanze auf ein Stück Land am Tempel der Bellona, das jetzt als Symbol für Ägypten stand. Offiziell war damit der Kampf gegen das Land am Nil eröffnet, und nicht etwa ein Krieg gegen Antonius. Für Octavian war das viel leichter in der Öffentlichkeit zu vermitteln. Noch gab es schließlich genug Parteigänger des Antonius. Die Frau an seiner Seite hingegen war schlichtweg leichter zu hassen. Auch Marcus Antonius war nach den mehr als zehn Jahren, in denen er mehr oder minder gemeinsam mit Octavian geherrscht hatte, klar, dass nur einer von beiden als römischer Machthaber übrig bleiben würde. Gemeinsam mit Kleopatra stellte er eine gewaltige Heeresmacht auf die Beine, die über Ephesos Richtung Westen marschierte. Und je näher die Auseinandersetzung rückte, umso enger schien das Paar aneinandergekettet zu sein. Den Winter 33/32 v. Chr. hatten sie in Saus und Braus auf der griechischen Insel Samos verbracht. »Während ringsum fast der ganze Erdkreis von Seufzen und Klagen erfüllt war, erschallte diese einzige Insel viele Tage lang von Flöten- und Saitenspiel, füllten sie die Theater und wetteiferten die Chöre miteinander«, so wurde berichtet. Es war ein Tanz auf dem Vulkan. Warum nicht feiern, wenn der nächste Tag ohnehin der letzte sein konnte?

Im Sommer 31 v. Chr. spitzte sich die militärische Situation vor der entscheidenden Auseinandersetzung immer weiter zu. Das Hauptquartier von Antonius und Kleopatra lag in Patrai, am Zugang zum Golf von Korinth.

Bei Actium vor der Küste Griechenlands fand 31. v. Chr. die entscheidende Schlacht zwischen Marcus Antonius und Kleopatra auf der einen Seite sowie Octavian auf der anderen statt.

Sie verfolgten eine defensive Strategie. Zwar wäre ein Übersetzen der Truppen des Antonius nach Italien spektakulär gewesen, doch hätte der Feldherr seine Kräfte damit vielleicht überdehnt. Die Soldaten verteilten sich entlang der griechischen Westküste von Actium im Norden bis Methone im Süden. Antonius wollte auf die Flotte setzen. Nicht zu Unrecht, denn hier lag die eigentliche Überlegenheit des Antonius-Lagers gegenüber dem des Octavian. Dessen Feldherr Agrippa aber agierte äußerst geschickt und nutzte eine Phase ruhigen Wetters inmitten der Winterstürme, um im März völlig überraschend die Festung Methone auf dem Peloponnes anzugreifen. Nun hatten die Octavianer einen strategisch äußerst wichtigen Posten bezogen, von dem aus sie den Nachschub für Antonius und Kleopatra ernsthaft behindern konnten. Octavian setzte mit einem erheblichen Truppenkontingent über die Adria

und ging in Epirus an Land. Schon bald waren Tausende Soldaten unterwegs nach Süden und standen nördlich von Actium. Kleopatra, so berichten die Quellen, blieb komplett gelassen. Octavians Heer sammelte sich in einem Ort namens Toryne, was übersetzt »Schöpfkelle« heißt. Kleopatra habe lediglich gespottet, es sei doch wohl nichts dabei, wenn Octavian nur auf einer Schöpfkelle sitze.

Doch mit ihrem Zynismus stand sie zunehmend allein. Die Moral der Truppen sank. In der glühenden Hitze sammelten sich die Moskitoschwärme, und eine Epidemie, vermutlich Malaria, brach im Lager des Antonius aus. Die Nachrichten von Desertionen häuften sich. Antonius griff hart durch und ließ zwei Fahnenflüchtige, einen Senator und einen syrischen König, hinrichten. Doch dem erfahrenen Feldherrn war klar, dass er nicht mehr lange durchhalten konnte. Die Vorräte neigten sich bereits dem Ende zu, und auch der Winter würde nicht mehr lange auf sich warten lassen.

Welche Entwicklung das Imperium Romanum genommen hätte, wenn am Ende Kleopatra mit Antonius über Octavian gesiegt hätte, wissen wir nicht. Nur so viel ist sicher: Es wäre lebensfroher, dionysischer zugegangen im Reich.

CHRISTOPH SCHÄFER, HISTORIKER

Am 2. September 31 v. Chr. war bei Actium die Stunde gekommen, in der sich das Schicksal Roms und auch das der ägyptischen Königin entscheiden sollte. Die Flotte von Antonius und Kleopatra lag, von den Truppen des Octavian eingeschlossen, im Ambrakischen Golf, der weit ins Landesinnere reichenden Bucht, deren Ausgang Actium kontrollierte. Und nun kam er, der Moment, in dem die wenig wohlwollenden Quellen Kleopatra zur Hauptakteurin machten. Angeblich habe sie vorgeschlagen, die Blockade zu durchbrechen, das Landheer zurückzulassen und nach Ägypten zu segeln. Antonius' Ratgeber seien – so die Quellen – entgeistert gewesen. Das sei doch Flucht! Doch Kleopatra sei standhaft geblieben. Laut Cassius Dio habe sie ihren Entschluss aufgrund einer fatalen Kette von mysteriösen Vorzeichen getroffen. So sei aus Bienenwachs Milch und Blut getropft, und die Statuen von Antonius und Kleopatra auf der Akropolis seien von Blitzschlägen getroffen worden. Da aber auch dem Geschichtsschreiber offenbar klar war, dass ein solcher Sinneswandel Kleopatras aufgrund von Vorzeichen nicht ganz glaubhaft war, fügte er noch hinzu, sie sei aufgrund der im Heerlager grassierenden Krankheiten ängstlich geworden.

Für einen flüchtigen Augenblick hielt sie das Schicksal der von Rom geprägten Welt in ihren Händen.

STACY SCHIFF, BIOGRAFIN

Die moderne Forschung sieht die Entwicklung viel sachlicher. In der Situation von Actium gab es für die Partei von Antonius und Kleopatra nur eine einzige Möglichkeit: den Durchbruch durch die Reihen des Octavian, um den Krieg mit den noch im Osten stehenden Legionen zu erneuern. Die Entscheidung hierüber wurde mit Sicherheit von Antonius selbst in Absprache mit seinen Kommandeuren gefällt – und nicht von Kleopatra.

Antonius gab den Befehl, alle kampffähigen Schiffe für den Durchbruch vorzubereiten und die anderen zu verbrennen. An Bord sollten die besten Kämpfer des Landheeres aufgenommen werden; sie hatten den Kern des neu aufzustellenden Heeres zu bilden. Nachdem sie den Vormittag auf günstige Winde gewartet hatten, liefen die Schiffe des Antonius gegen Mittag aus und begannen einen erbitterten Kampf gegen die Einheiten von Octavians Feldherrn Agrippa. Cassius Dio überliefert eine lebhafte Schilderung des dramatischen Geschehens: »Der Kampf … wurde mit äußerster Erbitterung geführt. Cäsars [= Octavians] Leute beschädigten nämlich ringsum sämtliche unteren Teile der Fahrzeuge, zerbrachen die Ruder, rissen die Steuer weg und stiegen schließlich auf die Verdecke; dort fassten sie die einen und zerrten sie herunter, die anderen schleuderten sie ins Meer und kämpften mit den übrigen, da sie ihren Gegnern nunmehr an Zahl gleich waren. Hingegen stießen die Männer des Antonius die Angreifer mit Ruderstangen zurück, schlugen sie mit Äxten nieder, warfen Felsbrocken und sonstige schwere, für eben diesen Zweck vorbereitete Geschosse auf sie herab und vertrieben diejenigen, die heraufzuklettern versuchten, und rangen mit jedem, der in ihre Reichweite kam … Jetzt bekam die Schlacht ein anderes Gesicht: Von vielen Seiten zugleich stürzten die Angreifer auf ihre Opfer, beschossen sie mit Brandpfeilen, warfen mit ihren Händen an Lanzen befestigte Fackeln und schleuderten mithilfe von Maschinen aus der Ferne sogar etliche Töpfe, voll von glühenden Kohlen und von Pech, auf die feindlichen Schiffe.«

Als aber keine Feinde mehr nahe genug kamen … und das Feuer die ringsum laufenden Bordwände ergriff und auf den Schiffsboden sich hinabfraß, da erlitten sie alle das schlimmste Schicksal: Die einen, und zwar besonders die Matrosen, erstickten schon, ehe sich ihnen noch die Flamme näherte, im Rauch, während die anderen gerade mitten im Feuermeer wie in Öfen gebraten wurden. Weitere starben in ihrer Rüstung, als diese sich erhitzte. Wieder welche warfen, ehe ihnen noch dies widerfuhr oder als sie schon halb verbrannt waren, ihre Waffen weg und ließen sich von den Ferngeschossen verwunden oder sprangen ins Meer, bevor sie ertranken.

CASSIUS DIO ÜBER DIE SCHLACHT VON ACTIUM

Antonius und Kleopatra während der Seeschlacht bei Actium: Der Feldherr kommandiert in der Bildmitte seine Truppen, seine ägyptische Geliebte thront rechts im Hintergrund. Gemälde von Johann Georg Platzer, um 1740.

Dann trat eine Situation ein, die das Bild Kleopatras bis heute geprägt hat: Aus dem Hintergrund des Kampfgeschehens ließ die Königin ihre Schiffe starten, setzte mit ihnen durch die Kämpfenden und erreichte die hohe See, wo sie die Segel setzen hieß und in Richtung Peloponnes verschwand. Die Männer Octavians hatten das Nachsehen. Kleopatra einzuholen war binnen weniger Minuten unmöglich geworden. In die Geschichte ging diese Aktion ein als schmähliche Flucht und hinterlistiger Verrat an den Truppen des Antonius. Doch war sie das wirklich? Die Forschung verfährt heute fairer mit dem Schachzug Kleopatras.

Tatsächlich hatte die Königin nur ihren Auftrag erfüllt und ihr Flottenkontingent mitsamt der Kriegskasse sicher durch die gegnerischen Kriegsschiffe gebracht. Damit hatte sie ihren Teil dazu beigetragen, dass Antonius an eine Neuauflage des Kriegs im Osten denken konnte. Er selbst musste zwar sein schwer bedrängtes Flaggschiff aufgeben, konnte sich aber ebenfalls ohne große Not in Richtung Peloponnes absetzen. Viele seiner Schiffe müssen ihm gefolgt sein, denn angesichts der Strömungs- und Windverhältnisse war es seinen Gegnern nicht möglich, mit ihren Schiffen geschlossene Auffanglinien zu bilden. Damit endete die Seeschlacht mit klaren Vorteilen für Antonius. Octavian und sein Feldherr Agrippa hatten hingegen keines ihrer Ziele erreicht: Weder hatte man Antonius und Kleopatra am Absegeln hindern können, noch konnte man der Kriegskasse habhaft werden oder auch nur das Gros ihrer Schiffe versenken oder entern. Umso wichtiger war es jetzt für Octavian, das Geschehen umzudeuten und wenigstens als Sieg zu vermarkten. Immerhin konnte man für sich in Anspruch nehmen, länger am Schlachtort geblieben zu sein, und immerhin konnten die verbliebenen Teile von Antonius' Landheer, die erst noch nach Nordostgriechenland abgezogen waren, gestellt und zur Kapitulation gezwungen werden. Je weniger glanzvoll aber der »Sieg«, umso mehr pflegten die von Octavians Sicht der Dinge geprägten Quellen die üble Nachrede auf Antonius und Kleopatra.

»Nun aber bewies Antonius in aller Deutlichkeit«, höhnt Plutarch, »dass er sich nicht von den Überlegungen eines Führers noch eines Mannes noch überhaupt seinen eigenen Überlegungen leiten ließ, sondern – wie jemand scherzend gesagt hat, dass die Seele eines Menschen im Körper eines anderen lebe – dass er von der Frau mitgezogen wurde, als ob er mit ihr zusammengewachsen sei.«

Drei Tage habe Antonius deprimiert an Deck des Schiffs gekauert, so wird berichtet. Ein feiger Flüchtling sei er gewesen, der seine Truppen im Stich gelassen hatte. Selbst Kleopatra habe zunächst keinen Zugang zu ihm finden können. Erst als die Schiffe in Tainaron, im Süden des Peloponnes, anlegten, um Wasser und Vorräte aufzunehmen, sei es ihr gelungen, mit Antonius zu reden und »miteinander zu essen und zu schlafen«.

Marcus Antonius hauste dort als Flüchtling vor den Menschen und erklärte, sein Muster und Vorbild sei die Lebensart Timons, weil es ihm ähnlich gegangen sei wie jenem.

PLUTARCH ÜBER ANTONIUS
NACH DER SCHLACHT VON ACTIUM

Der Untergang

Der Weg des Paares führte nach Libyen, wo Antonius feststellen musste, dass die vier Legionen, die er dort zurückgelassen hatte, sich weigerten, auf seine Befehle zu hören. Und sie waren nur die Ersten, die von ihrem Feldherrn abfielen. Reihenweise liefen die Truppen zu Octavian über. Jetzt, und erst jetzt, wurde die Lage für die Königin und ihren Liebhaber verzweifelt. Antonius scheint in dieser Phase erstmals über Selbstmord nachgedacht zu haben. In Alexandria soll er sich vor der Öffentlichkeit verkrochen und gehadert haben, »ihm sei von seinen Freunden vor der Öffentlichkeit Unrecht und Undank zuteil geworden, und darum empfinde er Misstrauen und Abscheu gegen alle Menschen«. Kleopatra dagegen hatte nichts von ihrer Energie eingebüßt. Sie trat die Flucht nach vorn an, schaltete konsequent und brutal alle aus, die ihr in Alexandria in diesem Moment der Schwäche hätten gefährlich wer-

Augustus

Nachdem sich Octavian gegen Marcus Antonius und Kleopatra durchgesetzt hatte, war er faktisch Alleinherrscher des Römischen Reiches. Offiziell stellte er die Republik wieder her, doch gelang es ihm in den Folgejahren, sie schrittweise in eine Monarchie umzuwandeln. Mit seiner Herrschaft, dem sogenannten Prinzipat, begründete er die julisch-claudische Dynastie. Als Augustus, wie er sich ab 27 v. Chr. nannte, im Jahre 14 n. Chr. starb, hatte das Römische Reich seine bis dahin größte Ausdehnung erreicht.

Der Augustus von Primaporta, die berühmteste Panzerstatue des römischen Kaisers.

den können. Die daraus resultierenden Enteignungen füllten ihre leeren Schatullen wieder. Kleopatra wusste, dass nun Unsummen an Geld nötig waren, um ihren Thron in Ägypten halten zu können und den Krieg gegen Octavian weiterzuführen. Sie »stürzte die Stadt in eine Reihe von Gastmählern, Trinkgelagen und Spendenverteilungen, Umzügen und Festen«, berichtet Plutarch. Die Königin sei es auch gewesen, die ihren depressiven Liebhaber aus seiner zwischenzeitlichen Lethargie gerissen habe. Sie schickte ihn raus in die grünen Haine und prachtvollen Häuser, um ihm zu zeigen, was das Leben noch wert war. Noch einmal schien die Wildheit der letzten Jahre aufzuflammen. Doch in Wahrheit wussten alle Beteiligten, dass das Ende gekommen war. Aus dem »Klub der unnachahmlichen Lebenskünstler« wurde der »Klub der gemeinsam Sterbenden«. In den letzten Wochen ihres Lebens versuchten Antonius und Kleopatra, wenigstens die Zukunft ihrer Kinder abzusichern. Cäsarion, der Sohn Julius Cäsars, wurde für volljährig erklärt, und Antonius Antyllus, der älteste Sohn des Antonius, erhielt nun die *toga virilis,* das römische Zeichen der Großjährigkeit. Viel ausrichten aber konnten die Eltern nicht mehr. Octavian, der offenkundige Sieger, ließ nicht mehr mit sich reden. Seine Truppen rückten bis Alexandria vor und schlugen ihr Lager nahe dem bei der Stadt gelegenen Hippodrom auf. Hier fügten sie Antonius den letzten entscheidenden Schlag zu. Mit dem Mut der Verzweiflung hatte der ehemals strahlende Feldherr seiner Flotte den Befehl zum Auslaufen gegen die Octavianer gegeben. »Als sie aber in die Nähe der Feinde kamen, begrüßten sie Octavians Schiffe mit den Rudern, und als diese den Gruß erwiderten, liefen sie über, und mit allen

Schiffen, nunmehr zu einer einzigen Flotte geworden, fuhr jetzt der Feind auf die Stadt zu«, so Plutarch. Antonius musste das alles tatenlos mit ansehen. Auch seine Reiterei hatte ihn verlassen. Nahezu allein kehrte er nach Alexandria zurück.

Längst hatte Kleopatra Vorkehrungen getroffen, ihr Ende so sehr selbst bestimmen zu können wie ihr ganzes Leben. Neben dem Isis-Tempel ihres Palastes stand ein großes Grabmal, in dem sie sich nun mitsamt dem Staatsschatz verbarrikadierte. Antonius ließ bei seiner Rückkehr sofort nach ihr schicken. Als man ihm berichtete, Kleopatra sei in ihrem Grabmal, war die Sache für ihn klar: Seine Geliebte musste Selbstmord begangen haben. In völliger Verzweiflung stürzte sich Antonius in sein Schwert. Plutarch legt ihm die Worte in den Mund: »O Kleopatra, mich schmerzt es nicht, dich verloren zu haben, denn ich werde bald wieder zu dir kommen; aber es tut mir weh, dass es so aussieht, als wäre ich, ein so großer Feldherr, einer Frau an Mut unterlegen.« Doch selbst dieser letzte dramatische Akt misslang Antonius. Zwar durchbohrte er sich mit dem Schwert, doch er verfehlte das Herz und blieb schwer blutend bei Bewusstsein. Verzweifelt flehte er sein Gefolge um den Gnadenstoß an, doch alle verließen fluchtartig den Raum. Als Boten Kleopatra von der Katastrophe berichteten, ließ sie Antonius ins Mausoleum holen. Die Schlussszene ist der Überlieferung nach wohl kaum an Dramatik zu überbieten: An einem Seil zogen Kleopatra und ihre Helferinnen den Sterbenden die Mauern hoch. »Keinen jammervolleren Anblick habe es geben können, sagen diejenigen, die dabei gewesen sind«, so Plutarch. »Denn mit Blut bedeckt und mit dem Tode ringend wurde er hinaufgezogen, während er im

»Jammervoller Anblick«: Der sterbende Antonius wird zu Kleopatra gebracht. Gemälde von Eugène Ernest Hillemacher, 1863.

Schweben die Arme nach ihr ausstreckte. Es war für eine Frau keine leichte Arbeit, sondern mit großer Mühe nahm Kleopatra, indem sie mit beiden Armen zugriff und vor Anstrengung das Gesicht verzog, das Bündel herein, während die Leute unten ihr Weisungen erteilten und sich mit ihr ängstigten. Nachdem sie ihn so in

Empfang genommen und gebettet hatte, zerriss sie ihre Kleider, zerschlug und zerkratzte ihre Brust mit ihren Händen, besudelte ihr Gesicht mit seinem Blut, nannte ihn ihren Herrn, ihren Gatten, ihren Imperator und hatte im Jammer um sein Leiden fast ihr eigenes vergessen.« Antonius starb in Kleopatras Armen.

Was würde nun mit Kleopatra geschehen? Für Octavian war sie eine wichtige Kriegsbeute. Tatsächlich gelang es der ägyptischen Köni-

Dieses Gemälde von Jacob Jordaens von 1653 zeigt den Selbstmord Kleopatras durch den Biss einer giftigen Natter.

gin nicht, sich der Gefangennahme rechtzeitig durch Selbstmord zu entziehen. Octavian ließ, kluger Politiker, der er war, großmütig zu, dass sie Antonius »mit königlicher Pracht« bestattete. Danach aber war es sein vordringlichster Befehl, Kleopatra am Leben zu erhalten. Er brauchte sie, um den Römern seinen vollständigen Triumph demonstrieren zu können. Als sie versuchte, sich zu Tode zu hungern, wurde sie von Octavian bei dem Leben ihrer Kinder erpresst, wieder Nahrung zu sich zu nehmen. In dieser Situation ließ er sich offenbar sogar herab, persönlich mit ihr zu sprechen. Plutarch überliefert einen lebhaften Bericht der letzten Tage Kleopatras, bei dem er sich offenbar auf die Aussagen ihres Leibarztes Olympos stützt. Die Königin habe starke Schmerzen gehabt, ihre Brust habe sich unter den Kratzern und Schlägen, die sie sich selbst zugefügt hatte, entzündet. Sie habe stark gefiebert. Doch noch immer loderte in Kleopatra ein eiserner Wille, so aus dem Leben zu scheiden, wie sie es wollte, und damit zu verhindern, von Octavian in Rom vorgeführt zu werden.

Sie fesselte die zwei größten Römer ihrer Zeit und nahm sich wegen des dritten das Leben.

CASSIUS DIO

Wie sich Kleopatra zu Tode brachte, ist nicht wirklich verbürgt. Cassius Dio berichtet: »Die einen sagen, sie habe sich, in einem Wasserkrug oder vielleicht in einem Blumengebinde versteckt, eine Natter bringen lassen und diese dann angelegt. Andere wieder meinen, sie habe eine Nadel, mit der sie die Haare aufzustecken pflegte, mit einem Gift bestrichen, das sonst dem Körper nicht schaden, aber bei der geringsten Berührung mit Blut einen sehr raschen und schmerzlosen Tod herbeiführen konnte.« Auch Plutarch überliefert verschiedene Varianten: »Man sagte, eine Kobra sei mit jenen Feigen gebracht worden, unter ihnen und den darauf gelegten Blättern versteckt. Denn so habe Kleopatra es angeordnet, damit, ohne dass sie es wüsste, das Tier sie anfiele ... Doch die Wahrheit weiß niemand. Es wurde nämlich auch erzählt, sie habe Gift in einer hohlen Haarspange bei sich getragen und diese Spange im Haar verborgen.«

Die moderne Wissenschaft hat jedoch nachgewiesen, dass ein Schlangenbiss als Todesursache definitiv nicht infrage kommt, denn ein einziger Biss einer Kobra reicht keineswegs aus, um schnell zu Tode gebracht zu werden. Die Todesqualen hätten sich in jedem Fall über schmerzhafte Stunden oder gar Tage hingezogen. Dennoch ging die Schilderung des Todes durch den Schlangenbiss in die Geschichte ein. Zu schön war sie als Motiv für Literaten und Künstler. Und so jedenfalls wollte es Kleopatra auch aussehen lassen. Mit der Schlange, mythologisch überhöht: der Inkarnation der Isis, endet die Geschichte der letzten Pharaonin.

Kleopatra hatte laut Plutarch eine letzte Botschaft an Octavian hinterlassen, man möge sie neben Antonius begraben. Als jener das las, verstand er sofort, was geschehen war. »Als die Ausgesandten im Laufschritt hinkamen, die Wächter ahnungslos antrafen und die Türen öffneten, fanden sie Kleopatra schon tot in königlichem Schmuck auf einem goldenen Bett liegen.« Mit 39 Jahren war Kleopatra gestorben nach einem Leben voller Dramatik, sensationeller Triumphe und katastrophaler Niederlagen.

Das Begräbnis der Kleopatra, wie es sich der anglo-italienische Maler und Kunstsammler Frederick Stibbert vorstellte, um 1860.

Kleopatras Zeit war eine Ära der übergroßen, faszinierenden Persönlichkeiten. An ihrem Ende verlassen die größten Akteure abrupt die Szene. Hinter ihnen bricht eine Welt zusammen.

STACY SCHIFF, BIOGRAFIN

Jetzt, nachdem die Rivalin so vieler Jahre tot war, zeigte sich Octavian versöhnlich. Er erfüllte den letzten Willen der Kleopatra und ließ sie neben Antonius bestatten. Weniger gnädig verfuhr er mit ihrem Sohn Cäsarion. Noch im Jahr 30 v. Chr. ließ er ihn umbringen. Kurz darauf folgte der Mord an Antonius' ältestem Sohn Antonius Antyllus. Die Zwillinge Alexander Helios und Kleopatra Selene nahm er mit deren jüngerem Bruder Ptolemaios Philadelphos mit nach Rom, wo sie im Triumphzug präsentiert wurden.

Der Mythos lebt – das ist vielleicht Kleopatras größter Erfolg.

CHRISTOPH SCHÄFER, HISTORIKER

Jeanne d'Arc

Die Jungfrau von Orléans

Sie war eine der außergewöhnlichsten, faszinierendsten Persönlichkeiten des Mittelalters. Eine junge Frau aus dem einfachen Volk, die felsenfest von ihrem göttlichen Auftrag und ihrer Mission überzeugt war und, auf dem Höhepunkt des Hundertjährigen Krieges, zur Retterin Frankreichs wurde: Jeanne d'Arc. Als sie 1431 auf dem Scheiterhaufen in Rouen starb, war sie das Opfer eines politisch motivierten Prozesses geworden – und letztlich an der starren Ordnung des mittelalterlichen Gesellschaftssystems, am Zusammenspiel von Kirche und Staat, gescheitert. Die Passion der Jeanne d'Arc bewegt die Gemüter bis heute, in Frankreich wird sie nach wie vor als Nationalheldin und Heilige verehrt.

»Faszinierende Persönlichkeit«: Darstellung der Jeanne d'Arc aus dem Buch *Leben berühmter Frauen* des Dominikaners Antoine Dufour von 1505.

Am 30. Mai 1431 ließ Jeanne d'Arc, ein 19-jähriges Bauernmädchen aus Lothringen, auf dem Scheiterhaufen in Rouen ihr Leben. Der Abgötterei und der Teufelsbeschwörung für schuldig erklärt, wurde sie als Ketzerin von einem – englisch beherrschten – kirchlichen Gericht zum Tod verurteilt und bei lebendigem Leib verbrannt. Jeannes Verbrechen hatte darin bestanden, inneren Stimmen und Visionen folgend sich dem von den Engländern bedrängten französischen Thronanwärter als Helferin in höchster Not anzubieten und das belagerte Orléans zu befreien. Gott habe sie zur Rettung Frankreichs erwählt, lautete ihre Botschaft.

Gerade ihr Sendungsbewusstsein und ihr unerschütterliches Gottvertrauen waren Garant der militärischen Erfolge der Franzosen. Eine Jungfrau aus dem Volk, die in Männerkleidung auftrat, *als chef de guerre*, als Kriegsherr. In Frankreich alsbald als wundertätige Retterin verehrt, sahen die Engländer in ihr dagegen eine Hexe und Teufelsanbeterin.

Ich bin mit Jeanne, die man die Jungfrau genannt hat, aufgewachsen. Wirklich, ich weiß, wie gut sie war, wie schlicht und fromm!

SIMONIN MUSNIER, BAUER

Als die Flammen sie voll erfassten, soll sie mit lauter Stimme »Jesus!« gerufen haben, »bevor sie ihr Haupt neigte und ihren Geist aufgab«, so Augenzeugen der Hinrichtung. »Dann war sie bald erstickt und ihr Kleid ganz verbrannt.« Selbst englischen Soldaten, ihren Feinden, standen Tränen in den Augen, »auch der Kardinal von England fühlte tiefes Mitleid«. Der Henker aber sei zutiefst erschrocken gewesen, dass es ihm nicht gelungen war, ihr Herz zu verbrennen.

Doch wer war Jeanne d'Arc wirklich? Diese Frage stellten schon viele ihrer Zeitgenossen. So war sich Enea Silvio Piccolomini (1405–1464), der spätere Papst Pius II., nicht sicher, ob ihr Tun ein »Wunder des Himmels« oder ein »Werk der Menschen« gewesen sei. Es gibt aber über keine andere Person des Mittelalters, die der nichtadeligen, gar bäuerlichen Unterschicht, der Welt der »kleinen Leute« entstammte, mehr zeitgenössische Zeugnisse als über Jeanne – seien es Prozessakten, Briefe, Chroniken und Tagebücher oder Aussagen von Zeugen im späteren Rehabilitationsverfahren. Auf der Basis dieser zahlreichen, oft widersprüchlichen historischen Quellen wollen wir uns Jeanne d'Arc zuwenden, einer der herausragenden Persönlichkeiten der Geschichte.

Herkunft, Kindheit und Jugend

Der 6. Januar 1412 wird in der populären Literatur gemeinhin als Geburtstag von Jeanne d'Arc angegeben. Jeanne selbst war sich da nicht so sicher: »Ich glaube, ich bin ungefähr 19 Jahre alt«, sagte sie bei ihrem ersten Verhör in Rouen im Februar 1431. Zeugen schätzten ihr Alter damals zwischen 16 und 20 Jahren. Als relativ gesichert wird man daher lediglich annehmen können, dass sie wohl 1411 oder 1412 das Licht der Welt erblickte.

Ihr Geburtsort war Domrémy in der – geografischen – Region Lothringen, ein Dorf mit etwa 250 Einwohnern. Noch heute ist dort ihr Elternhaus zu besichtigen. Domrémy, am linken Maasufer gelegen, gehörte größtenteils zum Amtsbezirk des königlichen Burghauptmanns von Vaucouleurs. Seit Anfang des 14. Jahrhunderts unterstand die Gegend um Domrémy der französischen Krone. Jenseits der Maas erstreckten sich Besitztümer der Kirche von Toul, der Bischof von Toul war aber deutscher Reichsfürst. Auch der Herzog von Lothringen, dessen Herrschaftsbereich nur einen kleinen Teil der Region dieses Namens umfasste, war Lehnsmann des römisch-deutschen Kaisers. Die Grenze zwischen dem *Royaume de France* (lat. *Regnum Franciae*) und dem Heiligen Römischen Reich (damals noch

Das Geburtshaus der Jeanne d'Arc im lothringischen Domrémy ist bis heute erhalten.

ohne den Zusatz »deutscher Nation«) bildete also in diesem Bereich die Maas, Domrémy lag im östlichen Grenzgebiet des Königreichs. Damit ist auch zu erklären, dass Jeanne immer wieder sagte, die Stimme des Engels habe ihr befohlen, »nach Frankreich« zu gehen.

Jeanne entstammte einer Bauernfamilie. Ihr Vater Jacques d'Arc war Eigentümer eines Wirtschaftshofs mit dazugehörigem Weideland, er war freier Bauer, kein Höriger. Seine Frau Isabelle Romée hatte ihm noch drei Söhne geboren, alle älter als Jeanne. Über ihre Kindheit ist nur wenig bekannt, sie wuchs in der bescheidenen Geborgenheit eines bäuerlichen Haushalts auf. Ihre Eltern, so einer ihrer Paten, waren »achtbare und treue Christen, ehrliche Bauern, gut beleumundet, in guten Lebensverhältnissen lebend«, reich seien sie aber nicht gewesen. »Landleute heißen die, die das Land bebauen«, so hat ein gebildeter Autor dieser Zeit den Alltag

Die Jungfrau von Orléans als Schäferin: Buchmalerei aus dem Todesjahr von Jeanne.

der Bauern beschrieben, »sie führen ein hartes Leben. Jeder von ihnen lebt demütig vor sich hin, mit seiner Familie und seinem Vieh. Ihre Wohnungen sind aus Lehm und Holz errichtet und mit Stroh gedeckt. Hausbrot, Haferbrei, gekochtes Gemüse sind ihre Speisen, sie essen sie im Schweiße ihres Angesichts, Wasser und geronnene Milch sind ihre Getränke, ein linnener Kittel, ein paar Stiefel ihre Kleidung. Die Leute stecken alle Zeit in Arbeit – sie müssen das Feld beackern, säen, ernten und die Frucht in die Scheuern bringen, Holz fällen, Gräben ausheben, das Vieh hüten.«

Zu Hause nannte man mich Jeanette. Seit ich nach Frankreich kam, Jeanne – einen Zunamen habe ich keinen.

JEANNE IN DER ERSTEN ÖFFENTLICHEN SITZUNG DES GERICHTS

Getauft wurde Jeanne in Saint-Remi, der kleinen Pfarrkirche des Ortes, alle im Dorf nannten sie anfangs Jeanette. Schon in frühester Jugend soll sie »geziemend im Glauben und in den guten Sitten« erzogen worden sein. Als Heranwachsende half sie im Haushalt, bei der Feldarbeit und bisweilen wohl auch beim Hüten der Herden. »Sie verrichtete alle weibliche Arbeit wie Spinnen und alles andere«, berichtet Jean Moreau, der bereits erwähnte Pate. Im Prozess versuchte man immer wieder, sie als niedere Bauernmagd und Hirtenmädchen hinzustellen – wogegen sie sich wehrte, weil es ihrem Selbstverständnis nicht entsprach: »Im Spinnen und Nähen nehme ich es mit jeder Frau in Rouen auf, ich habe mich um das Hauswesen gekümmert – die Schafe habe ich nicht gehütet«, antwortete sie selbstbewusst auf eine entsprechende Frage. Von ihrer Mutter habe sie das Vaterunser, das Ave Maria und das Credo gelernt – »nur meine Mutter hat mich im Glauben unterwiesen«.

Ich habe nichts anderes als Gutes gehört über Jeannes Eltern, die Eheleute Jacques und Isabelle d'Arc, welche gläubige Christen und gut beleumundet waren.

DOMINIQUE JACQUES, PFARRER VON MONTIER-SUR-SAULX

In den Aussagen der Leute aus Domrémy wird das Bild eines bescheidenen, fleißigen, frommen, ganz normalen Mädchens gezeichnet. Der Ortspfarrer soll Jeanne bescheinigt haben, sie sei ein »einfaches, gutes Mädchen, unbescholten und gottesfürchtig, wie es ihresgleichen in Domrémy nicht gab«. Sie habe oft bei ihm gebeichtet und sei jeden Tag, wenn er die Messe las, dabei gewesen. Was auch Jean Moreau bestätigte: »Jeanne ging aus freien Stücken häufig zur Kirche oder zur Kapelle von Notre-Dame de Bermont, nahe bei Domrémy, während ihre Eltern sie auf dem Feld oder anderswo glaubten. Wenn Jeanne zur Messe läuten hörte, kehrte sie ins Dorf zurück, um die Messe zu hören.« Ein Altersgenosse Jeannes berichtet: »Oft, wenn wir miteinander fröhlich waren, ging Jeanne beiseite und betete, wie mir schien, zu Gott. Dann machten wir uns über sie lustig.« Sie ist ein bisschen zu fromm – das dachten vor allem die jungen Dörfler über Jeanette.

Im Prozess spielte eine alte Buche in der Nähe von Domrémy eine Rolle, die »Feenbaum« genannt wurde – weil »in alten Zeiten Feen unter dem Baum tanzten«, so die Erklärung der Einheimischen. Im Frühjahr trafen sich die Jungen und Mädchen an der Buche, man tanzte, sang und amüsierte sich, legte Blumen und Kränze nieder. Die Richter in Rouen versuchten, mit Hinweis auf heidnische Bräuche, die angeblich am Feenbaum praktiziert wurden, Jeanne in die Nähe von Magie, Aberglauben und Hexenglauben zu rücken, vergeblich. Jeanne selbst, die als Kind oft an den Spielen unter dem Baum teilnahm, sah darin nichts Mysteriöses: »Ja, nahe bei Domrémy war dieser Baum; man nennt ihn Baum der Herrinnen oder manchmal Baum der Feen. Nahe dabei ist eine Quelle, es heißt, dass die Kranken dorthin gehen, das Wasser zu schöpfen und zu trinken, um gesund zu werden. Das habe ich selbst gesehen. Aber ob sie genesen oder nicht, wüsste ich nicht zu sagen. Es ist ein großer Baum, le Fay genannt, wo der schöne Maien grünt. Manchmal trieb ich mit andren Mädchen Kurzweil dort; ich wand Kränze für das Bild unsrer Lieben Frau in Domrémy. Die Alten erzählten, dass

Der Tanz um den Maibaum in einer französischen Buchmalerei aus der Mitte des 15. Jahrhunderts. Solch derben Vergnügungen war die fromme Jeanne eher abgeneigt.

einst die Feen dort ihr Wesen trieben. Aber ich weiß nicht, ob das wahr ist oder nicht. Ich habe niemals Feen bei dem Baum gesehen.« Und sie bestritt auch, unter dem Baum der Feen ihren Auftrag erhalten zu haben.

Bei ihrem ersten Treffen mit dem König, so ihre Version, »fragte man mich, ob es in meiner Heimat einen Wald gäbe, den weißen

Wald: Denn von dort sollte nach gewissen Weissagungen ein Mädchen kommen, das Wunder tat. Aber ich habe nicht daran geglaubt.«

Soviel ich in ihrem Gewissen lesen konnte, war sie ein gutes Mädchen. Jeanne hatte alle Merkmale einer guten und wahrhaft katholischen Christin.

JEAN COLIN, PFARRER VON DOMRÉMY

Ganz Frankreich sollte später aber die Frage bewegen: War Jeanne, la Pucelle (die Jungfrau), wie sie nur noch genannt wurde, die »Jungfrau aus dem Eichenwald«, die – nach einer Prophezeiung des Magiers Merlin – angeblich zur Rettung Frankreichs erscheinen werde?

Der Hundertjährige Krieg

Die katastrophale Situation, in der sich das französische Königreich im ersten Drittel des 15. Jahrhunderts befand, war ein Zwischenresultat einer langen Reihe militärischer Auseinandersetzungen, die man später unter der Bezeichnung »Hundertjähriger Krieg« zusammenfassen sollte. Dieser Krieg – im Zeitraum von 1337/39 bis 1453 mit oft längeren Unterbrechungen ausgefochten – brach aus, nachdem die Dynastie der Kapetinger, die seit 987 die französischen Könige gestellt hatte, im Jahr 1328 erloschen war. Daraufhin ließ sich Philipp von Valois (aus einer Nebenlinie der Kapetinger) zum König proklamieren. Ansprüche auf die Krone erhob aber auch Eduard III. von England, seine Mutter war die Schwester des letzten kapetingischen Königs. Diese Ansprüche wurden von den französischen Generalständen (dem Parlament) mit der Begründung zurückgewiesen, im französischen Königreich könnten Frauen keine Thronrechte vererben. Dennoch nahm Eduard einige Jahre später den Titel *par la grâce de Dieu roi d'Angleterre et de France* an (von Gottes Gnaden König von England und Frankreich – so sollten sich die englischen Könige übrigens bis zum Jahr 1802 nennen) und versuchte in mehreren Feldzügen, seine Ansprüche durchzusetzen.

England und Frankreich

Seit der Eroberung Englands durch die – französischen – Normannen im Jahr 1066 waren die beiden Königreiche in vielfacher Hinsicht miteinander verbunden; noch mehr als drei Jahrhunderte wurde in der normannischen Oberschicht Englands, vor allem aber am Hof in London, Französisch gesprochen. Die englischen Könige verfügten in Frankreich über beträchtliche Territorien, waren aber, etwa als Herzöge der Normandie, der Gascogne und von Aquitanien (Guyenne), in lehnsrechtlicher Hinsicht Vasallen, Lehnsleute des französischen Königs, wie die anderen französischen Kronvasallen auch. Jeder neue englische König musste also nach seiner Krönung – in seiner Funktion als französischer Kronvasall – dem französischen König den Lehns- und Treueeid leisten, bevor ihm die genannten Besitzungen »verliehen« wurden.

Um den englischen Festlandsbesitz gab es schon seit dem 12. Jahrhundert immer wieder Kriege und rechtliche Auseinandersetzungen, in deren Verlauf es den Franzosen gelang, weite Teile dieser Territorien in die Hand zu bekommen.

Die entscheidende Phase des Kriegs begann aber erst 1415, als Frankreich zusätzlich durch einen offenen Bürgerkrieg entzweit war. Nach der psychischen Erkrankung des französischen Königs Karl VI. – er war in geistige Umnachtung gefallen – trugen Mitglieder der königlichen Familie, vor allem der Herzog von Burgund und Ludwig von Orléans, ein Bruder des Königs, einen regelrechten Machtkampf aus um die Vorherrschaft in Paris, um die Stärkung der eigenen Hausmacht. Ihren Höhepunkt fanden diese Auseinandersetzungen zwischen der Partei der »Bourguignons« und ihren Gegnern, den »Armagnacs« (oder Orléanisten), im November 1407, als Johann Ohnefurcht, der mächtige Burgunderherzog, seinen Rivalen Ludwig kurzerhand ermorden ließ.

In der Schlacht von Azincourt am 25. Oktober 1415 siegt das Heer Heinrichs V. von England über die Truppen des französischen Königs Karl VI. Buchmalerei von 1450.

Der Hundertjährige Krieg (1337/39-1453)

Anlass des Hundertjährigen Kriegs war das Erlöschen des Hauses Capet, das seit 987 die französischen Könige gestellt hatte. 1328 starb Karl IV. ohne männliche Nachkommen. Er war einer der Söhne Philipps des Schönen, die nach 1314 in schneller Folge den Thron innehatten. Daraufhin legte sich Philipp von Valois, ein Neffe Philipps aus einer Nebenlinie der Kapetinger, »nach dem Rat der Barone den königlichen Namen zu«, wie es in einer Chronik heißt. Ansprüche auf die Krone erhob aber auch Eduard III. von England, er war mütterlicherseits ein Enkel Philipps des Schönen. Diese Ansprüche wurden in Frankreich nicht anerkannt – es gebe in Frankreich keine weibliche Erbfolge, so die Hofjuristen, später wird man diese Argumentation mit der *lex salica*, einem fränkischen Stammesrecht aus dem 6. Jahrhundert, untermauern.

Eduard III. von England leistet Philipp VI. von Frankreich im Juni 1329 den Lehnseid. Dennoch erhob er später Ansprüche auf den französischen Thron.

Eduard hatte diese Entscheidung zunächst akzeptiert. Dennoch verschlechterten sich die Beziehungen der beiden Könige dramatisch. 1337 erklärte Philipp VI. das Herzogtum Aquitanien für eingezogen. Der englische König nahm das zum Anlass, seine Treueverpflichtung gegenüber »Philipp von Valois, der sich König von Frankreich nennt«, aufzukündigen – eine Kriegserklärung.

Das Kriegsgeschehen wurde immer wieder unterbrochen durch längere Kampfpausen, bedingt durch Erschöpfung aller Kräfte und finanzielle Probleme der Kriegsgegner, durch Waffenstillstände und Friedensverträge, deren Haltbarkeitsdaten absehbar waren. Es wurde überschattet vom ersten Auftreten der Pest, der in den Jahren 1348/50 mehr als 25 Millionen Menschen in Europa zum Opfer fielen; es wurde beeinflusst vom Großen Abendländischen Schisma, das 1378 nach der Wahl zweier Päpste das lateinische Abendland spaltete. Frankreich wie England wurden zudem von den ersten großen Bauernaufständen der europäischen Geschichte erschüttert.

In der Frühphase des Kriegs (1337–1360) lag die Initiative meist aufseiten der Engländer. Das erste große Aufeinandertreffen der beiden Gegner bildete die Schlacht von Crécy im August 1346, sie endete mit einer fürchterlichen Niederlage der Franzosen. Anschließend eroberte Eduard III. Calais, das bis 1558 in englischer Hand bleiben sollte.

In der zweiten Phase (1369–1381) gelang es den Franzosen, zahlreiche englische Positionen auf dem Festland zurückzuerobern. Die dritte und entscheidende Phase sollte 1415 beginnen – und durch das Auftreten der Pucelle maßgeblich geprägt werden.

Am 10. September 1419 wird der burgundische Herzog Johann Ohnefurcht im Auftrag des Dauphins Karl hinterrücks erstochen. Aus den *Chroniken* des Enguerrand de Monstrelet, um 1450.

Diese Situation wiederum spielte dem englischen König Heinrich V. in die Karten. Heinrich forderte nichts weniger als die Krone Frankreichs, die ihm rechtmäßig zustehe. Mit etwa 12 000 Mann setzte er aufs Festland über, bei Azincourt errang er im Oktober 1415 einen glänzenden Sieg, den noch Shakespeare in höchsten Tönen feiern sollte – zum wiederholten Male wurde das französische Ritterheer von englischen Bogenschützen niedergemacht. Im Windschatten weiterer englischer Erfolge konnte sich Johann Ohnefurcht, mit den Engländern verbündet, Paris bemächtigen; bei der Einnahme der Stadt wurde der französische Thronfolger, der Dauphin, Karls gleichnamiger Sohn, zu schmachvoller Flucht gezwungen. Der junge Karl (VII.) hat allem Anschein nach fürchterliche Rache genommen. Bei Verhandlungen zwischen Bourguignons und Armagnacs auf der Brücke von Montereau wurde Johann Ohnefurcht 1419 von Begleitern des Dauphins in dessen Beisein kaltblütig ermordet. Karl soll die Tat zumindest stillschweigend gebilligt haben.

Der dritte Machtfaktor: Burgund

Seit 1363/64 wurde das französische Herzogtum Burgund (Bourgogne) von einer Nebenlinie des Hauses Valois regiert. Philipp der Kühne, der erste Valois-Herzog, hat durch seine Heirat mit Margarete, der Erbin Flanderns, die Richtung angedeutet, nach der sich Burgund ausdehnen sollte – in den Nordwesten, in die Niederlande, die damals zu den wirtschaftlich prosperierenden Regionen Europas gehörten. Philipp, seit 1384 dann Herrscher Flanderns und der zum römisch-deutschen Reich gehörenden »Freigrafschaft« Burgund (Franche-Comté), war schließlich seit 1392 einer der Protagonisten aus dem Kreis der königlichen Familie, die aus der Erkrankung des jungen Königs Karl VI. – der den Verstand verloren hatte – Nutzen ziehen wollten. Vor allem Philipp und der Bruder des Königs, Herzog Ludwig von Orléans, kämpften um die Vorherrschaft in Frankreich. Philipps Sohn und Nachfolger Johann Ohnefurcht schuf auf brutale Weise Fakten, indem er den Herzog von Orléans ermorden ließ. Unter den Nachfolgern des Ohnefurcht, Philipp dem Guten und Karl dem Kühnen, sollte Burgund schließlich in der zweiten Hälfte des 15. Jahrhunderts zu einem Machtfaktor von europäischem Rang aufsteigen.

Die Trauung Philipps des Kühnen mit Margarete von Flandern im Jahr 1369.

Johanns Sohn Philipp, genannt der Gute, der neue Herzog von Burgund, warf sich nun vollends den Engländern in die Arme. Unter seiner Federführung fertigte man 1420 den berüchtigten Vertrag von Troyes aus – Heinrich V. wurde als Regent Frankreichs eingesetzt und durch seine Heirat mit Katharina, einer Tochter Karls VI., als künftiger König von Frankreich anerkannt. Die so beschlossene »Doppelmonarchie« – England und Frankreich unter der Herrschaft eines Königs, nämlich Heinrichs V. – sollte aber beiden Ländern politische, administrative und wirtschaftliche Eigenständigkeit garantieren. Der Dauphin Karl wurde unter Hinweis auf die Vorgänge in Montereau und seine »enormen und fürchterlichen Verbrechen« enterbt und aller seiner Rechte für verlustig erklärt. Seine Mutter, die in Frankreich nicht gerade beliebte Isabeau de Bavière (Isabella von Bayern, eine Wittelsbacherin), soll sogar gestreut haben, er sei »unehelicher« Abstammung – was auch manche Historiker mit Hinweis auf zahlreiche angebliche Affären der Königin nahelegen.

John of Lancaster, Herzog von Bedford (links, hier in Anbetung des heiligen Georg), übernahm für seinen Neffen Heinrich VI. die Regentschaft in Frankreich.

Karl (VII.) und die Mehrheit der Franzosen haben diese Abmachungen nicht anerkannt. Der Dauphin und seine Anhänger kontrollierten damals große Teile von Mittel- und Südfrankreich, die Städte Bourges und Poitiers waren Karls Hauptstützpunkte. Noch komplizierter wurde die Lage indessen im Jahr 1422, als zunächst Heinrich V. ziemlich überraschend starb und wenig später auch der wahnsinnige König Karl VI. aus dem Leben schied. Bei seiner Beisetzung proklamierte man den erst einjährigen Sohn Heinrichs und Katharinas, Heinrich VI., zum König von England und Frankreich; auf dem Festland sollte für ihn der Herzog von Bedford die Regierung übernehmen. Doch auch der Dauphin ließ sich nun zum König ausrufen, der traditionelle Krönungsort Reims befand sich allerdings in der Hand seiner Feinde. An eine Krönung war zu diesem Zeitpunkt nicht zu denken.

»Die ungefähr zehn Jahre«, so schreibt Gerd Krumeich, einer der besten Kenner Frankreichs zur Zeit der Jeanne d'Arc, »die zwischen dem Vertrag von Troyes und dem Beginn des öffentlichen Wirkens von Jeanne liegen, waren eine Zeit der Nichtentscheidung.« Frankreich war nun zweigeteilt: in den traditionell englisch

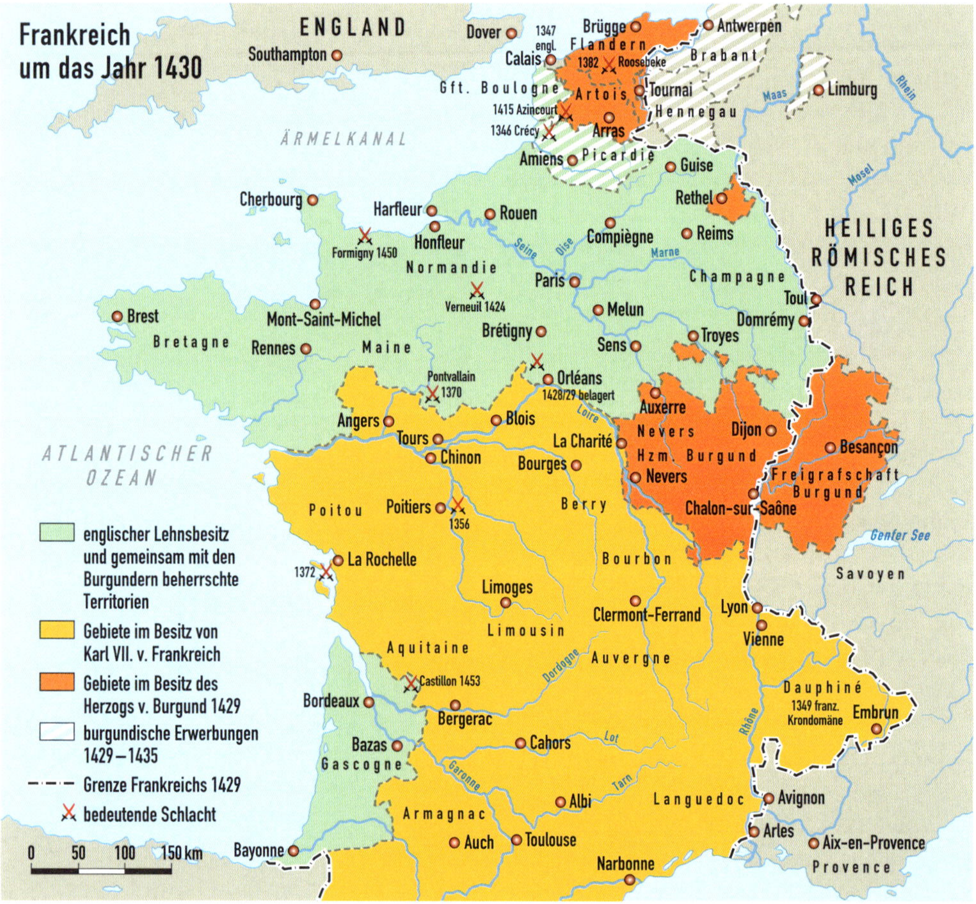

beherrschten Nordwesten mit der Normandie als wichtigster Basis und dem gemeinsam mit den Burgundern eroberten Gebiet zwischen Somme und Loire (mit Paris als Mittelpunkt) sowie in das von Karl behauptete Territorium im Süden – für das sich bald der Spottname *Royaume de Bourges* (Königreich von Bourges) einbürgerte. Der Historiker Joseph Calmette hat dagegen einmal von »dem besetzten Frankreich« gesprochen, dem »ein freies Frankreich« gegenübergestanden habe.

Trotz der krisenhaften Situation aber, in der sich Frankreich damals befand, hatte das französische Königtum zu jener Zeit eine herausragende Stellung unter den abendländischen Königen erreicht. Seit der zweiten Hälfte des 13. Jahrhunderts, seit der Regierung Ludwigs IX., des Heiligen, des letzten europäischen Königs, der zu Kreuzzügen aufgebrochen war, galt der französische Herrscher als *rex christianissimus,* als allerchristlichster König (ein Titel, den ihm später der Papst offiziell verlei-

Der Rex christianissimus

Jeder französische König wurde bei seiner Krönung mit dem heiligen Öl gesalbt, das einst eine Taube zur Salbung Chlodwigs aus dem Himmel niedergeholt haben soll. Man schrieb dem König die – eigenartige – Befähigung zu, durch bloßes Handauflegen Skrofeln (die Skrofulose, eine Halsdrüsengeschwulst) heilen zu können. Die Legitimität des kapetingischen Königshauses wurde im 13. Jahrhundert – aufgrund verwandtschaftlicher Bezüge – mit dem Geblütsrecht und Königsheil der Karolinger begründet; als Nachfahre Karls des Großen führte der König die *Oriflamme*, das vermutete Banner des »heiligen« Kaisers, das neben dem Karlsschwert, der *Jocosa*, das wichtigste Zeugnis des Karlskults war. Dessen Verbreitung ist in erster Linie dem Rolandslied und einem ständig wachsenden Kreis von Sagen und Legenden um den großen Kaiser zu verdanken. Konsequenterweise war der französische König »Kaiser in seinem Reich«; damit wurde seine ebenbürtige Stellung gegenüber dem römisch-deutschen Kaiser – der nach römischem Recht über allen europäischen Herrschern stand – betont. Die sakralen Elemente des französischen Königtums, die Salbung mit dem Himmelsöl und die Heilkraft, versetzten den Herrscher in einen priesterähnlichen Stand und verliehen ihm eine Aura der Heiligkeit.

Die ideelle Erhöhung des Herrschers hatte aber auch eine einheitsstiftende Kraft für die französische »Nation«. Es verbreitete sich im ganzen Land eine frühe Form von Nationalismus und Patriotismus. Frankreich, so hat ein amerikanischer Historiker einmal dezidiert festgestellt, war damals »das Heilige Land, die Franzosen das auserwählte Volk, ihr Herrscher der allerchristlichste König«.

hen sollte). Das Königtum als einheitsstiftende Institution stand im Mittelpunkt des *Regnum Franciae* und war seine Lebensquelle, selbst die Krankheit des äußerst populären Karl VI. hatte dem Königsheil der Herrscherfamilie nichts anhaben können. Die patriotische Verbundenheit zwischen Volk und Königtum sollte schließlich Jeanne, ein einfaches Mädchen aus der lothringischen Grenzregion, in ganz besonderer Weise unter Beweis stellen, als sie gewahr wurde, »wie erbarmungswürdig Frankreich darniederlag«.

»Ich wünschte von ganzem Herzen«, so sagte sie später, »dass der König sein Reich zurückerlange.«

Jeannes Auftrag

Mehrmals war auch Lothringen zum Schauplatz kriegerischer Auseinandersetzungen zwischen den Bürgerkriegsparteien geworden. Überfälle, Raub- und Plünderungszüge marodierender Landsknechte und Schutzgelderpressung gehörten zum alltäglichen Repertoire der damaligen Kriegführung. Jeanne sollte erleben, wie die Einwohner von Domrémy bei einem Einfall englisch-burgundischer Truppen ins befestigte Neufchateau flüchten mussten; bei ihrer Rückkehr war das Dorf verwüstet, das Vieh gestohlen. Domrémy war königstreu, im benachbarten Maxey hielt man zu den Burgundern. »Ich sah, dass die von Domrémy, wenn sie gegen die von Maxey gekämpft hatten, manchmal ganz zerschunden und blutend zurückkamen«, so ihre Schilderung, in Domrémy habe es nur einen einzigen »Burgundischen« gegeben – »und ich wollte wohl, dass man ihm den Kopf abschlüge, vorausgesetzt, dass es Gott gefallen hätte«.

In diesen Tagen eines endlosen Bürgerkriegs, vermutlich 1425, vernahm Jeanne zum ersten Mal jene Stimmen, von denen sie sich schließlich bis zu ihrem Tod motivieren und führen ließ: »Als ich dreizehn war, hatte ich eine Stimme, die von Gott kam, um mich zu leiten. Das erste Mal hatte ich große Furcht. Die Stimme kam zur Mittagsstunde, es war im Sommer, im Garten meines Vaters. Ich hatte den Tag zuvor gefastet. Ich habe die Stimme gehört mir zur Rechten, von der Seite der Kirche her«, so beschrieb sie die Szene. »Fast immer begleitet sie eine große Helligkeit. Dieses Licht kommt von derselben Seite, von der man die Stimme vernimmt. Mir schien die Stimme erhaben. Ich glaube, sie war mir von Gott geschickt. Beim dritten Anruf wusste ich: Es war die Stimme eines Engels. Die Stimme hat mich immer geleitet, und ich habe sie immer verstanden. Sie hat mir geraten, mich gut zu führen, in die Kirche zu gehen.«

Es war der Erzengel Michael, dessen Stimme sie zuerst hörte, präzisierte Jeanne im Verlauf des Verhörs. Es war auch der Erzengel, der ihr sagte, dass zwei heilige Frauen, die heilige Katharina und die heilige Margareta, ebenfalls zu ihr sprechen würden – sie solle deren Rat folgen, alles geschehe nach dem Befehl des Herrn. »Und ihre Gestalten sind gekrönt mit schönen, sehr reichen und kostbaren Kronen – unser Herr hat es mir erlaubt, es zu sagen«, sagte sie auf Nachfragen. Und der heilige Michael »erschien in der Gestalt eines wahrhaftigen und ehrlichen Mannes«. Mehrmals in der Woche sprachen die Stimmen von nun an zu ihr, es verging kaum ein Tag, an dem Jeanne nicht diese Visionen und Erscheinungen hatte.

Die wichtigste Botschaft, die eine dieser Stimmen dann im Jahr 1428 verkündete, war die: »Sie sagte mir, es sei notwendig, dass ich, Jeanne, nach Frankreich ginge. Zwei-, dreimal in der Woche sagte mir die Stimme, dass ich, Jeanne, nach Frankreich gehen müsste, und zwar so, dass mein Vater nichts von meinem Aufbruch wüsste. Die Stimme hieß mich, nach Frankreich zu gehen, und ich konnte nicht mehr bleiben, wo ich war. Die Stimme befahl mir, die Belagerung von Orléans aufzuheben. Sie hieß mich, Robert de Baudricourt in Vaucouleurs aufzusuchen, er war der Stadthauptmann, auf dass er mir Leute gäbe, die mit mir kämen. Ich antwortete, ich sei ein armes Mädchen, das nichts vom Reiten noch von der Kriegsführung verstünde.«

Jeannes Erscheinungen, ihre Visionen, die Stimme(n), die sie gehört haben will: Sie sind bis heute letztlich nicht erklärbar, obwohl es zahllose Deutungsversuche gab (und geben wird). Eine unüberschaubare Anzahl von Historikern, Theologen, Medizinern, Psychologen, Psychiatern, vor allem aber eine Unzahl von Hobbyforschern und Pseudowissenschaftlern aller Art mühte sich, dem Geheimnis ihrer Stimmen auf die Spur zu kommen. Abgesehen von konservativen katholischen Theologen, die – ohne jeden Zweifel an der Wirklichkeit dieser Erscheinungen – in den Stimmen eine göttliche Offenbarung sahen und damit Jeannes Heiligkeit begründeten, unterstellen wohlgesinnte Interpreten ihr eine »überaus große Imaginationsgabe«; Jeannes Stimmen, so hat ein französischer Autor kurz und bündig geschrieben, »sind Jeanne selbst«. Auf der anderen Seite wurde sie in teilweise äußerst polemischer Weise als Psychopathin, als krankhafte Esoterikerin hingestellt, Voltaire etwa nannte sie eine »bedauernswerte Geistesgestörte«. Vielfach wurden ihr physische und psychische Defizite zugeschrieben, darunter das Ausbleiben der Regelblutung, das Halluzinationen hervorrufen könne. Eine andere These sei noch erwähnt, der zufolge Jeanne ein Geschöpf gewesen sei, das äußerlich weibliche Geschlechtsmerkmale aufwies, innerlich aber anstelle von Eierstöcken Hoden besessen habe (womit ihre »männliche« Entschlossenheit und Durchsetzungsfähigkeit begründet werden sollten).

Auf derartige Spekulationen muss an dieser Stelle nicht eingegangen werden. »Uns sollte die Tatsache genügen, dass Jeanne zweifelsfrei Stimmen hörte, die sie aufforderten, Orléans zu befreien«, stellt Gerd Krumeich fest. »Ob diese Stimmen wirklich oder eingebildet waren, entzieht sich für immer historischer Kritik und spielt auch für Jeannes Motivationskraft keine Rolle.«

Für die Zeitgenossen stellte sich ohnehin nur eine Frage: Kamen diese Stimmen von Gott oder waren sie des Satans? Im Prozess wie im Rehabilitationsverfahren wurde hauptsächlich dieser Punkt behandelt.

Im Frühjahr 1428 war für Jeanne also der Zeitpunkt gekommen, den konkreten Anweisungen der Stimmen sozusagen vor den Augen der Öffentlichkeit Folge zu leisten. Schon vorher hatte sie indessen ein Gelöbnis abgegeben, »so lange keusch zu leben, wie es Gott für gut befindet« – weil ihr die Stimme schon beim ersten Mal geraten hatte, »sich gut zu führen«. Welch starken Willen sie schon als ein heranwachsendes Mädchen besaß, das sich zu wehren wusste, war deutlich geworden, als ein jun-

»Die Berufung der Jeanne d'Arc durch den Erzengel Michael«. Gemälde von Jules Eugène Lenepveu von 1889.

ger Mann sie wegen eines nicht eingehaltenen Eheversprechens vor dem geistlichen Gericht in Toul verklagt hatte. »Ich hatte ihm kein Heiratsversprechen gegeben – und ich schwor vor dem Richter, die Wahrheit zu sagen.«

Ihre Eltern machten sich offensichtlich schon zu dieser Zeit Sorgen um Jeanne, sie hielten sie »in strenger Zucht«. Die Mutter erzählte ihr mehrfach, ihr Vater habe geträumt, »dass ich, seine Tochter, mit Soldaten davonginge«. Zu ihren Brüdern soll der Vater gesagt haben: »Wenn ich glauben müsste, dass das, was ich geträumt habe, wirklich geschähe, so wollte ich, dass ihr sie ertränkt. Und wenn ihr es nicht fertigbrächtet, so ertränkte ich sie selbst!« Von den Stimmen, die Jeanne bedrängten, ahnte aber offensichtlich niemand in der Familie.

Wahrscheinlich im Mai 1428 begab sich Jeanne dann tatsächlich das erste Mal nach Vaucouleurs, wie es die Stimme immer eindringlicher von ihr verlangt hatte. Weil sie wusste, dass die Eltern ihren Weggang verhindern würden, griff sie zu einer List: Sie ließ sich von einem Vetter ihrer Mutter, den sie »Onkel« nannte, in Domrémy abholen, um seiner schwangeren Frau beizustehen. Dieser Verwandte, Durand Laxart, der in der Nähe von Vaucouleurs lebte, erklärte sich schließlich bereit, sie zum königlichen Stadthauptmann Baudricourt zu bringen. »Sie sagte mir, dass sie nach Frankreich zum Dauphin wolle, um ihn zu krönen«, so berichtet Laxart. »Sie sagte: ›Gibt es nicht von alters her einen Ausspruch, dass Frankreich durch eine Frau zerrüttet und durch eine Jungfrau wiederhergestellt werde?‹« Den ersten Teil dieser Weissagung bezog man damals wohl auf Isabeau de Bavière, die den meisten Franzosen nicht zuletzt wegen des Vertrags von Troyes regelrecht verhasst war.

Und mein Onkel brachte mich nach Vaucouleurs. Als ich dort ankam, erkannte ich Robert de Baudricourt, obwohl ich ihn noch nie gesehen hatte: Ich erkannte ihn durch die Stimme.

JEANNE IM ZWEITEN VERHÖR

Laxart ließ sich von Jeanne überzeugen, Baudricourt dagegen nicht. Er empfing sie nicht einmal. Er beschied den Onkel, sie zu ihrem Vater zurückzubringen und ihr eine Tracht Prügel zu verabreichen. Auch ein zweiter Versuch der Vorsprache in der Burg scheiterte. Als Jeanne, die Pucelle, wie auch Laxart sie nannte, eingesehen habe, dass Robert de Baudricourt sie nicht zum Dauphin führen werde, habe sie um frische Kleidung gebeten; man sei zusammen nach Saint-Nicolas gewallfahrt. Wie lange Jeanne bei Laxart wohnte, ist unsicher. Gesichert ist, dass sie im Januar 1429 erneut nach Vaucouleurs zog, wo sie im Haus eines Ehepaars Quartier nehmen konnte. Inzwischen hatte sich in der Region herumgesprochen, dass ein sonderbares Mädchen in ärmlichen Gewändern den Stadthauptmann zu sprechen wünschte. Viele Leute wussten oder hatten gehört, dass sie unbedingt zum Dauphin ziehen wollte. »Die Jungfrau war sehr beredt«, »ich habe ihren Reden geglaubt und mit mir viele andere auch« – das sind Aussagen von Bürgern aus Vaucouleurs. Auch ihren Wirtsleuten erzählte Jeanne von der Weissagung, eine Jungfrau werde Frankreich retten, »eine von der lothringischen Grenze«, wie sie ausdrücklich betont habe.

In diesen Wochen wurde sie schließlich vom Herzog von Lothringen nach Toul eingeladen, er stellte ihr sogar einen Schutzbrief aus. Jeanne selbst hat über dieses Treffen

Jeanne d'Arc in der Einsiedelei von Vaucouleurs. Darstellung einer der zahlreichen Legenden, die sich um die Pucelle gebildet haben.

nur wenige Worte verloren. Der Herzog, der seit einiger Zeit krank darniederlag, habe sie gefragt, ob er genesen werde. »Ich antwortete, ich wüsste es nicht.« Sie wolle aber Gott um seine Gesundheit bitten, im Gegenzug sollte der Herzog ihr seinen Sohn und weitere Leute mitgeben, »um mich nach Frankreich zu begleiten«. Jeanne sah sich nicht als Seherin oder Wunderheilerin, das hat sie auch später immer wieder betont. Sie hatte lediglich einen deutlich formulierten Auftrag: zum König zu gehen und die Belagerung von Orléans aufzuheben.

Inzwischen hatte sich die Lage auch im Maastal zugespitzt. Burgundische und englische Truppen durchstreiften die Gegend und bedrohten auch Vaucouleurs und Umgebung.

Im Oktober 1428 hatten die Engländer begonnen, Orléans einzuschließen. Anfang Februar 1429 – Jeanne hatte nun schon Wochen auf ein Treffen mit Baudricourt gewartet – gab der Stadthauptmann nach, offensichtlich beeinflusst durch die »öffentliche Meinung« in der Region, in der mehr und mehr Menschen der Pucelle zutrauten, das Königreich Frankreich zu retten, so wie es prophezeit worden war. In der Aussage eines ihrer späteren Gefährten, des Jean de Metz, ist der Stimmungswandel in der Stadt nachzulesen: »Ich sah die Jungfrau ankommen in einem ärmlichen roten Kleid, ich redete sie an: ›Was macht Ihr hier?‹, und die Jungfrau antwortete: ›Ich bin in diese königliche Stadt gekommen, um Robert de Baudricourt zu sprechen, auf dass er geruhe, mich zum König zu führen. Aber er hat sich weder um mich noch um meine Worte gekümmert. Indessen muss ich noch vor Mittfasten beim König sein, und müsste ich auf Knien zu ihm.‹« Jean überliefert Worte der Pucelle, die ihr mehr und mehr gesteigertes Sendungsbewusstsein illustrieren: »Niemand auf der Welt, nicht König, nicht Herzog oder andere«, soll Jeanne ausgerufen haben, »können das Königreich Frankreich wiedererlangen! Es gibt keine Hilfe als durch mich! Ich muss gehen, ich muss es tun, denn es ist der Wille meines Herrn.« Jean de Metz fragt sie daraufhin, wer ihr Herr sei. »Und da sagte jene Jungfrau: ›Gott!‹ Da habe ich der Jungfrau mit Handschlag versprochen, dass ich sie mit Hilfe Gottes zum König führen würde.« Er war es auch, der Jeanne die ersten Männerkleider gegeben haben will, weil sie den gefährlichen Ritt nach Chinon, wo Karl (VII.) sich aufhielt, nicht in ihren Kleidern antreten wollte.

Dass es als Gotteslästerung, als Verstoß gegen Gottes Gebot galt, wenn Frauen Männerkleidung trugen, spielte offensichtlich keine Rolle – obwohl es damals theologisch umstritten war, ob eine Frau zur Not auch männliche Gewänder anziehen dürfe. Laxart überliefert zudem, dass die Einwohner von Vaucouleurs ihr weitere Männerkleidung zur Verfügung stellten, Reithosen, Beinleder und anderes Zubehör. Zwei Männer hätten ihr ein Reitpferd gekauft, der Kaufpreis soll zwölf Franken betragen haben, die der Stadthauptmann den beiden alsbald zurückerstattete.

Ich glaubte an die Worte der Jungfrau. Ich war begeistert von ihren Worten und von ihrer Gottesliebe. Ich glaubte, dass sie von Gott gesandt war.

JEAN DE METZ,
EINER VON JEANNES VERTRAUTEN

Dass Baudricourt schließlich seine Einwilligung gegeben hat, Jeanne nach Chinon zu geleiten, wird auch damit erklärt, dass ein königlicher Herold, Colet de Vienne, in der Gegend weilte, der den Burghauptmann möglicherweise zu einem Kurswechsel gedrängt hat, mit dem Argument: In einer Situation wie dieser müsse man auch ungewöhnliche Wege gehen. Es ist ohnehin anzunehmen, dass Baudricourt die Pucelle nicht ohne Rückendeckung ziehen ließ, möglicherweise hat er sogar die Erlaubnis der königlichen Kanzlei eingeholt, ihr sechs Mann als Begleitung zu stellen. Außerdem hatte er sich zuvor in Begleitung des Stadtpfarrers davon überzeugt, dass Jeanne nicht vom Teufel besessen war. Der Priester, so berichtet ihre Wirtin, habe seine Stola angelegt und sie aufgefordert, sich zu entfernen – wenn sie denn einen bösen Geist in sich habe. Jeanne sei auf die Knie gesunken und habe den Mann

»Gott der Herr wird den Weg freimachen«: der Aufbruch Jeannes von Vaucouleurs nach Chinon, Februar 1429.

getadelt: Es sei nicht recht, was er tue, er wisse doch aus der Beichte, dass sie eine gute Katholikin sei. Auch in dieser Szene zeigt sich wieder Jeannes frohgemute Selbstsicherheit.

Als Jeanne bei uns ankam, trug sie ein rotes Frauenkleid. Doch gab man ihr dann Männerkleidung, Reithosen und was dazugehört.

HENRI LE ROYER,
IHR WIRT IN VAUCOULEURS

Am 12. oder 13. Februar 1429 brach der kleine Trupp auf, bestehend aus Jeanne, Jean de Metz, dem Ritter Bertrand de Poulengy (der wie Metz ein Vertrauter Jeannes werden sollte), dem erwähnten Herold und drei Bewaffneten. »Man erklärte ihnen, welche Wege sie reiten müssten, um das feindliche Kriegsvolk zu meiden«, berichtet ihr Herbergswirt, der bei ihrem Aufbruch zugegen war. »Johanna sagte, sie hätte keine Angst vor den Soldaten, ihr Weg sei frei. Und versperrten sie ihr wirklich den Weg, so würde ihn Gott, der Herr, für sie frei machen, damit sie zum Dauphin gelange. Darum sei sie in die Welt gesandt.«

Jeanne selbst hat den Abschied aus Vaucouleurs so geschildert: »Robert de Baudricourt hatte meine Begleiter schwören lassen, dass sie mich sicher geleiteten. Zu mir sagte Robert: ›Geh! Und es möge geschehen, was geschehen soll!‹«

Chinon: Jeanne und ihr König

Die Entfernung zwischen Vaucouleurs und Chinon beträgt mehr als 500 Kilometer, Jeanne und ihre Begleiter legten diese Wegstrecke in elf Tagen zurück. Das belegt eindrucksvoll, dass Jeanne als Mädchen vom Dorf mit Pferden umzugehen wusste. Sie ritten, wenn es durch englisch kontrolliertes Gebiet ging, zumeist nachts. »Es war ein aufregender Ritt, aber Jeanne redete uns zu, wir sollten keine Angst haben, denn der edle Dauphin würde uns freundlich empfangen, gelangten wir erst nach Chinon!« So beschreibt Bertrand de Poulengy die abenteuerliche Tour, er sei »ganz entflammt von ihren Worten« gewesen – »denn wirklich schien sie mir von Gott gesandt«. Auch Jean de Metz betonte, dass es Jeanne war, die

»Von Gott gesandt, dem Königreich zu helfen«: Die Pucelle verkündet dem König ihre Mission. Bildteppich aus der Mitte des 15. Jahrhunderts.

ihren Begleitern immer wieder Mut zusprach: »Fürchtet nichts, denn ich habe einen Auftrag auszuführen, und meine Heiligen sagen mir, was ich tun soll.« Geschlafen wurde im Freien oder in Scheunen, Jeanne schlief gewöhnlich zwischen Metz und Poulengy, bekleidet mit Wams und Hosen. »Sie brachte mir solche Achtung bei, dass ich nie gewagt hätte, sie zu begehren«, gestand Jean de Metz, »ich schwöre, dass ich ihr gegenüber nie ein Verlangen oder eine Begierde gespürt habe.«

In Sainte-Catherine-de-Fierbois, einem Zentrum der Verehrung der heiligen Katharina, die ja eine ihrer »Stimmen« war, hörte Jeanne dreimal die Messe und diktierte schließlich einen Brief an den Dauphin. Darin teilte sie ihm mit, sie habe 150 Meilen zurückgelegt, um ihm Hilfe zu bringen, und wüsste »viele gute Dinge« für ihn. Am 24. Februar 1429 erreichte der Trupp Chinon. Jeanne, die in einer Herberge untergebracht wurde, hatte eigentlich erwartet, noch am selben Tag vom Dauphin empfangen zu werden. Doch am Hof zögerte man noch, sie vorzulassen. Im Kronrat wurde darüber kontrovers diskutiert, und so schickte man Höflinge und Geistliche in ihr Quartier, die sie begrüßten und in Augenschein nahmen. Inzwischen war auch ein Schreiben aus Vaucouleurs eingetroffen, in dem sich Baudricourt für das Anliegen der Pucelle einsetzte. Erst nach zwei oder mehr Tagen holte man Jeanne ins Schloss, nachdem sie noch einmal versichert hatte, sie habe zwei Aufträge vom Himmelskönig: die Belagerung von Orléans aufzuheben und den König zur Salbung und Krönung nach Reims zu führen.

Meine Stimme hatte mir versprochen, der König würde mich bei meiner Ankunft empfangen.

JEANNE IM ZWEITEN VERHÖR

Karl, der Dauphin, der noch nicht gesalbte und gekrönte König, der gezögert hatte, Jeanne, ein Bauernmädchen aus Lothringen, zu empfangen, war damals 26 Jahre alt. Er war das elfte Kind von Karl VI. und Isabeau. Erst nach dem Tod zweier älterer Brüder war er 1417 Thronfolger geworden, damals war er Herzog der Touraine und Graf von Ponthieu. Ein Jahr später hatte er, nur mit einem Morgenmantel bekleidet, Paris fluchtartig verlassen müssen, um nicht den Burgundern in die Hände zu fallen. Ein weiteres traumatisches Erlebnis war für Karl der erwähnte Vertrag von Troyes, in dem er von der Thronfolge ausgeschlossen wurde. Er schien selbst Zweifel an seiner Legitimität zu haben, galt als schwach und entschlusslos. Die

Karl VII. ließ die Absichten Jeannes durch verschiedene Geistliche prüfen. Diese Prüfungen scheint die Pucelle ohne Probleme gemeistert zu haben.

überlieferten Porträts – vor allem das von Jean Fouquet gefertigte – zeigen einen etwas müde dreinschauenden Mann, der eher Melancholie und Apathie als Machtbewusstsein ausstrahlt. Auch die Jahre im »Exil« in Bourges, als kriegerische Erfolge ausblieben und er mitansehen musste, wie die Engländer trotz des frühen Todes ihres tatkräftigen Königs militärisch die Oberhand behielten und in Maine und in der Champagne Fuß fassen konnten, prägten Karl. »Manche seiner scheinbar unerklärlichen Ängste und Phobien finden hier ihre Erklärung, aber auch seine Vorsicht, sein Abwarten, sein Beobachten und Schweigen«, schreibt Heribert Müller, einer seiner Biografen. Karl zog es gewöhnlich vor, die Dinge in der Schwebe zu lassen, er suchte den Rat älterer, starker Männer und hatte sich mit einem Kreis von Ratgebern umgeben, die angesichts der sich ständig verschlechternden politischen und militärischen

Lage auf Ausgleich und Aussöhnung drängten. Er soll der Musik und der Literatur sehr zugetan gewesen sein, sein Eifer beim Erlernen des Lateins wird gerühmt. Gleichzeitig wird ihm nachgesagt, dass er den ritterlichen Ritualen seiner Zeit wenig abgewinnen konnte, er liebte weder Turniere noch die Jagd. Bei aller Frömmigkeit ließ er sich aber auch von Astrologen beeinflussen.

Das war also Karl, ein unsicherer, an sich selbst zweifelnder Regent, der nicht wusste, wie er mit Jeanne verfahren sollte – jener Jungfrau, die ihn zur Krönung nach Reims zu führen versprach. Es war aber auch der Mann, den man später, am Ende seiner Regierungszeit, durch den Beinamen *Le très victorieux* (der Siegreichste) auszeichnen sollte.

Die erste Begegnung zwischen der Pucelle und dem Dauphin gehört – so Jeannes Biograf Krumeich – »zu den klassischen und immer wieder neu ausgeschmückten Bildern der Historiografie«. Sie fand nicht, wie Jeanne ihren Richtern erzählen wird, am Tag ihrer Ankunft in Chinon statt, sondern mindestens zwei Tage später. Zeitgenössische Berichte bestätigen aber ihre weitere Schilderung: »Als ich den Saal betrat, erkannte ich den König unter allen anderen; meine Stimme wies ihn mir. Ich sagte ihm, ich wolle den Krieg gegen die Engländer führen.« Im Saal des Schlosses, der von 50 Fackeln erleuchtet wurde, waren 300 Edelleute versammelt. Der Dauphin soll sich zunächst inmitten seiner Gefolgsleute verborgen haben, sie aber habe ihn sofort angesprochen. Ein Augenzeuge, der beeindruckt war, wie sie sich präsentierte, nämlich »in großer Demut und Einfalt«, hat ihre Worte so wiedergegeben: »Edler Dauphin, ich bin gekommen und von Gott gesandt, Euch und dem Königreich zu helfen.« Jeannes späterer Beichtvater, der bei diesem Empfang nicht anwesend war, will erfahren haben, wie sie die Frage nach ihrem Namen beantwortete: »Ich heiße Jeanne die Jungfrau, und Euch tut der König des Himmels durch mich kund, dass Ihr in der Stadt Reims gesalbt und gekrönt werdet und der Statthalter des Himmelskönigs, welcher der Herr Frankreichs ist, sein werdet.«

Anschließend soll es noch ein persönliches Gespräch zwischen Karl und Jeanne gegeben haben, doch was da genau besprochen wurde, als der Dauphin »lang und leise« mit ihr sprach, bleibt weitgehend Spekulation. Weder Jeanne noch Karl haben sich je dazu geäußert. Jean d'Aulon, ein Vertrauter des Königs, der mit Jeanne gefangen genommen werden sollte, hat 28 Jahre später Folgendes erzählt: »Jene Pucelle sprach im Geheimen mit dem König und sagte ihm bestimmte geheime Dinge, welche, weiß ich nicht. Nur dass wenig später der König nach Leuten seines Rates schickte, zu denen ich auch gehörte. Der König sagte mir, die Pucelle habe ihm gesagt, sie sei von Gott zu ihm geschickt, um ihm zu helfen, sein Reich wiederzugewinnen.« Waren die letzten Worte die »bestimmten geheimen Dinge«?

Wohl kaum. Spätere Hofhistoriografen berichten, dass Jeanne dem verunsicherten Regenten versichert habe, er sei der wahre Erbe des Königreiches und der einzige legitime Herrscher. Das hatte aber schon ihr Beichtvater berichtet. Jeanne soll dem König gesagt haben: »Ihr seid der wahre Erbe Frankreichs und Sohn des Königs.«

Erst im 16. Jahrhundert wollte man wissen, Jeanne habe dem König etwas »Geheimes« mitgeteilt, indem sie ihm von drei Bitten erzählte, die er in einer Kapelle an Gott gerichtet habe und von denen nur er wissen konnte.

Melancholie statt Machtbewusstsein: Karl VII. galt den Zeitgenossen zunächst als Zweifler und Zauderer. Porträt von Jean Fouquet, um 1450.

Die Befragung Jeannes durch den Dominikaner Seguin. Glasmalerei aus der Kirche Notre-Dame-la-Grande in Poitiers.

Offensichtlich tief beeindruckt von der unbeirrbaren Sicherheit, mit der das Bauernmädchen ihren himmlischen Stimmen vertraute und auf die Realisierung ihres göttlichen Auftrags drängte, ordnete Karl an, Jeanne eine Wohnung zur Verfügung zu stellen. Man brachte sie schließlich im Turm einer an den königlichen Trakt angebauten Burg unter. Zudem wurde ihr ein Page zugewiesen, Louis de Contes, der nun ihr ständiger Begleiter wurde: »Ich erinnere mich gut, dass zu jener Zeit manch hochgestellte Person erschien, um mit Jeanne zu sprechen.« Darunter war auch der Herzog von Alençon, der bei einem Gespräch zwischen Jeanne, dem König und dem einflussreichsten Minister, Georges Le Trémouille, zugegen war. Der Herzog konnte auch beobachten, wie Jeanne sich im Lanzenwerfen übte, bei dieser Gelegenheit schenkte er ihr spontan ein Pferd. »Bald danach entschied der König, Jeanne durch Männer der Kirche prüfen zu lassen.« Diese Prüfung scheint nichts Negatives ergeben zu haben, man habe nichts entdeckt, was gegen den Glauben verstieße. Jeanne war offensichtlich nicht angetan von diesen Befragungen. Dem Herzog von Alençon sagte sie gelegentlich, man habe sie mehreren Prüfungen unterworfen, sie aber wüsste mehr und vermöchte mehr, als sie ihren Examinatoren anvertraut habe.

Zudem wurde sie von weiblichen Mitgliedern der Königsfamilie auf ihre Jungfräulichkeit untersucht. Als Ergebnis ist überliefert, Jeanne sei »eine wahre und vollständig unberührte Jungfrau«, an der kein Makel und keine Gewaltanwendung zu konstatieren sei. Das war nicht unwichtig, denn damals glaubte man, nur eine Jungfrau sei dagegen gefeit, vom Teufel besessen zu sein.

Damit aber immer noch nicht genug: In Poitiers, wohin sich das königliche Gefolge im März begab, wurde Jeanne erneut examiniert. Poitiers war damals – seit der Besetzung von Paris durch die Burgunder – Parlamentssitz des *Royaume de Bourges*. Zudem hatten einige Professoren der Pariser Universität in der Stadt Zuflucht gesucht. Über die Befragungen hat einer der Examinatoren, der Dominikaner Seguin, einen ausführlichen Bericht hinterlassen. Der königliche Rat, darunter der Erzbischof von Reims, so liest man darin, habe ihn und andere Theologieprofessoren und Domherren beauftragt, Jeanne zu befragen »und dem Kronrat Bericht zu erstatten über unsere Meinung«.

Jeanne wohnte in Poitiers im Haus eines Magisters, wo die Prüfungen durchgeführt wurden. Schon bei der ersten Sitzung wurde ihre Ungeduld deutlich; denn sie reagierte auf manche Fragen gereizt, zumindest impulsiv, manchmal aber auch mit jener Schlagfertigkeit, die sie vor allem im Prozess auszeichnen sollte. Eingangs wurde sie zum x-ten Male gefragt, warum sie nach Chinon gekommen sei. »Sie antwortete: ›Als ich die Schafe hütete, erschien mir eine Stimme und sagte, Gott wolle sich des französischen Volkes erbarmen, und ich, Jeanne, solle nach Frankreich gehen.‹ Bei diesen Worten brach sie in Tränen aus.« Die nächste Frage beinhaltete schon eine gewisse Portion theologischer Spitzfindigkeit: Wenn Gott das französische Volk aus höchster Not retten wolle, so bedürfe es doch keiner Krieger, argumentierte der Fragesteller. »Da antwortete Jeanne: ›Im Namen Gottes: Die Krieger werden kämpfen, und Gott wird den Sieg verleihen!‹ – eine Antwort, die Magister Guillaume befriedigte.« Seguin selbst, der nur den Dialekt des Limousin beherrschte, wollte von ihr wissen, in welcher Sprache die Stimmen mit ihr redeten. Jeanne gab zurück: »In einer schöneren als der Euren!« Und als er fragte, ob sie an Gott glaube: »Ja! Und inniger als Ihr!«

Seguin gab schließlich zu bedenken, dass man dem König nicht raten könne, einer Jungfrau nur im Vertrauen auf ihre Versicherungen hin seine Truppen anzuvertrauen und sie der Gefahr auszusetzen – »es sei denn, Ihr gebt uns ein Zeichen!« »Darauf sagte Jeanne: ›Im Namen Gottes, ich bin nicht nach Poitiers gekommen, um Zeichen zu tun. Aber führt mich nach Orléans, und dort werde ich Euch die Zeichen weisen, deretwegen ich gesandt bin!‹« Am Ende der Befragung, so Seguin, sagte Jeanne der Kommission vier Ereignisse voraus: die Aufhebung der Belagerung von Orléans, die Krönung Karls in Reims, die Eroberung von Paris und die Rückkehr des Herzogs von Orléans, der bei Azincourt in englische Kriegsgefangenschaft geraten war.

Madame, habt keine Angst! Ich werde Euch Euren Ehemann heil und gesund, genauso, ja noch besser, als er heute sich befindet, zurückbringen!

JEANNE ZUR FRAU DES HERZOGS VON ALENÇON

Seguin war mit ihrem Auftritt zufrieden: »Ich persönlich glaube, dass Jeanne von Gott gesandt war, man bedenke doch, dass der König und seine Untergebenen keinerlei Hoffnung mehr hatten ...«

Im Gutachten, das die Examinatoren dem König vorlegten, wird deutlich, dass auch sie von Jeannes innerer Entschlossenheit und Zuversicht beeindruckt waren. Der Kernsatz des – nur als Zusammenfassung erhaltenen – Dokuments lautet: »Der König darf in Anbetracht seiner und des Reiches Notlage und mit Rücksicht auf die Gebete seines armen Volkes und aller, die Frieden und Recht lieben, die Jungfrau, die sagt, sie sei von Gott gesandt, nicht zurückweisen, wenn ihre Versprechungen auch nur Menschenwerk sein könnten.« Der König habe ja zudem Erkundigungen über die Jungfrau in ihrer Heimat eingezogen – »in ihr war nichts Böses zu finden, nur Gutes, Demut, Jungfräulichkeit, Ehrlichkeit, Bescheidenheit«. Die Kommission schlug dem König daher vor, er solle Jeanne mit Kriegsleuten und einem ehrenvollen Geleit nach Orléans schicken und im Übrigen auf Gott vertrauen.

Sogleich ordnete der Kronrat an, für Jeanne eine Rüstung anzufertigen, sie erhielt zudem ein weißes, mit Lilien besetztes Banner. Es zeigte, wie Jeanne selbst sagte, »den Herrn der Welt«, Gottvater, und zwei Engel an seiner Seite, darüber standen die Worte »Jesus – Maria«; ihre Stimmen hatten ihr vorgegeben, wie das Banner aussehen sollte. Als Waffe erbat sie sich ein schön verziertes Schwert, das – so wisse sie von ihren Stimmen – in der Katharinenkapelle von Sainte-Catherine de Fierbois liege. Man schickte Boten, das Schwert wurde natürlich am Hauptaltar gefunden, von Erde und Rost bedeckt. Das Auffinden des Schwertes und die Tatsache, dass der Rost mit Leichtigkeit beseitigt werden konnte, wurden als ein weiteres Zeichen ihrer gottgewollten Sendung aufgefasst. Der Historiker Heinz Thomas vermutet, dass der Dauphin höchstpersönlich den Fund des Schwertes der heiligen Katharina in Fierbois zu einem ersten »Zeichen« umdeutete, das einige Theologen und königliche Ratgeber von Jeanne gefordert hatten Das Schwert diente also auch dazu, letzte Zweifler an ihrer Mission zum Schweigen zu bringen – obwohl man doch wissen musste, dass viele Ritter auf Pilgerfahrt ihre Schwerter in Fierbois »abgelegt« hatten.

Von Poitiers aus schickte Jeanne dann ihren berühmten ersten Brief an die Engländer, der im Prozess von Rouen als Beleg für ihren Hochmut und ihre Anmaßung gewertet werden sollte. Adressaten waren – unter der Überschrift »Jhesus Maria« – der König von England und »Ihr, Herzog von Bedford, der Ihr Euch als Regent des Königreichs Frankreich bezeichnet«. »Übergebt der Jungfrau, die von Gott, dem König des Himmels, hierhergesandt wurde«, so heißt es dann, »die Schlüssel aller guten Städte, die Ihr in Frankreich eingenommen und geschändet habt. Sie ist durch Gott hierhergekommen, um dem königlichen Blut zu seinem Recht zu verhelfen. Sie ist gern bereit, Frieden zu schließen, wenn Ihr ihren Forderungen nachkommt und Frankreich verlasst.« Und weiter: »Und wenn Ihr das nicht tut, so wisset, ich bin Kriegsherr, und wo immer ich Eure Leute in Frankreich finde, werde ich sie verjagen, ob sie wollen oder nicht, und wenn sie sich widersetzen, lasse ich sie alle töten. Ich bin von Gott gesandt, um Euch, Mann für Mann, aus Frankreich hinauszuschlagen.«

Jeanne lebte sittsam, mäßig und in größter Ehrbarkeit. Ich glaube fest, dass ihre Taten und Werke mehr von Gott als von den Menschen kamen.

PIERRE MILET, SCHREIBER

Starke Worte, mutige Worte, riskante Worte. Im Prozess hat Jeanne übrigens bestritten, dass die Formulierungen »Kriegsherr« und »Mann für

Mann« von ihr stammten. Wie auch immer: Der erste Schritt zur Umsetzung all dieser in kriegerischem Ton gehaltenen Ankündigungen und Drohungen sollte in Orléans gemacht werden. Zugleich aber wollte sie den Beweis ihrer göttlichen Sendung liefern, das geforderte »Zeichen« geben: mit der Befreiung von Orléans.

Die Befreiung von Orléans

Als Jeanne mit ihren Begleitern, angeführt von Jean d'Aulon, »dem der König die Pucelle anvertraute«, Poitiers verließ und sich über Tours nach Blois begab, wurde Orléans bereits seit einem halben Jahr von den Engländern belagert. Die Einnahme der Stadt an der Loire sollte den Weg frei machen in das *Royaume de Bourges,* in jene Territorien, in denen der Dauphin und seine Anhänger sich noch halten konnten. Mit ihren etwa 4000 bis 5000 Mann, verteilt auf eine Reihe von Bollwerken, Belagerungsforts und befestigten Türmen an den Zufahrtswegen, hatten die Engländer einen Ring um die Stadt gezogen. Mit den vorhandenen Kräften konnte er allerdings nicht vollständig geschlossen werden, zumal da burgundische Hilfstruppen wegen auftretender Differenzen zwischen Bedford und dem Burgunderherzog abgezogen worden waren. So konnten noch immer Kuriere aus und in die Stadt gelangen, in der damals etwa 30 000 Menschen lebten. Die Einwohner mit den notwendigen Mengen an Lebensmitteln zu versorgen war indessen nur unter großen Gefahren möglich. Im Februar 1429 war ein Versuch gescheitert, einen Transport gesalzener Heringe durch die Linien der Belagerer zu bringen – seit diesem »Heringstag« schien die Lage in Orléans ziemlich aussichtslos. Ein Bürger berichtete, man sei »äußerst bedrückt gewesen und habe nur noch auf die Hilfe Gottes gehofft«.

Orléans wurde seit Oktober 1428 von den Engländern belagert. Die Buchmalerei zeigt einen französischen Angriff auf einen Proviantkonvoi der Belagerer. F22

Ich habe den Beichtvater des Königs sagen hören, er habe geschrieben gesehen, dass eine Jungfrau dem König von Frankreich zu Hilfe käme.

GOBERT THIBAULT, OBERSTALLMEISTER

Über die Vorgänge, die zur Aufhebung der Belagerung führten, geben zahlreiche Quellen, vor allem natürlich die Aussagen unmittelbar Beteiligter, mehr oder weniger ausführlich Auskunft. Darüber hinaus hat ein anonym gebliebener Zeitgenosse eine Chronik der Belagerung *(Journal du siège d'Orléans)* verfasst, die Krumeich als »erstklassig informiert« lobt. Einer der zuverlässigsten Berichte ist der des damaligen Stadtkommandanten von Orléans, des Jean Dunois, der ein unehelicher Sohn des 1407 ermordeten Herzogs von Orléans war und daher den Namen »Bastard von Orléans« trug

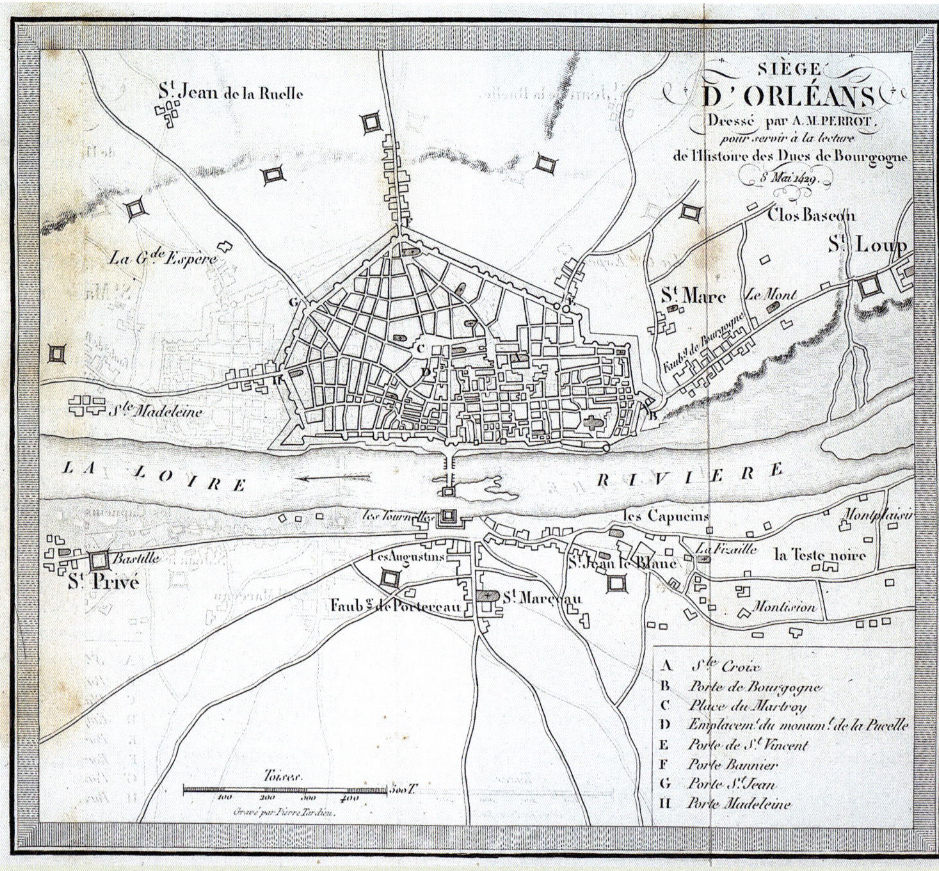

Plan der Belagerung von Orléans. Da der englische Ring um die Stadt nicht vollständig geschlossen war, konnten Kuriere und Lebensmittel – wenn auch längst nicht in ausreichender Menge – in die Stadt gelangen.

(ein Wort, das damals ohne Häme gebraucht wurde). Er gab an, dass er schon im März 1429 – als sich die Nachricht verbreitete, ein junges Mädchen, das man die Pucelle nannte, sei zum Dauphin gekommen, um die Belagerung von Orléans aufzuheben – zwei Beauftragte nach Chinon geschickt habe, die sich ein Bild von der Jungfrau machen sollten. »Bei ihrer Rückkehr erstatteten sie Bericht und erklärten öffentlich vor dem gesamten Volk von Orléans, das voller Erregung die Wahrheit über die Ankunft des Mädchens wissen wollte, dass sie es wirklich gesehen hätten ... Nach etwa drei Wochen schickte der König die Jungfrau in Begleitung des Erzbischofs von Reims, des Kanzlers von Frankreich, nach Blois, wo sie auf die Hauptleute trafen, die die Zufuhr des Proviants für Orléans befehligten.«

Ja, während sie die Worte ihrer Stimme wiederholte, war sie auf wunderbare Weise entrückt und richtete ihre Augen gen Himmel.

JEAN DUNOIS, DER »BASTARD VON ORLÉANS«

Schon vor dem Kampf um Orléans ging demnach im Königreich die Kunde vom Bauernmädchen um, das sich als von Gott gesandte Kämpferin ausgab. Aus allen Himmelsrichtungen kamen Menschen nach Poitiers, Tours und Blois, um die Pucelle zu sehen. Einfache Leute knieten nieder, um ihre Hände und Füße zu küssen, andere wollten nur die Hufe ihres Rosses berühren. Jeanne selbst war dieser Kult um ihre Person überhaupt nicht recht; diejenigen, die Wunder von ihr erwarteten, wurden enttäuscht. Als später Frauen in Reims ihr Gebetbücher und Heiligenbilder entgegenhielten, die sie berühren sollte, soll sie lachend gesagt haben: »Berührt sie selber! Eure Finger sind genauso gut wie die meinen!«

Aus der Aussage des »Bastards« geht auch hervor, dass ein Entsatz von Orléans, zumindest eine Hilfsaktion für die Stadt, längst geplant war. Man hatte Truppen zusammengezogen, Proviant und Nachschub bereitgestellt, Transportmittel requiriert. Es waren angeblich mehr als 10 000 Bewaffnete, die am 26. April 1429 in Marschordnung Richtung Orléans aufbrachen, darunter auch Jeanne und ihr Gefolge. In den Aussagen und Berichten wird nirgendwo erwähnt, dass Jeanne mit Befehlsgewalt ausgestattet worden war. »Doch jedermann in der Truppe hatte großes Vertrauen zu ihr«, bestätigt einer ihrer Pagen. »Jeanne brach in voller Rüstung mit ihren (!) Kriegern auf. Sie empfahl ihnen, beständig und völlig auf Gott zu

Jean Dunois, der »Bastard von Orléans«, setzte nach anfänglicher Skepsis große Hoffnungen in die Pucelle.

vertrauen und ihre Sünden zu beichten.« Die königlichen Offiziere setzten wohl darauf, dass Jeanne den Kampfgeist der Soldaten stärken und sie durch ihre Siegeszuversicht mitreißen werde.

Während der Kampagne duldete Jeanne nicht, dass ihre Leute je ein Dorf plünderten. Sie weigerte sich, Fleisch zu essen, vom dem sie wusste, es war gestohlen.

SIMON BEAUCROIX, RITTER

Drei Tage später erreichte man am Südufer der Loire die Umgebung von Orléans. Jean Dunois und die anderen Hauptleute hatten sich wohl

Zu Pferd und in Rüstung, den verklärten Blick gen Himmel gerichtet, wird die Pucelle vom einfachen Volk bejubelt. Das Gemälde von Henry Scheffer aus der Mitte des 19. Jahrhunderts zeigt den Kult, der sich um Jeanne gebildet hatte.

darauf geeinigt, dass der Geleitzug die Stadt weiträumig, und zwar flussaufwärts, umgehen sollte, um dann Truppen und Nachschub aus östlicher Richtung in die Stadt zu bringen. Jeanne war über diesen Plan nicht informiert worden. »Da redete Jeanne mich also an: ›Seid Ihr der Bastard von Orléans?‹ Ich antwortete: ›Ich bin's, und ich bin froh über Eure Ankunft!‹ Da fragte sie wiederum: ›Seid Ihr es, der geraten hat, mich auf diesem Ufer ankommen zu lassen und nicht direkt dahin zu marschieren, wo die Engländer sind?‹ Ich antwortete, dass ich es war und andere, klüger als ich.« Hier wird schon der strategische beziehungsweise taktische Dissens deutlich, der während der Kämpfe um Orléans wieder zutage treten sollte: »Jeanne wollte unmittelbar und direkt auf die Engländer losstürmen«, urteilt Krumeich, »während die Militärs es vorzogen, zunächst abzuwarten und sich mit taktischen Finessen zu begnügen.«

Bei ihrer ersten Begegnung wies Jeanne den »Bastard« gleich zurecht: »Im Namen Gottes, der Rat von Gott unserm Herrn ist sicherer und klüger als der Eure. Ihr habt geglaubt, Ihr könntet mich täuschen. Ihr habt Euch selbst getäuscht, denn ich bringe Euch bessere Hilfe, als je ein Hauptmann oder eine Stadt erhalten hat: die Hilfe des Königs des Himmels.« Dunois hatte auch damit argumentiert, dass die Proviantschiffe bei starkem Gegenwind nicht flussaufwärts gegen die Strömung fahren könnten, eine Loire-Überquerung unter diesen Umständen sei nur schwierig zu bewerkstelligen. Die Situation entspannte sich aber schlagartig und in wundersamer Weise unmittelbar nach den Worten der Pucelle. »Plötzlich drehte sich der Wind, sofort setzte man die Segel, und ich ließ die Boote besteigen«, berichtet Dunois, der zudem gesteht: »Von diesem Augenblick an setzte ich große Hoffnungen auf die Jungfrau, mehr noch als vorher. Ich bat sie dringend, über die Loire zu setzen und nach Orléans zu kommen, wo sie mit Ungeduld erwartet würde. Und Jeanne schloss sich mir an, ihre Fahne schwingend, die weiß war und das Bild unseres Erlösers trug; Marschall La Hire setzte mit uns über die Loire, und zusammen zogen wir in Orléans ein.«

Ich glaubte auch an Jeanne wegen der Erscheinung, die sie vom heiligen Ludwig und dem heiligen Charlemagne gehabt hatte.

JEAN DUNOIS,
DER »BASTARD VON ORLÉANS«

»Göttliche Kraft«: Jeanne d'Arc dringt in das belagerte Orléans ein, 29. April 1429.

Es war der 29. April 1429, als Jeanne am frühen Abend vor dem Burgunder-Tor einen Schimmel bestieg. Ihren Triumphzug schildert das *Journal du siège d'Orléans:* »Und so zog sie in Orléans ein, mit dem Bastard zu ihrer Linken in reicher Bewaffnung und Rüstung, dahinter kamen weitere edle und tapfere Herren, Knappen, Hauptleute und Gewappnete, zusammen mit Bürgern von Orléans, die ihr zuvor entgegengegangen waren. Auf der anderen Seite wurde sie von Kriegsleuten, Bürgern und Bürgerinnen empfangen, die viele Fackeln hielten und solche Freudenbekundungen von sich gaben, als hätten sie Gott mitten unter sich herabsteigen sehen; und dies nicht ohne Grund, denn sie hatten viele Mühen zu ertragen gehabt, Qualen, Pein und, schlimmer noch, die Furcht, ohne Rettung zu sein, das Leben und Hab und Gut zu verlieren. Aber schon fühlten sie sich getröstet, als wären sie von der Belagerung wie durch göttliche Kraft befreit, die – wie man ihnen sagte – in dieser einfachen Jungfrau ruhte, die nun alle, Männer so gut wie Frauen und Kinder, voller Zuneigung ansahen. Und eine ungeheure Menschenmenge drängte sich um sie, die sie oder das Pferd, auf dem sie ritt, berühren wollte.« Unter Glockengeläut wurde Jeanne schließlich zum Haus des herzoglichen Schatzmeisters geleitet, das man ihr als Quartier zuwies.

Noch vor Beginn der eigentlichen Kampfhandlungen wurde Jeanne also schon als Retterin gefeiert, was sich natürlich positiv auf die Moral der Truppen und ihre Siegeszuversicht auswirkte. Ihr Page Louis de Contes berichtet, mit welcher Ungeduld sie weiterhin auf einen sofortigen Angriff drängte, während Dunois ihr klarzumachen versuchte, dass man zunächst nicht angreifen, sondern den Zuzug der restlichen Begleitmannschaften des Konvois abwarten wolle. »Sie war heftig erregt über die Entscheidung, an jenem Tag nicht anzugreifen. Sie ging trotzdem auf einen Festungswall, den die Königlichen hielten, gegenüber einem von den Engländern besetzten, und schrie den Engländern zu, sie sollten in Gottes Namen in ihr Land zurückkehren, sonst wolle sie sie hinausjagen.« Am 3. Mai diktierte sie einen Brief an die Belagerer, nachdem sie vorher an einer großen Bittprozession teilgenommen hatte, wie das *Journal* überliefert: »Um sie zu sehen, waren so viele Einwohner in den Straßen, durch die sie kam, versammelt, dass man kaum noch weiterzugehen vermochte, denn das Volk konnte sich nicht an ihr sattsehen.« Der Brief, in dem sie die Engländer – »in ihrer Muttersprache« (ihrer lothringischen Mundart) – einfach nur aufforderte, der Belagerung ein Ende zu machen und nach England zurückzugehen, hatte nach Auffassung von Dunois eine äußerst starke psychologische Wirkung: »Und ich versichere, dass von dieser selben Stunde an die Engländer, von denen zuvor nur zweihundert Mann achttausend Königstreue in die Flucht geschlagen hatten, mutlos wurden, dass von diesem Augenblick an vier- oder fünfhundert der Unseren dem ganzen Englandheer die Stirn boten und mit ihm fertig wurden, denn die Engländer wagten sich nicht aus ihren Gräben und Verschanzungen hervor.«

Jeanne war von großer Mäßigkeit im Essen und Trinken und keusch dazu. Sie hörte jeden Tag die Messe.

GUILLAUME DE RICARVILLE,
BÜRGER VON ORLÉANS

Am nächsten Tag kam dann endlich der Moment, auf den Jeanne so lange gewartet hatte: Königliche Kämpfer, Soldaten und Milizionäre, schickten sich an, gegen die östlichste Bastion der Belagerer, das Fort Saint-Loup, vorzugehen. Bevor Jeanne in den Kampf eingreifen konnte, hatte sie allerdings erneut eine Auseinandersetzung mit Dunois. Der hatte ihr mitgeteilt, dass englische Truppen unter einem Hauptmann Falstaff

Die Jungfrau fordert die Engländer auf, die Belagerung der Stadt aufzuheben und in ihre Heimat zurückzukehren. Stich aus dem 18. Jahrhundert.

auf dem Weg nach Orléans seien. Jean d'Aulon erzählt, dass Jeanne den Stadtkommandanten angeherrscht habe: »Bastard! Bastard! Im Namen Gottes befehle ich Euch, sobald Ihr hört, dass dieser Falstaff sich nähert, lasst es mich wissen; denn wenn er vorbeizieht, ohne dass ich es weiß, verspreche ich, Euch den Kopf abreißen zu lassen.« Sie könne unbesorgt sein, soll Dunois geantwortet haben. Beide hätten sich schließlich kurz zur Ruhe begeben, aber dann sei die Pucelle plötzlich aufgesprungen und habe ausgerufen: »Im Namen Gottes, mein Ratgeber hat mich geheißen, gegen die Engländer zu ziehen, aber ich weiß nicht, ob gegen ihre Basteien oder gegen Falstaff, der ihnen Lebensmittel bringt!« Sie ließ sich ihre Rüstung anlegen, ergriff ihr Banner und verließ die Kammer. »Auf der Straße traf sie auf einen Pagen zu Pferde, sie hieß ihn absitzen und schwang sich aufs Pferd. Dann raste sie auf kürzestem Weg zur Porte de Bourgogne, von wo der stärkste Lärm herkam«, so d'Aulons Bericht.

Jeanne ist dann mit einer Anzahl von Kriegsleuten zum Fort Saint-Loup geritten, wo bereits ein Scharmützel begonnen hatte. »Jeanne begegnete verwundeten Franzosen und war darüber entsetzt und erzürnt. Die Engländer ihrerseits schickten sich zur Verteidigung an. Aber sobald die Franzosen Jeanne sahen, brachen sie in Kriegsgeschrei aus, und die Festung wurde genommen«, erinnerte sich ihr Page. Die Engländer hätten vor Entsetzen geschrien, als sie Jeanne mit ihrem Banner herankommen sahen, ergänzt der Verfasser des *Journal*, viele von ihnen seien von Bewaffneten aus Orléans getötet worden.

Die Einnahme des Forts Saint-Loup war die erste Kampfhandlung, an der Jeanne teilgenommen hatte. Ob sie an vorderster Front mitgekämpft hat, ist nicht überliefert, doch die Einwohner von Orléans schrieben allein ihr das Verdienst dieses ersten militärischen Erfolges seit langer Zeit zu. Am nächsten Tag wurde nicht gekämpft, es war Christi Himmelfahrt. Jeanne verfasste derweil einen weiteren Brief an die Engländer, der per Pfeil in einen der englischen Befestigungstürme geschossen wurde: »Euch Männern aus England, die Ihr kein Recht auf das Königreich Frankreich habt«, lautete die Botschaft, »befiehlt der König des Himmels durch mich, Jeanne die Jungfrau, Eure Bastionen zu verlassen und in Euer Land zurückzukehren.« Ihre über die Mauern gerufene Aufforderung, den Brief zu lesen, beantworteten die englischen Soldaten mit wüsten Beleidigungen, sie sei die »Hure der Armagnacs«, worüber sie in Schluchzen und Weinen ausgebrochen sein soll.

Am 6. Mai – hier folgen wir der Aussage ihres »Leibwächters« Jean d'Aulon – setzten französische Einheiten über die Loire, um die südlich des Flusses gelegene Bastion Saint-Jean-le-Blanc anzugreifen. Die aber war bereits geräumt. Die Besatzung hatte sich beim Herannahen der Franzosen in die nächste und stärker befestigte Bastille des Augustins zurückgezogen. »Da wir nun sahen, dass wir zur Einnahme dieser Festung nicht stark genug waren, wurde beschlossen, ohne weitere Kampfhandlungen zurückzukehren.« Auch Jeanne scheint diese Entscheidung mitgetragen zu haben. Als der Großteil der Truppen, von einer Nachhut gedeckt, auf eine Loire-Insel übergesetzt wurde, machten die Engländer plötzlich einen Ausfall. Jeanne und der Marschall La Hire hatten gerade ein Boot bestiegen. »Und als sie beobachteten, dass die Feinde aus der Festung ausbrachen, um sich auf ihre Leute zu stürzen, da legten Jeanne und der Feldherr La Hire, die immer voran waren, um ihre Leute zu schützen, die Lanzen ein, und die ersten Reihen begannen, gegen den Feind anzurennen; darauf folgten ihnen alle, und sie begannen, derart auf die Feinde einzuhauen, dass diese, durch die Hiebe gezwungen, zurückwichen und in die Festung des Augustins zurückgedrängt wurden.« Den französischen Angriffen, »erbarmungslos« vorgetragen, hatten die Engländer nicht viel entgegenzusetzen. Die Bastei wurde binnen Kurzem im Sturm genommen, wobei die meisten Engländer getötet oder gefangen genommen wurden. »Wer sich retten konnte«, so d'Aulon, »zog sich in die Bastille des Tourelles zurück, die am Fuße der Brücke war. So haben die Pucelle und die, die mit ihr waren, an jenem Tag den Sieg über die Feinde erkämpft.« Nach anderen Berichten hätten die französischen Kriegsherren entschieden, an diesem Tag keinen Ausfall zu unternehmen, doch Jeanne habe sich darüber hinweggesetzt. »Ob Ihr es wollt oder nicht, die Soldaten werden ausbrechen, und sie werden siegen«, soll sie gesagt haben – und sich anschließend mit La Hire an die Spitze der Truppe begeben haben, die dann die Festung eroberte.

Keinen anderen Capitain oder Kriegsherrn hatten Engländer und Burgunder bis zum heutigen Tag mehr gefürchtet als selbige Pucelle.

ENGUERRAND MONSTRELET, CHRONIST

Am Südufer der Loire trotzte nur noch die erwähnte stärkste Bastille des Tourelles den Franzosen, sie sollte am 7. Mai erstürmt werden, dem Tag, der die Entscheidung bringen sollte. Auch darüber hat Jean Dunois die wohl verlässlichste Schilderung hinterlassen – allerdings nur die des Kampfgeschehens; seine eigene Rolle als Zauderer, der Jeanne aus dem Geschehen heraushalten wollte, hat er wohlweislich unterschlagen, ihr dann aber den Erfolg der Aktion uneingeschränkt zugeschrieben. »Aus noch einem Grunde«, so begann er seinen Bericht, »glaube ich an sie: Am 7. Mai frühmorgens wurde Jeanne zu Beginn des Angriffs gegen die Schanze an der Brücke von einem Pfeil verwundet, der ihr zwischen Hals und Schulter tief ins Fleisch drang. Sie hielt deswegen nicht im Kampfe inne, noch ließ sie sich verbinden.« Jean Pasquerel, ihr Beichtvater, behauptet sogar, sie habe ihm am Abend zuvor vorausgesagt, dass sie verletzt werden würde. »Sie sagte: ›Morgen wird Blut aus meinem Leib fließen, oberhalb der Brust.‹ Als sie die Wunde gefühlt hätte, habe sie Angst gehabt und zu weinen begonnen. Als einige Soldaten sie verwundet sahen, wollten sie Jeanne durch Zauber helfen, aber sie wies sie zurück: ›Ich würde lieber sterben, als das zu tun, was ich für Sünde halte und gegen Gottes Willen.‹ Doch wollte sie, wenn es ohne Sünde möglich war, die Wunde pflegen lassen. Man tat Öl drauf und Fett. Nach dieser Behandlung beichtete mir Jeanne, noch ganz unter Tränen.«

Der Angriff habe von morgens bis acht Uhr abends gedauert, so berichtet Dunois weiter, und irgendwann hätten auch seine Leute die Hoffnung auf einen günstigen Ausgang des Tages aufgegeben. »Ich war unschlüssig, ich wollte, dass sich das Heer zurückzöge und nach Orléans zurückkehre. Da kam Jeanne zu mir und bat mich, noch ein wenig zu warten. Sie schwang sich aufs Pferd und ritt abseits, allein, in einen Weinberg, ein Stück von den Truppen entfernt, und verharrte dort im Gebet, etwa eine Viertelstunde lang; danach ergriff sie ihr Banner, stellte sich an den Rand des Wallgrabens, und alsbald begannen die Engländer furchtsam vor ihr zu zittern!« Die Franzosen fassten dadurch neuen Mut und machten sich daran, das Bollwerk mit letzter Kraft zu attackieren. Die Bastille des Tourelles wurde schließlich im Sturm genommen und so gut wie alle Engländer getötet, auch die, die zu entkommen versuchten. »Sie fielen alle«, so Dunois, »auch der Kommandant Glasdale und die anderen englischen Hauptleute der Festung – diejenigen, die sich in den Turm der Brücke von Orléans zu flüchten versuchten, stürzten ins Wasser und ertranken.« Vom großartigen Sieg beeindruckt, schließt der »Bastard« seine Schilderung dieses Tages: »Ich kehrte mit der Jungfrau und den Franzosen ins Innere der Stadt zurück, wo

Jeanne d'Arc zieht am 8. Mai 1429 in das befreite Orléans ein.

wir mit großer Freude und Begeisterung empfangen wurden. Man brachte Jeanne zu ihrem Quartier, um ihre Wunde zu pflegen. Als der Wundarzt fertig war, stärkte sie sich mit vier oder fünf gerösteten Brotschnitten, die sie in sehr verdünnten Wein tauchte. Das war ihre Nahrung für den ganzen Tag.«

Am nächsten Tag, dem 8. Mai 1429, stellten sich die verbliebenen englischen Truppen zwar am Nordufer der Loire in Schlachtordnung auf. Es kam aber nicht zur Schlacht, obwohl auch die Franzosen ins Feld gerückt waren. Jeanne habe schließlich befohlen, die Engländer nicht zu attackieren, sondern sich nur bei einem englischen Angriff zu verteidigen, aus Respekt vor der Heiligkeit des Sonntags. Die Engländer aber nutzten diese Situation, um ihre Zelte abzubrechen und – unter Mitnahme der beweglichen Habe – abzuziehen.

Die Belagerung von Orléans war aufgehoben. Jeanne hatte damit ihre erste Aufgabe erfüllt, sie hatte das »Zeichen« ihrer göttlichen Sendung gegeben. Im Rückblick haben alle beteiligten Militärs, die im Verlauf des Rehabilitationsverfahrens befragt wurden, übereinstimmend ausgesagt, den Sieg habe man allein der Jungfrau zu verdanken – deren Ruhm als »Pucelle d'Orléans« sich schnell im ganzen Königreich verbreitete. Ohne formelle Befehlsgewalt hatte sie die Truppen des Dauphin mit ihrer Glaubenskraft, ihrem mitreißenden Enthusiasmus, ihrem Sendungsbewusstsein und ihrer Siegesgewissheit zu einem Erfolg geführt, der mehr als nur ein Sieg war, sondern nach Jahren der Erniedrigungen und Niederlagen eine höchst bedeutsame militärische, vor allem aber die psychologische Wende in der entscheidenden Phase des Hundertjährigen Kriegs herbeiführte.

Bei all dem Jubel, der der Pucelle in den Tagen nach der Befreiung von Orléans allerorten entgegenschlug, sollte nicht unerwähnt bleiben, dass die königliche Kanzlei in einem Rundschreiben an alle »guten Städte« die Rolle der Jungfrau eher heruntergespielt hat. In dem Schreiben, datiert auf den 10. Mai, heißt es, dass »unsere Leute mit großer Kühnheit und Tapferkeit« den Sieg errungen hätten, wofür alle Franzosen »den Schöpfer, der sich in seiner göttlichen Güte unserer entsann«, loben und ihm danken sollten, und: »Ihr könnt nie genug die guten und wunderbaren Taten der Jungfrau loben, die bei all diesen Ereignissen stets persönlich anwesend war.« Nach königlicher Logik war Jeanne also lediglich überall mit dabei gewesen.

Die Engländer sahen das etwas anders: In einem Brief an den jungen König Heinrich VI. griff der englische Regent Frankreichs, der Herzog von Bedford, tief ins satanische Vokabular und führte »Zaubersprüche einer teuflischen Frau« an, um das Desaster zu erklären. Der schwere Schlag, »der über Eure dort zahlreich versammelten Leute kam«, sei von der Hand Gottes ausgeführt worden – »wie es schien«, fügte Bedford einschränkend hinzu. »Meiner Ansicht nach wurde er jedoch zum größten Teil durch Aberglauben und blinde Furcht verursacht, die eine Anhängerin und Spionin des Teufels erweckte, Pucelle genannt, die von bösen Beschwörungen und Zauberei Gebrauch machte.«

Der Höhepunkt – die Krönung Karls VII.

»Nach der Befreiung von Orléans zogen wir gemeinsam, die Jungfrau, ich und andere Feldhauptleute, zum König, der sich im Schloss von Loches befand, um von ihm neue Truppen zu verlangen zur Rückeroberung der Festungen und Städte an der Loire, besonders Meung, Beaugency und Jargeau, damit er künftig sicherer und freier operieren und ungestörter vorgehen könnte bis nach Reims zu seiner Krönung.« Jean Dunois machte mit diesen Sätzen deutlich, wie sich die Militärs das weitere Vorgehen vorstellten, übrigens weitgehend im Einvernehmen mit der Pucelle. Bei ihrer Ankunft in Loches soll sie sich tief vor dem Dauphin verneigt haben – der sie, eine ungewöhnliche Geste, in die Arme genommen habe.

Jeanne nahm an dem nun folgenden Loire-Feldzug teil. »Und tatsächlich wurden jene Städte und Schlösser wieder unter die Kontrolle des Königs gebracht, durch Jeannes Hilfe, wie ich meine«, berichtet Dunois, der aber auch mitteilt, wie sehr die Pucelle darauf drängte, das nächste Ziel, die Krönung in Reims, nicht aus den Augen zu lassen. Sie wollte, das betonte sie immer wieder, ihr zweites Versprechen einlösen. »Ich erinnere mich noch gut, dass die Jungfrau den König im Schloss Loches aufsuchte. Er befand sich in einer geheimen Kammer, mit seinem Beichtvater und dem Kanzler Frankreichs.

Nach dem Sieg von Orléans wird die Pucelle von Karl im Schloss Loches begrüßt.

Jeanne klopfte an die verschlossene Tür; und kaum eingetreten, warf sie sich vor dem König nieder, umschlang seine Knie und sagte etwa folgende Worte: ›Edler Dauphin, haltet nicht so langen und ausgedehnten Rat! Kommt so bald wie möglich nach Reims, um Eure würdige Krone zu empfangen!‹ Da wandte sich der Beichtvater ihr zu und fragte, ob ihr Ratgeber ihr solches verheißen habe. Sie erwiderte: ›Ja! Er hat mich mehrmals angespornt!‹ Und dann sagte sie ungefähr so: Sie sei unzufrieden gewesen, dass man ihr nicht ohne Weiteres glaubte, was sie auf Geheiß des Herrn erklärte, und sie habe sich zurückgezogen und es Gott geklagt. Und nach beendetem Gebet habe sie eine Stimme vernommen, die zu ihr sagte: ›Magd Gottes, geh, ich werde dir zu Hilfe sein! Geh!‹«

Auch diesen Sätzen ist zu entnehmen, dass es weiterhin Spannungen zwischen Jeanne und den Heerführern und Höflingen des Dauphin gab. Deren Gefühlslage schwankte zwischen gesunder Skepsis, was das militärische und strategische Potenzial der Pucelle betraf, und unverhohlenem Neid auf den Ruhm, der ihr, einem 17-jährigen Bauernmädchen, zuteilwurde, und auf die Verehrung, die sie allerorten erfuhr. Dunois sagt dazu: »Ich erinnere mich auch, wie nach diesen Siegen die Fürsten königlichen Geblüts und die Heerführer den König bestimmen wollten, in die Normandie zu ziehen, und nicht nach Reims. Doch hielt die Jungfrau ständig daran fest, dass man nach Reims gehen müsse, und sie begründete ihre Meinung: Wenn erst der König gesalbt und gekrönt sei, würden die Gegner unaufhörlich an Macht verlieren, bis sie am Ende weder ihm noch seinem Land schaden könnten.«

Der Loire-Feldzug war also offensichtlich ein Kompromiss. Vor dem Zug nach Reims wollte man die restlichen englischen Positionen in diesem Raum ausschalten, die Loire-Region von den Engländern »säubern« – dieses Wort benutzt bereits ein zeitgenössischer Chronist. Auch dabei führte Jeanne nicht das Kommando. Ihr ungebrochener Angriffsgeist aber motivierte vor allem die einfachen Soldaten wie in Orléans zu außergewöhnlichen Leistungen. Zum Angriff auf Jargeau ermunterte sie die Feldherrn, die erneut auf Zeitgewinn setzten, mit schlichten Worten: »Ihr habt nichts zu fürchten. Gott ist mit uns. Wenn ich das nicht genau wüsste, ginge ich lieber wieder Schafe hüten, als mich großer Gefahr auszusetzen.« Im Verlauf des Angriffs soll Jeanne dem Herzog von Alençon in gewisser Weise das Leben gerettet haben, indem sie ihm, mit Hinweis auf eine in diese Richtung zielende Steinschleuder, riet, seinen Standort zu verlassen – »bald darauf wurde an eben dieser Stelle, von der ich mich gerade entfernt hatte, der Sire du Lude getötet«. Jeanne selbst wurde im Kampfgetümmel von einem Stein am Helm getroffen, als sie, ihre Fahne in der Hand, eine Sturmleiter erklomm. Zu Boden geworfen, raffte sie sich sofort wieder auf, so der Herzog: »Sie schrie: ›Freunde! Freunde, auf, auf! Unser Herrgott hat die Engländer verdammt, sie sind unser in dieser Stunde! Habt Mut!‹ Und in diesem Moment wurde die Stadt Jargeau genommen.«

Nach der Einnahme weiterer fester Plätze wurde Jeanne am 18. Juni 1429 erstmals Augenzeuge und Teilnehmer einer regelrechten Feldschlacht. Bei Patay, nordwestlich von Orléans, stießen die schnell vorrückenden Franzosen, etwas mehr als 6000 Mann, auf englische Verbände, die – von Einheiten aus dem Pariser Raum verstärkt – ungefähr die gleiche Anzahl von Kämpfern umfassten. Dank der

In der Schlacht von Patay wurden die englischen Truppen entscheidend geschlagen. Buchmalerei von 1450.

Geschwindigkeit des französischen Vormarsches wurden die Engländer überrannt. »Es war ein großes Gemetzel«, berichtet der Herzog von Alençon, »unter anderen fiel Sir John Talbot in unsere Hände.« Der englische Befehlshaber sei anschließend vor den Herzog gebracht worden, der wie Jeanne das Schlachtfeld erst erreichte, als der Sieg der Franzosen längst feststand. In Jeannes Gegenwart sagte er zu Talbot, man hätte am Morgen kaum gedacht, dass es so kommen könnte. Talbot entgegnete: »So ist das Kriegsglück!«

Es ist nun bemerkenswert, wie der Herzog, der Jeanne ohnehin sehr zugetan war, in unmittelbarem Zusammenhang mit Patay die militärischen Fähigkeiten der Pucelle hervorhebt: »Jeanne war einfach und jung, aber das Kriegshandwerk verstand sie; sie wusste ebenso gut die Lanze zu führen wie die Armee zu formieren und einen Aufstellungsplan zu entwickeln, besonders was die Artillerie betraf; jeder erstaunte sich darüber, wie sie all das mit Sicherheit und Umsicht regelte, als hätte sie seit 20 oder 30 Jahren Krieg geführt.«

Nach der siegreichen Schlacht gönnte man den Truppen zunächst ein paar Tage Ruhe. »Die Franzosen zogen mit all ihren Gefangenen und reicher Beute in die Stadt Orléans ein, wo sie vom Volk mit großer Freude empfangen wurden. Und insbesondere Jeanne, die Pucelle, erfuhr großes Lob und Verehrung, alle glaubten, dass die Feinde des Königs keine Widerstandskraft mehr gegen sie haben würden und dass der König durch ihre Hilfe in Bälde wieder über sein ganzes Reich herrschen werde«, beschrieb ein burgundischer Chronist die Atmosphäre dieser Tage. Am 22. Juni wurde dann im Kronrat der Zug in die Champagne, nach Reims, beschlossen.

Die königliche Armee marschierte dann über Auxerre nach Troyes, jener Stadt, in der der für Karl so schmachvolle Vertrag abgeschlossen worden war. Aus militärstrategischer Sicht war die Einnahme der Stadt nicht zwingend erforderlich. Daher überlegte man im königlichen Rat, »ob man haltmachen sollte, um Troyes zu belagern, oder ob man besser schnurstracks nach Reims weiterziehen und die Stadt sich selbst überlassen sollte«, berichtet Jean Dunois. »Der Rat war geteilter Meinung, niemand wusste, was das Gebotene war.« Auch in dieser Situation war es wieder Jeanne (die an den Beratungen teilnehmen durfte), die auf rasches Handeln drängte. Die Stadt müsse belagert werden, nicht zuletzt, um die »burgundischen Verräter« zu beeindrucken. Sie versprach dem König, Troyes innerhalb von drei Tagen einzunehmen. Schließlich soll sie die Vorbereitungen für einen Sturmangriff äußerst umsichtig geleitet haben, »wie es zwei oder drei kriegsgeübte Soldaten nicht vermocht hätten«, glaubt Dunois. Angesichts des bevorstehenden Angriffs entschlossen sich die Bürger von Troyes »zitternd und verängstigt« zur Kapitulation. Zu Jeanne hatten sie einen Franziskaner geschickt, der herausfinden sollte, ob die Pucelle wirklich von Gott geschickt worden sei. »Als er sich mir näherte«, so gibt Jeanne das Treffen wieder, »machte er das Zeichen des Kreuzes und sprengte Weihwasser. Und ich sagte ihm: ›Kommt unbesorgt näher, ich fliege nicht davon!‹« Nach der Übergabe von Troyes übersandten auch die Bürger von Chalons die Schlüssel ihrer Stadt.Der Weg nach Reims war frei, zumal Gesandte aus der Krönungsstadt dem Dauphin schon den Gehorsamseid geleistet hatten.

Seit der Taufe Chlodwigs um 500 (hier eine Buchmalerei aus dem 14. Jahrhundert) wurden die französischen Könige in Reims mit dem »Himmelsöl« gesalbt.

Am 16. Juli 1429 zogen Karl und sein Gefolge feierlich in jene Stadt ein, wo einst der erste »französische« König, der Frankenherrscher Chlodwig, getauft und gesalbt worden war, mit dem Himmelsöl, das seither in der Stadt aufbewahrt wurde. Bereits am nächsten Tag, einem Sonntag, sollten die Krönungsfeierlichkeiten stattfinden. »Den ganzen Tag und die folgende Nacht wurde eine große Menge eiliger Besorgungen unternommen für all die offiziellen Akte, die zur Krönung des Königs gehörten«, berichtet ein Chronist. So wurde die Ampulle mit dem Himmelsöl von einer Eskorte unter dem Marschall du Boussac in feierlicher Prozession aus dem Kloster Saint-Rémy geholt und dem Erzbischof von Reims übergeben. Seltsamerweise gibt es nur wenige und kurze Berichte über den Verlauf der Krönungsfeierlichkeiten. Sie sollen »nur« etwa drei Stunden gedauert haben, und sie wurden darüber hinaus von einigen der wichtigsten Würdenträger des Königreichs, die der angloburgundischen Partei angehörten, natürlich »boykottiert«; wieder andere hätten sich nicht getraut, sich auf den Weg durch englisch besetztes Gebiet zu machen. Für die abwesenden Pairs nominierte man kurzerhand Vertreter. Der Herzog von Alençon etwa, der am Beginn der Zeremonie zunächst den König zum Ritter schlug, vertrat auf diese Weise den Burgunderherzog, den schlimmsten Feind des Königs.

Im Verlauf der Messe, die der Erzbischof las, hatte der König, vor dem Altar stehend, mehrere Eide abzulegen. Er musste versprechen, die Kirche zu verteidigen, ihre Privilegien zu wahren und seinem Volk gegenüber Frieden und Gerechtigkeit walten zu lassen. Nur mit einer Tunika und einem Hemd bekleidet, in das Öffnungen für die Salbung geschnitten waren, sank Karl vor dem Erzbischof auf die Knie und wurde nun mit dem heiligen Öl auf Haupt und Brust, zwischen und auf den Schultern sowie auf den Handflächen gesalbt. Danach statteten ihn die Barone, dem althergebrachten Ritus entsprechend, mit Schwert und Zepter aus und kleideten ihn mit dem blauen Krönungsmantel ein, bestickt mit goldenen Lilien. Zuletzt setzte ihm der Erzbischof die Krone aufs Haupt.

Dieser 17. Juli 1429 war ein großer Tag in der französischen Geschichte. Was diese Krönung von früheren unterschied und »sich tief ins französische Nationalgedächtnis eingeprägt hat« (Krumeich), war die Anwesenheit eines Bauernmädchens am Hochaltar. Mit ihrem Banner in der Hand verfolgte die Pucelle die gesamte Zeremonie aus nächster Nähe. »Jeanne war«, so formulierte ein Hofhistoriograf, »der Grund für diese Krönung und für die gesamte Veranstaltung.« Nachdem Karl die Krone empfangen hatte, kniete sie vor dem König nieder, umfasste »unter heißen Tränen« seine Knie und sprach ihn erstmals als König an: »Edler König, jetzt ist es nach Gottes Gefallen geschehen, der es wollte, dass ich die Belagerung von Orléans aufhebe und Euch in diese Stadt Reims führe, damit Ihr Eure heilige Salbung empfangt. So wird sichtbar, dass Ihr der wahre König seid und ebender, dem das Königreich gehören soll.«

Karl VII. (im blauen Krönungsmantel) mit seinen militärischen Beratern. Unter ihnen auch die Pucelle (rechts vorn). Buchmalerei aus dem 15. Jahrhundert.

Für das einfache Volk war Jeanne die eigentliche Heldin des Tages. Wo immer sie sich zeigte, wurde sie von Bürgern und Soldaten bejubelt und gefeiert. Als Zuschauer erlebte auch ihr Vater die Krönung und die Festlichkeiten. Am nächsten Tag wurde er sogar vom

König empfangen, der das ganze Dorf Domrémy von sämtlichen Steuern und Abgaben befreite.

Der Krönungstag in Reims war der Höhepunkt in Jeannes kurzem Leben. Die Szene, wie sie mit ihrer Fahne am Altar steht, ist immer wieder neu beschrieben, künstlerisch gestaltet und erhöhend dargestellt worden, man denke nur an Ingres' berühmtes Gemälde »Jeanne bei der Königsweihe«. Schon die Richter in Rouen nahmen allerdings daran Anstoß, dass ihre Fahne »höher gehalten« worden sei als die der Feldherrn – es sei ein weiteres Zeichen ihres Hochmuts und ihrer Anmaßung. Jeanne antwortete mit der ihr eigenen einfachen Logik: »Sie war beim mühevollen Kampf dabei, also soll sie auch an der Ehre teilhaben.«

»Nach Gottes Gefallen«: Mit der Krönung von Karl VII. in Reims hatte Jeanne d'Arc ihren Auftrag erfüllt.

Der erste Fehlschlag

Wer nun – wie Jeanne und ihre Anhänger – gehofft hatte, der König und seine Berater würden den Angriffsschwung, den die Erfolge der vergangenen Wochen im königlichen Lager bewirkt hatten, für weitere militärische Aktionen nutzen und das Heer direkt nach Paris ziehen lassen, sah sich getäuscht. Obwohl in Reims Vorbereitungen für einen weiteren Feldzug getroffen worden waren, zog die Armee zunächst nach Norden, dann in südöstliche Richtung. Es gelang dabei, zahlreiche weitere Städte unter Kontrolle zu bringen. Die meisten öffneten den Truppen freiwillig ihre Tore, und der König und vor allem Jeanne wurden allerorten begeistert empfangen. Beim Einzug in eine dieser Städte soll Jeanne gesagt haben: »Was für ein gutes Volk! Niemals habe ich eines gesehen, das sich so sehr über die Ankunft eines edlen Königs freute! Wie froh wäre ich, wenn ich am Ende meiner Tage hier begraben würde!« Dunois berichtet zudem, der Erzbischof von Reims habe sie daraufhin gefragt, ob sie eine Ahnung habe, wo sie sterben werde. Jeannes Antwort: »Wo es Gott gefällt! Ich kenne weder Stunde noch Ort besser als Ihr. Wollte Gott, mein Schöpfer, dass ich jetzt heimgehen, die Waffen niederlegen und zu meinem Vater und meiner Mutter zurückkehren dürfte,

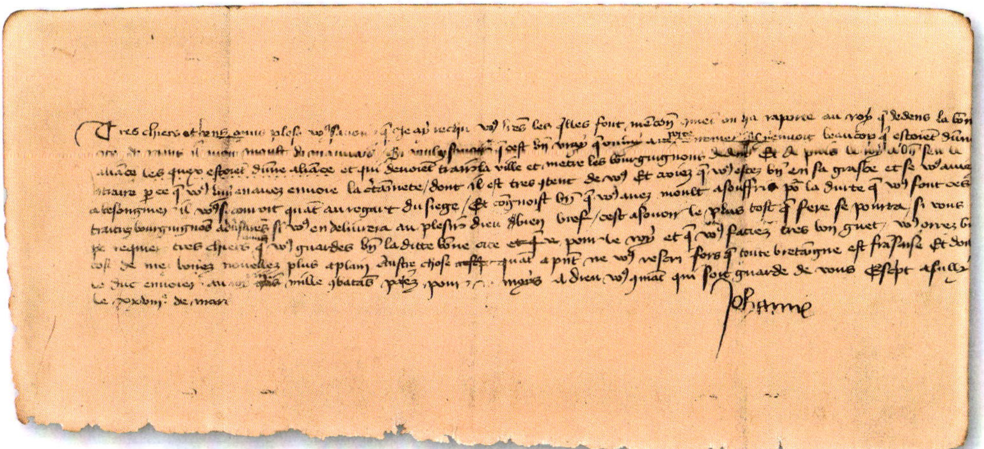

Das Schreiben der Jungfrau an die Bürger von Reims vom März 1430 trägt die eigenhändige Unterschrift Jeannes.

ihnen die Schafe hüten zu helfen mit meinen Brüdern. Sie wären glücklich, mich zu sehen!«

Man kommt nicht umhin, aus diesen Äußerungen einen resignierten Unterton herauszuhören. Für Jeanne kamen die taktischen Manöver, die die königliche Regierung nach Reims ausführte, eher einem Rückzug gleich. Denn schon am Tag von Karls Krönung war eine burgundische Gesandtschaft in Reims eingetroffen. Der königliche Favorit La Trémoille und der Erzbischof von Reims, beide entschiedene Gegner von Jeannes kompromisslosem Kriegskurs, hatten diese Verhandlungen vehement befürwortet, mit dem berechtigten Hinweis auf die bedenkliche finanzielle Lage: Der Unterhalt einer so großen Armee verschlang Unsummen, Geld, das Karl nicht hatte. Auch infolge dieser Erwägungen wurde wahrscheinlich sogar ein befristeter Waffenstillstand mit Burgund geschlossen.

Jeanne hingegen hatte am selben Tag dem Burgunderherzog Philipp einen Brief zukommen lassen, in dem sie den »hohen und erlauchten Fürsten« aufforderte, mit dem König einen dauerhaften Frieden zu schließen. »Fürst von Burgund, ich bitte Euch, ich flehe Euch so demütig an, wie ich nur kann: Führt nicht länger Krieg gegen das heilige Königreich Frankreich und zieht Eure Leute aus den Festungen des Reiches zurück!« Gleichzeitig prophezeite sie ihm aber, dass die Burgunder diesen Krieg »niemals gewinnen« würden, und viel Blut würde »von denen vergossen werden, die sich gegen uns stellen«.

In der ersten Augustwoche zog die französische Armee dann wieder nordwärts und überquerte die Marne. Mittlerweile hatten auch die Engländer wieder etwa 10 000 Mann zusammengezogen, ein durch frische Einheiten verstärktes Heer, das seinerseits ebenfalls eher taktische Wendungen ausführte und alles daransetzte, nicht direkt auf die Franzosen zu treffen. Jeanne wurde immer ungeduldiger. Den Bürgern von Reims schrieb sie, »mit solcher Art Waffenruhe« sei sie nicht einverstanden. Gerd Krumeich glaubt denn auch, dass Jeanne sich schon in diesen Tagen »verraten« fühlte, verraten von einer Clique von Höflingen, die lieber verhandeln als kämpfen wollte.

Tatsache ist, dass sich Jeannes Verhältnis zum König seit Reims stetig verschlechterte. Neben Neid und Missgunst aufseiten der königlichen Berater spielte zum einen Jeannes mangelnde Erfahrung, größere politische Zusammenhänge und Sachzwänge zu durchschauen, eine gewisse Rolle in diesem Prozess. Andererseits bot auch Jeannes Auftreten – schon vor der Krönung – Anlass für Missstimmung: »Das ebenso spontane wie natürliche Bauernmädchen entwickelte sich mehr und mehr zu einem *chef de guerre*«, so glaubt Krumeich, »zu einer militärischen Führerin, deren Anweisungen auch schneidend scharf sein konnten, die keinen Widerspruch duldete und die zudem offensichtlich auch mehr und mehr Gefallen an ihrer kostbaren Rüstung und Ausstattung fand.« In einem Punkt blieb sich Jeanne indessen treu: in ihrem unbeirrbaren und damit auch unangreifbaren Vertrauen auf Gott und ihre Eingebungen. Allein von ihren Stimmen ließ sie sich auch weiterhin leiten, sie waren die Richtschnur ihres Handelns. Dass ihr Einfluss auf den König nachließ, lag möglicherweise aber auch an Karl selbst, dem einige Historiker gleichfalls Neid und Eifersucht auf die großartigen Erfolge der Pucelle – der er letztlich die Krone verdankte – unterstellen. Der König hatte zu Beginn des Augusts einen bitterbösen Brief des Herzogs von Bedford erhalten, in dem ausdrücklich noch einmal an die Ermordung des Burgunderherzogs Johann Ohnefurcht erinnert wurde. Weiter hieß es darin, Karl, der sich ohne jeden Grund »König« nenne, habe die »geheiligten Verträge« zwischen den Fürsten von England und Frankreich gebrochen. Er frevle gegen den »natürlichen und rechtmäßigen König beider Reiche« (damit war der minderjährige Heinrich VI. gemeint), wenn er dem gemeinen Volk sage, dass allein er Frieden und Sicher-

Chef de guerre: zeitgenössischer Holzschnitt der Pucelle mit Schwert und Rüstung.

heit bringe. »Damit verführt und betrügt Ihr das unwissende Volk, und das erreicht Ihr nur mithilfe abergläubischer und verdammungswürdiger Personen, wie es jenes liederliche und schändliche Weib ist, das in Männerkleidung einhergeht.« Hat dieses Schreiben Karl etwa beeindruckt?

In der Nähe des kleinen Ortes Montépilloy standen sich dann aber Mitte August plötzlich die beiden Heere gegenüber, angeführt vom König und vom Regenten, die beide gar keine Entscheidungsschlacht herbeiführen wollten. Die königlichen Truppen waren wohl etwas stärker. Doch, so bemerkt ein Chronist, »niemand hat einen Angriff gewagt«. Auch Jeanne war unsicher, was zu tun sei: »In jenen Tagen war die Jungfrau sehr unterschiedlicher Meinung, mal wollte sie die Feinde angreifen, mal wollte sie es nicht.« Und so fand nur ein Geplänkel zwischen einzelnen Truppenteilen statt; halbherzig versuchten die Franzosen, die Feinde aus ihren Stellungen zu locken. Die »nicht geschlagene Schlacht bei Montépilloy« (so Heinz Thomas) hatte natürlich auch keinen Sieger.

Karl zog sich nun nach Compiègne zurück. Er willigte aber immerhin ein, dass Jeanne und der Herzog von Alençon mit den Truppen endlich gegen Paris ziehen durften. Ein Begleiter des Herzogs, Perceval de Cagny, hat dies so geschildert: »Als sich der König in Compiègne befand, wurde die Jungfrau über den Aufenthalt ärgerlich, den er hier nehmen wollte, und ihr schien es nach ihrer Art, dass er zu jener Stunde mit der Gnade zufrieden sein wollte, die Gott ihm gewährt hatte, ohne irgendetwas anderes zu unternehmen. Und sie wandte sich an den Herzog von Alençon und sagte ihm: ›Mein schöner Herzog, lasst Eure Gewappneten und die anderen Hauptleute sich vorbereiten. Bei meinem Knüppel, ich will gehen und Paris sehen, so nah, wie ich es noch nie gesehen habe.‹«

Abgesehen davon, dass diese Sätze das besondere Verhältnis Jeannes zum Herzog verdeutlichen, wurde nun offenkundig, dass die Angriffspläne immerhin so weit gediehen waren, dass Jeanne und Alençon sich nach Saint-Denis begeben konnten – mit der Maßgabe allerdings, keine größeren militärischen Aktionen vor dem Eintreffen des Königs zu beginnen.

Der Angriff auf Paris, darüber sind sich alle Historiker einig, wurde unter denkbar ungünstigen Vorzeichen in die Wege geleitet. Die Verteidiger und die Einwohner der Stadt hatten genügend Zeit gehabt, sich auf eine Belagerung und einen möglichen Sturmangriff vorzubereiten. Jeanne konnte im Kriegsrat wohl durchsetzen, dass man sogleich versuchen sollte, die Stadt zu stürmen; und weil sie realisierte, wie viel Zeit die Königlichen hatten verstreichen lassen, hielt sie sich auch nicht an das Gebot, an hohen Feiertagen die Waffen ruhen zu lassen. Der Angriff wurde für den 8. September beschlossen, das Fest der Geburt Mariens. Wir erinnern uns: In Orléans wurde an Christi Himmelfahrt nicht gekämpft. In der Anklageschrift in Rouen sollte ihr dieser Verstoß gegen kirchliche Gebote eigens vorgehalten werden.

Paris war schon damals eine der größten Städte Europas, man schätzt, dass die Hauptstadt etwa 200 000 Einwohner hatte. Und Paris war mit starken Befestigungen umgeben worden. So ist es nicht verwunderlich, dass der schlecht vorbereitete, übereilt vorgetragene Angriff der königlichen Truppen scheiterte. Jeanne selbst wurde im Kampfgeschehen vor

Im Register des Pariser Parlaments von 1429 ist am Rand der Notizen über die Belagerung von Orléans eine Zeichnung der Pucelle zu finden.

einem Wassergraben der nördlichen Stadtbefestigung von einem Armbrustbolzen am Oberschenkel getroffen und verletzt, ihr Bannerträger gleich darauf getötet. Am Abend wurde der Angriff abgebrochen. Die Franzosen, die große Verluste erlitten hatten, mussten sich zurückziehen. Es soll der Herzog von Alençon persönlich gewesen sein, der Jeanne, die verwundet noch immer im Graben kauerte, zur Aufgabe bewegen konnte.

Am nächsten Tag erteilte der König dann den Befehl zum Abzug. Er folgte damit dem Rat jener Befehlshaber, die weitere Sturmangriffe für wenig aussichtsreich erklärten.

Jeanne hatte vor Paris, dessen Einnahme zu ihrer Sendung gehörte, ihre erste Niederlage erlitten. Möglicherweise, so vermutet Heribert Müller, »wurde sie dabei zum unschuldigen und obendrein verwundeten Opfer eines bewusst nur halbherzig geplanten und ausgerüsteten Unternehmens«. In Paris verbreiteten Burgunder und Engländer die Nachricht, dem königlichen Lager sei der feste Glaube an die wunderbaren Fähigkeiten der Pucelle abhandengekommen, es gäbe selbst unter den Armagnacs Leute, die die Jungfrau verfluchten.

Trotz aller Enttäuschung scheint sich Jeanne selbst mit dem Misserfolg »arrangiert« zu haben, ihr Sendungsbewusstsein hatte offensichtlich nicht darunter gelitten. Als sie von den Richtern in Rouen gefragt wurde, ob ihre Stimmen den Angriffsbefehl gegen Paris gegeben hätten, gab sie eine bezeichnende Antwort: »Nein, ich stand damals nicht unter dem Befehl meiner Stimmen. Ich ging, weil die Feldherren ein Gefecht suchten und weil ich selbst gern die Wälle der Stadt überstiegen hätte.«

Die Gefangennahme

Als Folge des Scheiterns vor Paris unterzeichnete der König, der sich zur Rückkehr an die Loire entschlossen hatte, in der zweiten Septemberwoche einen Waffenstillstand mit den Burgundern, der bis Weihnachten 1429 gelten sollte. Der größte Teil des königlichen Heeres wurde entlassen. Jeanne stiftete in diesen Tagen ihre Rüstung in der Abtei Saint-Denis der Muttergottes und dem heiligen Dionysius. Ein weiteres Zeichen ihrer Resignation? Sicher ist, dass Jeanne, die zunächst in Bourges weilte, unter der anhaltenden Untätigkeit litt. Und so muss es für sie eine große Erleichterung bedeutet haben, als im Oktober ein kleines königliches Heer gebildet wurde, um kleinere Städte und Burgen im Loire-Gebiet, die sich noch in englischer Hand befanden, zurückzugewinnen. Dem Unternehmen, dem sich Jeanne – naturlich, möchte man sagen – anschloss, war kein besonderer Erfolg beschieden. Jeannes Nimbus begann zu bröckeln, selbst im einfachen Volk wurden Zweifel an ihren übernatürlichen Kräften geäußert.

Umso mehr erstaunt es, zumindest auf den ersten Blick, dass der König sie im Dezember in den erblichen Adelsstand erhob, sie, ihre Eltern und Brüder und ihre Nachkommenschaft. »Wir wollen uns dankbar zeigen für die zahlreichen und großen Wohltaten der göttlichen Macht, die Uns durch Unsere teure und vielgeliebte Jungfrau aus Domrémy erwiesen wurden und die sich noch, das ist Unsere Hoffnung, durch das Wirken der göttlichen Gnade vermehren werden«, hieß es im entsprechenden Dekret.

Aus diesem Akt der Dankbarkeit lässt sich nun schließen, dass der König weiterhin auf die Unterstützung der Jungfrau zählte. Oder war es nur scheinbar eine Erhöhung, ein Trostpflaster, wie eine französische Kennerin der Epoche, Régine Pernoud, meint, eine Auszeichnung, mit der man die Pucelle dazu bewegen wollte, in ihr Dorf zurückzukehren? Jeanne, die die Nobilitierung ohne jede Gefühlsregung entgegennahm, blieb in der Umgebung des Königs.

Zu Anfang April 1430 hatte sich dann aber die Situation im Seine-Raum wieder verschärft, in Paris war es zu Unruhen gekommen, vor allem aber bedrohten burgundische Truppen Reims und Compiègne. Jeanne verließ daraufhin mit einer Truppe von nicht mehr als 500 Mann den königlichen Hof, um den gefährdeten Städten Hilfe zu leisten. Dass sie das ohne Erlaubnis des Königs tat, wie einige Chronisten behaupten, ist eher unwahrscheinlich.

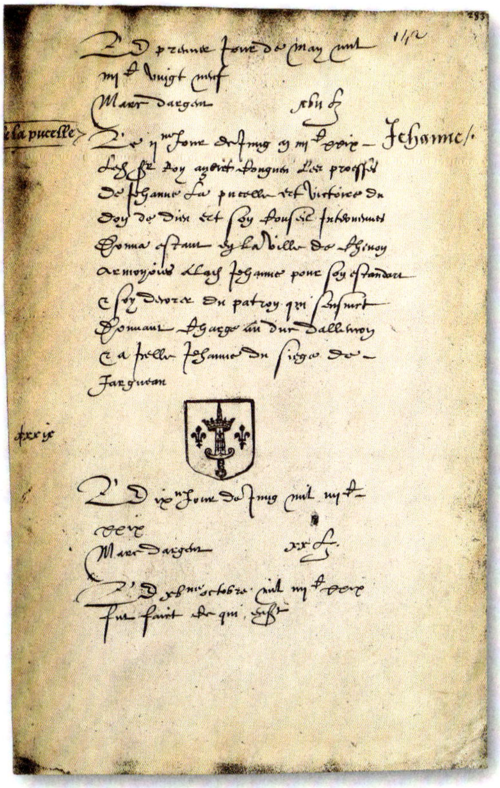

Im Juni 1429 erhob der König Jeanne und ihrer Familie ein Adelspatent und verlieh ihr ein Wappen.

Sie sollte Karl, ihren König, indessen nicht mehr wiedersehen.

In der Osterwoche will Jeanne auf den Mauern der Stadt Melun die Stimmen ihrer beiden Heiligen Katharina und Margareta gehört haben, die ihr prophezeiten, sie werde bald, noch vor dem Sommer, in Gefangenschaft geraten. »Ich bat sie, wenn ich gefangen würde,

Jeanne wird am 23. Mai 1430 bei Compiègne gefangen genommen. Buchmalerei aus den *Vigiles de Charles VII*, um 1450.

gleich sterben zu dürfen, ohne lange Qual. Die Stimmen antworteten, ich solle alles hinnehmen, es müsse so geschehen«, erzählte Jeanne ihren Richtern in Rouen.

In der kleinen Stadt Lagny zeigte sich, dass ihre fast sakrale Ausstrahlungskraft ungebrochen war: Man brachte ihr ein für tot gehaltenes Neugeborenes, »schwarz wie mein Umhang«, berichtet sie selbst. Als sie für das Kind betete und es in den Arm nahm, gähnte es dreimal. Und lebte noch so lang, dass es getauft werden konnte. Im Prozess wurde diese Episode als weiterer Beleg für ihre teuflischen Zauberkünste gedeutet; »das Wunder von Lagny« sollte aber auch im Heiligsprechungsprozess am Ende des 19. Jahrhunderts zur Sprache kommen.

Mitte Mai trafen Jeanne und ihr Gefolge, darunter einer ihrer Brüder und der getreue Leibwächter Jean d'Aulon, in Compiègne ein, wo bereits eine größere Streitmacht zur Verteidigung der Stadt stationiert war. Noch am Abend unternahm sie mit ihren Leuten einen Ausfall gegen die im Norden der Stadt lagernden Burgunder und Engländer. Bei einem weiteren Ausfall, eine Woche später unternommen, wurde sie indessen von gegnerischen Truppen gefangen genommen.

Jeanne selbst hat das Geschehen ziemlich emotionslos geschildert: »Ich zog über die Brücke und passierte die Schanze und traf mit meiner Truppe auf die des Herrn von Luxemburg. Ich schlug sie zweimal bis zum Lager der Burgunder zurück und das dritte Mal bis zum halben Weg. Da schnitten die Engländer dort meinen Kriegern und mir den Rückweg zur Schanze ab. Die Unseren zogen sich zurück. Und ich wurde, während ich über die der Picardie zugewandten Felder zurückwich, nahe bei der Schanze gefangen genommen.« Es gibt zahlreiche Berichte über ihre Festnahme, die wenigsten davon allerdings von Augenzeugen. Die Brücke über die Oise, die vorgelagerte Schanze im Norden der Stadt und, so kann man zusammenfassend feststellen, eine etwas leichtfertige Ausfalltaktik wurden Jeanne letztlich zum Verhängnis. Schanze und Brücke bildeten eine Art Nadelöhr für die Königlichen, die sich bei den nicht erwarteten, zudem mit großer Übermacht durchgeführten burgundischen Gegenangriffen fluchtartig in die Stadt zurückziehen wollten. Dem Stadtkommandanten Guillaume de Flavy, der den Brückenkopf auf dem Nordufer der Oise mit Bogenschützen hatte sichern lassen, blieb schließlich, als auch die Burgunder mit Macht zur Brücke drängten, keine andere Wahl, als die Zugbrücke hochziehen und das Schanzen- sowie das Stadttor schließen zu lassen.

Flavy habe beides vorzeitig angeordnet, um Jeannes Rückkehr in die Stadt zu verhindern. Das ist eine von vielen Verschwörungstheorien, die sich um Jeannes Schicksal ranken. Auch Régine Pernoud ist davon überzeugt, dass der Kommandant, ein naher Verwandter des Erzbischofs von Reims (der ein Gegner Jeannes war), die Jungfrau absichtlich ihren Feinden ausgeliefert habe.

Weitaus dramatischer wird die Gefangennahme der Jungfrau in diesem Holzstich aus dem 19. Jahrhundert dargestellt.

Jeanne selbst hat diesen Verdacht nie geäußert, sie kämpfte noch – während ihr der Rückzugsweg schon abgeschnitten war – so mutig wie gewohnt gegen die Kriegsleute des Jean de Luxembourg. Von einem Anhänger des Herzogs von Burgund stammt folgende Schilderung: »Die Jungfrau hielt sich stets in der Nachhut auf, um ihre Leute zu schützen und

Nach ihrer Auslieferung an die Engländer wurde Jeanne d'Arc schließlich in Rouen inhaftiert. Gemälde von Pierre-Henri Revoil, 1819.

sie ohne Verluste zurückzuführen. Aber die von der burgundischen Partei haben sie mächtig bedrängt und voller Schwung angegriffen. So wurde, wie ich erfahren habe, die Jungfrau von einem Bogner von ihrem Pferd gezogen. In der Nähe war der Bastard von Wandomme, ein Mann des Luxemburgers, dem sie sich auf Ehrenwort ergab. Dieser führte sie sofort nach

Margny, wo sie unter gute Bewachung gestellt wurde.«

Seit dem Nachmittag des 23. Mai 1430 war Jeanne in der Gewalt ihrer Gegner. Jean de Luxembourg, der Graf von Ligny, war ein Vasall des Herzogs von Burgund, den er sofort über diesen »Fang« informierte. Philipp der Gute soll noch am Abend nach Margny geeilt sein, um die Gefangene leibhaftig in Augenschein zu nehmen. Nach einem Bericht eines burgundischen Höflings, der Augenzeuge dieser Begegnung war, soll es zu einem kurzen Wortwechsel zwischen dem Herzog und der Pucelle gekommen sein, an dessen Inhalt sich der Schreiber allerdings nicht erinnern wollte. Jeanne hatte den Fürsten stets als »Verräter« gesehen. Und so kann es durchaus sein, dass sie ihn, wie an anderer Stelle überliefert, einen »Judas« genannt habe. Denn ihr war an diesem Abend sicherlich bewusst, dass die Burgunder sie an die Engländer ausliefern würden. Der Preis für diesen Handel, ein sicherlich hohes Lösegeld: Das wäre dann der Judaslohn.

Der Prozess in Rouen

Im angloburgundischen Lager löste die Nachricht von Jeannes Gefangennahme unbeschreiblichen Jubel aus. Philipp der Gute schrieb noch am Abend des 23. Mai einen Brief an die Bürger von Saint-Quentin, in dem er die Gefangennahme der Jungfrau als große Neuigkeit preist, »die offenbart, welchem Irrtum und verrückten Glauben diejenigen zum Opfer gefallen sind, die den Taten dieser Frau geglaubt und sie unterstützt haben«. Der Herzog ließ sich die Gefangene im Übrigen nicht überstellen, sondern beließ sie im Gewahrsam des Jean de Luxembourg. Der sollte somit der Verhandlungspartner bei dem zu erwartenden Auslieferungsgesuch der Engländer sein.

Auf der anderen Seite, im königlichen Lager, herrschte zunächst betroffenes Schweigen. Hat man sich schnell mit der Gefangennahme der Pucelle abgefunden, wie Gerd Krumeich glaubt? Hat man das Geschehen vor Compiègne als Gottesurteil aufgefasst? Es gibt aus den Tagen nach diesem verhängnisvollen 23. Mai so gut wie keine Nachrichten über irgendwelche Reaktionen am Hof, aus vielen Städten Frankreichs wird aber überliefert, es hätten Bittgottesdienste für die Befreiung der Jungfrau stattgefunden.

Es steht allerdings fest, dass Karl VII. keinerlei Versuche unternahm, Jeanne aus der Gefangenschaft zu befreien, oder etwa dem Jean de Luxembourg angeboten hätte, die Pucelle loszukaufen. Denkbar gewesen wäre ja auch das Angebot an die Engländer, Jeanne gegen den bei Patay in Gefangenschaft geratenen Heerführer John Talbot auszutauschen.

Doch nichts dergleichen geschah. Karl unternahm überhaupt nichts.

Sein Kanzler, der Erzbischof von Reims, äußerte unmittelbar nach dem Ereignis, dass Jeanne ihr Los selbst verschuldet habe. Nie habe sie auf jemandes Rat gehört, sondern immer nur nach ihrem Willen gehandelt, sie sei hochmütig geworden. Ihr Misserfolg, so kann man diese Worte auslegen, war ein ihr eigenes persönliches Scheitern. Gott, der sie zu großen Taten motiviert hatte, habe sie nun fallen lassen. Die Äußerung des Kanzlers und das Verhalten des Königs, sein demonstratives Desinteresse am Schicksal Jeannes, boten und bieten natürlich den Nährboden für vielfache Versuche, Karl VII. zu unterstellen, er habe die Jungfrau »verraten«.

Jeanne la Pucelle wollte keinem Rat glauben. So hat sie alles nach ihrem Gutdünken getan.

KANZLER REGNAULT DE CHARTRES, ERZBISCHOF VON REIMS

Jeanne wurde unterdessen zunächst nach Beaulieu-en-Vermandois gebracht, dann – nach einem ersten Fluchtversuch – in die Burg Beaurevoir (bei Cambrai) überführt, die Jean de Luxembourg gehörte. Dort nahmen sich die Frau und die Tante des Schlossherrn ihrer an. Sie sei von den beiden Damen gut behandelt worden, sagte Jeanne, die betagte »Demoiselle de Luxembourg«, eine Tante übrigens auch des Burgunderherzogs, hätte sich dafür eingesetzt, sie nicht an die Engländer auszuliefern. Die Damen hätten ihr auch geraten, Frauenkleidung anzuziehen, und ihr entsprechende Kleider angeboten. Jeanne aber antwortete: »Dazu habe ich noch nicht die Erlaubnis der Herrn, und es ist noch nicht an der Zeit.«

Etwa vier Monate lang wurde Jeanne auf dem Schloss festgehalten. In dieser Zeit wurde heftig verhandelt, Regent Bedford forderte vom Luxemburger die Auslieferung der Gefangenen. Ein ähnliches Ansinnen stellte die angloburgundisch dominierte Pariser Universität, die als Inquisitionsbehörde fungierte. Als Unterhändler Bedfords agierte nun Pierre Cauchon, der Bischof von Beauvais, ein überzeugter Parteigänger der Engländer, der bei der Übergabe seiner Stadt an die Königlichen nach Rouen geflohen war. Cauchon, der an der Universität Paris kanonisches Recht gelehrt hatte, schrieb im Juli 1430 an Jean de Luxembourg und ersuchte ihn, »jene Frau, die gemeinhin Jeanne la Pucelle genannt wird, dem König [gemeint ist Heinrich VI.] auszuliefern, damit dieser sie der Kirche übergeben kann, um ihr den Prozess zu machen, weil sie verdächtigt und beschuldigt wird, mehrere Verbrechen begangen zu haben: Hexerei, Götzendienst, Umgang mit Dämonen und verschiedene andere Verstöße gegen den rechten Glauben«. Als Lösegeld stellte Cauchon 6000 Francs in Aussicht, sein König könne aber auch mehr zahlen. Nach weiteren Verhandlungen wurde die Summe auf 10 000 Francs erhöht – und trotz der Einwände seiner Tante lieferte Jean de Luxembourg Ende November die Pucelle den Engländern aus. Der Preis für Jeanne, eine Bauerntochter wohlgemerkt, war für damalige Verhältnisse enorm hoch und entsprach, so wird vermutet, der Summe, die man gewöhnlich für einen Fürsten königlichen Geblüts bezahlte.

Als Jeanne von dem Handel erfuhr, unternahm sie erneut einen Fluchtversuch, bei dem sie sich schwer verletzte. »Ich wollte lieber sterben, als in die Hand der Engländer fallen«, so ihre Begründung. Ihre Heiligen hätten sie für diesen Versuch aber heftig getadelt.

Ich war bei einem Verhör dabei. Die schönen Antworten, die sie gab! Sie verrieten Klugheit, Weisheit und zugleich Mut.

JEAN TIPHAINE, ARZT IN ROUEN

Die Engländer brachten Jeanne ins sichere Rouen, wo sie im Turm der Festung Bouvreuil unter strengster Bewachung eingekerkert wurde. Und in Rouen, dem englischen Hauptort auf dem Festland, sollte dann auch der Prozess gegen sie stattfinden, ein Inquisitionsverfahren, wie von der Pariser Universität gefordert. Anfang Januar 1431 wurde besagter Pierre Cauchon vom englischen Kronrat ermächtigt, der Gefangenen »wegen ihres Aberglaubens, ihrer Irrlehren und anderer Verbrechen« den Prozess zu machen. Er hatte wohl darum gebeten, das Verfahren leiten zu dürfen, mit der fragwürdigen Begründung, Jeanne sei auf dem Territorium seiner Diözese gefangen genommen worden. Cauchon, dem der Vizeinquisitor von Frankreich als gleichberechtigter Prozessführer zur Seite stand, besetzte das Gericht vorwiegend mit Kirchenrechtlern aus Paris und Kanonikern aus Rouen, insgesamt etwa 60 Klerikern, die in wechselnder Besetzung und Anzahl als Beisitzer fungierten. Die große Zahl begründete Cauchon damit, dass er der Angeklagten einen »schönen Prozess« machen wolle.

Henry Beaufort, Bischof von Winchester, verhört Jeanne im Gefängnis. Gemälde von Paul Delaroche, 1824.

Um es vorwegzunehmen – und ohne auf das Problem der Rechtmäßigkeit des Prozesses einzugehen:

– Jeanne hatte im Verlauf des Verfahrens, das nun begann, keine Chance. Denn es war nicht nur ein Inquisitionsprozess, sondern auch ein politischer Prozess, ein politisches Tribunal, von den Engländern im Hintergrund beeinflusst, gelenkt und überwacht. Sie hatten sich sogar die Option gesichert, »jene Jeanne zurückzufordern, sollte sie in keinem der erwähnten Punkte oder in anderen, die unseren Glauben berühren, überführt werden«. So steht es in dem Papier, mit dem der englische König Cauchon offiziell mit der Prozessführung beauftragt hatte. Wie der Prozess auch ausging: Es sollte kein Entrinnen geben.

– Jeanne hatte keine Chance, weil die Engländer mit Cauchon einen willfährigen Mann als Richter eingesetzt hatten, der als englischer Parteigänger keinen Zweifel an seiner Voreingenommenheit ließ (auch weil er hoffte, von den Engländern zum Erzbischof von Rouen gemacht zu werden). Cauchon schüchterte Kritiker des Prozesses, die es vereinzelt gab, in gröbster und massivster Weise ein. Und zum »Promotor«, zum Glaubensanwalt, hatte er zudem einen Freund und Günstling aus Beauvais gemacht, einen gewissen Jean d'Estivet, der aus seiner Abneigung gegen Jeanne keinen Hehl machte, sie bei Besuchen in ihrem Kerker als »Hure« und »Drecksstück« beschimpfte.

– Jeanne hatte keine Chance, weil sie, »ein von aller Welt verlassenes 19-jähriges

Bauernmädchen« (so Herbert Nette), allein, ohne Anwalt und durch monatelange Kerkerhaft geschwächt gegen jeweils 20 bis 40 hoch angesehene Kleriker »antreten« musste, die sich in allen Regeln der Scholastik und Rabulistik auskannten.

Angesichts dieser Voraussetzungen ist Jeannes Auftreten vor Gericht ebenso beeindruckend wie anrührend, ja faszinierend. Liest man die Prozessprotokolle, so kommt man nicht umhin, Jeannes Mut, ihre tiefe Religiosität, ihre unerschütterliche Standhaftigkeit, ihre verblüffende Schlagfertigkeit, ihr ungebrochenes Sendungsbewusstsein, ihre Klugheit und auch ihren Stolz zu bewundern – ohne Wenn und Aber. Der Prozess, der ihr in den nächsten Monaten gemacht wurde, gehört daher zu den berühmtesten der Geschichte, aufgegriffen und ausgeschmückt von bedeutenden Schriftstellern und Dramatikern wie Schiller, Shaw und Brecht.

Es gibt keinen Tag, an dem ich die Stimme nicht höre; und ich bedarf ihrer. Niemals habe ich anderen Lohn erbeten als das Heil meiner Seele.

JEANNE IM ZWEITEN VERHÖR

Seit Jahrhunderten streiten Kirchenrechtler, Theologen und Historiker um die Frage, ob der Prozess überhaupt hätte stattfinden dürfen und ob er nach damaliger Auffassung korrekt durchgeführt wurde. Régine Pernoud hat den Prozess gar als »Schauprozess« bezeichnet. Gerd Krumeich beschreibt das »merkwürdige Strukturprinzip« und den Kern der dramatischen Auseinandersetzung als »tragisches« Aufeinanderprallen zweier unversöhnlicher Überzeugungen: »Auf der einen Seite das Inquisitionsgericht als Institution und bürokratisch ausgeformter politischer Apparat, auf der anderen Seite eine helle und über die Jahrhunderte hinweg faszinierende frische und authentische junge Frau von unerschütterlichem Glauben, von gedanklicher Stringenz und sprachlicher Überzeugungskraft. Letztlich ist es diese Präsentation als unerschrockene Bekennerin, die aus Jeanne eine der großen Gestalten der Weltgeschichte gemacht hat.«

Es kann an dieser Stelle darauf verzichtet werden, den Prozess in allen Einzelheiten nachzuerzählen. Er wurde am 9. Januar 1431, als das Gericht bestellt wurde, offiziell eröffnet, am 21. Februar wurde Jeanne erstmals in öffentlicher Sitzung verhört. Schon da kam es zu bezeichnenden Wortgefechten zwischen Cauchon und der Pucelle. Als sie ermahnt wurde, alle den Glauben betreffenden Fragen wahrheitsgemäß zu beantworten, sagte Jeanne: »Über meine göttlichen Offenbarungen habe ich zu niemandem gesprochen und sie niemand anvertraut außer Karl, meinem König, Ich würde nicht darüber sprechen, auch wenn Ihr mir den Kopf abschlagt. Meine geheimen Ratgeber, meine Stimmen haben es mir verboten.« Über ihre Kindheit und Jugend gab Jeanne dann bereitwillig Auskunft. Als sie über ihre dem Inquisitionsrecht widersprechenden Haftbedingungen klagte – man lege ihr ständig Fesseln und Fußeisen an –, wies Cauchon darauf hin, dass sie schon mehrfach versucht habe zu fliehen. Ihre Antwort: »Es ist wahr, dass ich das wollte, und ich will es noch tun, weil es das Recht jedes Gefangenen ist zu fliehen.«

Im Rahmen des einleitenden Verfahrens wurde sie insgesamt sechsmal öffentlich ver-

Ein politisches Tribunal: Die Prozessakten berichteten von einer geistesgegenwärtigen und schlagfertigen Angeklagten. Doch Jeanne hatte keinerlei Chance auf ein faires Verfahren.

hört, dabei oft in zermürbender Weise Fangfragen und theologischen Spitzfindigkeiten ausgesetzt, die sie in der Regel mit verblüffender Logik parierte. Man stellte ihr beispielsweise die Frage, ob sie im Stande der Gnade Gottes sei – eine nicht ungefährliche Frage. Ein Ja wäre als neuerlicher Beleg ihrer *superbia,* ihres Hochmuts, aufgefasst worden, ein Nein hätte man als Schuldeingeständnis werten können. »Wenn ich nicht darin bin, so möge Gott mich darin hineinnehmen«, so ihre geistesgegenwärtige Antwort, »wenn ich darin bin, so möge er mich darin erhalten.«

Ich habe Euch schon gesagt: Ich bin bereit zu schwören, die Wahrheit zu sagen über alles, was ich weiß und was den Prozess angeht.

JEANNE IM FÜNFTEN VERHÖR

Weitere kurze Beispiele: »Wisst Ihr, ob die heilige Katharina und die heilige Margareta die Engländer hassen?« Antwort: »Sie lieben, was Gott liebt, und hassen, was Gott hasst.« »Gott hasst die Engländer?« Antwort: »Über die Liebe oder den Hass, den Gott für die Engländer hegt, und was er mit ihren Seelen macht, weiß ich nichts.« »Gründete sich Eure Siegeshoffnung auf Eure Fahne oder Euch selbst?« Antwort: »Sie gründete sich auf Unseren Herrn und sonst nichts.«

Richter wie Beisitzer wechselten immer wieder unversehens von einem Themenbereich zum anderen, von ihrem Auszug aus dem Elternhaus zur Bedeutung ihres Banners, vom Aussehen ihrer Heiligen zu ihrer ersten Begegnung mit dem König, von Einzelheiten der Kämpfe um Orléans wieder zu den Stimmen. Oder sie wiederholten und variierten gewisse Fragen, nicht zuletzt bezüglich ihrer Männerkleider. »Zu dieser Sache habe ich mich bereits geäußert, fragt ihn!«, sagte sie dann – und zeigte auf den Protokollanten. Nach den öffentlichen Verhören gab es noch eine Reihe von Sonderverhören in ihrem Kerker, ehe sich die Mitglieder des Tribunals Mitte März zu Prozessberatungen versammelten.

Erlaubt mir doch, die Messe in Männerkleidern zu hören! Das Kleid belastete meine Seele nicht; und es zu tragen ist nicht gegen die Kirche.

JEANNE NACH DER »ERMAHNUNG« AM 25. MÄRZ 1431

Ende März las man Jeanne schließlich die insgesamt 70 Punkte der Anklage vor, die d'Estivet zusammengestellt hatte. Darin wurde sie – in teilweise abstruser und grotesker Weise – schwerster Sünden und Vergehen geziehen, darunter der Hexerei und Zauberei, falscher Weissagungen und der Blasphemie, Grausamkeit und Schamlosigkeit, des Hochmuts und sogar schismatischer Absichten. Am Karsamstag wurde sie noch einmal gefragt, ob sie sich dem Urteil der Kirche unterwerfen wolle. »Ich werde mich auf unseren Herrn berufen, dessen Gebot ich immer befolgen will«, lautete ihre Antwort. »Ich weiß wohl, dass das, was in meinem Prozess niedergelegt ist, mir durch Gottes Auftrag geschehen ist; und von dem, was ich im Prozess bekannte, auf Gottes Befehl vollbracht zu haben, das Gegenteil zu tun wird mir unmöglich sein.« Der Verhörende fragte nach: »Glaubt Ihr nicht, dass Ihr Euch der Kirche auf Erden unterwerfen müsst, unserem Heiligen Vater, den Kardinälen, den Erzbischöfen, den Bischöfen und anderen Prälaten der Kirche?« Darauf Jeanne: »Ja. Aber man muss Gott zuerst gehorchen.«

Tod auf dem Scheiterhaufen

Die 70 Anklagepunkte wurden schließlich zu zwölf Artikeln zusammengefasst; die ersten vier bezogen sich auf Jeannes Stimmen, denen dämonischer Ursprung bescheinigt wurde, der fünfte auf ihre »gotteslästerliche Gewohnheit«, Männerkleidung zu tragen, der sechste betraf das Jesus-Maria- und das Kreuzzeichen in ihren Briefen, der siebte das Verlassen ihres Elternhauses, der achte interpretierte ihren Fluchtversuch in Beaurevoir als Selbstmordversuch, der neunte thematisierte das Versprechen der Heiligen, sie ins Paradies zu führen; in den restlichen dreien ging es wiederum um die Stimmen und die Heiligen – und um ihre ketzerische Weigerung, sich dem Urteil der Kirche zu unterwerfen.

Während diese »Schuld«-Artikel führenden Theologen und Kanonisten der Pariser Universität zur Begutachtung vorgelegt wurden, musste Jeanne zwei »heilsame Ermahnungen« über sich ergehen lassen, sozusagen letzte Versuche des Gerichts, sie »auf den Weg der Wahrheit und zum Bekenntnis des rechten Glaubens

Jeanne wird zur Hinrichtung geführt, Rouen, 30. Mai 1431. Sechs Tage zuvor hatte sie noch einen Widerruf unterzeichnet.

zurückzuführen«. Auch dabei zeigte sie sich unbeugsam. »Verlest Euer Schriftstück, und ich werde Euch antworten. Ich vertraue mich in allem Gott an, meinem Schöpfer. Ich liebe ihn von ganzem Herzen.«

Selbst als man sie in der ersten Maiwoche mit zwei Henkern und deren Folterwerkzeugen konfrontierte, blieb sie standhaft. Im Protokoll über diese Sitzung im großen Schlossturm heißt es, die anwesenden Richter hätten beschlossen, die Anwendung der Folter auszusetzen, da »angesichts der Verstocktheit« der Angeklagten die Qualen der Folter »ihr nur von schwachem Nutzen« seien. Schließlich traf das Gutachten der Pariser Universität ein: Alle zwölf Anklageartikel wurden von den Professoren kommentiert und gutgeheißen, die Prozessführung Cauchons ausdrücklich gelobt. Jeanne wurde der »Abgötterei und Abtrünnigkeit« schuldig befunden, sie sei der Häresie »äußerst verdächtig«. Damit war sie von der höchsten kanonischen Instanz Frankreichs zur Verurteilung freigegeben.

Am nächsten Tag, am 24. Mai 1431, wurde Jeanne schließlich auf den Friedhof von Saint-Quen außerhalb der Stadt geführt, wo man schon einen Scheiterhaufen errichtet hatte. In Anwesenheit hoher Kirchenfürsten, der Angehörigen des Gerichts und einer großen Menschenmenge wurde sie noch dreimal »ermahnt« und aufgefordert, sich der heiligen »streitbaren« Kirche zu unterwerfen, sonst würde sie noch heute durch das Feuer sterben. Dann begann Cauchon das Verdammungsurteil vorzulesen. Da soll Jeanne plötzlich ausgerufen haben, sie wolle alles befolgen, was die Richter und die Kirche sagten und verfügten. Sie sei zum Widerruf bereit. Und tatsächlich unterzeichnete sie nun, zum Entsetzen der anwesenden Engländer, mit ihrem Zeichen eine vorbereitete schriftliche »Abschwörung«. »Ich, Jeanne, die Jungfrau genannt, armselige Sünderin, bekenne, dass ich schwer gesündigt habe«, beginnt der kurze Text, in dem sie ihre Stimmen verleugnete und sich der Kirche unterwarf. Ist Jeanne in diesem Moment zerbrochen, hatten ihre Kräfte sie verlassen? Oder war die Abschwörung nur ein Akt der Verzweiflung? Sie soll, als sie das Dokument unterzeichnete, gelacht haben, was zu vielen Deutungen geführt hat.

Cauchon blieb in diesem Augenblick nichts anderes übrig, als eine »mildere« Strafe zu verkünden. Jeanne wurde zwar aus dem Kirchenbann gelöst, damit die Angeklagte aber »heilsame Buße« tun könne, verurteilte man sie »zu immerwährendem Gefängnis beim Brot der Schmerzen und beim Wasser der Trübsal«. Was den Engländern natürlich nicht weit genug ging, die Jungfrau sei zum Schaden ihres Königs entkommen, rief ein empörter Edelmann.

Dem englischen König war viel an ihr gelegen; er hatte sie teuer erkauft, er wollte nicht, dass sie stürbe, außer durch Richterspruch bei lebendigem Leibe verbrannt.

GUILLAUME DE LA CHAMBRE,
ARZT IN ROUEN

Man brachte die Pucelle zurück in ihre Zelle. Dort, so ein Bericht, legten ihr einige Kleriker dar, wie gnädig die Kirche mit ihr gewesen sei. »Sie forderten sie auf, Frauenkleider anzulegen und von den Männerkleidern zu lassen. Und sogleich legte man ihr Frauenkleider an und schor ihr rund geschnittenes Haar ganz kurz.« Sie soll aber anschließend von ihren Wärtern übel drangsaliert worden sein, womöglich kam es zu einem Vergewaltigungsversuch durch einen »hohen englischen Herrn«. Zudem nahm man ihr die Frauenkleider wieder ab und warf ein Bündel Männerkleidung in die Zelle.

Schon am nächsten Tag widerrief Jeanne ihre »Abschwörung«. »Alles, was ich gesagt und widerrufen habe, habe ich nur aus Angst vor dem Feuer getan«, gab sie, wieder Männerkleidung tragend, später in ihrem letzten Verhör zu Protokoll. Und sie betonte erneut den göttlichen Charakter ihres Auftrags: »Gott hat mir durch die heilige Katharina und die heilige Margareta den großen Jammer meines Verrats zu wissen gegeben, in den ich gewilligt habe mit meiner Abschwörung, um mein Leben zu retten. Was ich widerrufen habe, war wider die Wahrheit.« Ganz zum Schluss willigte sie ein, wenn es denn gefordert werde, Frauenkleider anzuziehen.

Mit dem Widerruf ihres Widerrufs hat Jeanne ihr Todesurteil sozusagen selbst unterschrieben, es zumindest herausgefordert. Am 29. Mai wurde sie vom Gericht zur rückfälligen Ketzerin erklärt und aus der Kirche ausgestoßen, sie sei der weltlichen Gerichtsbarkeit zu übergeben und zu verbrennen. Das Todesurteil eines weltlichen Gerichts war nach solch einem Verdammungsurteil in der Regel nur eine Formsache.

Und so wurde Jeanne am nächsten Tag auf den Scheiterhaufen geführt und hingerichtet. Allerdings ohne Urteil eines weltlichen Gerichts, was schon damals zu heftigen Diskussionen geführt haben soll. Der englische

Amtmann von Rouen habe dieses Vorgehen angeordnet, hieß es. Zu Cauchon habe Jeanne noch in der Zelle gesagt: »Bischof, ich sterbe durch Euch, ich werde Euch vor Gott dafür verantwortlich machen.«

Die Reisigbündel lagen schon bereit. Sie jammerte und brach in Wimmern aus, so kindlich fromm, dass viele weinten. Immerhin gab es noch Engländer, die lachten.

GUILLAUME DE LA CHAMBRE,
AUGENZEUGE DER HINRICHTUNG

Fest verankert im kollektiven Gedächtnis Frankreichs: Jeannes Hinrichtung in Rouen. Wandgemälde von Jules Eugène Lenepveu im Pariser Pantheon.

Es gibt eine Reihe von Berichten über Jeannes Feuertod, den sie am 30. Mai 1431 auf dem Alten Marktplatz von Rouen in der Nähe der Erlöserkirche erlitt. Die Berichte, seien es Prozessakten, zeitgenössische Chroniken oder Aussagen im Revisionsprozess, sind vielfach erst aus großer zeitlicher Distanz entstanden, zudem widersprechen sie sich in zahlreichen Details. Hier seien daher lediglich zwei kurze Schilderungen wiedergegeben; eine stammt vom Dominikaner Martin Ladvenu aus Rouen: »Am Morgen von Jeannes Tod nahm ich ihr mit Erlaubnis des Gerichts die Beichte ab und reichte ihr den Leib des Herrn, den sie mit tiefer Andacht und unter heißen Tränen empfing, mit unsäglicher Demut ... Sie wurde ohne weiteres Urteil des weltlichen Gerichts vom Henker zu dem Ort geführt, wo die Reisigbündel für das Feuer bereit lagen. Der Henker entzündete das Feuer ganz unten. Als Jeanne das Feuer sah, bat sie mich hinabzusteigen und das Kreuz des Herrn hochzuhalten, damit sie es sehen konnte ... Bis zum Ende ihres Lebens blieb sie dabei, ihre Stimmen seien von Gott, und alles was sie getan habe, habe sie auf Gottes Geheiß vollbracht.« Ein anonymer Autor, Sympathisant der Engländer, beschreibt das »Spektakel« so: »Und alsbald wurde sie an einen Pfahl gebunden, der auf dem Gerüst war, und dann war das Feuer über ihr, und da war sie bald erstickt und ihr Kleid ganz verbrannt, und dann wurde das Feuer niedrig gehalten, und dann wurde sie dem Volk nackt gezeigt und alle Geheimnisse, die an einem Weib sein können und sollen, um die Zweifel des Volkes wegzunehmen. Und als man genügend und nach Belieben sie ganz tot, an einen Pfeiler gebunden, gesehen hatte, da schürte der Henker das Feuer wieder hoch über ihre arme Leiche, die bald ganz verbrannt war, und Knochen und Fleisch ganz zu Asche geworden waren.«

Ich habe sie in den Flammen gesehen und gehört, wie sie den Namen »Jesus!« mit lauter Stimme rief. Ich glaube ganz fest, dass sie gläubig gestorben ist, dass sie ihre Tage als gute Christin beendet hat.

JEAN MARCEL,
AUGENZEUGE DER HINRICHTUNG

Jeannes Herz aber war »trotz der Verbrennung des Körpers« – was bei Hinrichtungen dieser Art keine Seltenheit gewesen sein soll – »unversehrt geblieben und blutgefüllt«, berichtet ein Priester aus Rouen. Und ihre letzten Worte, bevor sie von den Flammen erstickt wurde, waren: »Jesus! Jesus!«

Ich kann es nicht begreifen, dass so ausgezeichnete Kleriker wie jene in Rouen es wagen konnten, eine so arme und schlichte Christin ohne das mindeste Vergehen dem Tod zu überantworten.

JEAN PASQUEREL,
JEANNES BEICHTVATER

Jeanne d'Arc – Nationalheldin und Heilige

Es gibt nur einige dürftige zeitgenössische Berichte, wie man im königstreuen Frankreich auf den Tod der Pucelle reagierte. Es ist überliefert, dass die Stadt Orléans für den Unterhalt von Jeannes Familie sorgte. Sicher belegt ist, dass König Karl VII. das Schicksal der Jungfrau, die ihn zur Krönung nach Reims geführt hatte, ziemlich gleichgültig war: Es ist keine Äußerung von ihm zum Tod der Jeanne d'Arc überliefert. Ihm war die Aussöhnung mit Burgund wichtiger, und die wurde 1435 mit dem Separatfrieden von Arras besiegelt. Von diesem Zeitpunkt an neigte sich das Kriegsglück endgültig den Franzosen zu, 1449 eroberte Karl dann auch Rouen. Nach der Einnahme der Stadt ordnete er eine Untersuchung des Prozesses an, durch die zunächst die Parteilichkeit von Jeannes Richtern festgestellt werden sollte. Letztlich ging es darum, dass Karl dem Vorwurf entgegentreten wollte, er verdanke sein Königtum einer Ketzerin und Hexe. 1452 wurden weitere Zeugenbefragungen durchgeführt und anschließend die päpstliche Kurie – bezeichnenderweise nicht im Namen des Königs, sondern der Mutter Jeannes – ersucht, das Urteil gegen die Jungfrau zu annullieren. Erst 1455 erlaubte Papst Kalixt III. eine Wiederaufnahme des Prozesses. Ein neues Inquisitionstribunal befragte daraufhin in Domrémy, Vaucouleurs, Orléans, Paris und Rouen genau 115 noch lebende Zeugen der Ereignisse zwischen 1429 und 1431. Nachdem Theologen und Kanonisten sowie juristische Gutachten zahlreiche Irregularitäten des Verdammungsprozesses festgestellt hatten, hoben die Richter Jeannes Verurteilung am 7. Juli 1456 auf. »Wir erklären somit die genannte Jeanne als gereinigt und frei von jedem Schimpf und jedem Makel.«

In Orléans wurde Jeannes Andenken immer gepflegt. Zur französischen Nationalheldin stieg sie erst im 19. Jahrhundert auf, *La bonne Lorraine* wurde und wird vor allem von der katholisch-chauvinistischen Rechten Frankreichs immer wieder vereinnahmt. 1869 leitete Papst Pius IX. auf ein entsprechendes Begehren französischer Bischöfe hin den Heiligsprechungsprozess für Jeanne d'Arc ein. Nach 1871, nach dem Verlust Elsass-Lothringens, wurde sie erst recht zur Leitfigur des französischen Nationalismus und Revanchismus erhoben. Es ist daher möglicherweise kein Zufall, dass Jeanne im Jahr 1920, als Lothringen wieder zur französischen Republik gehörte, heiliggesprochen wurde. Und 1940, nach der

Das Reiterdenkmal der Nationalheldin auf der Place des Pyramides in Paris.

»Enthüllungen« und abstruse Konstruktionen

Eine von vielen haltlosen und hanebüchenen Hypothesen und »Enthüllungen«, die im Lauf der Zeit über Jeanne verbreitet worden sind, geisterte im 19. Jahrhundert durch Frankreich: Jeanne und ihr König, Karl VII., waren Geschwister bzw. Halbgeschwister – so wurde immer wieder behauptet. Ein Hobbyhistoriker, Pierre Caze, der Unterpräfekt von Bergerac, wollte 1819 nämlich herausgefunden haben, dass Jeanne eine Tochter der Königin Isabeau sei, gezeugt in ehebrecherischer Beziehung mit Ludwig von Orléans, dem Bruder König Karls VI., geboren 1407 (in diesem Jahr wurde Ludwig ermordet). Das Argument, in jenem Jahr habe Isabeau doch erwiesenermaßen einen Sohn geboren, wurde von Caze und seinen Jüngern mit der Behauptung weggewischt, dieser Knabe (der wenige Tage später starb) sei in Paris gekauft worden und statt der unehelichen Tochter der Öffentlichkeit präsentiert worden. Jeanne habe man in die Obhut der Familie d'Arc gegeben und in aller Heimlichkeit auf ihren späteren Auftrag vorbereitet. »Eine Persönlichkeit von solch eminenter historischer Bedeutung konnte und durfte einfach keine Bauerntochter gewesen sein!« – so erklärt Heribert Müller den Hintergrund solcher abstrusen Konstruktionen.

Von der »These« ihrer hochadeligen Abstammung war es nicht weit zur Behauptung, diese Jeanne sei gar nicht auf dem Scheiterhaufen gestorben, eine verurteilte Hexe sei statt ihrer verbrannt worden. Und die »echte« Jeanne habe ihren Lebensabend als Gattin des Ritters Robert des Armoises in der Nähe von Metz verbracht und sei 1449 gestorben.

Niederlage gegen Nazi-Deutschland, versuchten Marschall Pétain und die Vichy-Regierung vergeblich, sie zur »Bannerträgerin ihrer reaktionären Ideologie« (Krumeich) zu machen.

Und alle Taten der Jungfrau erschienen mir göttlich wunderbar. Und es ist doch unmöglich, derartige Taten zu vollbringen ohne den Willen und die Fügung Gottes!

JEAN D'AULON,
IHR GEFÄHRTE UND »LEIBWÄCHTER«

Jenseits dieser politisch und ideologisch motivierten Deutungen gehört es bis heute zum historischen Allgemeingut der Franzosen, dass Jeanne d'Arc das Königreich Frankreich aus höchster Not gerettet hat – und somit eine der großen Gestalten der französischen Geschichte ist. Doch darüber hinaus ist sie eine Universalheldin, die Figur des einfachen Menschen, der sich gegen alle Institutionen behauptet. Jeanne lebt fort in den Dramen Schillers, Shaws, Brechts und Anouilhs, aber auch in zahllosen Filmen; genannt seien hier nur der 1928 gedrehte Stummfilm von Carl Theodor Dreyer sowie Victor Flemings Version von 1948 mit der unvergessenen Ingrid Bergman in der Hauptrolle.

Jeanne, die »Pucelle«, wie sie sich programmatisch nannte, war die erste mittelalterliche – und weibliche – Heldengestalt ohne adligen Stammbaum; sie trat aus dem Dunkel ihrer bäuerlichen Herkunft in Lothringen ans Licht einer ständisch geprägten Öffentlichkeit. Mit ihrem Sendungsbewusstsein, ihrem religiös motivierten Patriotismus riss sie, allen Widrigkeiten trotzend, eine ganze Nation mit sich. Ihr beispielloser Siegeszug endete nach

Klassiker der Filmgeschichte: Ingrid Bergman in *Joan of Arc* von 1948.

wenigen Monaten. Doch bis zu ihrem Tod auf dem Scheiterhaufen war Jeanne davon überzeugt, für ihren Auftrag von Gott erwählt zu sein. Als sie starb, war sie 19 Jahre alt.

André Malraux hat ihr ein wunderschönes literarisches Denkmal gesetzt: »Jeanne, ohne Grab und Abbild, du wusstest, dass das Grab des Helden das Herz der Lebenden ist.«

Elisabeth I.

Verheiratet mit England

Sie ging als »jungfräuliche Königin« in die Geschichte ein, verheiratet allein mit England: Ledig und kinderlos regierte Elisabeth I. 45 Jahre lang ihre Nation zu einer Zeit, in der alle Welt Frauen für zu schwach dafür hielt. Als »Bastard« Heinrichs VIII. bestieg sie den Thron, schickte ihre ärgste Rivalin Maria Stuart aufs Schafott und erklärte der Armut im Land den Kampf. Im nach ihr benannten Elisabethanischen Zeitalter wurde England zur führenden Seemacht, blühten Handel, Kultur und Kunst – Elisabeth I. schuf so das Fundament für die spätere Weltherrschaft des britischen Empire.

In der Stunde der größten Not

Die Soldaten trauten ihren Augen nicht: Auf einer Schimmelstute galoppierte eine stolz aufgerichtete Gestalt den Hügel hinauf, ihr weißes Kleid aus Samt flatterte im Wind, darüber trug sie einen kostbaren silbernen Brustharnisch. In der rechten Hand hielt sie einen silbernen Kommandostab. Es war die englische Königin, die ihren Soldaten am 18. August 1588 auf dem Schlachtfeld von Tilbury am Nordufer der Themse einen Besuch abstattete – »voll fürstlicher Entschlossenheit und mit mehr als weiblichem Mut … wie eine Königin der Amazonen«. Stolz schritt sie die Reihen ab, blickte den Männern fest ins Gesicht. Dann erhob sie ihre Stimme, um eine der glanzvollsten Reden der Geschichte zu Gehör zu bringen. Histori-

»Voll fürstlicher Entschlossenheit«: Königin Elisabeth stimmt ihre Truppen bei Tilbury auf den Kampf ein. Gemälde von Ferdinand von Piloty, 1861.

Die englische Flotte stand 1588 am Anfang ihrer Entwicklung und beherrschte noch keineswegs die Weltmeere. Zeitgenössischer Stich.

ker sprechen von einer »rhetorischen Meisterleistung der Identifikationsstiftung«, die eine Woge von Patriotismus auslöste: »Mein geliebtes Volk! … nicht zu meinem Vergnügen oder zur Unterhaltung bin ich zu Euch gekommen, sondern weil ich entschlossen bin, inmitten der Hitze der Schlacht unter Euch zu leben oder zu sterben und mich in den Staub zu legen für meinen Gott und mein Königreich, meine Ehre und mein Blut. Ich weiß, ich habe den Körper einer schwachen Frau, aber ich habe das Herz und den Mut eines Königs, und ich denke voller Verachtung daran, dass Parma oder Spanien oder sonst ein europäischer Fürst es wagen sollte, in die Grenzen meines Reiches einzudringen.«

Ich fürchte einen Fehler in meinem Latein mehr als die Könige von Spanien, Frankreich, Schottland oder das ganze Haus Guise samt all ihren Verbündeten. Ich habe das Herz eines Mannes, nicht das einer Frau, und keine Angst vor irgendetwas.

ELISABETH I., 1585

Die Soldaten brachen in lauten Jubel aus. Es war die Stunde der höchsten Gefahr, in der alles auf dem Spiel stand. Elisabeth I. hatte die richtigen Worte gefunden. Mutig und frohen Herzens sahen die Männer der Bedrohung entgegen: Vor der Küste Englands stand die spanische

Die spanische Armada

Nach dem Sieg über die Türken in der Seeschlacht von Lepanto 1571 stand Spanien auf dem Höhepunkt seiner Macht. 1580 bemächtigte sich König Philipp II. in einem Handstreich der portugiesischen Krone und damit kolonialer Besitzungen, die sich über mehr als die Hälfte der damals bekannten Welt erstreckten. Nun verfügte Spanien auch über die portugiesische Kriegsmarine mit der längsten Seefahrertradition Europas. »Jetzt, da uns ganz Portugal gehört, ist England unser«, hatte Spaniens Flottenbefehlshaber Santa Cruz selbstbewusst verkündet.

Philipp II. ließ Invasionspläne ausarbeiten und aufrüsten: 130 Schiffe mit einer Gesamttonnage von 58 000 Tonnen, 65 Galeonen, vier Galeeren und Transportschiffe, ausgestattet mit 2431 Kanonen. Rund 8000 Seeleute waren angeheuert worden, um die *Grande y Felicisima Armada* zu bemannen. Ihre Kampftruppen umfassten mehr als 20 000 Soldaten aus allen Gebieten des katholischen Europa. In Flandern stand außerdem eine Armee bereit, deren 30 000 Söldner noch nie eine offene Feldschlacht verloren hatten. Sie sollte im Schutz der Armada in Ruderkähnen, Prahmen und Flussschiffen über den Ärmelkanal setzen.

F59

Zu Beginn der Schlacht ließen die Engländer brennende und mit Pulver beladene Schiffe auf die spanische Flotte zutreiben.

Armada – die größte Kriegsflotte, die die Welt je gesehen hatte, mit 130 Schiffen, 8000 Matrosen und 20 000 Soldaten. Das Landungsunternehmen war von König Philipp II. als »glorreicher Kreuzzug« gegen das protestantische England geplant und sollte Spanien den siegreichen Abschluss der seit Jahren bestehenden Streitigkeiten bringen.

England war noch eine junge Seemacht. Als Elisabeths Vater Heinrich VIII. mit dem Aufbau der Kriegsflotte begann, hatten Spanien und Portugal bereits große Kolonialreiche geschaffen. Elisabeth I. setzte die Flottenrüstung fort. Zwar verfügten die Engländer über weniger Soldaten, doch umfasste ihre Flotte 200 Schiffe, die schneller und beweglicher waren als die spanischen Galeonen. Darüber hinaus besaßen sie weiterreichende Geschütze, und ihre Seeleute waren vertraut mit den Untiefen und Tücken der englischen Küste. Flotten solcher Größenordnung waren noch nie zuvor in der Geschichte aufeinandergetroffen. Der Ausgang der Seeschlacht war völlig ungewiss. Elisabeth I. war sich der prekären Lage, in der sich ihr Königreich befand, bewusst. Lange hatte sie gehofft, dass sich der Angriff der spanischen Flotte verhindern ließ. Doch als sich die *Grande* y *Felicísima Armada* der englischen Küste näherte, hatte sie jegliches Zögern und alle Friedensgedanken aufgegeben und den Tatsachen ins Auge geblickt. »Es ist eine Freude zu sehen, welche Seelengröße Ihre Majestät an den Tag legt; sie ist nicht im Geringsten bestürzt«, schrieb ein Höfling.

Kein englischer Monarch vor ihr oder nach ihr hat je einen so tiefen Eindruck auf die Nation gemacht wie Elisabeth I.

JÜRGEN KLEIN,
BIOGRAF ELISABETHS

Das spanische Invasionsmanöver traf die englische Insel nicht unvorbereitet: Elisabeth hatte angespitzte Pfähle zur Abwehr der spanischen Truppen entlang der englischen Südküste in den Boden rammen lassen. Ein System von Signaltürmen an der Küste leitete die Nachricht von der herannahenden Armada ins Landesinnere weiter. Als die spanische Flotte am 7. August 1588 vor Calais ankerte, bedienten sich die Engländer einer Kriegslist: Nachts griffen sie mit acht sogenannten »Brandern« an – unbemannten Schiffen, die mit Schießpulver, Harz und Teer beladen waren und brennend auf die hölzerne Armada zutrieben. Unter den Spaniern brach Panik aus, die meisten ihrer Schiffe kappten ihre Taue und flüchteten in alle Richtungen. Am darauffolgenden Tag kam es auf der Höhe des flandrischen Küstenortes Gravelines zur Schlacht. Die Engländer überzogen die Spanier mit einem Trommelfeuer aus ihren Geschützen – mit verheerenden Folgen für die Armada. Viele ihrer Schiffe wurden von Geschossen durchsiebt, es gab Hunderte Tote und Verletzte. Doch die Engländer glaubten noch nicht an einen Sieg, sie fürchteten, dass sich die Armada neu formieren und erneut angreifen werde. Mit großer Sorge wurde dabei die Ankunft der Kriegsschiffe Alessandro Farneses, des Herzogs von Parma und Statthalters der Spanischen Niederlande, erwartet, die am geplanten Landungsmanöver teilnehmen sollten.

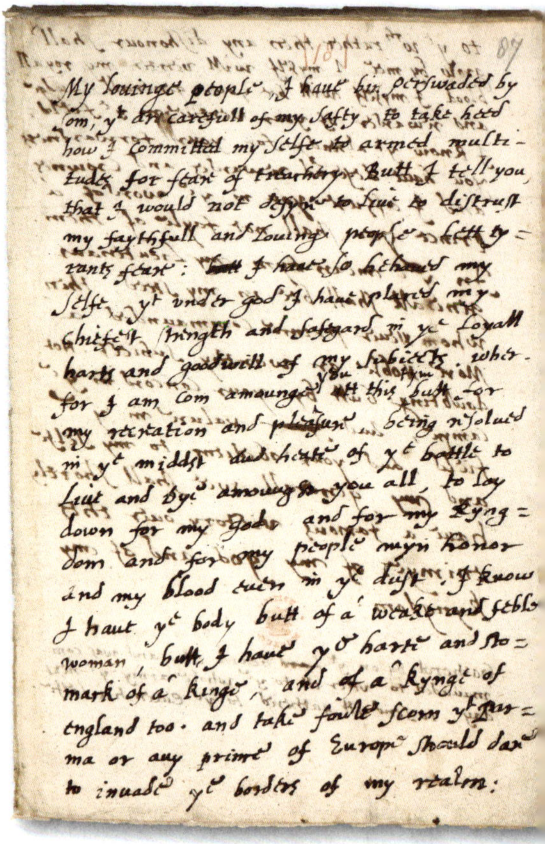
My louinge people, I haue bin perswaded by
som, yt are carefull of my safty, to take heed
how I committed my selfe to armed multi-
tudes for fear of treachery. Butt I tell you
that I would not desyre to liue to distrust
my faythfull and louinge people. Let ty-
rants feare: I haue so behaued my
selfe, yt under god I haue placed my
chiefest strength and safegard in ye loyall
harts and goodwill of my subiects. wher-
for I am com amounge you at this tyme not for
my recreation and pleasure, being resolued
in ye middst and heate of ye battle to
liue and dye amounge you all, to lay
down for my god and for my kyng-
dom and for my people myn honor
and my blood euen in ye dust. I know
I haue ye body butt of a weake and feble
woman, butt I haue ye harte and sto-
mack of a kinge, and of a kynge of
England too. and take foule scorn yt par-
ma or any prince of Europe should dare
to inuade ye borders of my realm:

»Ich habe das Herz und den Mut eines Königs«: Elisabeths Rede von Tilbury war sorgfältig ausgearbeitet.

In der Stunde der Not traf Königin Elisabeth I. mit ihrer königlichen Barke in Tilbury ein, um ihre Truppen zu besichtigen. Dieser Besuch war für die Monarchin keineswegs ungefährlich, musste doch jederzeit mit einem Attentat gerechnet werden. Auf ihre berühmte »Tilbury-Rede« hatte sich Elisabeth gründlich vorbereitet. Jede Zeile war geschliffen worden, jedes Wort genau bedacht. Und damit keinem der Soldaten auch nur einer der goldenen Sätze entging, hatte Elisabeth genügend Kopien des Textes herstellen lassen, um sie an die Offiziere der einzelnen Abteilungen zu verteilen. Auch ihre Kleidung hatte die Königin an diesem Tag ganz bewusst ausgewählt: unschuldiges, vollkommenes Weiß, das ihre eigene Blässe beson-

Nach der Schlacht ließ Elisabeth das sogenannte »Armada-Porträt« anfertigen: Die Hand hält sie auf der Weltkugel, die Bilder im Hintergrund zeigen den Sieg über die spanische Flotte.

ders unterstrich. Elisabeth war zu diesem Zeitpunkt bereits 55 Jahre alt. Doch noch immer hatte sie eine schlanke Gestalt und aufrechte Haltung; Kosmetik tat ihr Übriges, um den Eindruck von jugendlichem Aussehen zu vermitteln. Der neben ihr stehende Oberbefehlshaber der Truppen, Robert Dudley, 1. Earl of Leicester, wirkte hingegen grau und gealtert. Seit mehr als drei Jahrzehnten gehörte er zu Elisabeths Favoriten. Es war seine Idee gewesen, die Königin zu den Truppen sprechen zu lassen, nicht umsonst galt Graf Leicester als Meister der höfischen Schau und Inszenierung. Nachdem der Jubel der Truppen verklungen war, lud er die Königin in sein Feldherrnzelt ein, um mit ihr zu speisen.

Überlasst die Furcht den Tyrannen. Ich habe es stets so gehalten, dass ich, mit Gottes Hilfe, Kraft und Wohlwollen in den Herzen und den guten Willen meiner Untertanen gefunden habe.

ANSPRACHE ELISABETHS
AN IHRE TRUPPEN, 15. AUGUST 1588

Wenig später traf die Nachricht ein, dass die Truppen des Herzogs von Parma kurz davor seien, in England zu landen. Um die Königin in Sicherheit zu bringen, wurde ein rascher Aufbruch empfohlen. Doch Elisabeth lehnte ab. Sie bleibe, komme was wolle, meinte sie kühl, ohne auch nur ihre Mahlzeit zu unterbrechen. Einige Tage darauf war die Gefahr gebannt. Ein entsetzlicher Sturm hatte das Landungsmanöver beendet, ohne dass die englischen Truppen eingreifen mussten. Nur die Hälfte der spanischen Flotte kehrte zurück, etliche Schiffe strandeten oder sanken. Die Engländer hingegen hatten kaum Verluste erlitten, kein Schiff war gesunken, nur etwa hundert Mann getötet worden. Das Wort vom »protestantischen Wind« machte die Runde, der England gerettet habe. Als Elisabeth I. kurze Zeit später nach London zurückkehrte, erlebte sie einen wahren Triumphzug. Freudenfeuer wurden entzündet, das Volk hielt feierliche Prozessionen und Dankgottesdienste ab. England erhob seine Königin fast zur Göttin, Elisabeths Popularität erreichte in diesen Tagen ihren Höhepunkt.

Ihr könntet vielleicht einen größeren, aber ihr werdet nie einen liebevolleren Herrscher haben als mich.

ELISABETH I., DEZEMBER 1588

Der »Hurenbastard«

Niemand, am wenigstens wohl die Monarchin selbst, hätte dies in ihren Jugendjahren für möglich gehalten. Denn Elisabeth wurde nicht nur in eine Zeit hineingeboren, in der jedermann eine Frau auf dem Thron für ein Unglück hielt, sondern sie galt darüber hinaus als »Hurenbastard«. Ihr Vater, König Heinrich VIII., hatte seine erste Gemahlin Katharina von Aragón verstoßen und mit der Kirche in Rom

Elisabeths Vater Heinrich VIII. war eine der schillerndsten Gestalten der englischen Geschichte.

Heinrich und seine Frauen: Anna von Kleve, Catherine Howard, Anne Boleyn, Katharina von Aragón, Catherine Parr, Jane Seymour (von oben im Uhrzeigersinn).

Elisabeths Mutter Anne Boleyn: Sie wurde bald nach der Geburt des Mädchens von Heinrich verstoßen.

gebrochen, nur um seinem Verhältnis mit Elisabeths Mutter einen legalen Anstrich geben zu können. Anne Boleyn war eine überaus anmutige und lebhafte Hofdame gewesen, als sich Heinrich VIII. in sie verliebte. Da Katharina nicht in der Lage war, ihm einen männlichen Erben zu schenken, hatte er den Papst um die Annullierung der Ehe gebeten. Vergeblich. Als Anne schwanger wurde, heiratete er im Januar 1533 die junge Frau heimlich und ließ seine erste Ehe durch den Erzbischof von Canterbury, Thomas Cranmer, scheiden. Der König trennte die englische Kirche schließlich aus der Einheit der Christenheit heraus und machte sich selbst anstelle des Papstes zu ihrem Oberhaupt.

Am 7. September 1533 wurde Anne Boleyn von einem Mädchen entbunden. Die Enttäuschung Heinrichs VIII. war maßlos; völlig umsonst hatte er in England die Reformation durchgesetzt und einen internationalen Skandal heraufbeschworen. Der Taufe des Babys, das den Namen Elisabeth erhielt, blieb er fern.

Der Sturz ihrer Mutter Anne erfolgte rasch. Nach mehreren Fehlgeburten verflog Heinrichs Leidenschaft für seine zweite Frau, auf die er vergebens all seine Hoffnungen gesetzt hatte. Da eine Auflösung der Ehe nicht infrage kam, beschuldigte Heinrich Anne Boleyn des Ehebruchs mit fünf Männern – darunter ihrem eigenen Bruder – und ließ sie schuldig spre-

Die Familie des Königs um 1545: Der König thront in der Bildmitte unter einem Baldachin, flankiert von Prinz Eduard und Jane Seymour. Seitlich stehen seine Töchter Maria (links) und Elisabeth.

chen. Am 19. Mai 1536 wurde sie im Tower von London geköpft. Wenig später heiratete Heinrich VIII. zum dritten Mal: Jane Seymour, eine Hofdame, die ihm wenig später den ersehnten männlichen Erben, Eduard VI., gebar.

Es wird Euch nicht schwerfallen, denn er ist schmal, sehr schmal.

ANNE BOLEYN ZU IHREM HENKER, INDEM SIE MIT BEIDEN HÄNDEN IHREN HALS UMSCHLOSS

Heinrichs Tochter Elisabeth wuchs in Schloss Hatfield und den Landhäusern von Hertfordshire auf, sie war ein lebhaftes Geschöpf mit rotblonden Haaren, auffallend hellem Teint und klugen braunen Augen. Schon früh zeigte sich, dass das Mädchen außerordentlich wissbegierig war und eine schnelle Auffassungsgabe besaß. Mit zehn Jahren beherrschte sie bereits Französisch, Italienisch und sprach ein wenig Spanisch. Nach der Geburt Eduards 1537 wurde Elisabeth für »illegitim« erklärt und verlor ihren Titel als »Lady Princess«. Dennoch zeigte ihr Vater Heinrich VIII. ein gewisses Interesse an dem aufgeweckten Mädchen. Bei Festen ließ er Elisabeth an seinen Hof bringen und führte sie stolz den Höflingen vor. Elisabeth bewunderte ihren kraftvollen Vater, auch wenn er ihre Mutter auf den Richtblock gebracht hatte.

Die Ehen Heinrichs VIII. verliefen allesamt glücklos und endeten für die Frauen meist fatal: Jane Seymour starb kurz nach der Entbindung von Eduard am Kindbettfieber. Heinrichs vierte Frau Anna von Kleve, die er 1540 ehelichte, wurde bereits nach einem Jahr verstoßen, die Ehe annulliert. Catherine Howard,

Catherine Parr, sechste und letzte Ehefrau Heinrichs, holte Elisabeth zurück an den Hof des Königs.

Ehefrau Nummer fünf, erlitt das gleiche Schicksal wie Anne Boleyn und wurde 1542 wegen angeblichen Ehebruchs hingerichtet. Im Sommer 1543 wurde Heinrich VIII. mit der dreißigjährigen Witwe Catherine Parr getraut. Sie holte ihre Stieftochter Elisabeth an den Hof und sorgte dafür, dass das Mädchen eine gründliche Ausbildung erhielt. Neben Fremdsprachen zählten dazu Musik, Poetik, Philosophie und Astronomie sowie Handarbeiten, die Elisabeth jedoch verabscheute. Viel lieber las sie griechische Texte und machte mit ihrem Lehrer Roger Ascham Konversation in Latein. Ihre profunden Kenntnisse fremder Sprachen sowie in Theologie und Philosophie leisteten ihr später als Regentin gute Dienste: Sie war in der Lage, mit Gesandten ohne Dolmetscher zu verhandeln und sich in Kirchenfragen gegenüber Gelehrten und Bischöfen zu behaupten. Am liebsten aber saß sie auf einem Pferd, begeisterte sich fürs Jagen und Bogenschießen und tanzte mit großer Leidenschaft. Zeit ihres Lebens versuchte Elisabeth die Enttäuschung ihres Vaters darüber, dass sie »nur« ein Mädchen war, wiederwettzumachen, indem sie so gut sein wollte wie ein Mann – oder besser.

Wenn sie sich schmückt, ist sie elegant, nicht auffällig und verabscheut kunstvolle Frisuren und goldenen Zierrat … Ich lehre sie Worte, und sie lehrt mich Dinge. Ich bringe ihr Sprachen bei, und ihre sittsamen und mädchenhaften Blicke veranlassen mich, Werke zu vollbringen.

ROGER ASCHAM ÜBER ELISABETH, UM 1548

Unter Verdacht

Als im Januar 1547 Heinrich VIII. starb, war Elisabeth dreizehn Jahre alt. Ihre Kindheit war mit einem Schlag beendet. Bereits drei Jahre zuvor war Elisabeth per Parlamentsbeschluss wieder in die Thronfolge aufgenommen worden, gemeinsam mit ihrer 17 Jahre älteren Halbschwester Maria, die aus der Ehe Heinrichs VIII. mit Katharina von Aragón hervorgegangen war. Nach Heinrichs Tod bestieg sein einziger männlicher Erbe, der zehnjährige Eduard, den englischen Thron. Eine Gruppe von Staatsräten sollte dem unmündigen König vorstehen und bis zu seiner Volljährigkeit die Amtsgeschäfte führen. Aber sein Onkel, Edward Seymour, riss sofort die Macht an sich, ernannte sich zum Lordprotektor und stellte sich an die

Heinrich VIII. auf dem Sterbebett (links), sein Nachfolger König Eduard VI. über dem Papst (Mitte) sowie Thomas Cranmer, Edward Seymour, John Russell und John Dudley (rechts).
Englische Schule, 16. Jahrhundert.

Spitze des Staates. Seinen jüngeren Bruder Thomas Seymour machte er zum Großadmiral, der sich jedoch zurückgesetzt fühlte und einen Aufstand gegen ihn betrieb. Um seine Stellung im Adel zu festigen, beabsichtigte er, Elisabeth zu ehelichen, doch wurde ihm die Heirat mit der minderjährigen Königstochter verwehrt. Stattdessen führte er die Königswitwe Catherine Parr vor den Traualtar, in deren Haushalt auch Elisabeth lebte.

Thomas Seymour galt als charmanter Lebemann, Abenteurer und Spieler. Der damalige Mittdreißiger hatte ein selbstbewusstes Auftreten und galt als Frauenheld. Auch Elisabeth näherte er sich – ob in spielerischer oder in erotischer Absicht –, stürmte morgens unangemeldet in ihr Schlafzimmer, kitzelte und umarmte sie, gab ihr einen Klaps auf den Hintern und brachte das junge Mädchen so in Verlegenheit. Einerseits schien Elisabeth von

Sir Edward Seymour riss nach Heinrichs Tod die Macht in England an sich.

»Elegant, aber nicht auffällig«: Porträt Elisabeths als junge Prinzessin, um 1546.

Seymours Aufmerksamkeiten geschmeichelt zu sein, andererseits stießen sie seine derben Zudringlichkeiten ab. In der Literatur finden sich die verschiedensten Deutungen des Verhältnisses zwischen Seymour und Elisabeth, von der heimlichen Romanze bis hin zu Missbrauch und Vergewaltigung. Manche glauben darin den Grund für Elisabeths lebenslange Weigerung zu sehen, einen Mann zu ehelichen und ihm damit sexuell zu Willen zu sein.

Catherine Parr hatte die anzüglichen Spiele ihres Gatten zunächst geduldet, sich hin und wieder sogar daran beteiligt. Als sie schwanger wurde, ließ sie Elisabeth ohne viel Aufhebens von ihrem Hof entfernen. Elisabeth erhielt einen eigenen Haushalt in Cheshunt. Kurze Zeit später starb Catherine bei der Geburt ihres Kindes, wodurch Elisabeth eine wichtige Bezugsperson und Freundin verlor. Thomas Seymour, eben erst Witwer geworden, warb erneut um Elisabeths Hand. Die inzwischen 15-Jährige weigerte sich jedoch. Sie ahnte, welch politische Absichten Seymour, der noch immer Umsturzpläne gegen seinen Bruder betrieb, mit dieser Heirat verband.

Er war ein Mann von viel Verstand und sehr wenig Urteilskraft.

ELISABETH UBER THOMAS SEYMOUR

1549 wurden die verschwörerischen Absichten Seymours aufgedeckt, er wurde des Hochverrats angeklagt und in den Tower geworfen. Elisabeth geriet in den Verdacht der Mitwisserschaft, stundenlang wurde sie verhört. Sir Robert Tyrwhitt, der die Untersuchungen leitete, schrieb: »Sie verfügt über einen sehr scharfen Verstand, und nur mit großer List ist etwas aus ihr herauszuholen.« In Wirklichkeit entlockte er Elisabeth gar nichts. Mit großer Klugheit und Besonnenheit hielt sie den Befragungen stand. In einem rhetorisch geschliffenen Brief versicherte sie dem Lordprotektor, dass es sich bei den Vorwürfen lediglich um »schändliche Verleumdung« handle. Schließlich wurde Thomas Seymour zum Tod verurteilt und enthauptet. Die Anklage gegen Elisabeth wurde fallen gelassen, dennoch blieb die Affäre für sie nicht ohne Folgen. Am Hof fiel die Königstochter in Ungnade, zwei Jahre lang wurde sie von ihrem Halbbruder Eduard VI. nicht empfangen. Elisabeth, die die Nachricht von Seymours Hinrichtung scheinbar ohne Gefühlsregung aufgenommen hatte, erkrankte in den Folgejahren an etlichen psychosomatischen Leiden. Aus den Wirrnissen der Politik zog sie sich zurück und widmete sich wieder intensiv ihren Studien.

Thomas Seymour machte Elisabeth immer wieder Avancen. Porträt von Hans Holbein d. J.

Erst allmählich stellte sich das gute geschwisterliche Verhältnis zwischen Elisabeth und Eduard wieder ein.

Am 6. Juli 1553 starb der junge Monarch im Alter von nur 16 Jahren an Schwindsucht. Sogleich wurde Elisabeth erneut in den Strudel um die Macht im Königreich gerissen. Der neue Lordprotektor John Dudley, 1. Herzog von Northumberland, der 1549 Edward Seymour erfolgreich gestürzt hatte, versuchte, seine Schwiegertochter Lady Jane Grey, die Großnichte Heinrichs VIII., auf den Thron zu bringen. Doch das Unternehmen misslang, weil sich Volk, Heer und Hauptstadt einmütig für Maria Tudor, die rechtmäßige Nachfolgerin, aussprachen. Der Herzog von Northumberland, sein jüngster Sohn Guildford Dudley und seine Schwiegertochter endeten auf dem Schafott;

Der junge König Eduard VI. starb nach nur sechseinhalb Jahren auf dem englischen Thron.

Jane Grey ging als »Neuntagekönigin« in die Geschichte ein.

Mit dem Regierungsantritt Marias I., der Tochter Katharinas von Aragón und Heinrichs VIII., endeten vorübergehend die Intrigen um die Macht am Hofe. Elisabeth beglückwünschte ihre Halbschwester in einem demütigen Huldigungsschreiben und bat darum, ihr ihre Aufwartung machen zu dürfen. Maria gewährte ihr diese Bitte; am 29. Juli 1553 erschien Elisabeth mit einem tausendköpfigen Heer in London.

Bei dem Krönungszug, zwei Tage später, ritt sie unmittelbar hinter der Königin und wurde von der Menge begeistert begrüßt. Ob das der 37-jährigen Maria gefiel, darf bezweifelt werden. Elisabeth, gerade einmal zwanzig Jahre alt, stand in der Blüte ihrer Jugend. Zwar war sie keine klassische Schönheit, doch machten ihre schlanke Gestalt, ihr goldblondes Haar und ihre zarte Haut sie zu einer ausgesprochen anziehenden Erscheinung. Dagegen wirkte Maria I., die klein und hager war, ein rundes Gesicht und eine platte, breite Nase besaß, wenig eindrucksvoll. In ihrer Jugend war sie durchaus attraktiv gewesen, Krankheit und Kummer hatten sie allerdings früh altern lassen. Zur Beliebtheit Elisabeths trug neben ihrem majestätischen Äußeren noch die Tatsache bei, dass sie »rein englisch« war. Marias Mutter hingegen war Spanierin gewesen. Und schließlich war Elisabeth im protestantischen Glauben, Maria im katholischen erzogen worden. Die Gegensätze zwischen den Halbschwestern hätten kaum größer sein können.

Die Leidenschaft Heinrichs VIII. für Elisabeths Mutter Anne Boleyn, die zur Verstoßung Katharinas von Aragón und zur Loslösung von der Kirche in Rom geführt hatte, hatte Maria

Der Weg der »Neuntagekönigin« Lady Jane Grey endete auf dem Schafott. Gemälde von Paul Delaroche, 1833.

zu einer fanatischen Katholikin werden lassen. Als Königin wünschte sie sich nichts sehnlicher, als England wieder in den Schoß der römischen Kirche zurückzuführen. Hatte das englische Volk der rechtmäßigen Thronerbin auch zunächst zugejubelt, so dauerte es nicht lange, bis Maria I., »die Katholische« genannt, an Sympathien verlor. Zwanzig Jahre lang hatte England keine päpstliche Autorität gekannt – es wieder an die römische Kirche anzuschließen erwies sich für die neue Monarchin als schwierige Aufgabe. Das Volk reagierte darauf mit Protesten und Zusammenrottungen.

Für Elisabeth entwickelte sich die Lage immer mehr zum Tanz auf dem Vulkan. Maria forderte von ihr, die katholische Messe zu besuchen und sich zum »wahren Glauben« zu bekehren. In einem Gespräch der beiden

Die neue Königin Maria I. zieht am 29. Juli 1553 in London ein. Ihre Halbschwester Elisabeth geht hinter ihr. Fresko im britischen Parlament in Westminster.

Schwestern bat Elisabeth darum, den Glauben beibehalten zu dürfen, in dem sie erzogen worden war. Klug, wie sie war fragte sie Maria aber nach Büchern über den Katholizismus, da sie sich kundig machen und die Religionsfrage noch einmal überdenken wolle. Maria glaubte, diese Partie bereits gewonnen zu haben, als man ihr hinterbrachte, dass ihre »ketzerische Halbschwester« schon nach dem Besuch eines katholischen Gottesdienstes das Interesse verloren habe. »Sie ist nur aus Scheinheiligkeit zur Messe gegangen«, erzürnte sich die Königin.

Sie ist zu klug, um sich fangen zu lassen.

AUSLÄNDISCHER GESANDTER
ÜBER ELISABETH, UM 1554

Bald waren sich Maria und ihre Verbündeten darin einig, dass England niemals zur römischen Kirche zurückkehren werde, solange Elisabeth lebe. Ende 1553 wurde die Prinzessin erneut von der Thronfolge ausgeschlossen und als Ketzerin und Bastard beschimpft. Als sich Maria I. entschloss, den Katholiken Philipp II. von Spanien zu heiraten, wurde die Stimmung im Land immer unzufriedener. Die Ehe mit einem übermächtigen Ausländer wurde allgemein als Gefahr für die Unabhängigkeit Englands empfunden. Schließlich galt Philipp II. als der mächtigste Herrscher der Christenheit; sein Reich war so groß, dass darin – nach einem berühmten Wort seines Vaters Karl V. – buchstäblich niemals die Sonne unterging, und reichte von Spanien über Flandern, die Niederlande und die Inseln der Karibik bis nach Südamerika. Aus dem allgemeinen Unwillen in England erwuchs eine Verschwörung, die zum Ziel hatte, Maria I. zu stürzen und ihre Halbschwester Elisabeth auf den Thron zu heben. Doch das Komplott war schlecht organisiert und schlug fehl; im Januar 1554 wurde der Anführer Sir Thomas Wyatt gefangen genommen.

Elisabeth, die nicht hatte verhindern können, dass ihr Name im Zusammenhang mit dem »Wyatt-Aufstand« genannt wurde, geriet sofort in den Verdacht, beteiligt gewesen zu sein. Die schwesterliche Eifersucht, die schon lange an Maria nagte, schlug nun um in offene Feindschaft. Obwohl Elisabeth an einem Nierenleiden erkrankt war, das ihren Körper mit Wasser anschwellen ließ, befahl ihr die Regentin, umgehend von ihrem Landsitz Ashridge an den Hof nach London zu kommen – ein unheilvolles Zeichen. Nach tagelanger Reise traf Elisabeth am 22. Februar 1554 ein. Die Vorhänge ihrer Sänfte ließ Elisabeth öffnen, damit das Volk sie sehen konnte: Ganz in Weiß gekleidet, ihr ohnehin blasses Gesicht von der Krankheit gezeichnet, bot sie den Anblick einer Märtyrerin. Die Königin empfing Elisabeth jedoch nicht, sondern ließ ihre Halbschwester in Schloss Whitehall in Gewahrsam nehmen. Auch wenn keine Beweise für ihre Schuld gefunden werden konnten, beharrte Maria auf ihrem Verdacht und forderte – trotz Widerspruchs einiger Staatsratsmitglieder –, Elisabeth in den Tower bringen zu lassen.

Verzweifelt bat Elisabeth darum, ihrer Halbschwester, die noch immer eine Audienz verwehrte, einen Brief schreiben zu dürfen: »Wenn der Spruch jemals gegolten hat, dass ein Königswort mehr gilt als eines anderen Menschen Eid, so flehe ich Euer Majestät untertänigst an, ihn jetzt mir gegenüber zu bewahrheiten und Eures letzten Versprechens und meiner letzten Bitte zu gedenken, dass ich nicht verurteilt werden soll, ohne mich verantworten zu können und ohne rechtsgültigen Beweis; was jetzt offenbar geschehen soll. Denn ohne erwiesenen Grund erhalte ich vom Staatsrat in Eurem Namen den Befehl, mich in den Tower zu begeben, einen Ort, der einem hinterhältigen Verräter zukommt, aber nicht einer treuen Untertanin ... Ich bezeuge vor Gott, dass ich niemals etwas begangen ... habe, das in irgendeiner Weise Eurer Person nachteilig oder dem Staate auch nur im Geringsten gefährlich sein könnte. Und deshalb flehe ich Euer Majestät untertänigst an, dass ich mich vor Euch selbst verantworten darf und nicht nur auf Eure Räte angewiesen bin, noch bevor ich in den Tower gehe ... Ich flehe Euch untertänigst nur um ein Wort der Erwiderung von Euch selbst. Eurer Hoheit getreueste Untertanin, wie von Anbeginn bis an mein Ende.«

Maria tobte, als sie den Brief erhielt, und blieb ihrer Halbschwester eine Antwort schuldig. Am Palmsonntag wurde Elisabeth auf dem Wasserweg in den Tower gebracht, da man auf den Straßen den Volkszorn fürchtete. Als die Prinzessin das später so genannte Traitor's Gate (Verrätertor) durchschritt, wurde sie von Todesangst gepackt: Sowohl ihre Mutter Anne Boleyn als auch Thomas Seymour waren auf diesem Weg zum Richtblock geführt worden. »O Gott! Nie glaubte ich, als Gefangene hierherzukommen«, rief sie verzweifelt aus. »Ich bitte euch alle, gute Freunde und Gefährten, legt Zeugnis dafür ab, dass ich nicht als Verräterin hierherkomme, sondern als eine Frau, die der Königin treuer als jede andere ergeben ist; und dafür will ich gern den Tod erleiden!« Die Wachen fielen auf die Knie, ihr Kammerherr brach in Tränen aus. »Gott schütze Euer Gnaden«, erklang es aus vielen Kehlen, worauf Elisabeth ihre Fassung wiedergewann und sich schließlich in den Bell Tower (Glockenturm) bringen ließ.

Ihr Gefängnis im Tower war keineswegs eine dunkle, feuchte Zelle, wie man vielleicht denken könnte, sondern bestand aus durchaus annehmbar ausgestatteten Räumlichkeiten, die Elisabeth mit ihrer Dienerschaft bewohnte. Ihr war es jedoch nicht erlaubt, Kontakt nach außen aufzunehmen, Bücher zu lesen oder zu schreiben. Immerhin war es der Gefangenen gestattet, zwischen dem Bell Tower und dem Beauchamp Tower spazieren zu gehen – noch heute wird der Gang »Elizabeth's Walk« genannt.

Während Elisabeth im Tower saß, veranlasste Königin Maria weitere Untersuchungen, um doch noch einen Schuldbeweis gegen Elisabeth in die Hand zu bekommen. Unter Folter hatte Wyatt ausgesagt, Elisabeth sei an dem Aufstand beteiligt gewesen. Aber als man ihn am 11. April 1554 zur Richtstatt führte, widerrief er seine Aussage. Maria wurde allmählich nervös. Die Heirat mit Philipp II., erklärten ihre Berater, könne nur stattfinden, wenn in England endlich Ruhe einkehre. Die Richter sahen sich ohne Beweise aber außerstande, Elisabeth für schuldig zu erklären. Auch im Tower konnte man sie nicht länger einsperren, da die Stim-

Die fanatische Katholikin Maria I. ging als »Bloody Mary« – »Blutige Maria« – in die Geschichte ein. Porträt von 1554.

Die Hochzeit des spanischen Königs Philipp II. mit Maria Tudor im Sommer 1554 in Winchester.

mung in der Bevölkerung zu kippen drohte und schon von einem neuen Aufstand die Rede war. Schließlich ließ Maria ihre lästige Halbschwester nach zwei Monaten Haft so weit wie möglich von London entfernt einsperren: auf dem königlichen Gut Woodstock in Oxfordshire. Als Elisabeth dort am 23. Mai 1554 eintraf, eilte die Landbevölkerung herbei, um ihre Sympathien zu bekunden; die Königstochter wurde mit Selbstgebackenem und anderen Gaben überhäuft. Aber so herzlich Elisabeth auch begrüßt wurde, der Aufenthalt in dem maroden Schloss erwies sich als Qual. Elisabeth lebte hier unter schärfster Bewachung, Außenkontakte waren strengstens untersagt, nachts wurde Woodstock von Soldaten gesichert.

Im Juli 1554 heiratete die 38-jährige Maria Tudor in Winchester den elf Jahre jüngeren Philipp II. von Spanien. Die Festlichkeiten verliefen ohne Störung. Dennoch gab es angesichts der vielen Spanier, die Philipp auf die englische Insel gefolgt waren, Gerüchte, weitere »zwölftausend Spanier kämen in das Königreich, um die Krone an sich zu reißen«. Blutige Schlägereien zwischen spanischen Gästen und Einheimischen waren unvermeidlich.

Nach ihrer Heirat erfüllte sich Königin Maria I. einen weiteren Herzenswunsch: Am 30. November 1554 beschloss das Parlament, die Reformation Heinrichs VIII. rückgängig zu machen. Als ein päpstlicher Legat in einem feierlichen Akt der Nation die Absolution erteilte, war Maria I. sichtlich bewegt. England war somit offiziell wieder in den Schoß Roms zurückgekehrt. Welche Folgen das haben sollte, bekam die englische Bevölkerung bereits nach wenigen Monaten zu spüren: Überall im Land brannten Scheiterhaufen, protestantische Geistliche wurden als »Ketzer« verfolgt und hingerichtet. Schon bald wurde »Maria, die Katholische«, vom Volk nur noch »Bloody Mary« genannt: »Blutige Maria«.

Der Königin konnte dies gleichgültig sein. Seit ihrer Heirat mit Philipp II., den sie wie ein verliebter Teenager anschmachtete, schien sie regelrecht aufzublühen. Sie, die sich selbst einmal als »unglücklichste Frau in der ganzen Christenheit« bezeichnet hatte, weil man ihr aus dynastischen Gründen die Ehe nicht gestattet hatte, die jahrelang wie eine Nonne in der Abgeschiedenheit gelebt und nur in der Religion Trost gefunden hatte, besaß endlich alles, was sie sich gewünscht hatte: einen gut aussehenden Ehemann und ein Königreich, das wieder mit der römischen Kirche vereint war.

Die größten Glücksgefühle aber bescherte ihr die Annahme, schwanger zu sein. Trotz ihres – für damalige Verhältnisse – hohen Alters hoffte sie, noch einen Thronfolger zur Welt bringen zu können, der England dem katho-

»Bloody Mary«

1554 wurden in England die sogenannten »Ketzergesetze« wieder eingeführt. Wer sich nicht zum Katholizismus bekehren ließ, endete auf dem Scheiterhaufen. Auch Marias I. alter Gegner, Thomas Cranmer, ehemaliger Erzbischof von Canterbury, der die Ehe ihrer Mutter Katharina von Aragón mit Heinrich VIII. annullierte und sich später geweigert hatte, Maria zu krönen, starb am 21. März 1556 als protestantischer Märtyrer. Andersgläubige hinzurichten, falls sie nicht widerrufen, war jedoch sowohl unter katholischer als auch unter protestantischer Herrschaft die übliche Praxis jener Tage. Die 300 »Ketzer«, die in den drei letzten Regierungsjahren Marias I. verbrannt wurden, bildeten jedoch einen traurigen Rekord. Karikaturen zeigen Marias Bild mit der Inschrift Maria Ruina Angliae: »Maria, das Verderben Englands«.

Thomas Cranmer stirbt den Märtyrertod. Holzschnitt aus dem Jahr 1563.

lischen Glauben erhalten und ihrer verhassten Halbschwester den Zugang zum Thron versperren werde. In dieser Hochstimmung ließ sich Maria von ihrem spanischen Ehemann überreden, Elisabeth wieder in Gnaden bei Hofe aufzunehmen. So wurde diese eines Abends, nach Ostern 1555, im Fackelschein ins Schlafgemach der Königin gebracht. Achtzehn Monate hatten sich die Halbschwestern nicht mehr gesehen. Als Elisabeth das Zimmer betrat, fiel sie vor der Königin auf die Knie, beteuerte abermals ihre Unschuld und versicherte Maria, stets eine treue Untertanin gewesen zu sein. Offenbar überrascht von dieser Geste, nahm die Monarchin die Loyalitätsbekundung an, es kam zur Versöhnung. Zwar wurde Elisabeth gestattet, sich wieder frei am Hofe zu bewegen, doch zog sie es vor, sich aufs Land nach Hatfield zurückzuziehen.

Die Prüfungen, die ich zu erleiden hatte, haben mir endgültig alle Lust genommen, einen Ehemann zu suchen.

ELISABETHS ENTGEGNUNG AUF DAS DRÄNGEN IHRER HALBSCHWESTER MARIA, 1555 DEN HERZOG VON SAVOYEN ZU EHELICHEN

Die glückliche Zeit für Maria währte nur kurz. Ihre Schwangerschaft erwies sich als Irrtum, alle Hoffnungen auf einen Thronerben blieben unerfüllt. Philipp II. überzeugte Maria I.

davon, sich an seinem Krieg gegen Frankreich zu beteiligen, was England nicht nur Unsummen an Geld kostete, sondern darüber hinaus zum Verlust von Calais führte, dem letzten kontinentalen Außenposten. Maria verfiel in tiefe Depressionen, wochenlang vergrub sie sich in ihre Schlafkammer und verfiel zusehends. Auf dem Sterbebett willigte sie auf das Drängen ihrer Staatsräte hin ein, Elisabeth als Nachfolgerin einzusetzen – unter der Bedingung, dass England katholisch bleibe.

Am 17. November 1558, noch vor Tagesanbruch, starb Königin Maria I. Der Bote, der Elisabeth die Nachricht überbrachte, fand sie unter einem Baum im Garten von Hatfield, versunken in ein Buch. Bereits am Nachmittag desselben Tages läuteten die Glocken für die neue Herrscherin. Im Alter von 25 Jahren wurde Elisabeth zur Königin von England ausgerufen. Sie, die als »Hurenbastard« tituliert worden und ohne Mutter aufgewachsen war, die sich mehrfach gegen den Verdacht des Hochverrats hatte zur Wehr setzen müssen und monatelang im Tower gesessen hatte, sollte am Ende doch die englische Krone erhalten. Und sie war entschlossen, sie nie wieder herzugeben.

Entschlossen, die Krone nie wieder herzugeben: die neue englische Regentin im Krönungsornat.

Elisabeths Thronbesteigung

Die Proklamation Elisabeths zur »Königin von England« wurde vom Volk mit großem Jubel aufgenommen. Mehr als fünf Jahre hatten die Engländer unter der Herrschaft von Maria I. gelitten. Mit Elisabeth keimte die Hoffnung auf, dass nun alles besser werden würde. Die Engländer feierten sie als Königin, »deren Blut weder mit spanischem oder sonst ausländischem Blut vermischt ist, die rein englischen Geblüts hier mitten unter uns geboren wurde und uns daher von Natur nahe ist«. Die Vorbereitungen zur feierlichen Krönungszeremonie nahmen volle zwei Monate in Anspruch.

Durch das Ende des alten Regimes war eine Last von England genommen. Elisabeth galt der Nation als Garant der Befreiung.

JÜRGEN KLEIN, BIOGRAF ELISABETHS

Währenddessen war Elisabeth nicht untätig. Drei Tage nach der Proklamation trat in der großen Halle von Schloss Hatfield der Staatsrat zusammen. Mit größter Vorsicht und Zurückhaltung ging Elisabeth daran, die dort kursierenden Strömungen und Tendenzen auszuloten. Schon vor dem Tod Marias waren ihr Konzepte vorgelegt worden, mit wem sie die Ämter neu besetzen könnte. Elisabeth überraschte alle mit eigenen Plänen. Von bislang vierzig Mitgliedern des Staatsrats bestätigte die Regentin gerade einmal elf: sieben Peers und vier Bürgerliche, sieben neue zog sie hinzu. Sie beabsichtigte, den Staatsrat so klein wie möglich zu halten, um die Arbeit effizienter zu gestalten. Und schließlich ernannte sie Sir William Cecil zum Ersten Staatssekretär. Der überzeugte Protestant galt als Fachmann für Politik und Verwaltung, von ihm sagte man, er sei »von allen genialen Männern das größte Arbeitstier und unter allen Praktikern das größte Genie«.

Elisabeths Entscheidung für Cecil erwies sich als überaus klug und glücklich: Trotz der Verschiedenheit ihrer Temperamente und der daraus folgenden Meinungsverschiedenheiten arbeiteten die Königin und ihr Staatssekretär fast vier Jahrzehnte lang erfolgreich zusammen. Bei der Besetzung weiterer wichtiger Ämter bedachte sie vor allem alte Freunde, die ihr in der Vergangenheit die Treue gehalten hatten: Ihr früherer Haushofmeister Sir Thomas Parry wurde zum Schatzmeister der Krone ernannt, ihr Kindermädchen Kate Ashley zur Ersten Hofdame. Sir Robert Dudley, der zur selben Zeit im Tower gesessen hatte wie Elisabeth, machte sie zum Oberstallmeister. Zeit ihres Lebens verband beide eine zu Spekulationen Anlass gebende, oft beanstandete Vertraulichkeit.

»Geniales Arbeitstier«: Sir William Cecil bestimmte unter Elisabeth mehrere Jahrzehnte lang den politischen Kurs Englands.

Elisabeth trat bei ihrer Thronbesteigung ein schweres Erbe an. Der englische Staatshaushalt war nicht zuletzt durch den Krieg mit Frankreich hoch verschuldet, das Volk im Glauben gespalten. Die Religionsfrage stellte das brisanteste Problem zu Beginn ihrer Herrschaft dar, denn sich offen zum Protestantismus zu bekennen, bevor sich ihre Regierung stabilisiert hatte, wäre angesichts der europäischen Gesamtlage zu riskant gewesen. Noch kämpf-

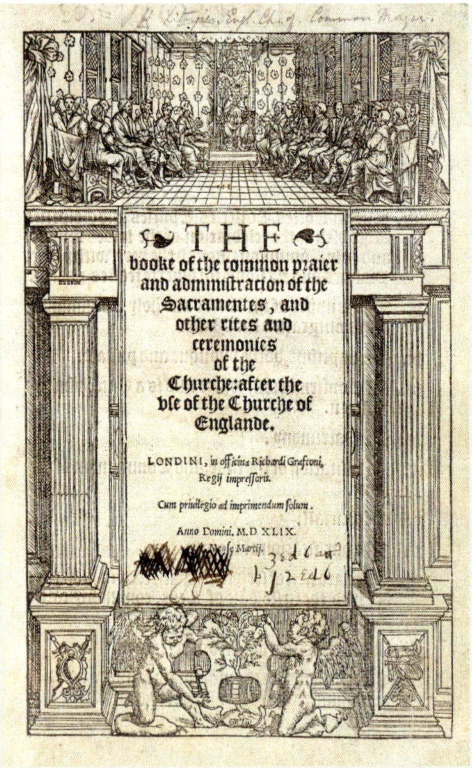
THE
booke of the common praier
and administracion of the
Sacramentes, and
other rites and
ceremonies
of the
Churche: after the
use of the Churche of
Englande.

LONDINI, in officina Richardi Graftoni,
Regij impressoris.

Cum privilegio ad imprimendum solum.

Anno Domini. M.D.XLIX.
Mense Martij.

Die Anglikanische Kirche

1559 wurde mit der Supremats- und der Uniformitätsakte die Anglikanische Kirche gegründet und dem Gottesdienst ein neues Gebetsbuch, *The Book of Common Prayer*, zugrunde gelegt. Elisabeths Staatskirche stellte eine einzigartige Mischform von katholischen Elementen und protestantischen Neuerungen dar. So waren vom Katholizismus vieles vom Zeremoniell, die Messgewänder der Bischöfe oder das Kruzifix auf dem Altar übernommen worden. Elisabeth erlaubte aber, dass die Gottesdienste zum Teil in Englisch abgehalten wurden. Durch die Suprematsakte wurde die Kirche dem Staatsoberhaupt unterstellt, was die Katholiken ablehnten, auch wenn Elisabeth geschickt den Titel »Verteidigerin des Glaubens« wählte, statt sich »Oberhaupt der englischen Kirche« zu nennen, wie es ihr Vater Heinrich VIII. getan hatte.

ten England und Spanien Seite an Seite gegen Frankreich. Doch konnte sich das mächtige spanische Weltreich mit seinem katholischen Herrscher jederzeit gegen Elisabeth wenden, sobald die Königin Englands offiziell dem Protestantismus den Vorzug gab. Auch innenpolitisch war ein klares Bekenntnis der Königin zum einen oder zum anderen Glauben wenig ratsam: Nach der wechselvollen Religionsgeschichte Englands in den zurückliegenden zwanzig Jahren war das Land religiös zerrissen. Im Norden, in Wales, Irland und dem Nordwesten Schottlands gab es starke katholische Tendenzen, im Rest des Landes überwog der Protestantismus.

Elisabeth entschied sich in Sachen Religion für eine Kompromisspolitik, die weder der päpstlichen noch der protestantischen Richtung folgte. Eine Glaubensvorschrift nach dem Muster, wie es ihre Vorgängerin Maria I. durchgesetzt hatte, lehnte Elisabeth ab. Nach ihren eigenen Worten hielt sie die Frage der Religion für eine höchstpersönliche Angelegenheit und verspürte keine Neigung, »Fenster in die Herzen der Menschen aufzustoßen«.

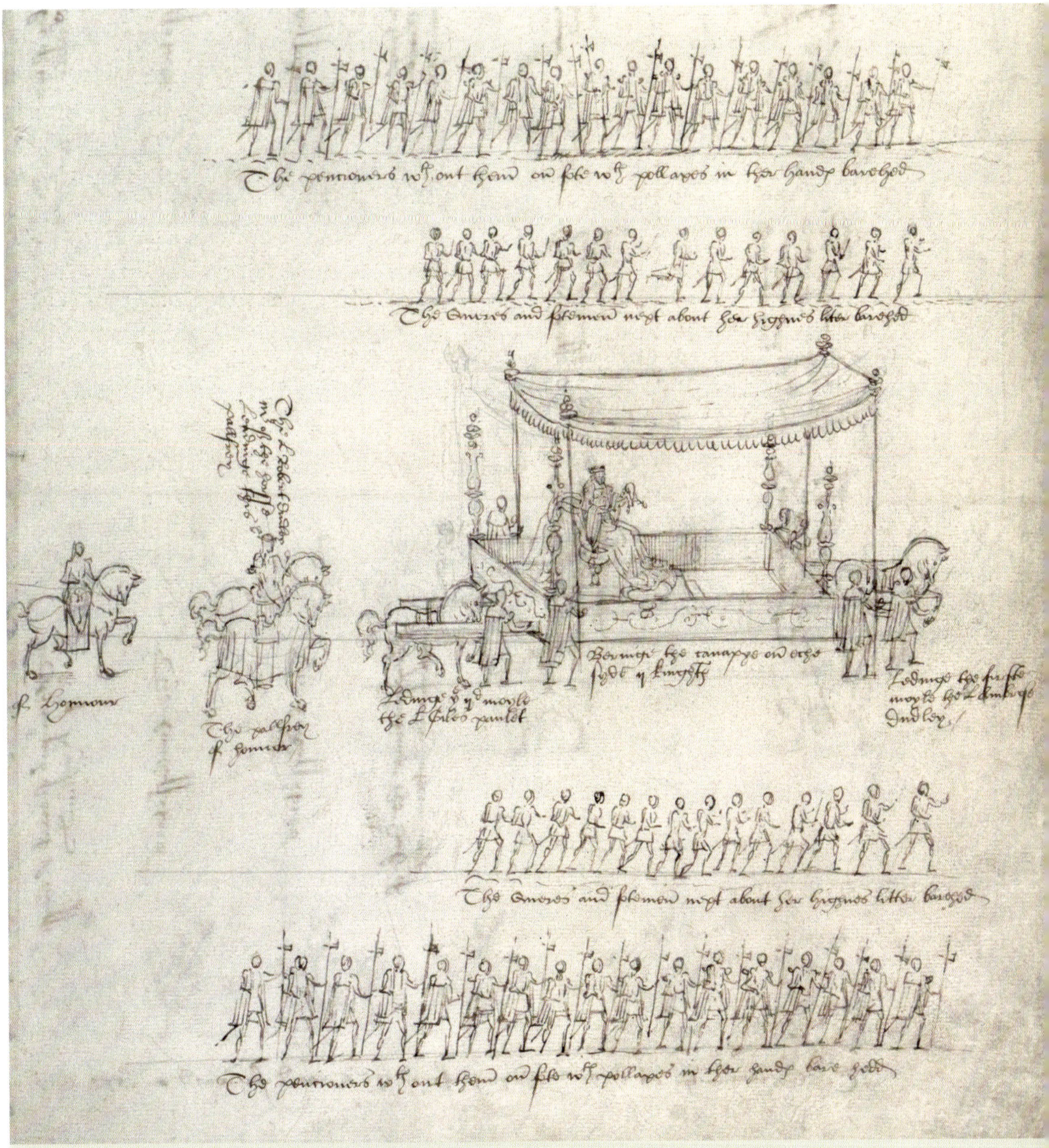

Die Federzeichnung zeigt die Prozession durch die Straßen Londons anlässlich der Krönungsfeierlichkeiten Elisabeths am 15. Jannuar 1559.

Sie war weder eine Atheistin noch eine tiefgläubige Protestantin.

JÜRGEN KLEIN,
BIOGRAF ELISABETHS

Vor ihrer Krönung am 15. Januar 1559 hatte Elisabeth zwei Tage und zwei Nächte traditionsgemäß im Tower verbracht, um formell von der Festung Besitz zu ergreifen. Noch wenige Jahre zuvor hatte sie hier ihre Hinrichtung fürchten müssen. Am Morgen des Krönungstages wurde Elisabeth in einer mit Goldbrokat ausgeschlagenen offenen Sänfte mit Baldachin von vier Rittern zur Westminster Abbey gebracht. Die junge Königin trug ein Gewand aus Goldtuch und die Fürstenkrone. Als höchster Peer schritt der Herzog von Norfolk, ein Cousin Elisabeths, der Sänfte voran. Es folgten die übrigen Mitglieder des Hofstaates, die Bischöfe und die ausländischen Gesandten. Direkt neben der Königin ging Robert Dudley, der als Oberstallmeister ein Pferd am Zügel führte. Die königliche Ehrenwache eskortierte, mit vergoldeten Streitäxten bewaffnet, die Sänfte der Königin, dahinter folgten Elisabeths kostbar geschmückte Hofdamen.

Ganz London war auf den Beinen, um dem prachtvollen Krönungszug beizuwohnen, der mehr als tausend Reiter zählte. Schaugerüste waren an den Seiten der Straßen aufgestellt worden, damit sich das Volk an dem Anblick seiner neuen Königin ergötzen konnte. Dabei bewies Elisabeth großes Geschick, die Menschen für sich zu begeistern: Immer wieder ließ sie ihre Sänfte anhalten, um die stürmischen Ehrenbekundungen der Bevölkerung entgegenzunehmen und kurze Ansprachen zu halten. In der Westminster Abbey angelangt, nahm die junge Königin unter Fanfarenklängen vor dem Hochaltar Platz auf ihrem Thron. Der Bischof von Carlisle sprach den Krönungseid, salbte sie und überreichte ihr die Insignien des Königsreichs: Krone, Zepter und Reichsapfel.

Die Krönungsfeier wurde nach römisch-katholischem Ritus abgehalten. Doch als Humanistin und Protestantin widersetzte sich Elisabeth der sogenannten »Wandlung«, nach welcher in der Messe Brot und Wein in das »wahre Blut« und den »wahren Leib Christi« verwandelt wurden. Während der Bischof mit erhobener Hostie dieses Ritual vornahm, verließ Elisabeth demonstrativ ihren Platz auf dem Thron und zog sich in einen geschlossenen Nebenraum zurück. Nach der Zeremonie begab sich der Hofstaat zurück zur Westminster Hall, wo ein großes Bankett mit Tanz, Musik und Spiel stattfand. Das für den darauffolgenden Tag geplante Turnier musste jedoch verschoben werden, da sich Elisabeth zu erschöpft fühlte. Der Hof feierte zehn Tage lang mit Banketten, Maskenbällen und anderen Lustbarkeiten, als wollte man die unglückseligen Tage unter Maria I. vergessen machen.

Heiratskandidaten

Mit der Krönung Elisabeths ging unweigerlich die Frage nach dem passenden Ehemann für die junge Königin einher, denn dass sie heiraten müsse, um das Land und die Nachfolge zu sichern, galt als selbstverständlich. Niemand in England, ja in der ganzen europäischen Welt, konnte sich eine ledige Frau auf dem Thron vorstellen. Regieren galt allgemein als Männersache, der gesamte Hof war mit seiner Struktur auf einen König abgestellt. »Schließlich hängt alles vom Gatten ab, den sie wählt, denn hier gilt nur, was der König will«, hatte der spanische Gesandte Graf de Feria einmal festgestellt. Im 16. Jahrhundert war man weit davon entfernt, Frauen die gleichen Fähigkeiten zuzuschreiben wie Männern. Ein »Weiberregiment«, wie es der schottische Reformator John Knox nannte, wurde allenfalls als notwendiges Übel betrachtet, das nur durch die Heirat mit einem passenden Ehemann gemildert werden konnte. Schon vor Elisabeths Regierungsantritt hatte Knox in einem Pamphlet geschrieben, »dass Gott manchem in unserem Zeitalter offenbart hat, dass es wider die Natur ist, wenn eine Frau regiert und über den Mann herrscht«. Frauen wurden als »Tür und Tor des Teufels«, Quelle der Sünde und Lasterhaftigkeit betrachtet. Die Herrschaft Marias I., die aus Sicht der Engländer nur als unglücklich und verhängnisvoll bezeichnet werden konnte, bestätigte dieses Weltbild.

Dabei strafte Elisabeths Intelligenz, ihre Schlagfertigkeit und große Willensstärke die allgemeine Auffassung, Männer seien Frauen überlegen, Lügen. Sie galt stets als geschickte Diplomatin und Meisterin der Verstellung. Unter der Herrschaft ihrer Halbschwester Maria hatte sie mehr als einmal durch Schläue, raffinierte Ausweichmanöver und eine gehörige Portion Schauspielkunst ihren Kopf gerettet. Die ihr häufig zum Vorwurf erhobene Unentschlossenheit erwies sich bei wichtigen Entscheidungen als probate Hinhaltetaktik. Elisabeth hatte einen langen Atem, beobachtete Dinge sehr sorgfältig und hütete sich vor Kurzschlussreaktionen. Ihre Temperamentsausbrüche bei Hof waren allerdings gefürchtet. Sie konnte launenhaft sein, scharfzüngig, unberechenbar – und grausam.

Wenn sie lächelt, ist sie eine strahlende Sonne, und jeder sucht sich an ihr zu wärmen, aber plötzlich ziehen Wolken auf, das Gewitter bricht los, und der Blitz zuckt auf ausnahmslos alle hernieder.

JOHN HARINGTON,
PATENSOHN ELISABETHS I.

Schon als Prinzessin hatte es zahlreiche Bewerber gegeben, als Königin von England konnte sich Elisabeth vor Heiratsanträgen kaum retten. Sie galt als beste Partie in der ganzen Christenheit, das Werben um ihre Hand wurde zu einer Art Pflichtübung in der internationalen Politik. Ihr anziehendes Äußeres tat ein Übriges, um Heiratskandidaten an den englischen Hof zu locken. Zeitgenossen beschrieben sie als »ziemlich groß«, zumindest wirkte sie so. Ihre Gestalt wurde als schmal, manchmal sogar als hager bezeichnet. Dennoch war sie nicht flachbrüstig, sondern betonte gern ihren Busen. Ihr Gesicht wurde von einer hohen Stirn und tief liegenden »bernsteinfarbenen« Augen, einer schmalen, langen Nase und dünnen Lippen bestimmt. Ihr Teint war auffallend hell; in späteren Jahren, als Pockennarben ihr Gesicht verunzierten, benutzte Elisabeth weiße Schminke aus gemahlenen Eierschalen, Eiweiß, Mohnsamen, einem seltenen Mineral und Alaun, um ihre Haut ebenmäßiger aussehen zu lassen. Elisabeth hatte keinesfalls weiche Züge, doch wurde ihre Gesamterscheinung von Zeitgenossen als wohlgefällig beschrieben. Die lockigen, rotblonden Haare trug sie als Zeichen ihrer Jungfräulichkeit gerne offen, bis ins hohe Alter hinein. Besonders stolz war Elisabeth auf ihre langen, schlanken Finger, die auch auf Porträtbildern der Königin ins Auge fallen.

Philipp II. von Spanien, der mit ihrer Halbschwester Maria verheiratet gewesen war, gehörte zu den ersten Bewerbern um Elisabeths Hand. Durch Graf de Feria ließ er sie wissen, »er sei ein guter und treuer Bruder, der ihr nur wohlwolle«. Elisabeth wusste, wie heikel es war, dem Herrscher des mächtigsten Weltreichs einen Korb zu geben. So kokettierte sie eine Weile mit de Feria und hielt ihn hin mit der Ausrede, sie müsse in dieser wichtigen Angelegenheit erst ihr Parlament befragen. Doch solle Philipp ganz beruhigt sein: Wenn sie überhaupt heirate, dann werde sie ihm den Vorzug geben. Das war eine glatte Lüge, aber sie verschaffte Elisabeth eine kurze Atempause. Als de Feria hartnäckig blieb, erinnerte sie ihn daran, dass sie in den Augen des Königs eine Ketzerin sei und ihn deshalb nicht heiraten könne. Seine Freundschaft wisse sie jedoch zu schätzen.

Eine derart wichtige Angelegenheit ist für den Verstand einer Frau zu schwierig.

WILLIAM CECIL ÜBER DIE WAHL EINES PASSENDEN EHEMANNS FUR ELISABETH I.

Tatsächlich war Elisabeth nicht gewillt, ihre eben gewonnene Macht an einen Ehemann abzugeben, auch wenn das Parlament drängte, die Heirats- und Nachfolgefrage umgehend zu regeln. Wie so oft in prekären Situationen verschanzte sich Elisabeth hinter Phrasen und Ausflüchten. Seit sie denken könne, gab sie zur Antwort, sei sie entschlossen, ein jungfräuliches Leben zu führen. Und wenn Ehrgeiz, Not oder gar Lebensgefahr sie einst in die Ehe geführt hätten, dann würde sie jetzt nicht in der Lebensarbeit stehen, die ihr so vertraut sei und in der Gott sie erhalte. Doch falls es Gott in seiner großen Güte gefallen möge, führte sie weiter aus, werde er ihr beizeiten einen Gatten zuführen, der um das Heil und die Sicherheit des Landes ebenso besorgt sei wie sie selbst. Andernfalls werde man die Nachfolgefrage anders regeln. »Und schließlich soll es mir genügen, wenn auf meinem Grabstein steht, dass eine Königin so und so lange regiert hat und als Jungfrau lebte und starb«, schloss sie die Debatte ab. Elisabeth sah demnach ihre Jungfräulichkeit als göttliche Berufung – zumindest argumentierte sie so. Ihr lediger Zustand war jedoch eher eine Folge der Politik, denn bisher hatte sie nicht heiraten können, ohne eine Schachfigur in den Händen des einen oder anderen Mächtigen zu werden.

Alles hing demnach von der Wahl des richtigen Gatten ab; besonders wichtig war die Frage, ob er Untertan oder Ausländer sein sollte. In England gab es keinen Edelmann, den Elisabeth heiraten konnte, ohne die großen Adelsfamilien aufeinanderzuhetzen. Ein Ausländer bot kaum bessere Aussichten. Die Ehe ihrer Halbschwester Maria mit Philipp II. war Elisabeth ein warnendes Beispiel. Maria hatte das Königreich in den Krieg geführt und zerrissen hinterlassen. Auch wenn Hof und Staatsrat von Elisabeth forderten, dass sie einen Gatten wählte – Vorschläge machten sie nicht. Die einen waren für diesen, die anderen für jenen Kandidaten. Einigen konnte man sich auf keinen.

Sie könne nicht vergessen, dass ihre Schwester die Zuneigung ihres Volkes verloren hätte, als sie einen Ausländer heiratete.

AUS EINEM BERICHT EINES BOTSCHAFTERS PHILIPPS II., UM 1556

Die Zahl der Bewerber um Elisabeths Hand riss indes nicht ab. Im Oktober 1559 waren es zehn bis zwölf Fürsten, die am englischen Hof durch Gesandte um ihre Gunst buhlten. Elisabeths Art, einerseits mit den Bewerbern zu kokettieren, andererseits sich bei jeder Gelegenheit über die Vorzüge des jungfräulichen Lebens zu äußern, ließ so manchen verzweifeln. Der spanische Legat Bischof de Quadra berichtete an seinen Vorgänger de Feria: »Euer Gnaden wird erkennen, welche ›angenehme‹ Arbeit es ist, mit dieser Frau verhandeln zu müssen, die, wie ich glaube, hunderttausend Teufel im Leibe hat, obwohl sie mir dauernd erzählt, sie wäre unendlich gern Nonne, um in einer Zelle ihre Zeit mit Beten zu verbringen.« Und er folgerte verbittert: »Alles an ihr ist Falschheit und Eitelkeit.«

Erik von Schweden erwies sich als beharrlicher Bewerber. Obwohl er Protestant war, hatte ihn Elisabeth im Mai 1559 in aller Form abgelehnt. Ihn zu erwählen hätte von Spanien als Affront empfunden werden können; für einen »Barbaren aus dem Norden« war Elisabeth nicht bereit, dieses Risiko einzugehen. Der Abgewiesene zeigte sich nicht im Mindesten beleidigt, stattdessen schrieb er leidenschaftliche Liebesbriefe in Latein und ließ die Königin wissen, dass sie nur zu rufen brauche, und er werde »über Meere und Gefahren und Feinde« zu ihr eilen. Auch als er ein zweites, drittes und viertes Mal einen Korb erhielt, ließ er den Mut nicht sinken, sondern schickte seinen Bruder Herzog Johann von Finnland, der von Herbst 1559 bis zum darauffolgenden Frühjahr im Haus des Bischofs von Winchester logierte, mit Geld nur so um sich warf und der englischen Königin seine Gesellschaft aufdrängte. Als auch das nichts half, machte sich Erik von Schweden selbst auf den Weg nach England. Wind- und Wetterlage zwangen ihn zur Umkehr, doch er stach erneut in See und gab erst auf, als ein Sturm seine Flotte zerstreute und beschädigte. Das Schicksal, so schrieb er an Elisabeth, sei »härter als Stahl und grausamer als Mars« gewesen.

Er war einer der Bewerber um die Hand der englischen Königin: Erik XIV. von Schweden.

Von allen Bewerbern wurde Erzherzog Karl, der dritte Sohn von Kaiser Ferdinand I., politisch gesehen als bester Gatte in spe beurteilt. Die Königin bemühte sich daher, die Hoffnungen des kaiserlichen Gesandten wiederzubeleben, wenn diese gerade den Tiefpunkt erreicht hatten. Eines Sommerabends bot sie ihm einen Platz im Boot ihres Schatzmeisters an, ließ ihr Boot längsseits fahren, plauderte mit ihm und musizierte für ihn. Am nächsten Tag bat sie ihn an ihren Hof, lud ihn am Morgen

Durch eine Heirat Elisabeths mit dem österreichischen Erzherzog Karl, Sohn von Kaiser Ferdinand I., wollte die katholische Partei Einfluss auf die englische Krone gewinnen.

zum Frühstück ein, unternahm am Abend wieder eine Bootsfahrt mit ihm auf dem Fluss und erweckte bei dem Gesandten so den Anschein, seine Mission könne doch noch gelingen. Der Ehe mit Karl standen jedoch zwei Hindernisse entgegen. Das erste war sein Glaube, denn der

Erzherzog war natürlich katholisch. Das zweite war, dass Elisabeth forderte, Karl selbst müsse an ihren Hof kommen, damit sie ihn in Augenschein nehmen könne. Die Königin wollte sich nicht auf ein gemaltes Porträt verlassen, das womöglich nur schmeichelhaft war und nicht der Wirklichkeit entsprach. Der kaiserliche Gesandte bemühte sich nach Kräften, Karl inkognito nach England zu bringen, aber hiervon wollte Kaiser Ferdinand I. nichts wissen. Das sei gegen alle Würde, befand er und lehnte er ab, den Launen des »englischen Weibes« Folge zu leisten. Elisabeth wiederum schwor, niemanden zu heiraten, den sie nicht mit eigenen Augen gesehen habe. So blieben die jahrelangen Verhandlungen am Ende ergebnislos.

Der Favorit

Elisabeths Zögern, sich für einen Kandidaten zu entscheiden, hatte aber wohl noch einen anderen Grund: Die Königin favorisierte in auffälliger Weise ihren Oberstallmeister Robert Dudley. Als Heiratskandidat kam er nicht infrage, denn er kam aus einer in höchstem Maße belasteten Familie von Hochverrätern und war obendrein bereits verheiratet. Am Hofe machten Gerüchte die Runde, Dudley gehe bei der Königin ein und aus – und das bei Tag und in der Nacht. Gewiss nährte eine gehörige Portion Neid und Eifersucht solches Gerede, doch war offensichtlich, dass Dudley die Gunst der Königin besaß. Aber besaß er deshalb auch ihr Herz?

Sie ist verliebt in Lord Robert und lässt ihn nicht von ihrer Seite.

GRAF DE FERIA
IN EINEM BRIEF VOM 29. APRIL 1559

Er galt als Favorit der »Virgin Queen«: Elisabeths Oberstallmeister Robert Dudley.

Robert Dudley, einer der fünf Söhne des 1. Herzogs von Northumberland, war nach dem misslungenen Versuch seines Vaters, Lady Jane Grey auf den Thron zu heben, im Tower gelandet. Zwar war ihm damals keine Beteiligung an dem Komplott nachzuweisen, aber als Abkömmling des Dudley-Clans galt er als verdächtig und wurde mit weiteren Familienmitgliedern im Beauchamp Tower festgehalten – jenem Turm, der mit Elisabeths Bell Tower durch einen Wandelgang verbunden war. Angeblich haben Elisabeth und Robert Dudley schon damals im Tower Kontakt miteinander gehabt. Tatsächlich waren beide gleichzeitig in der Festung inhaftiert. Weder die Königin noch ihr Oberstallmeister haben dazu jemals Stellung genommen.

Füreinander geschaffen? Königin Elisabeth und Robert Dudley tanzen die Volta. Zeitgenössisches Gemälde.

Biografen wie Wilton Waldman erklären sich damit aber Dudleys kometenhaften Aufstieg nach Elisabeths Thronbesteigung. Um füreinander zu entflammen und sich ein Versprechen fürs Leben zu geben, sei die ausweglose und todesnahe Situation im Tower geradezu wie geschaffen gewesen, so Waldman. Beweise für diese Annahme gibt es nicht.

Robert Dudley war eine blendende Erscheinung, wie die vielen Porträts und Aufzeichnungen seiner Zeitgenossen bezeugen. Groß und gut gebaut, mit schwarzen Haaren, dunklem Teint und ebenso schlanken Händen wie Elisabeth. Sein betont männliches Auftreten verlieh ihm den Ruf eines Wüstlings; es hieß, er halte sich an den Kammerdamen der Königin schadlos. Sein

Ehrgeiz galt als grenzenlos, manche beschuldigten ihn sogar, gewalttätig zu sein und sich seiner Feinde durch Gift zu entledigen. Ob die Königin von diesem Gerede nichts wusste oder ihm aber keine Bedeutung beimaß, ist nicht sicher. Der Karriere Dudleys tat es jedenfalls keinen Abbruch. Elisabeth vertraute ihm, schließlich kannte sie ihn schon seit ihrer Kindheit. Robert Dudley hatte bereits am Hof Heinrichs VIII. als Begleiter des jungen Prinzen Eduard gedient und war später von ihm zum Oberhofjägermeister ernannt worden. Das Amt des Oberstallmeisters, in das er kurz nach Elisabeths Thronbesteigung befördert worden war, hatte die Königin mit Bedacht gewählt: Zu seinen Aufgaben zählte die komplette Organisation der Hofhaltung, und er war für Elisabeths Reisen und Zeremonien zuständig. Dadurch war es ihm erlaubt, sich ständig in Elisabeths Nähe aufzuhalten – und genau das war wohl von ihr beabsichtigt.

Die junge Königin verbrachte viel Zeit mit Dudley, gemeinsam ritten sie in den großen Parks und Wäldern aus, unternahmen Picknicks und Spaziergänge. Als vollendeter Höfling war er in der Lage, die kompliziertesten Tänze mit Elisabeth zu vollführen. Zeitgenossen, die beobachteten, wie sich Elisabeth und Dudley bei den schwierigen Schrittfolgen, Sprüngen und Drehungen perfekt ergänzten, meinten, sie seien füreinander geschaffen. Über die Frage, ob Dudley der Geliebte Elisabeths war, ist von jeher gerätselt und spekuliert worden. Neben einer körperlich-erotischen Anziehung, die es zwischen den beiden wohl gegeben hat, muss noch eine andere Bindung bestanden haben, sonst hätte ihre Beziehung kaum ein Leben lang gehalten.

Dudley und Elisabeth verstanden sich auch auf intellektueller Ebene. Er war beweglich genug, mit der komplizierten Psyche der Königin umzugehen. Ihre berühmt-berüchtigten Launen, ihre Stimmungsschwankungen und Wutausbrüche begriff er als Herausforderung. Stets verstand er es, den richtigen Ton zu treffen und Elisabeth mit Witz und geistreicher Konversation zu unterhalten. Die Königin belohnte ihn dafür mit Geschenken in erstaunlichem Ausmaß, darunter zwei vormalige Klöster in Yorkshire, mehrere Lordschaften, Schlösser und Landsitze, und ernannte ihn zum 1. Earl of Leicester. Mit den Jahren entwickelte sich Dudley vom Favoriten der Königin zum verlässlichen Staatsmann und Berater.

Der Skandal

Im April 1559 stand Dudley bei Elisabeth so hoch im Kurs, dass der spanische Gesandte de Feria berichtete: »Er tut, was er will, und es heißt sogar, Ihre Majestät besuche ihn bei Tag und bei Nacht in seinem Zimmer. Man spricht offen darüber, dass sogar behauptet wird, seine Frau habe eine kranke Brust, und die Königin warte nur auf ihren Tod, um Lord Robert zu heiraten.«

Tatsächlich war Amy Robsart, mit der Dudley seit seinem 17. Lebensjahr verheiratet war, an Brustkrebs erkrankt. Viele am englischen Hof beurteilten ihn daher als Elisabeths aussichtsreichsten Heiratskandidaten, und es gab sogar Gerüchte, Elisabeth erwarte ein Kind von ihm. Kate Ashley, Elisabeths alte Kinderfrau, soll sie angesichts der haarsträubenden Geschichten, die man sich über die Königin und Dudley erzählte, angefleht haben, doch an ihren Ruf zu denken. Elisabeth erwiderte, dass nichts Unehrenhaftes zwischen ihr und Robert Dudley sei. Sie erweise ihm ihre Gunst

Amy Robsart, die Ehefrau Dudleys, war vermutlich schwer krank.

um seiner guten Eigenschaften willen. Und beendete das Gespräch so: »Und wenn ich je den Wunsch zu einem so unehrenhaften Leben haben oder Vergnügen daran finden sollte – wovor Gott mich behüten möge –, ich wüsste nicht, wer es mir verbieten könnte!« Der Dialog bezeugt, dass die Königin für sich das Recht in Anspruch nahm, über ihren Lebenswandel selbst zu bestimmen.

Im November 1559 verdichteten sich die Gerüchte um Dudley und Elisabeth; Dudley verabreiche seiner Frau Gift, um das letzte Hindernis zwischen ihm und der Königin aus dem Weg zu räumen, hieß es. Wenig später munkelte man, Dudley wolle sich scheiden lassen, da seine Ehe mit Amy kinderlos geblieben war. Sogar der treue Sir William Cecil sah in der engen Beziehung der Königin zu ihrem Oberstallmeister eine Gefahr für England und versuchte gegen Dudleys Einfluss Maßnahmen zu ergreifen. Er denke an Rücktritt, vertraute er dem spanischen Gesandten de Quadra an und bat ihn, die Königin im Namen Philipps II. zu warnen.

Zum offenen Skandal kam es, als am 8. September 1560 Dudleys Frau mit gebrochenem Genick am Fuß einer Treppe in ihrem Haus in Cumnor Hall aufgefunden wurde. Sofort war von einem Verbrechen die Rede. Robert Dudley geriet in Verdacht, seine Frau umgebracht zu haben. Elisabeth versuchte die Angelegenheit so nüchtern wie möglich anzupacken, obwohl ganz Europa die Affäre mit Sensationsgier verfolgte. »Die Königin von England wird ihren Stallknecht heiraten, der seine Frau getötet hat«, höhnte Maria Stuart, Elisabeths Erzfeindin. Und der englische Botschafter in Paris schrieb an Sir Cecil: »Ich wage nicht mehr, mich zu zeigen, und ich weiß nicht, was für eine Miene ich aufsetzen soll.«

Robert Dudley … dem die Königin so viel Liebe und Zuneigung zeigt, dass viele Leute glauben, wenn seine Frau, die seit einiger Zeit krank ist, sterben sollte, würde sich die Königin sehr gern bereitfinden, ihn zu heiraten.

AM VENEZIANISCHEN HOF ENTSTANDENES GERÜCHT, 1560

Elisabeth befahl Dudley, dem Hof so lange fernzubleiben, bis die Untersuchungen abgeschlossen seien. Da niemand im Haus gewesen war, als Lady Dudley starb, gab es keine Zeugen für den Hergang. Die Dienstboten berichteten, die Lady habe wiederholt geäußert, Gott möge sie bald von ihrem erbärmlichen Dasein erlösen. Nach der Leichenschau schloss man Selbstmord aber aus, da das Risiko, bei einem Treppensturz schwer verletzt zu überleben, zu hoch erscheinen müsste und Dudleys Gemahlin zudem als überaus fromm gegolten hatte. Im Körper der Toten wurde kein Gift gefunden, die Kommission kam daher zu dem Schluss, es sei ein Unfalltod gewesen. Heute weiß man, dass Brustkrebs im fortgeschrittenen Stadium zu Wirbelsäulenfrakturen führen kann.

Erst kürzlich wurde der über 450 Jahre alte Bericht des Leichenbeschauers noch einmal überprüft. Er enthüllt, dass Amy Robsarts Körper neben dem Genickbruch zwei schwere, zehn Zentimeter tiefe Kopfverletzungen aufwies, die eher als Stich- denn als Platzwunden gedeutet wurden. Moderne Rechtsmediziner schließen daher Mord nicht mehr aus. Steckte also doch der Ehemann hinter dem geheimnisvollen Tod seiner Frau? Oder gar Sir William Cecil, der – wie von einigen Historikern behauptet wird – mit dem Mordverdacht Dudley aus dem Weg räumen wollte? In einem Brief an König Philipp II. berichtete der spanische Botschafter, dass Elisabeth I. über die Details von Amy Robsarts Ableben bestens informiert war – und zwar bevor deren Tod öffentlich bekannt wurde. War die Königin in Mordpläne eingeweiht gewesen? Wie Amy Robsart wirklich starb, wird wohl immer ein Rätsel bleiben.

Mord, Selbstmord oder Unfall? Der Tod von Amy Robsart in einer Darstellung vom Ende des 19. Jahrhunderts.

Nach einiger Zeit war es Dudley gestattet, an den Hof zurückzukehren. Ganz offensiv erwies ihm die Königin alle Zeichen ihrer Gunst, was erneut die Fama nährte, eine Heirat der beiden stünde kurz bevor. Doch die tote Amy Robsart erwies sich als größeres Hindernis als die lebende. Robert Dudley war durch das fatale Ende seiner Ehefrau ins Zwielicht geraten. Elisabeth konnte es sich nun weniger denn je leisten, ihn zu heiraten. Beobachter wollen festgestellt haben, dass sich Elisabeths Verhalten gegenüber Dudley infolge des Todes seiner Frau veränderte. Die Königin schwankte nun öfter in ihren Gefühlsbekundungen, mal tätschelte sie ihn und nannte ihn »Robin«, »ihr Rotkehlchen«, dann wieder lehnte sie seine Ernennung zum Peer mit der Begründung ab, eine Familie von Hochverrätern verdiene einen solchen Titel nicht.

Wenn sich auch Elisabeth I. niemals dazu entscheiden konnte, Dudley zu heiraten, so ist er doch der Einzige, bei dem sie einen solchen Schritt wohl ernsthaft erwogen hat. Alle Schwankungen, alle Meinungsverschiedenheiten zwischen Dudley und der Königin konnten ihrer tiefen Freundschaft nichts anhaben, die fast ein ganzes Leben lang währte. Nie ließ Elisabeth ihn fallen, nie entzog sie ihm ihr Vertrauen. Ihre Biografen sind sich einig, dass sie auf die Ehe mit ihm allein aus politischen Gründen verzichtete.

Da sogenannte Hampden-Porträt von 1563 zeigt Elisabeth mit Nelke in der Hand – Zeichen ihrer Fruchtbarkeit und ihres Willens zur Heirat.

Das große Geheimnis

Elisabeth I. ging als »Virgin Queen« in die Geschichte ein, als jungfräuliche Königin, verheiratet nur mit England. Ein Umstand, der bis heute für Erstaunen und vor allem für Spekulationen sorgt: Hat sie oder hat sie nicht? – diese Frage beschäftigte schon Elisabeths Zeitgenossen. Heute ist man sich sicher: Ihre Jungfräulichkeit war Teil ihrer Selbstinszenierung, nicht zuletzt aus Gründen der Staatsräson pflegte Elisabeth den Kult der königlichen Jungfrau. Sie entschied sich, auf ihr persönliches Glück zu verzichten, um ihrem Volk als »Mutter« dienen zu können. So lautete ihre äußerst wirksame Botschaft, und so wurde Elisabeth zu Lebzeiten und über ihren Tod hinaus verehrt.

Diese wirkungsvolle Strategie hatte Elisabeth I. entwickelt, als die Frage nach einem Ehemann und einem Thronfolger immer drängender wurde. Anfang 1563 – Elisabeth war gerade von einer schweren Pockenerkrankung genesen – ließ sie im Oberhaus eine Rede verlesen, in der sie sich als »Mutter ihres Volkes« bezeichnete, der das Wohl Englands mehr als alles andere am Herzen liege. Sie sei mit ihrem Königreich verheiratet, ihr Krönungsring sei ihr Ehering. »Ich gebe Euch allen die Versicherung, dass, wenn Ihr auch nach meinem Tode noch viele Stiefmütter haben werdet, Ihr doch nie eine bessere Mutter haben sollt, als ich Euch allen sein will«, ließ sie verkünden.

Dass hinter Elisabeths Wunsch, Jungfrau zu bleiben, in Wirklichkeit ein »körperlicher Mangel« stehe, wurde damals von ihren Gegnern behauptet. Der Verdacht, dass die Königin unfruchtbar sein könnte, wurde sowohl im Zusammenhang mit Dudley als auch im Kontext der Verhandlungen mit Erzherzog Karl mehrfach geäußert. Ein anderes Gerücht lautete, Elisabeth sei aufgrund einer körperlichen Missbildung nicht in der Lage, Geschlechtsverkehr mit einem Mann zu haben. Maria Stuart deutete dies in einem Brief an Elisabeth an, den ihr Sir William Cecil jedoch lieber vorenthielt: »Man sagt, Ihr seid nicht wie andere Frauen«, hieß es darin. Ausländische Gesandte bestachen Wäscherinnen und Ärzte der Königin, um etwas über ihr Intimleben zu erfahren.

In jüngerer Zeit wurde sowohl von Biografen als auch von Historikern der Versuch unternommen, Elisabeths Weigerung, einen Mann zu heiraten, psychologisch zu deuten. Einige führten ihr gestörtes Verhältnis zu Männern auf eine unglückliche Kindheit zurück. Elisabeth habe erleben müssen, wie ihr Vater ihre Mutter köpfen ließ, nachdem seine Leidenschaft nachgelassen hatte. Dies könne bei ihr nur zur Erkenntnis geführt haben, dass sexuelle Begierde schwach und verletzlich mache, man sich durch den geschlechtlichen Akt dem Mann ausliefere. Auch Thomas Seymours

1583 – da war Elisabeth schon 50 – lässt sie sich mit einem Symbol der Jungfräulichkeit, dem Sieb der römischen Vestalin Tuccia, porträtieren.

Annäherungsversuche in Elisabeths Jugend wurden vielfach als Ursache einer »körperlichen oder seelischen Hemmung« gedeutet. Elisabeth habe außerdem von frühester Kindheit an erleben müssen, wie Frauen im Kindbett starben oder – wie im Fall ihrer Mutter Anne Boleyn – ihrer Kinder wegen gesellschaftlich abstiegen.

Da es im 16. Jahrhundert noch keine zuverlässige Methode der Verhütung gab und Abtreibungen lebensgefährlich waren, ist es auch denkbar, dass die englische Königin das Risiko einer Schwangerschaft mied und aus diesem Grund auf Geschlechtsverkehr verzichtete – was nicht heißt, dass es in ihrem Leben keine Erotik gegeben hat. »Die von den meisten ihrer Biografen gehegte Annahme einer rein platonischen Beziehung [zu Dudley] ist bei der starken physischen Attraktion, die zweifellos im Spiel war und durch geistige Verwandtschaft ergänzt wurde, sehr unwahrscheinlich. Den Spielraum, der erotischer Fantasie danach offenbleibt, gedenken wir nicht zu betreten«, meint der Historiker Herbert Nette.

Wie auch immer Elisabeths Sexualleben wirklich ausgesehen haben mag, ihre Virginität – ob real oder vorgeblich – verschaffte ihr Freiheit und Unabhängigkeit. Mit Ehemann und Kindern hätte sie beides verloren. Den Mythos von der »jungfräulichen Königin« kultivierte sie auch, um jedem Anschein entgegenzutreten, sie pflege als ledige Herrscherin außereheliche Beziehungen zu Männern. Denn das hätte sie die Unterstützung des Volkes, des Adels und des Parlaments gekostet – und damit ihren Thron. Definitive Antworten gibt es nicht und neben der Selbstinszenierung als Faktum nur jede Menge Spekulationen.

Der Seefahrer und Entdecker Sir Walter Raleigh trieb die Gründung von englischen Kolonien in der Neuen Welt voran.

Elisabeths Hof und Regierung

Kaum hatte Elisabeth I. den Thron bestiegen, überraschte sie ihre Räte mit dem Wunsch, eine Rundreise durch ihr Königreich zu unternehmen. Dahinter stand keineswegs der Wunsch, sich auf dieser Tour zu erholen, sondern vielmehr der Gedanke, Land und Bevölkerung zu sehen – und selbst gesehen zu werden. Regelmäßig reiste Elisabeth künftig im Sommer zwei Monate lang durch England, begleitet von großem Gefolge und einer endlosen Zahl von Gepäckwagen. Dabei verstand sie es stets, sich als volksnahe Monarchin zu inszenieren. In einer offenen Sänfte oder zu Pferde reiste Königin Elisabeth durch Dörfer und Städte, hielt immer wieder an, um mit ihren Untertanen zu sprechen und deren Geschenke entgegenzunehmen. Nie zuvor hatte ein Fürst seinem Volk mehr den Hof gemacht, nie zuvor war es einem Herrscher gelungen, mehr Liebe und Verehrung bei den Menschen zu erzeugen. Den Rückhalt ihres Volkes zu erringen war für die Monarchin mehr als eine Regierungskunst – es gewährte ihr tiefste innere Befriedigung.

Die britischen Inseln 1579. Aus dem Kartenwerk »Survey of England« von Christopher Saxton. Noch ist Schottland eigenständiges Königreich.

Gleichzeitig konnte sich Elisabeth bei ihren Sommerrundreisen einen Eindruck vom Zustand ihres Königreichs verschaffen und sich mit der Wirtschaftslage vertraut machen. Sie erkannte die Notwendigkeit eines strukturellen Wandels von Industrie und Landwirtschaft und betrieb ganz bewusst eine Wirtschafts- und Finanzpolitik zur Verbesserung der ökonomischen Lage ihrer Untertanen. Dazu gehörte auch eine geringe Besteuerung vor allem der mittleren und höheren Schichten, die sich sehr positiv auf die Wirtschaft des Landes auswirkte. Die Landwirtschaft wurde unter ihrer Regentschaft modernisiert; Schafzucht im großen Stil brachte dem Königreich Reichtum und Kapital. Elisabeth entdeckte darüber hinaus die Meere als einträgliche Quelle von Ressourcen; dazu trugen nicht zuletzt die Weltumsegelungen Sir Walter Raleighs und Sir Francis Drakes bei. Das Elisabethanische Zeitalter gilt als eine Ära relativen Wohlstands; die spürbaren Verbesserungen in Gesellschaft und Wirtschaft stärkten das Ansehen der Königin.

Es ist die Pflicht eines Fürsten, den Höchsten und den Niedrigsten gleich zu behandeln ... Ich bin die Königin meiner einfachsten wie meiner vornehmsten Untertanen.

ELISABETH I.

Diese Miniatur der Laute spielenden Königin zeigt Elisabeth als kunstsinnige Monarchin.

Die intellektuelle Kraft Elisabeths war exorbitant, nicht zu vergessen ihre außerordentliche Staatsklugheit. Auch den Universitäten ihres Landes stattete Elisabeth I. Besuche ab, dabei lauschte sie begeistert lateinischen und griechischen Vorträgen, hörte Predigten und diskutierte mit Gelehrten. Die Monarchin, die seit frühester Kindheit Freude an den Wissenschaften und Sprachen gehabt hatte, förderte in ihrer Regierungszeit massiv Bildung und Künste. Das ganze Jahr über gab es an ihrem Hof Theater- und Musikaufführungen sowie rhetorische Darbietungen. London wurde zum Anziehungspunkt für Dichter, Musiker und Gelehrte aus der ganzen Welt. Die Königin selbst spielte meisterhaft Spinett und komponierte Musikstücke. Ihre größte Leidenschaft galt aber dem Tanz und dem Schauspiel. Bislang war das Theater auf religiöse Themen beschränkt gewesen, unter Elisabeth öffnete es sich weltlichen Dramen und Konflikten. 1583 gründete die Königin ihre eigene Truppe, für die sie die besten Schauspieler des Landes engagierte. Die »Queen Elizabeth's Men« spielten nicht nur am Hof der Königin, sondern tourten auch durch die Provinzen.

Die Beziehung Elisabeths zu William Shakespeare darf in diesem Zusammenhang nicht unerwähnt bleiben, kann hier aber nur kurz geschildert werden. Der Dichter aus Stratford-on-Avon war zunächst Berufsschauspieler gewesen, bis er an Elisabeths Hof kam und eigene Stücke zu schreiben begann, die ihn quasi über Nacht berühmt machten. In seinem Globe Theatre südlich der Themse in London sah die Königin den *Sommernachtstraum*, *Romeo und Julia* und die meisten anderen Werke Shakespeares, die zu ihren Lebzeiten entstanden. Der Ruhm des Dich-

William Shakespeare trägt am Hof Elisabeths den *Macbeth* vor. Stahlstich nach einem Gemälde von Eduard Ender, um 1850.

ters und der Ruhm Elisabeths steigern sich gegenseitig.

Mehr noch als ihrem Vater Heinrich VIII. gelang es Elisabeth I., den Hof zum Zentrum der monarchischen Macht zu machen. Im Mittelpunkt stand die Königin, um sie herum eine Gesellschaft von Männern, Adligen, Räten, Staats- und Hofbeamten. Elisabeth beherrschte und faszinierte sie alle. Um vor der Königin bestehen zu können, musste ein Mann hohen Ansprüchen genügen, nicht nur ritterlich sein und sich im Krieg hervorgetan haben, sondern die Universität besucht haben und fremde Sprachen sprechen. Großen Wert legte Elisabeth auf tänzerische Fähigkeiten, hervorragende Manieren und die Beherrschung geistvoller

Im Globe Theatre in Southwark wurden zahlreiche Shakespeare-Stücke uraufgeführt.

Konversation. Erst dann hatte »Mann« Aussichten, in den Kreis ihrer Günstlinge aufgenommen zu werden.

Die zwölf königlichen Hofdamen hingegen traten vornehmlich in ihrem privaten Bereich auf. Mit ihnen tauschte sich Elisabeth über den neuesten Klatsch aus, plauderte über die schönen Dinge des Lebens und spielte Schach oder Karten. Während den Hofdamen vorgeschrieben war, sich möglichst unauffällig und einfach zu kleiden, liebte Elisabeth I. große Roben mit aufwendigen Krägen und kostbaren Stickereien, zu denen sie gern Ketten aus Rubinen und Perlen trug. Auch ihre rot gelockten Perücken waren mit Gold- und Silberflitter oder Perlengehängen geschmückt.

Von Günstlingen, Künstlern und Bewunderern wurde die jungfräuliche Monarchin wie eine Göttin verehrt: »Diese irdische Gottheit, diese einzigartige und einmalige Frau ... die vom kalten nördlichen Himmel aus ihr helles Licht über den ganzen Erdball verbreitet«, schrieb beispielsweise der italienische Priester und Gelehrte Giordano Bruno. »Ich meine Königin Elisabeth, die an Namen und Würde keinem König nachsteht und die es mit jedem, der auf der Erde ein Zepter trägt, an Verstand, Weisheit, Rat und Regierung aufnehmen kann ... Ihre Überlegenheit ist so groß, dass sie die einzige Herrscherin des Erdkreises sein würde, wenn ihre weltliche Herrschaft der Kraft ihres erhabenen Geistes angemessen wäre.«

She beareth two persons, the one of a most royal Queen and Empress, the other of a most virtuous and beautiful lady.

EDMUND SPENSER,
BRITISCHER DICHTER

Als Elisabeths Busen im Greisenalter schlaff wurde, ihr Gesicht hager und die Zähne nur noch lückenhaft vorhanden waren, wirkten die Glorifizierung der Monarchin und die Lobpreisungen ihrer Schönheit freilich grotesk. Die starre Gewohnheit der Huldigung wurde dennoch beibehalten, da sie längst zu einem politischen Ritual geworden war.

Schon wieder eine Maria

Auch wenn sich Bevölkerung, Staatsräte und ausländische Abgesandte bei ihrer Thronbesteigung begeistert zeigten, war Elisabeths Thronwürde keineswegs unumstritten. Nach kanonischem Recht war Elisabeth eine illegitime Tochter Heinrichs VIII. und somit von der Thronfolge ausgeschlossen. Der französische König Heinrich II. machte sich diesen Umstand zunutze und proklamierte kurz nach dem Tod von Maria I. seine Schwiegertochter Maria Stuart zur Königin von England. Als Enkelin der älteren Schwester Heinrichs VIII. erhob Maria Stuart ebenfalls Anspruch auf die englische Krone. Elisabeths Konkurrentin war neun Jahre jünger und stammte aus der in Schottland herrschenden Familie Guise; sie wurde nach dem frühen Tod ihres Vaters, Jakobs V., bereits im Alter von sechs Tagen Königin von Schottland. Im Alter von sechs Jahren war sie nach Frankreich gebracht und 15-jährig mit dem Dauphin Franz verheiratet worden. Seit Elisabeths Ernennung zur Königin führte Maria Stuart offen das englische Wappen – was einer Kriegserklärung gleichkam.

Maria Stuart mit ihrem Ehemann Franz. Aus dem Stundenbuch der Mutter des Dauphins, Katharina von Medici.

Als Marias Gatte, der französische König Franz II., im Jahr 1560 jung starb, entschloss sich die gerade einmal 18-jährige Königinwitwe, Frankreich zu verlassen und in ihre schottische Heimat zurückzukehren. Elisabeth war von dem Gedanken, künftig mit ihrer katholischen Rivalin auf einer Insel zu leben, nicht begeistert. Als Maria Stuart sie um einen Pass und sicheres Geleit zur Durchreise durch englisches Hoheitsgebiet bat, antwortete Elisabeth bissig, sie würde ihr diese Erlaubnis erst erteilen, wenn Maria den Vertrag von Edinburgh unterzeichne. Dieser Vertrag regelte den Abzug der französischen Truppen aus Schottland und die Anerkennung der Herrschaft Elisabeths über England. Maria Stuart wies die Aufforderung brüsk zurück und beschloss, ohne die Erlaubnis ihrer englischen Cousine zu reisen. Am 19. August 1561 landete sie in Leith.

Fast ihr ganzes bisheriges Leben hatte Maria Stuart in Frankreich verbracht. Ihre Mutter Marie de Guise hatte in dieser Zeit die Regentschaft in Schottland übernommen. Gegen ihre katholisch und französisch ausgerichtete Politik regte sich jedoch Widerstand beim schottischen Adel und bei der protestantischen Geistlichkeit, die bei Elisabeth I. um Hilfe baten. Ein gefährliches Ersuchen, da bei einer offenen Unterstützung der Aufständischen mit dem militärischen Eingreifen Frankreichs gerechnet werden musste. Elisabeth entschied sich für ein Doppelspiel: Nach außen wahrte sie den Schein, insgeheim aber schürte sie die protestantische schottische Rebellion. Elisabeths Täuschungsmanöver ließ sich auf Dauer nicht aufrechterhalten; der schottische Gesandte berichtete eines Tages an Marie de Guise: »In ihr ist mehr Verstellung als Ehrlichkeit und gute Absicht. Sie vor allem hat die Hand im Spiel.« Sir William Cecil riet Elisabeth, mit offenem Visier zu kämpfen und gegen Schottland loszuschlagen. Da dies gleichbedeutend mit einem Krieg gegen Frankreich gewesen wäre, setzte im Staatsrat eine kontroverse Debatte ein. Elisabeth stimmte im Prinzip Cecil zu, doch behielt sie sich – wie stets – die letzte Entscheidung vor.

Ihre Hinhaltetaktik erwies sich einmal mehr als erfolgreich: Ende 1559 lag Marie de Guise, die schottische Regentin, im Sterben, Frankreichs Flotte hatte in einem Sturm viele Schiffe verloren und war damit geschwächt. Auch Spanien, dessen Intervention man in dem Konflikt gefürchtet hatte, stellte nach einer Niederlage seiner Truppen keine Gefahr dar. Im Mai 1560 marschierten englische Soldaten in Schottland ein. In dieser Situation gelang es Sir Cecil, mit Schottland, dem England offiziell nie den Krieg erklärt hatte, einen Vertrag auszuhandeln, in dem Elisabeths Recht auf den Thron anerkannt wurde und der es Maria Stuart verbot, das englische Wappen zu führen. Die in Schottland stationierten französischen Truppen mussten das Land verlassen, die »alte Allianz« zwischen Frankreich und Schottland war gesprengt.

Für Elisabeth I. bedeutete dieser Krieg mit Schottland einen großen Gewinn, ihr Ansehen im In- und Ausland wuchs beträchtlich. Doch der Konflikt hatte dem Land eine große Schuldenlast aufgeladen, die Elisabeth I. zu drastischen Sparmaßnahmen zwang. Zeit ihres Lebens unterwarf sich die englische Königin diesem Sparzwang, ihr Geiz wurde beinahe sprichwörtlich.

In Schottland, das nun mit England fest verbunden war, führten die siegreichen Aufständischen radikale Reformen durch; das Land sagte sich von der römischen Kirche los und bekannte sich zum Protestantismus. Als Maria Stuart in Schottland eintraf, sah sich die Königin in ihrem eigenen Land einer feindlichen Religion und politischen Herrschaft gegenüber.

Die schottische Königin war aber nicht gewillt, von Anfang an klein beizugeben. Kurz nach ihrer Ankunft ließ sie in Edinburgh die Messe lesen und rief damit sogleich empörte Puritaner auf den Plan. Schon bald erkannte Maria, dass es ratsamer war, einen gemäßigteren Kurs einzuschlagen. Eine offene Feindschaft mit England und Elisabeth I. konnte sie sich nicht leisten. Um ihre friedvollen Absichten zu demonstrieren, sandte die schottische Königin ihren Staatssekretär William Maitland als Gesandten an den englischen Hof. Er sollte Elisabeth klarmachen, dass es Maria nicht darum ging, ihr den Thron streitig zu machen. Sie wei-

Nach dem Tod ihres Ehemanns Franz kehrte die 18-jährige Maria Stuart zurück nach Schottland.

gere sich allerdings weiterhin, den Vertrag von Edinburgh zu unterzeichnen, weil sie damit von jeder Erbfolge ausgeschlossen wäre. Um den Streit der beiden Königinnen zu beenden, schlug Maitland Elisabeth I. vor, sie solle Maria Stuart zu ihrer Nachfolgerin ernennen. Elisabeth meinte, grundsätzlich habe sie nichts dagegen einzuwenden, doch solle Maria erst einmal den Vertrag unterzeichnen, dann wolle man weitersehen. Diese ausweichende Antwort war charakteristisch für sie. Dann aber eröffnete sie Maitland: »In welch großer Gefahr, meint Ihr, würde ich leben, wenn ich eine so mächtige Fürstin, mir so nahe, zu meiner Nachfolgerin erklärte. Je stärker ich sie durch das Nachfolgerecht mache, das ich ihr verleihen würde, desto mehr nähme ich mir selbst die Sicherheit.«

Es ist unbegreiflich, dass man von mir verlangt, mein Leichentuch vor meinen eigenen Augen auszubreiten.

ELISABETH I. ÜBER IHRE ABLEHNUNG DER EINSETZUNG MARIA STUARTS ALS IHRER ERBIN, 1561

Maria Stuart war und blieb für Elisabeth I. gefährlich. Der Makel ihrer Geburt hatte bereits ihre Thronbesteigung überschattet. Für die Katholiken in Europa hatte nicht Elisabeth, sondern Maria Stuart Anspruch auf die englische Krone. Da sich die schottische Königin mit Heiratsabsichten trug – um ihre Hand hielten beinahe ebenso viele Bewerber an wie um die Elisabeths –, stand zu befürchten, dass sie einen Fürsten mit Macht und Einfluss wählte, der ihre Position stärkte. Wie sehr Elisabeth diese Angelegenheit belastete, zeigte sich an ihrer Gesundheit: Ihre alte Krankheit, die ihren Körper mit Wasser anschwellen ließ, quälte sie erneut, sie magerte ab, und ihre Haut bekam die »Farbe eines Leichnams«.

Ich kenne die Unbeständigkeit des englischen Volkes; nie ist es mit denen zufrieden, die es regieren, und es richtet den Blick auf jene, die die Nachfolge antreten sollen.

ELISABETH I., 1561

Schließlich schlug Elisabeth vor, die Nachfolgefrage in einem persönlichen Gespräch mit Maria Stuart zu erörtern. Doch zu einem solchen Treffen sollte es nie kommen. In Frankreich brach erneut ein Religionskrieg aus, in den England – aus Angst vor einem Angriff der katholischen Fürsten Europas – eingriff. Im 16. Jahrhundert zerfiel das französische Königreich in zwei religiöse Lager: Die überwiegende Mehrheit der Bevölkerung blieb katholisch, eine starke Minderheit schloss sich der Reformation an. Ein friedliches Zusammenleben der beiden Konfessionen erwies sich als unmöglich, es kam zu blutigen Auseinandersetzungen. Den Höhepunkt der als »Hugenottenkriege« bezeichneten Konflikte stellte die »Bartholomäusnacht« dar – ein Massaker an französischen Protestanten, das in der Nacht vom 23. zum 24. August 1572 anlässlich der vermeintlich der Versöhnung dienenden Hochzeit des Protestanten Heinrich von Navarra mit der Katholikin Margarete von Valois in Paris stattfand.

Maria Stuart verhielt sich in diesem Konflikt neutral, sie unternahm nichts, um das alte Bündnis mit Frankreich wiederherzustellen. Dann aber wurde bekannt, dass die schottische Königin beabsichtige, Don Carlos, den spanischen Infanten, zu heiraten. Ein katholischer Fürst an der Seite Maria Stuarts, eine Verbindung Schottlands mit der Weltmacht Spanien – das war mehr, als Elisabeth dulden konnte. Empört ließ sie Maria wissen, dass diese nichts mehr von ihr zu erwarten habe, käme diese Ehe zustande. Maria versicherte, sie würde niemals etwas tun, was Elisabeth I. als Affront empfinden könnte – und verhandelte weiterhin heimlich mit Spanien. In dieser angespannten Lage ersann Elisabeth einen verwegenen Plan: Maria Stuart sollte einen englischen Edelmann heiraten, der dem Königreich und seiner Königin treu ergeben war und somit keine Gefahr darstellte. Als sie Maitland den Namen desjenigen nannte, den sie für den idealen Ehemann ihrer Rivalin hielt, verschlug es dem Gesandten die Sprache: Robert Dudley. Maria Stuart, von dem Ansinnen in Kenntnis gesetzt, soll einen Wutanfall bekommen haben. Sie lehnte den Vorschlag zutiefst beleidigt ab. Robert Dudley galt schließlich als Liebhaber der englischen Königin, er war verdächtigt worden, seine Frau ermordet zu haben, und stammte aus einer Familie von Hochverrätern. Ihn der schottischen Königin als Gemahl anzudienen kam einer Ohrfeige gleich – oder einer Kriegserklärung.

Wenig später entsandte Maria Stuart Sir James Melville of Halhill an den englischen Hof, angeblich, um mit Elisabeth wieder Frieden herzustellen. Während Melville in London weilte, versuchte die Königin auf den schottischen Gesandten Eindruck zu machen. Sie zeigte sich ihm täglich in prachtvollen Gewändern, brillierte mit ihren Sprachkenntnissen und ließ ihn Zeuge ihrer großen Musikalität werden. Dabei fragte sie ihn bei jeder Gelegenheit über ihre »viel geliebte Schwester« aus, die im Ruf stand, eine große Schönheit zu sein und viele Männer in ihren Bann zu ziehen.

Melville gewann den Eindruck, Elisabeth sei eifersüchtig auf ihre neun Jahre jüngere Cousine. Schließlich ernannte Elisabeth I. 1564 mit großem Zeremoniell in der Westminster Abbey ihren Günstling Robert Dudley zum 1. Earl of Leicester. Es war ein königlicher Titel, den sie ihm verlieh – eine größere Ehre gab es nicht. »Nun, wie gefällt Euch unser neuer Graf Leicester?«, fragte sie Melville provozierend, als sich die feierliche Zeremonie dem Ende

Im Juli 1565 heiratete Maria Stuart ihren drei Jahre jüngeren Cousin Henry Stuart, Lord Darnley. Zeitgenössisches Gemälde.

näherte. Als Melville artig mit einem Kompliment antwortete, meinte sie: »Und doch gefällt Euch dieser lange Junge da besser« – und deutete auf den 19-jährigen Henry Stuart, Lord Darnley, der in einer Prozession eben die Kirche verließ. Melville erschrak. Denn insgeheim war er von der schottischen Königin geschickt worden, um sich unauffällig ein Bild von Lord Darnley zu machen. Dieser war ein Urenkel Heinrichs VII. und Cousin von Elisabeth und Maria. In seinen Adern floss königliches Blut, darüber hinaus war er katholisch und von schottischer Herkunft. Eine Heirat mit ihm würde also Marias Thronansprüche stärken. Elisabeth tat so, als wäre sie gegen eine Verbindung von Maria Stuart mit dem jungen Darnley, in Wirklichkeit war ihr dieser Heiratskandidat allemal lieber als der spanische Infant oder ein anderer mächtiger Fürst.

Am 29. Juli 1565 heirateten Maria Stuart und Henry Darnley, der tags zuvor zum schottischen König ausgerufen worden war.

Maria Stuarts Sohn Jakob im Alter von etwa acht Jahren.

Die Trauung erfolgte nach katholischem Ritus. Während der schottische Hof in Edinburgh noch ausgelassen feierte, sah sich Elisabeth durch die Heirat ihrer Rivalin erneut gezwungen – wenigstens pro forma –, Verhandlungen mit Brautwerbern aufzunehmen. Die Heiratsfrage wurde umso drängender, als Maria Stuart am 19. Juli 1566 einen Sohn gebar. »Die Königin von Schottland hat einem Sohn das Leben geschenkt, ich aber bin wie ein verdorrter Ast«, sollen Elisabeths Worte gewesen sein, als sie die Nachricht erhielt. Inzwischen ist sich die Geschichtsforschung einig, dass es sich hierbei nur um eine Anekdote handelt. Vielmehr sandte Elisabeth I. ihrer Cousine herzliche Glückwünsche, übernahm die Patenschaft für den kleinen James – den späteren Jakob I. von England – und schenkte ihm ein goldenes Taufbecken.

Da die Königin die beabsichtigte Heirat mit Lord Darnley unverständlich findet, hat sie diese einigen Mitgliedern ihres Staatsrats unterbreitet, die einstimmig erklärt haben, sie sei unpassend und der aufrichtigen Freundschaft zwischen beiden Königinnen durchaus abträglich.

BRIEF ELISABETHS I.
AN IHRE COUSINE MARIA STUART, 1565

Die Geburt des schottischen Thronfolgers erhöhte den Druck auf Elisabeth I. erneut; das Unterhaus drohte damit, die Bewilligung künftiger finanzieller Forderungen von einer Heirat der Königin abhängig zu machen. Elisabeths Antwort fiel deutlich und leidenschaftlich aus: »Wenn ich auch nur eine Frau bin, so ist mein Mut, wie es meiner hohen Stellung ziemt, ebenso groß, wie nur je der Mut meines Vaters war. Ich bin Eure gesalbte Königin. Ich werde mich nie zu etwas zwingen lassen. Ich preise Gott, dass ich solche Eigenschaften besitze, dank derer ich, sollte ich im Unterrock aus dem Reiche vertrieben werden, doch überall in der Christenheit leben kann.« Damit machte Elisabeth I. klar, dass sie sich in dieser Sache nicht erpressen ließ und keine weitere Debatte um einen möglichen Ehemann duldete. Freiwillig verzichtete sie auf ein Drittel des benötigten Geldes, das das Parlament bewilligen sollte.

Auf Betreiben Lord Darnleys wurde im März 1566 Maria Stuarts Privatsekretär David Rizzio ermordet – vor den Augen der Königin. Gemälde von John Opie, 1787.

Ich glaube wirklich, dass die Königin nie heiraten wird. Ich kenne sie besser als sonst jemand, und zwar von ihrem achten Lebensjahr an. Seit damals hat sie stets erklärt, sie werde unverheiratet bleiben.

ROBERT DUDLEY,
1. EARL OF LEICESTER, 1565

Die Ehe Maria Stuarts mit Henry Darnley, der sich seit seiner Ausrufung zum König vor allem durch arrogantes Benehmen und Trunksucht auszeichnete, erwies sich als Fehler. Im schottischen Hochadel brachen alte Streitigkeiten, Neid und Eifersucht aus. Die protestantische Partei unter den schottischen Lords bereitete einen Aufstand vor, den Elisabeth I. unterstützen sollte.

Der schottische Adlige James Hepburn war der nächste Favorit der Königin.

Als sich die schottische Königin ihrem italienischen Sekretär David Rizzio angeblich näher zuwandte, betrieb Henry Darnley ein Komplott, in dessen Folge Rizzio in Gegenwart Maria Stuarts ermordet wurde. Maria konnte ihren wankelmütigen Ehemann überreden, seine Mitverschworenen zu verraten. Bald schon wurden die Aufständischen verbannt, und Maria regierte wieder mit sicherer Hand ihr Reich. Darnleys Ansehen im Land hatte nach dem Mord an Rizzio schwer gelitten, seine Untertanen verachteten ihn als Verräter und Schwächling. Sogar im schottischen Staatsrat wurden insgeheim Gespräche geführt, wie man sich des ungeliebten Königs entledigen könne. Maria Stuart bat den Papst um die Scheidung von Darnley, doch Pius V. wünschte die Versöhnung.

Inzwischen hatte die schottische Königin eine Liebesbeziehung mit James Hepburn, 4. Earl of Bothwell, begonnen. Auf Betreiben Maria Stuarts verschwor sich ihr Geliebter mit einigen anderen schottischen Adligen, um Darnley zu beseitigen. In der Abtei Kirk o' Field, wo Darnley nach einer schweren Erkrankung zur Rekonvaleszenz untergebracht worden war, sollte es zwischen Maria und ihrem Mann zu einer angeblichen Versöhnung kommen. In Wirklichkeit sah der Mordplan der Verschwörer vor, Darnley mit Pulver in die Luft zu jagen. Am Abend des 9. Februar 1567 stattete Maria Stuart ihrem Gatten in Kirk o' Field einen Besuch ab, dann verließ sie ihn, um an einem Maskenball teilzunehmen. In der Nacht wurde das Haus von einer gewaltigen Explosion in die Luft gesprengt. Darnleys Leiche wurde im Garten gefunden. Man hatte den schottischen König erwürgt, ehe das Haus in die Luft flog. Niemand zweifelte daran, dass Bothwell hinter dem Mord steckte.

Die schottische Königin wurde der Mitwisserschaft verdächtigt, weshalb sich ihre Cousine Elisabeth I. veranlasst sah, ihr einen warnenden Brief zu schreiben: »Madam, meine Ohren sind so erstaunt und mein Herz so erschreckt über die Nachricht von dem entsetzlichen und abscheulichen Mord an Eurem Gemahl, meinem Vetter, dass ich Mühe habe zu schreiben. Aber dennoch kann ich Euch nicht verhehlen, dass ich mir mehr um Euch Kummer mache als um ihn. Ich würde meine Pflicht als treue Cousine und Freundin nie erfüllen, wenn ich nicht in Euch dränge, Eure Ehre zu wahren und nicht durch die Finger zu sehen bei der Verfolgung derjenigen, die, wie die meisten Leute sagen, Euch dies zu Gefallen getan haben. Man glaubt allgemein, dass das

Verbrechen nicht geschehen wäre, wenn die Täter nicht gewusst hätten, dass ihnen keine Strafe droht. Glaubt nicht, dass ich selbst solche Gedanken hege. Nicht um alles in der Welt würde ich einen so schwarzen Verdacht in meinem Herzen aufkommen lassen ... Ich ermahne, rate und bitte Euch, Euch dieses Ereignis so zu Herzen zu nehmen, dass Ihr ungescheut gegen den Mann vorgeht, der das Verbrechen begangen hat, und wenn es Euer bester Freund wäre. Lasst Euch nicht davon abbringen, aller Welt zu beweisen, was für eine edle Fürstin und treue Gattin Ihr seid.«

Maria Stuart schlug alle Warnungen in den Wind und heiratete am 15. Mai 1567 ihren Geliebten Bothwell nach protestantischem Ritus. Schon im Juni brachen die ersten Aufstände aus, einen Mörder wollte niemand an der Spitze des schottischen Königreichs haben. Elisabeth, die ein Eingreifen Frankreichs fürchtete, appellierte an Maria Stuarts Vernunft und unternahm alles, um eine Versöhnung der Königin mit ihren Untertanen zu erreichen. Vergeblich. Maria Stuart zog sich mit den wenigen Anhängern, die ihr geblieben waren, nach Dunbar zurück, wo sie von Bothwell schmählich im Stich gelassen wurde: Der Mörder floh nach Dänemark. Ihre Verbündeten verliefen sich, Maria Stuart selbst wurde schließlich als Gefangene nach Edinburgh zurückgebracht. Da sie sich auf ihre königlichen Rechte berief und eine Scheidung von Bothwell verweigerte, setzte man sie auf dem Inselschloss Loch Leven fest. Als die schottischen Lords ihr drohten, sie wegen Mordes an Darnley anzuklagen, dankte sie zugunsten ihres einjährigen Sohnes ab. Ihr Halbbruder, der Earl of Moray, übernahm für den minderjährigen König die Regentschaft.

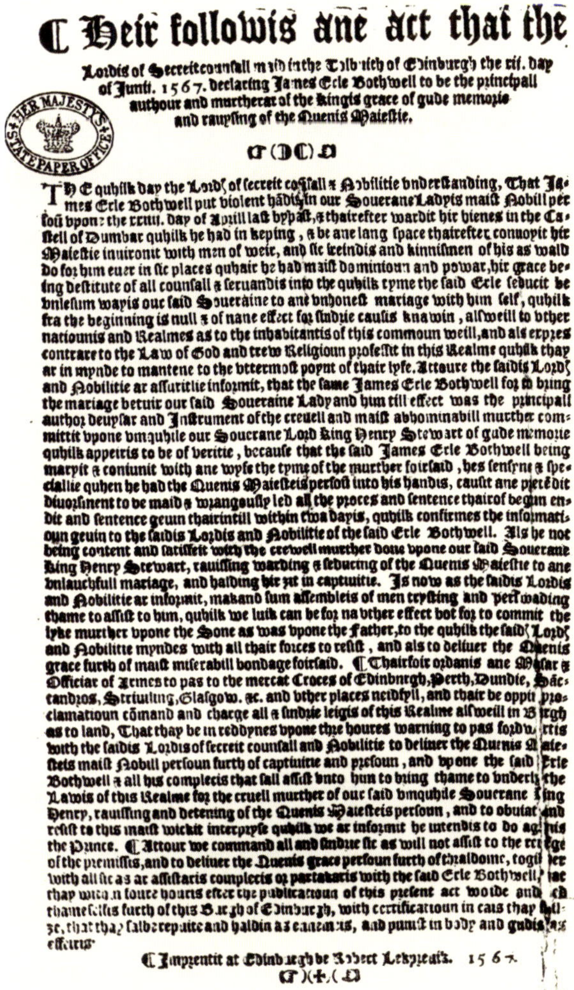

Heir followis ane act that the Lordis of Secreit counsall maid in the Tolbuith of Edinburgh the xii. day of Junii. 1567. declaring James Erle Bothwell to be the principall authour and murtherar of the Kingis grace of gude memorie and rauysing of the Quenis Maiestie.

THE quhilk day the Lordis of secreit counsall & Nobilitie understanding, That James Erle Bothwell put violent handis in our Souerane Ladyis maist Nobill persoun upon the xxiiii. day of Aprill last bypast, & thairefter wardit hir hienes in the Castell of Dumbar quhilk he had in keping, & be ane lang space thairefter conuoyit hir Maiestie inuironit with men of weir, and sic freindis and kinnismen of his as wald do for him euer in sic places quhair he had maist dominioun and powar, hir grace being destitute of all counsall & seruandis into the quhilk tyme the said Erle seducit be unlesum wayis our said Souueraine to ane unhonest mariage with him self, quhilk fra the beginning is null & of nane effect for sindrie causis knawin, alsweill to uther natiounis and Realmes as to the inhabitantis of this commoun weill, and als expres contrare to the Law of God and trew Religioun professit in this Realme quhilk thay ar in mynde to mantene to the uttermost poynt of thair lyfe. Attoure the saidis Lordis and Nobilitie ar assuritlie informit, that the same James Erle Bothwell for to bring the mariage betuix our said Souueraine Lady and him till effect was the principall author deuysar and Instrument of the creuell and maist abhominabill murther committit upone umquhile our Souerane Lord King Henry Stewart of gude memorie quhilk appeiris to be of ueritie, because that the said James Erle Bothwell being maryit & coniunit with ane wyfe the tyme of the murther foirsaid, hes sensyne & specialie quhen he had the Quenis Maiesteis persoun into his handis, causit ane pretendit diuorsment to be maid & wrangously led all the proces and sentence thairof begun endit and sentence geuin thairintill within twa dayis, quhilk confirmes the informatioun geuin to the saidis Lordis and Nobilitie of the said Erle Bothwell. Als he not being content and satisfeit with the creuell murther done upone our said Souerane King Henry Stewart, rauissing warding & seducing of the Quenis Maiestie to ane unlauchfull mariage, and halding hir yit in captiuitie. Is now as the saidis Lordis and Nobilitie ar informit, makand sum assembleis of men trysting and perswading thame to assist to him, quhilk we luik can be for na uther effect bot for to commit the lyke murther upone the Sone as was upone the Father, to the quhilk the saidis Lordis and Nobilitie myndes with all thair forces to resist, and als to deliuer the Quenis grace furth of maist miserabill bondage foirsaid. Thairfoir ordanis ane Masar & Officiar of Armes to pas to the mercat Croces of Edinburgh, Perth, Dundie, Sanctandros, Striuiling, Glasgow. &c. and uther places neidfyll, and thair be oppin proclamatioun command and charge all & sindrie leigis of this Realme alsweill in Burgh as to land, That thay be in reddynes upone thre houres warning to pas forduartis with the saidis Lordis of secreit counsall and Nobilitie to deliuer the Quenis Maiesteis maist Nobill persoun furth of captiuitie and presoun, and upone the said Erle Bothwell & all his complecis that sall assist unto him to bring thame to underly the Lawis of this Realme for the cruell murther of our said umquhile Souerane King Henry, rauissing and detening of the Quenis Maiesteis persoun, and to obuiat and resist to this maist wickit interpryse quhilk we ar informit he intendis to do aganis the Prince. Attour we command all and sindrie sic as will not assist to the reuenge of the premissis, and to deliuer the Quenis grace persoun furth of thraldome, togidder with all sic as ar assistaris complecis or partakaris with the said Erle Bothwell, that thay within foure houris efter the publicatioun of this present act woide and red thameselfis furth of this Burgh of Edinburgh, with certificatioun in cais thay failye, that thay salbe repute and haldin as enemeis, and punist in body and gudis as effeiris.

Imprentit at Edinburgh be Robert Lekpreuik. 1567.

Mit diesem Flugblatt von 1567 wird der neue Ehemann Maria Stuarts offiziell des Mords an Lord Darnley bezichtigt.

Maria Stuarts Ende

Statt sich über die Abdankung ihrer Rivalin zu freuen, tobte Elisabeth I. vor Wut. Durch das Vorgehen der schottischen Lords sah sie die monarchische Legitimität ihrer Cousine verletzt und forderte – entgegen dem Rat ihrer Minister – die Befreiung Marias. Doch dazu sollte es nicht kommen. Nach zehnmonatiger Haft auf Loch Leven gelang der königlichen Gefangenen die Flucht, sie landete am 16. Mai 1568 mit einem Fischerboot im englischen Hafenstädtchen Workington. Die einstige Königin von Schottland hatte nichts retten können als ihr Leben.

Der königliche Flüchtling stellte für Elisabeth I. ein ernsthaftes Problem dar. Mit Maria Stuart befand sich nun das Zentrum der gegnerischen Kräfte im eigenen Königreich. Die englische Königin – noch immer ledig und ohne Nachkommen – musste eine Revolution befürchten, ausgehend von Maria Stuart, die im englischen Adel viele Anhänger hatte und nach wie vor das Thronfolgerecht für sich beanspruchte. 1569 erhielt Elisabeth I. Nachricht von einer bevorstehenden Heirat ihrer Cousine mit Thomas Howard, 4. Duke of Norfolk. Gleichzeitig zeichnete sich eine Rebellion im katholischen Norden ab, die die Königin jedoch zu vereiteln wusste. Es zeigte sich, dass

Papst Pius V. übergibt die Bulle, die den Kirchenbann gegen die englische Königin ausspricht, einem Boten. Zeitgenössischer Stich

die Mehrheit der Bevölkerung Englands hinter Elisabeth stand. Ein Bürger- und Religionskrieg, wie er auf dem Kontinent in Frankreich, Deutschland und Italien stattfand, konnte schnell beendet werden.

Ein Fürst kann nicht einmal das Kind lieben, das als sein Nachfolger ausersehen ist …

ELISABETH I. ÜBER DAS VERHÄLTNIS ZWISCHEN EINEM HERRSCHER UND DESSEN NACHFOLGER, 1561

Dann deckte Sir William Cecil eine ausgeklügelte Verschwörung auf, die sogenannte »Ridolfi-Verschwörung«, die beabsichtigte, die katholischen Mächte des Kontinents mit denen Englands zu vereinen und Elisabeth zu stürzen. Nach der Landung von mindestens 6000 spanischen Soldaten aus den Niederlanden sollte die englische Königin abgesetzt und Maria Stuart auf den Thron gebracht werden. Die Ridolfi-Verschwörung, benannt nach einem Florentiner Geschäftsmann, der in London tätig und am Komplott beteiligt war, stellte eine Ergänzung der Revolte im Norden Englands dar. Maria Stuart kannte und unterstützte die Umsturzpläne, auch Papst Pius V. stand dahinter. Der Duke of Norfolk wurde als Mitwirkender der Verschwörung enttarnt und von einem Gericht des Hochverrats für schuldig befunden. 1572 wurde er hingerichtet. Das Parlament forderte für Maria Stuart die Aufhebung der Immunität als Königin und ihre Verurteilung als Hochverräterin. Doch dazu konnte sich Elisabeth nicht entschließen. Bislang hatte sie ihre Cousine mit großer Milde behandelt, infolge der Affäre änderte sich jedoch ihre Haltung. Sie beschloss, Maria nie wieder auf freien Fuß zu setzen. Achtzehn Jahre lang hielt sie ihre Cousine streng bewacht, weitab vom Hof in London. Dabei finanzierte sie ihr einen Haushalt, der einer exilierten Monarchin würdig war. Maria dankte es ihrer englischen Cousine damit, dass sie internationale Intrigen gegen Elisabeth im großen Stil betrieb.

Papst Pius V. hatte die Rebellion im Norden Englands befürwortet und massiv unterstützt. Um dem Aufstand eine kirchenrechtliche Grundlage zu geben, erließ er im Februar 1570 eine Bulle, »Regnans in Excelsis« (»Herrscher in der Höhe«), die die Exkommunikation und Absetzung Elisabeths I. beinhaltete. Selbst für eine protestantische Monarchin wie Elisabeth I. stellte die Bulle eine Gefahr dar, schließlich gab es in England noch immer viele Katholiken. Elisabeth wurde als »Ketzerin und Helfershelferin von Ketzern« verurteilt. Alle katholischen Untertanen waren damit des Treueeids ihrer Königin gegenüber entbunden; niemand würde sich schuldig machen, wenn er Elisabeth I. stürzte oder tötete. Im Gegenteil: Wer die Königin schützte, verfiel selbst dem päpstlichen Bann. Im Mai 1570 wurde die päpstliche Bulle in England öffentlich, als ein katholischer Landadliger, John Felton, es wagte, diese an die Tür des Bischofspalasts in London zu nageln. Er wurde festgenommen und auf grausame Weise hingerichtet. Elisabeth, die stets den politischen und religiösen Kompromiss gesucht hatte, empfand den Kirchenbann als Kriegserklärung. Sie nannte die Bulle eine »unglaubliche Unverschämtheit« und nahm fürchterliche Rache an denen, die der Papst schützen wollte. Ihre Regierung ging nun massiv gegen diejenigen vor, die päpstliche Verlautbarungen im Königreich verbreiteten oder behaupteten, Elisabeth I. trage zu Unrecht die Krone. Bald starben Hunderte auf die gleiche Weise wie John Felton,

Hinrichtung von Katholiken im elisabethanischen England. Zeitgenössischer Stich.

überall im Land standen Galgen, sodass schon mancher befürchtete, ganze Dörfer würden ohne männliche Einwohner bleiben.

In dieser Zeit, in der jeder Katholik suspekt erschien, vertraute Elisabeth die Sicherheit ihres Landes einem Protestanten an, der unter ihrer Halbschwester Maria I. ins Exil geflohen war: Sir Francis Walsingham. Im Ausland hatte Sir Francis hervorragende Kenntnisse in Fremdsprachen erworben, die ihm als »The Queen's Spymaster«, dem Agentenführer im Auftrag Ihrer Majestät, nützliche Dienste leisten sollten. Für Elisabeth begann er ein schlagkräftiges System der Spionage und Spionageabwehr aufzubauen. Seine Spitzel spürten die infiltrierten katholischen Priester auf, öffneten Briefe und kauften Informanten, um Verschwörungen gegen die Krone zuvorzukommen. Dabei schreckte Walsingham auch nicht vor Folter zurück. Elisabeth schätzte diese Methoden nicht, war aber überzeugt davon, dass, wer sie nicht anwende, schnell selbst einem Verschwörer zum Opfer fallen könne.

Herrscher haben große Ohren, die weit und nah hören.

ELISABETH I. ÜBER SPIONAGE UND GEHEIMVERHANDLUNGEN

Mehr und mehr entwickelte sich England in ein überwiegend protestantisches Reich, in dem Walsinghams Spitzel Krieg gegen vermeintliche und tatsächliche Verräter führten. Dabei stand ein Name immer wieder im Zentrum von Umsturzplänen: Maria Stuart. Die schottische Königin verhandelte mit den katholischen Kräften des Kontinents. Die Räte, das Parlament und ihre engsten Vertrauten drängten Elisabeth, Maria endlich den Prozess zu machen, doch die Königin fürchtete sich davor. Maria Stuart war für sie nach wie vor eine gesalbte Königin und als von Gottes Gnaden auserwählte Herrscherin quasi unantastbar. Ein gekröntes Haupt abzuschlagen widersprach all ihren Grundsätzen. Wenn sie eine Königin hinrichten ließ, wer konnte dann sagen, ob sie nicht die Nächste auf dem Richtblock sein würde?

Walsingham setzte schließlich einen Doppelagenten auf die schottische Königin an, um »die Schlange an unserem Busen« – wie er sie nannte – zu Fall zu bringen. Dabei bediente er sich einer List. Seit Längerem schon stand

Maria Stuart wird von den Grafen von Shrewsbury und Kent das Todesurteil überbracht. Gemälde von Jean-Baptiste Vermay, 1808.

Maria Stuart mit ihren katholischen Verbündeten in Briefkontakt. Die Briefe wurden heimlich in Bierfässern in Marias Gefängnis geschmuggelt und waren verschlüsselt. Sir Francis hatte Kenntnis von diesem »Postweg« erlangt, durch seinen Doppelagenten ließ er sich die Briefe aushändigen, bevor sie Maria erreichten. Walsingham ließ die Schreiben durch einen Codeknacker enträtseln, erst anschließend wurden sie in den Bierfässern an Maria weitergeleitet. Der Sicherheitschef der englischen Königin konnte auf diese Weise unbemerkt den Schriftverkehr Marias beobachten und Beweise für eine Mitverschwörung sammeln. Auf diese Weise entlockte er ihr einen Brief, in dem sie die Ermordung Elisabeths I. billigte. Über

Privy Council und Parlament

Der von Elisabeth neu zusammengesetzte Geheime Staatsrat, Privy Council genannt, sollte sich vor allem auf drei Hauptaufgaben konzentrieren: die üblichen Staatsgeschäfte abzuwickeln, die Dispute zwischen den Parteien zu regeln und das Management über die Staatsfinanzen zu übernehmen. Entscheidungen über die Politik des Staats wurden im Parlament getroffen, wozu auch Fragen des Haushalts und des Rechts zählten. Das Parlament setzte sich aus Ober- und Unterhaus zusammen. Im Unterhaus befanden sich Bürger, Grafschaftsritter und niedriger Adel, im Oberhaus die geistlichen und weltlichen Lords. Ein Gesetz konnte nur nach Zustimmung beider Häuser verabschiedet werden. Lag diese vor, bedurfte es noch der königlichen Bestätigung, um das Gesetz in Kraft treten zu lassen. Andererseits hatte die Monarchin die Möglichkeit, geltende Gesetze durch Proklamation zu verändern, auszuweiten oder auszusetzen. Unter- und Oberhaus wurden ohne Elisabeths Einmischung gewählt.

Elisabeth war eine autokratische Herrscherin und vom Gottesgnadentum ihrer Regentschaft überzeugt, doch sie erkannte auch die Zeichen der Zeit: Das Parlament war traditionell für die Bewilligung von Steuern zuständig. Und ohne Steuergelder konnte die Königin die Kosten der Staatsführung nicht bestreiten. Zwischen Elisabeth und Parlament kam es im Lauf ihrer Regierungszeit immer wieder zu Kraftproben.

The Great Hall im Hatfield Palace, Schauplatz des ersten Privy Council.

diese Intrige konnte auch die englische Königin nicht mehr hinwegsehen. Maria Stuarts Lage war aussichtlos, ihre Komplizenschaft an dem Komplott zweifellos bewiesen. Ein Sondergericht sprach sie nach einem dreitägigen Prozess am 25. Oktober 1586 des Hochverrats für schuldig. Oberhaus und Unterhaus forderten die sofortige Hinrichtung der schottischen Königin, doch noch immer zögerte Elisabeth und weigerte sich, das Todesurteil zu unterzeichnen. Stattdessen wollte sie ihrer Cousine bei einem Schuldgeständnis und eingestandener Reue die Begnadigung einräumen. Bis zum 2. Dezember quälte sich Elisabeth I. mit einer Entscheidung. Dann wurde der Druck auf die Königin zu groß, und sie unterschrieb den Hinrichtungsbefehl. »Unendlich kummervoll ist der Weg, dass ich, die ich zeit meines Lebens so manchem Rebellen verziehen, bei so manchem Verrat ein Auge zugedrückt habe, jetzt zu einem derartigen Vorgehen gegen eine Frau von solchem Rang gezwungen werde«, schrieb Elisabeth I. »Was werden meine Feinde nicht alles sagen, wenn bekannt wird, dass um ihrer eigenen Sicherheit willen eine jungfräuliche Königin das Blut einer Verwandten vergoss?«

Noch ein letztes Mal versuchte Elisabeth, die Hinrichtung Marias zu verzögern oder gar zu verhindern, indem sie befahl, das Todesurteil geheim zu halten. Normalerweise wurde ein Hinrichtungsbefehl erst wirksam, wenn er durch den Lordkanzler und das Großsiegel ausgefertigt wurde. Doch Elisabeths Sekretär, William Davison, hatte bereits im Vorfeld dafür gesorgt, dass das Großsiegel das Urteil bestätigte. In einer rasch anberaumten Sitzung beschloss das Privy Council, der Kronrat, die Exekution unverzüglich vornehmen zu lassen. Am 8. Februar 1587 bestieg Maria Stuart in der Burghalle von Fotheringay das Schafott. Betend, ohne Anzeichen von Furcht, legte sie den Kopf in die Mulde des Richtblocks. Der Scharfrichter kniete vor der schottischen Königin nieder und bat um Vergebung, bevor er Maria Stuarts Haupt mit drei Hieben vom Rumpf abtrennte.

Maria Stuart wird zum Schafott geführt. Kupferstich aus dem Jahr 1587.

Als die Nachricht vom Tod Maria Stuarts London erreichte, läuteten die Kirchenglocken, die Menschen jubelten auf den Straßen und entzündeten Freudenfeuer. Elisabeth I. aber verfiel in einen Weinkrampf. Sie tobte, wütete und schrie, schließlich richtete sich ihr Zorn gegen die Räte, von denen sie sich hintergangen fühlte. Man habe den Vollstreckungsbefehl gegen ihre ausdrücklichen Anweisungen weitergeleitet, warf sie ihnen vor. Ihr Sekretär Davison wurde zum Sündenbock erklärt, Elisabeth ließ ihn für anderthalb Jahre in den Tower werfen. Über einen Monat brauchte die Königin, bis sie sich wieder gefangen hatte. So lange aß und schlief Elisabeth I. aus Kummer und Wut wenig bis gar nicht, ließ ihre engsten Vertrauten nicht vor und nahm keinerlei Briefe an. Als sie sich wieder der Öffentlichkeit zeigte, erklärte sie, das Todesurteil sei gegen ihren Willen vollstreckt worden.

Elisabeths größter Triumph

Gerade rechtzeitig hatte Elisabeth I. ihre Fassung wieder erlangt. Philipp II. von Spanien rüstete gegen England. Mit dem Todesurteil gegen die katholische Königin gingen die Jahre des kalten Krieges zwischen den beiden Ländern zu Ende. Unter der Herrschaft Elisabeths war England wirtschaftlich erstarkt, es hatte sich mehr und mehr auf Expansion, internationale Seefahrt und Welthandel ausgerichtet. Zur religiösen Gegnerschaft kam hinzu, dass sich Spanien, das bis dahin die führende Weltmacht gewesen war, in seiner Stellung bedroht sehen musste.

Sie ist eine große Frau; und wäre sie nur katholisch, hätte sie nicht ihresgleichen ... Seht nur, wie gut sie regiert; sie ist nur eine Frau, nur Beherrscherin einer halben Insel, und doch wird sie gefürchtet: von Spanien, von Frankreich, vom Kaiser, von allen.

PAPST SIXTUS V.

Die Umtriebe des englischen Freibeuters Francis Drake empörten den spanischen König besonders: 1580 war Drake von einer dreijährigen Weltumsegelung zurückgekehrt und hatte seiner Königin legendäre Mengen an Gold, Juwelen und Gewürzen mitgebracht. Dabei waren etliche Ladungen spanischer Schiffe in den Besitz des Freibeuters gelangt. Spanien hatte die Rückgabe seiner Schätze und die Bestrafung Drakes gefordert. Doch Elisabeth dachte gar nicht daran, stattdessen besuchte sie den Piraten auf seinem Schiff, ließ sich festlich bewirten und schlug ihn obendrein 1581 zum Ritter. Als Walsinghams Spione 1587 von einem spanischen Angriffsplan berichteten, ermächtigte Elisabeth Drake, mit einem kleinen Geschwader die Sammelhäfen des Gegners anzugreifen. Anfang April lief Drake mit 27 Schiffen aus, drang in den Hafen von Cádiz ein, setzte dort achtzig spanische Segler in Brand und vernichtete tonnenweise Proviant.

Der Überfall Drakes auf den Hafen von Cádiz war ein schwerer Schlag für die spanische Armada.

»Von allen gefürchtet«: Die Kaperfahrten von Francis Drake brachten der englischen Königin reiche Beute.

Hundert weitere Schiffe brachte Drake auf See auf. Auf dem Rückweg nach England besaß der Freibeuter die Dreistigkeit, ein portugiesisches Schiff zu kapern, das eben aus Ostindien zurückkam und eine Ladung von 140 000 Pfund an Bord hatte. Damit warf Drake die spanische Invasion um ein Jahr zurück.

Erst im Mai 1588 sollte die Armada Philipps II. in See stechen – und Elisabeth I. damit zum größten Triumph ihrer Herrschaft verhelfen: Die spanische Streitmacht wurde vernichtend geschlagen. Die »jungfräuliche Königin« hatte den Gipfel ihrer Macht erreicht und wurde nun endgültig zum Mythos.

Lasst die Leute wissen, es liegt mir weniger daran, Königin zu sein, als Herrscherin über solche Untertanen.

ELISABETH I., 1596

Auf dem Heimweg sprachen wir nur davon, was für eine wunderbare Königin sie war und wie wir unser Leben aufs Spiel setzen würden, um ihr zu dienen.

GODFREY GOODMAN,
BISCHOF VON GLOUCESTER, 1597

»Sie ist eine große Frau«: Porträt der englischen Königin wenige Jahre vor ihrem Tod.

Fast 15 weitere Jahre herrschte Elisabeth I. über England, bis ins hohe Alter hinein mit wachem Verstand. Als die Monarchin am 24. März 1603 nach wochenlanger Krankheit starb, ging ein Zeitalter zu Ende, das später ihren Namen tragen sollte. Unter ihrer Herrschaft wurde das Fundament für Englands Aufstieg zu einer globalen Macht gelegt, Englands neue Identität als unabhängige, protestantische Seemacht festigte sich, und die elisabethanische Kultur erlangte Weltgeltung. In einer patriarchal geprägten Welt hatte Elisabeth I. als einzige Frau in Europa Weltpolitik gemacht. Kaum ein Herrscher hat je das Selbstbewusstsein seiner Nation so dauerhaft geprägt wie sie.

Elisabeth I. starb unverheiratet, ohne Nachkommen, als Jungfrau – darum hat sie zeit ihres Lebens gekämpft. Ein würdiger Thronfolger werde sich nach Gottes Ratschluss schon finden, hatte die Virgin Queen einst ihrem Parlament versprochen, auch wenn sie ledig bleibe. Am Ende war es der Sohn ihrer ärgsten Rivalin Maria Stuart, die wegen Hochverrats von ihr zum Tode verurteilt worden war. Als Jakob I. folgte er der großen Monarchin auf den englischen Thron. Mit Elisabeth endeten Größe und Tragik der Tudor-Dynastie. Ihre Leistung für England vermochten die Stuart-Könige nicht zu zerstören.

Katharina die Große

Der Weg auf den Zarenthron

1744 ging die deutsche Prinzessin Sophie Auguste Friederike von Anhalt-Zerbst nach Russland, um dort den künftigen Thronfolger, Großfürst Peter, zu heiraten. Achtzehn Jahre später putschte sie gegen ihren Mann und ließ sich selbst zur Kaiserin Russlands ausrufen. Sie regierte das Land 34 Jahre lang energisch und mit großem Erfolg. Als einzige Herrscherin der Geschichte trägt sie den Beinamen „die Große". Doch ihren Ruf prägt bis heute vor allem Privates. Orgien und Perversionen aller Art sagt man ihr nach. Tatsächlich hatte Katharina ein abwechslungsreiches Liebesleben. Nicht mehr und nicht weniger.

Ihr Lebensweg hätte verlaufen können wie der vieler anderer deutscher Prinzessinnen des 18. Jahrhunderts. Als jugendliche Braut an einen ausländischen Hof geschickt, um dort Thronerben zu gebären, hätte sie die Auswahl ihrer Person als große Ehre ansehen können. Doch Sophie Auguste Friederike von Anhalt-Zerbst wählte einen anderen Weg. Sie entschied sich, ihr Schicksal selbst in die Hand zu nehmen und sich den Thron des russischen Reiches zu erobern. Als Katharina die Große ging sie in die Geschichte ein und prägte den Weg eines Landes wie selten eine Frau vor ihr. Die Urteile, die diese ungewöhnliche Herrscherin vor der Geschichte gefunden hat, könnten unterschiedlicher nicht sein. Sie steht in dem Ruf einer zügellosen Nymphomanin, was sicherlich nicht zutrifft. Auch gilt sie als Gattenmörderin – was sie wohl zumindest als duldende Mitwisserin auch tatsächlich war. Für die Aufklärer ihrer Zeit war sie »das Licht des Nordens« und für die modernen Historiker eine gewiefte Politikerin, die Russland und sich selbst groß machen wollte. Um jeden Preis.

Für die Beurteilung ihrer Person hat sie eine Quelle aus erster Hand hinterlassen: ihre Autobiografie. Sie ist amüsant zu lesen und zeugt von Katharinas Wortwitz und ihrem scharfen Verstand. Auf diese Memoiren hat sie enorme Zeit verwendet. Immer wieder gestaltete sie Passagen um, strich manche Episoden und fügte andere hinzu, bis ihr das Bild gefiel, das sie der Nachwelt von sich zu hinterlassen gedachte. Und so ist Katharinas Autobiografie weniger wertvoll als Quelle für das, was wirklich zu ihrer Zeit geschah. Doch sie vermag die Frage zu beantworten, was für ein Mensch diese Frau auf dem russischen Zarenthron vielleicht war.

Eine von vielen

Sophie Auguste Friederike entstammte dem Hause Anhalt-Zerbst. Sie war damit eine Prinzessin eines unbedeutenden, aber politisch eigenständigen Fürstentums, wie es zu der Zeit mehrere hundert im deutschen Reich gab. Anhalt-Zerbst bestand nur aus wenigen hundert Quadratkilometern, die größtenteils von Wald und Wiesen bedeckt waren. Der einstmals umfassende Besitz des Hauses Anhalt war im Zuge erblicher Teilungen über Jahrhunderte komplett zersplittert worden. Kaum eines der so entstandenen Fürstentümer war noch in der Lage, seine Herrscherfamilie standesgemäß zu ernähren. Auch Sophies Vater Christian August verdingte sich in der Armee des Preußenkönigs, um seinen Haushalt über Wasser zu halten. Die Mutter dagegen war Besseres gewohnt. Fürstin Johanna war eine geborene Holstein-Gottorp und damit eine enge Verwandte des preußischen Königshauses. Die Eltern trennten ein Altersunterschied von 21 Jahren und wohl auch eine erhebliche Diskrepanz, was die Erwartungen an ein gemeinsames Leben anging. Während Christian August als bescheiden, sittenstreng und zurückhaltend galt, machte Johanna aus ihrer Verachtung für das schlichte Leben in Zerbst von Anfang an kein Hehl. Als viertes von zwölf Kindern aber hatte sie bei der Auswahl ihres Ehemanns keine großen Ansprüche stellen können. In Stettin, wo Christian August im Rang eines Generalmajors ein Infanterieregiment befehligte, wurde am 2. Mai 1729 die erste Tochter geboren, die Johanna und Christian August auf den Namen Sophie taufen ließen.

Katharina die Große hat ihrer Geburtsstadt nie größere Bedeutung beigemessen. Jahrzehnte später schrieb sie an den Baron

Sophies Vater, Christian August von Anhalt-Zerbst. Porträt des preußischen Hofmalers Antoine Pesne, 1725.

Überzogene Strenge: Von ihrer Mutter Johanna fühlte sich die spätere Kaiserin Katharina oft ungerecht behandelt.

von Grimm, der Stettin besuchen wollte: »Was wollen Sie dort? Sie werden dort niemanden vorfinden … Bestehen Sie aber auf Ihrem Stücke, so erfahren Sie, dass ich in Greifenheims Hause auf dem Marien-Kirchhof geboren bin, im linken Flügel des Schlosses gewohnt habe und erzogen wurde, dass ich drei gewölbte Stuben neben der Kirche innehatte und dass der Glockenturm an meine Schlafstube stieß. Dort unterrichtete mich Mademoiselle Cardel und hielt Herr Wagner seine Prüfungen mit mir ab, von dort aus hatte ich täglich zwei- oder dreimal in lustigen Sprüngen zu meiner Mutter zu eilen, welche das andere Ende des Schlosses bewohnte. Alles dieses bietet durchaus kein Interesse dar, wenn Sie nicht etwa auf den Einfall geraten, dass das Lokal einen gewissen Einfluss auf die Produktion leidlicher Kaiserinnen zu üben geeignet ist. In diesem Falle müssten Sie dem König von Preußen empfehlen, dort

Das Zerbster Schloss wurde 1945 durch Bomben zerstört. Heute ist nur noch die Ruine des Ostflügels erhalten.

eine entsprechende Baumschule dieser Art anlegen zu lassen.«

Johanna, die bei Sophies Geburt erst 17 Jahre alt war, tat sich mit der Erziehung des Mädchens schwer. Sie hatte sich einen Jungen gewünscht. »Sie kümmerte sich nicht viel um mich. Sie schenkte anderthalb Jahre nach mir einem Sohn das Leben, den sie abgöttisch liebte. Ich war nur geduldet und wurde oft streng und hart behandelt und nicht immer gerecht; ich fühlte das, ohne jedoch über meine Empfindungen schon ganz klar zu sein«, erinnert sich Katharina. Selbst Besuchern fiel die überzogene Strenge der Mutter auf. Eine befreundete Gräfin schrieb später: »Ihre Erziehung ward allein von der Mutter besorgt, die sie sehr scharf hielt und ihr nicht die geringsten Äußerungen von Stolz, wozu sie wohl einige Neigungen hatte, durchgehen ließ.« Sophies Bruder Wilhelm war ein schwächliches Kind. Er musste oft liegen und sich verschiedenen Anwendungen unterziehen. Offenbar war er so verkrüppelt, dass er ständiger Fürsorge bedurfte. Bereits im Alter von zwölf Jahren starb der Junge. Auch eine Tochter, die 1742 geboren wurde, musste zwei Jahre später zu Grabe getragen werden. Somit blieb der 1734 geborene Bruder Friedrich das jüngste Kind der Familie. Sosehr sie die Jungen verhätschelte, so gnadenlos war Johannas Urteil über Sophie. Das Mädchen war ihr einfach nicht hübsch genug. Es würde eine Herausforderung werden, für diese Tochter eine ordentliche Partie zu machen. Sophie war ein kluges Kind von schneller Auffassungsgabe. Doch ihre wilde Sturheit stellte die Lehrer auch vor erhebliche Herausforderungen. Allzu viel

Von der eigenen Hässlichkeit überzeugt: Katharina als Prinzessin von Anhalt-Zerbst. Gemälde von Antoine Pesne, 1745.

Disziplin legte sie beim Lernen ihrer Lektionen nicht an den Tag. Als Sophie aber älter wurde, steigerte sich ihr Ehrgeiz. »Bis zum Alter von vierzehn oder fünfzehn Jahren war ich von meiner Hässlichkeit fest überzeugt. Deshalb habe ich mich tatsächlich mehr bemüht, innere Vorzüge zu erwerben, und war weniger auf mein Äußeres bedacht.«

Tatsächlich entsprach das Mädchen nicht unbedingt den Schönheitsidealen der Zeit. Die Jugendporträts zeigen ein längliches, wenig definiertes Gesicht, das bereits in jungen Jahren einen Ansatz zum Doppelkinn erkennen ließ. Eine hohe Stirn umrahmten dunkle Locken, und das energische Kinn, das ihr zumindest die Porträtmaler zuschrieben, verlieh ihr einen stets entschiedenen Gesichtsausdruck. Keine idealen Voraussetzungen auf dem damaligen Heiratsmarkt, aber Mutter Johanna ließ es nicht an Zielstrebigkeit fehlen. Sie selbst hatte einen gutherzigen Ehemann bekommen, doch Sophie sollte an einen Mann verheiratet werden, der den Weg der Familie zurück in den Reichtum ebnen konnte. Die Chancen waren durchaus gegeben, denn die meist wohlerzogenen deutschen Prinzessinnen waren an den europäischen Höfen begehrt. Und ihre Eltern, hocherfreut über die Einheirat, stellten keine weiteren Ansprüche oder gar politische Forderungen, wie es Mitglieder anderer Herrscherhäuser getan hätten. Dagegen hatten die deutschen Prinzessinnen an ihrer Fähigkeit, Thronfolger zur Welt zu bringen, bisher kaum Zweifel aufkommen lassen.

Die Prüfung

Im Januar 1744 erreichte ein Brief aus Berlin die Familie in Zerbst. Der Absender war niemand Geringeres als Friedrich der Große. »In dieser Überzeugung«, hieß es da unumwunden, »will ich nicht länger verhehlen, dass ich bei der Achtung, die ich für Sie und die Prinzessin, Ihre Tochter, hege, immer gewünscht

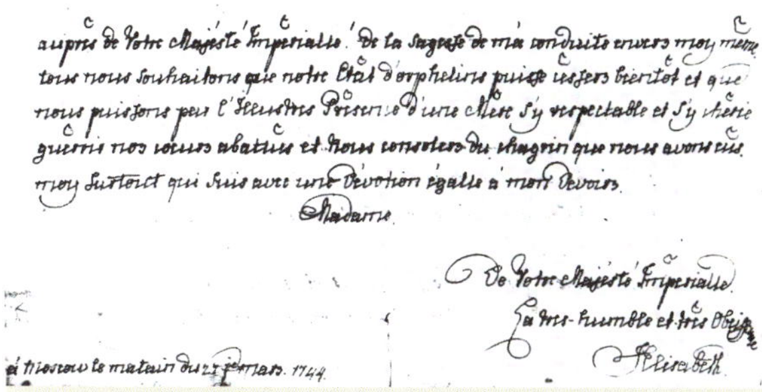

auprès de Votre Majesté Impériale. De la sagesse de ma conduite envers moy même
tous nous souhaitons que notre état d'orphelins puisse cesser bientôt et que
nous puissions par l'heureuse présence d'une Mère si respectable et si chérie
guérir nos cœurs abattus et nous consoler du chagrin que nous avons eu.
moy surtout qui suis avec une dévotion égalle à mon devoir
Madame
De Votre Majesté Impériale
La très-humble et très Obéiss
Elisabeth
à Moscou le matin du 2[illegible] février 1744.

»Weg zurück in die Welt des höfischen Glanzes«: ein Brief von Sophies Mutter Johanna an die russische Kaiserin Elisabeth, März 1744.

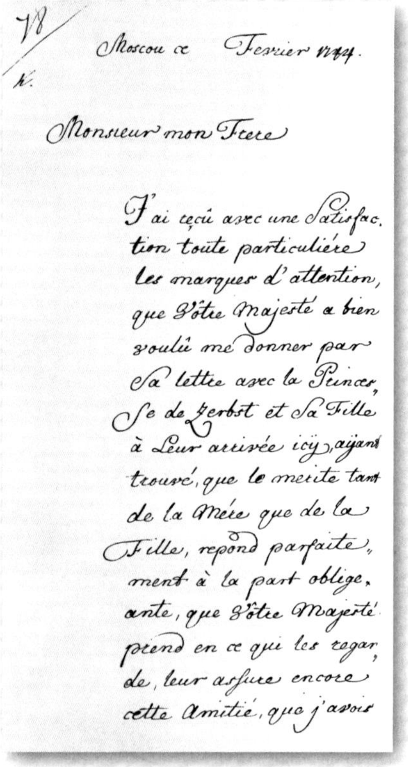
18
Moscou ce Fevrier 1744.
K.

Monsieur mon Frere

J'ai reçû avec une Satisfac-
tion toute particuliere
les marques d'attention,
que Votre Majesté a bien
voulû me donner par
Sa lettre avec la Princes-
se de Zerbst et Sa Fille
à Leur arrivée icy, ayant
trouvé, que le merite tant
de la Mere que de la
Fille, repond parfaite-
ment à la part oblige-
ante, que Votre Majesté
prend en ce qui les regar-
de, leur assure encore
cette Amitié, que j'avois

Friedrich der Große fädelte die Verbindung zwischen Zerbst und Moskau ein. Ein Schreiben von Kaiserin Elisabeth an den preußischen König, Februar 1744.

habe, derselben ein ungewöhnliches Glück zu bereiten. Da ist mir denn der Gedanke gekommen, ob es nicht möglich wäre, dieselbe mit ihrem Vetter dritten Grades, dem Großfürsten von Russland, zu verheiraten.« Zwar war die Auswahl Sophies in erster Linie ein Ergebnis der Weigerung Friedrichs, eine seiner eigenen Schwestern nach Russland zu schicken, doch Fürstin Johanna schwebte auf Wolken. Endlich war er da, der ersehnte Weg zurück in die Welt des höfischen Glanzes.

Aus Russland kam ein bescheidener Wechsel in Zerbst an, mit dessen Hilfe die Reise an den Zarenhof finanziert werden sollte, und der Ratschlag, zunächst inkognito zu bleiben. Eine »Gräfin Reinbeck nebst Tochter« würde sich auf den Weg machen. Sophie fand den bevorstehenden Aufbruch enorm aufregend. Der Abschied vom Vater, dem sie stets besonders nahe gewesen war, fiel ihr schwer. Christian August hatte der Tochter eingeschärft, sie könne, sollte ihr der Großfürst nicht gefallen, jederzeit zurückkehren, er werde sie mit offenen Armen empfangen. »Selten in meinem Leben bin ich so gerührt gewesen wie in diesem Augenblick«, schreibt Katharina in ihren Memoiren. »Tausend verschiedene Empfindungen bewegten mich, Dankbarkeit für die Güte meines Vaters, Besorgnis, ihm zu missfallen, die Gewohnheit, ihm blindlings zu gehorchen, die zärtliche Liebe, die ich immer für ihn gehabt hatte. Die Hochachtung, die er wirklich verdiente, gewann schließlich die Oberhand.«

Um das sächsische Projekt zu zerstören, schlagen Sie doch eine Prinzessin aus irgendeinem alten herzoglichen Haus Deutschlands vor. Hinsichtlich meiner Schwestern kennen Sie meine Ansicht. Ich gebe keine nach Russland. Ich wundere mich, dass die Kaiserin nicht bei ihrer Wahl der Prinzessin von Zerbst stehen bleibt, da sie von holsteinischem Geschlecht ist, das die Kaiserin so sehr liebt. Es sind auch in Hessen-Darmstadt zwei Prinzessinnen, von denen die eine 20 und die andere 18 Jahre ist.

FRIEDRICH II. AN SEINEN PETERSBURGER GESANDTEN, HEINRICH FREIHERR VON MARDEFELD

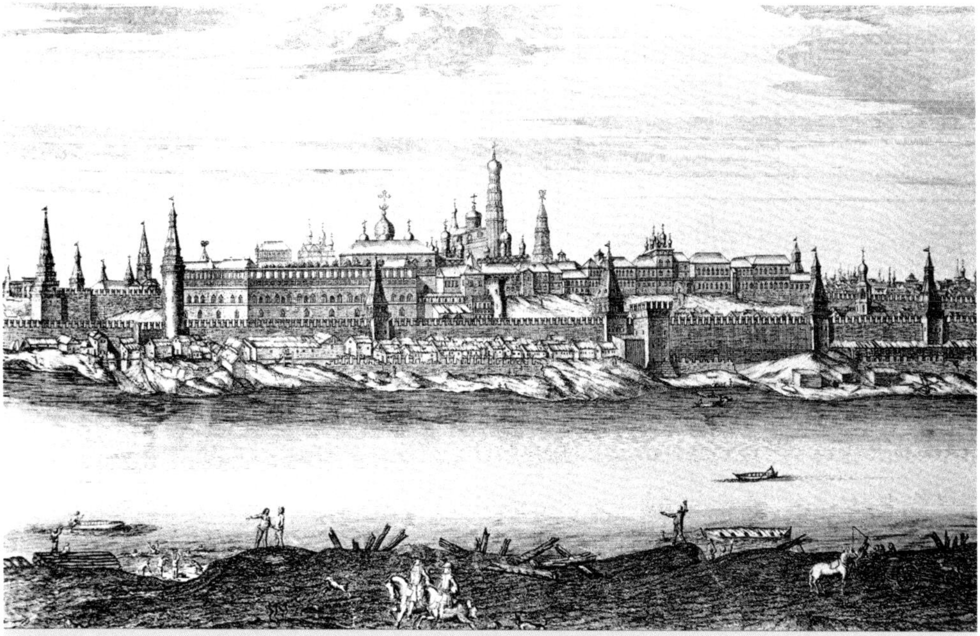

Im Moskauer Kreml wurde Sophie von Elisabeth unter die Lupe genommen und für die Rolle als Gattin des Großfürsten Peter für gut befunden.

Am 16. Januar brachen Mutter und Tochter zu ihrer aufregenden Reise auf, die sie fast 2000 Kilometer weit nach Osten führen sollte. Der Komfort war äußerst bescheiden. Ein Gefolge, das nur aus wenigen Leuten bestand, und Quartiere in Poststationen – mehr war aufgrund des geringen Budgets und der Anweisung, nicht für Aufsehen zu sorgen, nicht drin. Die Gasthäuser seien Schweineställe, beschwerte sich Johanna in einem Brief nach Hause. Der Boden sei mit Federvieh und Hunden bedeckt, und Kinder würden sich dort kauern »eins über dem anderen wie Kohl und Rüben«. Erst jenseits der russischen Grenze wurde der Schleier der Geheimhaltung gelüftet, und die Damen wurden wie Staatsgäste geehrt. In Riga wartete ein festlicher Empfang auf sie, die russische Kaiserin Elisabeth ließ Zobelmäntel als Geschenke überreichen. Vier Wochen nach ihrem Aufbruch erreichten die Frauen Petersburg, das zum Mittelpunkt des kaiserlichen Lebens geworden war. Elisabeth aber hielt sich im Moskauer Kreml auf und erwartete Sophie und deren Mutter dort. Nach wie vor war Moskau die Hauptstadt eines Reiches von staunenerregenden Maßstäben. Es erstreckte sich von West nach Ost über mehr als 6000 Kilometer und beherbergte zwanzig Millionen Untertanen. Fast hundert Völker vereinten sich unter der russischen Krone. Unter ihnen Kirgisen, Tscherkessen, Tungusen, Jakuten und andere Völker, von denen Westeuropäer kaum jemals gehört hatten.

Ich habe mir den Magen verdorben. Ich war zum Teil selbst schuld daran, da ich alles Bier vertilgte, was auf dem Wege zu finden war. Die teure Mutter nahm mir das Bier fort, und jetzt bin ich wieder ganz gesund.

SOPHIE VON ANHALT-ZERBST
IN EINEM BRIEF VOM 1. FEBRUAR 1744

Die Herrscherin über all diese Menschen war Kaiserin Elisabeth, die 1709 als uneheliche Tochter Peters des Großen geboren worden war. Erst drei Jahre später heirateten ihre Eltern, und Elisabeth wurde in den Rang einer Großfürstin erhoben. Das Mädchen genoss nur wenig Ausbildung, wurde aber zu einer tiefen Religiosität erzogen. Dass sie, die den Makel der unehelichen Geburt nie ganz loswurde, einst herrschen würde, war nicht absehbar. Doch in den wechselnden Machtverhältnissen nach dem Tod Kaiser Peters putschte sich Elisabeth schließlich 1741 auf den Thron. Sie stürzte den damals gerade einmal zwei Monate alten Amtsinhaber Iwan VI., den dessen Großtante, die Kaiserin Anna Iwanowna, zum Thronfolger ernannt hatte. So gigantisch das russische Reich war, wurde es doch nur von einer Hand voll adliger Familien beherrscht. Es bedurfte lediglich einer Gruppe tatkräftiger Leute und der entsprechenden Unterstützung der Garden, und schon war ein Machtwechsel vollzogen. Ob er allerdings von Dauer war, lag dann in den Händen des jeweiligen Regenten. Elisabeth war entschlossen, sich die Macht nicht mehr aus den Händen nehmen zu lassen. Sie ließ den kleinen Iwan inhaftieren und stellte damit die Weichen für ein grauenvolles Leben. Denn bis zu seinem Tod, 23 Jahre später, sollte Iwan keinen einzigen Tag in Freiheit verbringen.

Elisabeth begann ihre Regierungszeit spektakulär mit der aufwendigsten Inthronisierung, die der Moskauer Kreml je gesehen hatte. Sie selbst nahm die Krone in beide Hände und setzte sie sich auf den Kopf, wie es einst Iwan IV. der Schreckliche getan hatte. Von 1742 an regierte sie als absolutistische Herrscherin in Prunk und Verschwendung. Ihre Zeit hat sich in Russland vor allem in zahlreichen prachtvollen Bauten wie dem Katharinenpalast in Zarskoje Selo und dem Winterpalais in Petersburg verewigt. Ihre Kleider, Roben und Juwelen waren schon zu Lebzeiten Legende, und die Kaiserin liebte es, auf ausgedehnten Ausflügen des Hofes über Land aufwendig Hof zu halten.

Als Sophie und ihre Mutter die Kaiserin erstmals zu Gesicht bekamen, trug diese einen »gewaltigen Reifrock. Ihr Kleid war aus Silberbrokat mit Goldtressen besetzt, sie trug eine schwarze Feder auf dem Kopf und viele Diamanten in einer Frisur aus eigenem Haar«, wie Katharina berichtete. Doch bei aller glänzenden Selbstdarstellung: Die Kaiserin befand sich in einem Dilemma. Sie war kinderlos und hatte bei ihrem Herrschaftsantritt öffentlich bekannt gegeben, dass sie keinen anderen Bräutigam außer Russland haben wolle. Allerdings unterhielt sie eine mehr oder weniger heimliche Liaison mit dem Ukrainer Alexei Rasumowski, den sie möglicherweise inoffiziell auch geheiratet hatte. Was im Bett der Kaiserin geschah, war willkommenes Thema für die klatschliebende Hofgesellschaft. Eine ungesicherte Thronfolge aber war am russischen Hof, einem stets brodelnden Kessel von Intrigen, Ränken und unsicheren Koalitionen, ein ernsthaftes Problem. Noch 1742 adoptierte Elisabeth den Sohn ihrer verstorbenen Schwester, den damals 13-jährigen Karl Peter Ulrich von

Kaiserin Elisabeth von Russland. Die Tochter Peters des Großen blieb kinderlos und versuchte nun, ihre Nachfolge zu regeln.

Holstein. Der junge Mann war als Nachkomme Peters des Großen bereits für den schwedischen Thron im Gespräch gewesen. Für Elisabeth war er in puncto Geblüt die ideale Wahl – doch ob er persönlich den hohen Anforderungen gewachsen war, musste er erst beweisen.

Man muss eine eiserne Gesundheit haben, um die Beschwerden der Reise und die Ermüdung der Hofetikette zu ertragen. Meine Tochter ist in dieser Beziehung glücklicher als ich. Ihre Jugend hält sie aufrecht. Gleich jungen Soldaten, die die Gefahr verachten, die sie nicht kennen, genießt sie das Großartige, das sie umgibt.

JOHANNA VON ANHALT-ZERBST
IN EINEM SCHREIBEN AN FRIEDRICH II.
VOM 3. FEBRUAR 1744

Mit Fürst Alexei Rasumowski unterhielt die Kaiserin eine langjährige eheähnliche Beziehung.

Karl Peter Ulrichs Start ins Leben war denkbar ungünstig verlaufen. Die Mutter starb bereits kurz nach seiner Geburt, der Vater, als Peter gerade einmal elf Jahre alt war. Von ihm erbte er den Herzogstitel und einen Haushalt mit Höflingen, die ihn bewachten und belauerten. Peter wurde offenbar vor allem durch seinen Erzieher Otto von Brümmer seelisch gequält und körperlich vernachlässigt. Der Junge wurde bei kleinsten Verfehlungen hart bestraft und geprügelt. Oft musste er auf Erbsen knien oder andere Boshaftigkeiten über sich ergehen lassen. Als er zum Jugendlichen heranwuchs, war Peter von schwächlicher Konstitution und voller Komplexe. In den Memoiren Katharinas der Großen kommt er ausgesprochen schlecht weg. Sie beschreibt ihn als schwierigen Charakter mit einer enormen Neigung zum Alkohol. »Ich sah Peter zum ersten Mal, als er elf Jahre alt war«, schreibt sie, »hier hörte ich im Familienkreis, dass der junge Herzog zum Trunk neige und seine Umgebung ihn nur mit Mühe daran hindern könne, sich bei Tisch zu betrinken; er sei starrköpfig und jähzornig, liebe seine Umgebung ... nicht, es fehle ihm nicht an Lebhaftigkeit, obwohl er kränklich und ungesund aussehe. Diesem Kind wünschte seine Umgebung das Ansehen eines fertigen Menschen zu geben, und zu diesem Zweck belästigte man ihn und hielt ihn unter Druck, der ihm jene Falschheit einpflanzen musste, die seitdem den Kern seines Charakters ausmachte.« Mit seiner Neigung zum Alkohol hätte Peter keinesfalls allein dagestanden, vielmehr hätte er sich an einer mehr oder minder gepflegten Traditionslinie der meisten europäischen Höfe dieser Zeit orientiert. Doch dass ein erst Elfjähriger bereits Alkoholiker wäre, erscheint doch arg übertrieben. Katharina

Von schwächlicher Konstitution und voller Komplexe: Großfürst Peter, der wie seine spätere Frau aus Deutschland nach Russland kam.

war offenbar in ihren Memoiren daran gelegen, ihm diese Neigung schon so früh wie möglich zuzuschreiben.

Als Peter 1742 von seiner Tante nach Russland geholt wurde, sollte er eine Aufgabe schultern, für die er augenscheinlich noch nicht geeignet war. Er war schüchtern und linkisch und fürchtete die Strafen seines Erziehers Brümmer, der ihn nach Russland begleitet hatte. Erst langsam gewöhnte er sich ein. Folgt man Katharinas Memoiren, verabscheute Peter alles Russische von Herzen. Er tat sich schwer mit der fremden Sprache und verachtete die Gebräuche des Landes. Alles, was ihm unpreußisch erschien, war für ihn wertlos. Das harsche Urteil Katharinas und ihrer Parteigänger wird von der jüngeren, vor allem russischen Forschung allerdings angezweifelt. Großfürst Peter, wie der Junge nun in Russland genannt wurde, hatte eine durchaus beeindruckende Bildung genossen. Er war ausgesprochen musikalisch und spielte leidenschaftlich Geige. »Wenn er irgendetwas von einer neuen Geige hörte, wünschte er sie zu besitzen. Egal, für wie viel Geld. Er zahlte 400 bis 500 Rubel, manchmal sogar mehr für eine Geige. Zum Schluss hatte er eine kostbare Sammlung«, berichtet sein Lehrer Staehlin. Auffallend stark interessierte er sich für Militaria, sammelte Festungsmodelle und Soldatenfiguren. Doch was bei Katharina als sinnloses Kinderspiel erscheint, hatte wohl auch einen ernsthaften Hintergrund. Peter beschäftigte sich mit Militärgeschichte und Strategie, die er mithilfe seiner Figuren nachstellte. Katharina beschreibt in ihren Memoiren, dass sich Peter augenscheinlich freute, gerade sie als Braut zugewiesen zu bekommen. Durchaus verständlich, sprach Katharina doch Peters Muttersprache und war mit ihm verwandt, so dass man sich durchaus hätte verstehen können. Liebe erwartete aus einer solchen Verbindung keine der beiden Seiten. Sie wäre im günstigsten Fall ein glücklicher Zufall gewesen.

Meine Tochter und ich, wir leben wie die Königinnen, alles ist betresst, mit Gold ausgelegt – prachtvoll. Unsere Ausfahrten sind wundervoll.

JOHANNA VON ANHALT-ZERBST
IN EINEM BRIEF VOM FRÜHJAHR 1744

Ein solcher Zufall stellte sich im Fall dieses jugendlichen Paares nicht ein. Sophie bestand ihre Feuerprobe und wurde von der Kaiserin als geeignet beurteilt. Elisabeth, die für ihre Launenhaftigkeit bekannt war, mochte das Mädchen offenbar und war bestrebt, die lästige Frage der Erbfolge so schnell wie möglich zu klären. Die deutsche Prinzessin und ihre Mutter durften am Hof bleiben, und man begann, die Braut auf ihre künftige Rolle vorzubereiten. Sie erhielt Unterricht im Russischen, das ihr offenbar leichtfiel, und erfuhr viel über das Land, über das sie einst an der Seite ihres Mannes herrschen sollte. Während dieser Zeit erkrankte Peter ernsthaft an den Pocken. Zwar überlebte er die Krankheit, doch war er schwer gezeichnet. »Er war von Pockennarben derartig entstellt, dass ich ihn nicht wiedererkannte«, entsetzte sich seine Braut. Da man dem Großfürsten während der Behandlung den Kopf geschoren hatte, trug er eine seltsam überdimensionierte Perücke, die ihn zusätzlich verunstaltete. »Er war in der Tat abscheulich hässlich geworden«, schrieb die Kaiserin später in ihren Memoiren. Doch sie war entschlossen, die Chance auf einen spektakulären sozialen Aufstieg, der sich ihr bot, wahrzunehmen. Den Preis zahlte sie bereitwillig.

Die Chance ergriffen: Die Hochzeit mit dem Großfürsten eröffnete Sophie die Möglichkeit zum sozialen Aufstieg. Porträt des Paares, 1744/45.

Zunächst einmal wurde ihr eröffnet, dass sie erstens zum orthodoxen Glauben überzutreten habe und zweitens einen neuen Namen erhalte: Katharina. Beides akzeptierte die Prinzessin. Der Wechsel des Namens schien Sophie keinerlei Kopfzerbrechen zu bereiten. Schwerer war da schon der Abschied vom protestantischen Glauben, den zu erhalten sie ihrem Vater bei ihrer Abreise versprochen hatte. Doch Mutter Johanna war nun endlich zufrieden mit ihrer Tochter. »Von dem Moment ihres Eintretens in die Kirche«, schrieb sie an ihren Mann, »bis zum Ende der Zeremonie hielt sie sich äußerst würdevoll und stolz. Auch wenn sie nicht mein Kind gewesen wäre, hätte ich sie bewundern müssen.« Die Brautmutter allerdings musste schon bald der Tatsache ins Auge blicken, dass sie selbst bei Hofe keine größere Rolle spielen sollte. Sie hatte die Braut gebracht und damit ausgedient. Schon bald würde sie von der Kaiserin den unmissverständlichen Befehl erhalten, in ihr kleines Fürstentum zurückzukehren.

Man kann durchaus nicht sagen, dass sie eine blendende Schönheit ist, eine lange, feine, aber nicht biegsame Taille, eine edle Haltung, aber ein affektierter Gang, ungraziös, eine enge Brust, ein langes Gesicht, besonders das Kinn, ein stehendes Lächeln auf den Lippen, aber ein flacher, eingedrückter Mund, eine etwas gebogene Nase, kleine Augen, aber ein angenehmer Blick, Spuren von Pockennarben im Gesicht. Sie ist eher hübsch als hässlich, aber man kann nicht von ihr hingerissen sein.

P. FAVIER,
SEKRETÄR DES KANZLERS WORONZOW

Am 21. August 1745 fand in Petersburg die Hochzeit statt. »Der an Pracht und Pomp gewöhnte russische Hof«, schrieb ein englischer Reisender, »sah niemals Herrlicheres als die Hochzeit des Großfürsten.« In der Kathedrale der Heiligen Mutter von Kasan auf dem Petersburger Newski-Prospekt hatten sich Höflinge, Würdenträger und ausländische Gäste versammelt. Jenseits der Altarschranke wurden Peter und Katharina nach orthodoxem Ritus unter den Kronen getraut. Auf neun Tage waren die Feierlichkeiten in Petersburg angelegt. Die ganze Stadt durfte tafeln und trinken. Der Hof bildete das Zentrum des Jubels und Trubels. Für Katharina war ihr »großer Tag« eine beeindruckende Strapaze. Das Hochzeitskleid wog fast halb so viel wie sie selbst, und die schwere Krone, die sie auf dem Kopf zu tragen hatte, drückte bereits nach Minuten, musste aber stundenlang getragen werden. Und die

Das kostbare Hochzeitskleid der Großfürstin ist heute in der Rüstkammer, einem der Museen des Moskauer Kremls, zu besichtigen.

Hochzeitsnacht gab einen befremdlichen Vorgeschmack auf den Verlauf ihrer Ehe. Katharina erinnert sich später, sie habe in ihrem Schlafgemach mehrere Stunden auf ihren frisch gebackenen Ehemann gewartet. Dieser sei schließlich sturzbetrunken erschienen, aufs Bett gefallen – und eingeschlafen.

18 Jahre Langeweile

Die Jahre, die auf die Hochzeit folgten, beschreibt Katharina rückblickend als eine einzige Aneinanderreihung von Enttäuschungen und Langeweile. Das höfische Leben bestand aus Gesellschaften, Festlichkeiten und Jagden – Zeitvertreibe, die viele Teilnehmer als durchaus vergnüglich empfanden. Tatsächlich amüsierte sich auch das junge Ehepaar zumindest in der ersten Zeit seines Zusammenseins. Beide tanzten gern, Peter war ein ausgezeichneter Geiger, und Katharina nahm Harfenunterricht, obwohl sie nach eigenem Bekunden völlig unmusikalisch war. Das Gefolge um Peter und Katharina wurde der »junge Hof« genannt, um es vom Umfeld Kaiserin Elisabeths zu unterscheiden. Im Sommer hielt man sich bevorzugt in Oranienbaum auf, einer hübschen Schlossanlage unweit von Petersburg, und unternahm ausgedehnte Jagden. Katharina war eine ausgezeichnete Reiterin, die bisweilen auch höchstselbst hinterhersetzte, wenn das Pferd eines Mitreitenden durchgegangen war. Katharina aber stellt in ihren Memoiren klar, dass ihr diese Tagesabläufe als pure Zeitverschwendung vorkamen.

»Der bestgedrillte Grenadier«: Katharina posiert um das Jahr 1760 in einer Fantasieuniform.

Ihr Ehemann Peter interessierte sich ihrer Aussage nach deutlich mehr für Spielzeugsoldaten als für seine Frau. Er liebte ausgedehnte Spiele mit hölzernen Truppen. Manchmal machte Katharina bei den Aufstellungen auch mit und patrouillierte scherzhaft selbst als Soldat. »Dank seiner Bemühungen kann ich noch heute sämtliche Gewehrgriffe genauso präzise ausführen wie der bestgedrillte Grenadier«, resümierte sie Jahre später bitter. Katharina, so stellt sie es in ihren Erinnerungen dar, war eher daran gelegen, sich zu bilden, um dieser von ihr als tumb und lächerlich empfundenen Welt zu entfliehen. »Ich las damals die ›Geschichte Deutschlands‹ und die ›Allgemeine Geschichte‹ von Voltaire. Im Winter darauf las ich so viele russische Bücher, wie ich bekommen konnte, unter anderem eine russische Übersetzung von Baronius; darauf geriet ich auf Montesquieus ›Geist der Gesetze‹, dann auf die Annalen des Tacitus, die eine eigentümliche Revolution in meinem Kopf hervorriefen, wozu meine missvergnügliche Stimmung in dieser Zeit nicht wenig beitrug. Ich fing an, die Dinge schwärzer zu sehen und tiefere, den verschiedenen Interessen mehr entsprechende Ursachen in dem zu suchen, was unter meinen Augen vorging«, so die Kaiserin.

Moderne Historiker sehen in dieser Beschreibung ihrer frühen Jahre bei Hof durchaus auch eine späte Verklärung und den Wunsch, sich von der Hofgesellschaft abzuheben. Fraglos aber hatte Katharina ein enormes Interesse, die zur Verfügung stehenden Bildungsinhalte der Zeit aufzunehmen. Vieles, was sie in dieser Zeit las, inspirierte sie für ihre spätere Regierungszeit. Vor allem Voltaire, der einflussreichste Autor der europäischen Aufklärung, faszinierte sie. Noch hatte sie nicht den Mut, sich persönlich an ihn zu wenden, doch als Kaiserin führte sie über Jahre eine umfangreiche Korrespondenz mit ihm, die offenbar auf gegenseitiger Sympathie fußte. Auch die Schriften des französischen Schriftstellers und Aufklärers Denis Diderot zogen Katharina in ihren Bann. Als Kaiserin würde sie ihn persönlich nach Russland einladen und seine Bibliothek aufkaufen, die der Grundstock der russischen Nationalbibliothek wurde.

Zwar verbrachte sie viel Zeit mit ihrem Ehemann, was zahlreiche gemeinsame Reisen mit dem »jungen Hof« bezeugen, doch mit der ehelichen Gemeinschaft war es offensichtlich nicht weit her. Katharina behauptete stets, es habe an Interesse aufseiten ihres Mannes gemangelt. Der habe niemals Anstalten gemacht, sie zu berühren. Tatsächlich war es wohl so, dass auch ihrerseits keine wirkliche Bereitschaft da war, ihren ehelichen Pflichten nachzukommen. In einem Schreiben aus dem Jahr 1746 klagt Peter: »Madame, ich möchte euch nicht beunruhigen, die heutige Nacht müsst Ihr aber mit mir verbringen. Ich lasse nicht mehr zu, dass Ihr mich betrügt. Nach der Trennung von zwei Wochen schreibt an Euch Euer unglücklicher Ehemann, den Ihr nie so genannt habt.« Das, worauf alle warteten, stellte sich dementsprechend nicht ein: eine Schwangerschaft.

Fast neun Jahre gingen ins Land, bis Katharina im Frühjahr 1754 endlich sagen konnte, dass sie ein Kind erwarte. Die Kaiserin reagierte, wie vorherzusehen war, hoch erfreut. Über ihre Schwangerschaft verliert Katharina in ihren Erinnerungen kaum ein Wort. Sie hatte offenbar zuvor eine oder sogar zwei Fehlgeburten gehabt, doch diesmal lief alles nach Plan. »Am Dienstagabend ging ich zu Bett und wachte in der Nacht mit Schmerzen auf«, schreibt Katharina. »Die Hebamme wurde geholt, und diese erklärte, dass die Zeit der Niederkunft da sei. Man weckte den Großfürsten, der in seinem Zimmer schlief, und den Grafen Alexander Schuwalow. Dieser schickte nach der Kaiserin, die bald darauf, etwa um 2 Uhr morgens, eintraf. Gegen Mittag des folgenden Tages, am 20. September, wurde ich endlich von einem Sohn entbunden. Nachdem das Kind angezogen war, ließ die Kaiserin ihren Beichtvater rufen, der dem Knaben den Namen Paul gab. Hierauf befahl sie der Hebamme, das Kind zu nehmen und ihr zu folgen. Ich blieb auf dem Lager der Schmerzen.« Am Morgen verbreiteten Kanonenschüsse über Petersburg dröhnend die Kunde von der Geburt des Kindes.

Großfürst Peter akzeptierte den Jungen, der auf den Namen Paul getauft wurde, als seinen leiblichen Sohn. Doch die Lage war komplizierter. Die Großfürstin hatte zwei Jahre zuvor den Grafen Sergei Saltykow kennengelernt und sich unsterblich in ihn verliebt. »Le beau Serge«, wie ihn die Hofgesellschaft kichernd nannte, war kaum älter als Katharina, galant und ein geborener Verführer. »Er war schön wie der Tag, und niemand kam ihm gleich, weder am großen Hof und schon gar nicht an unserem kleinen …

»Ein vollendeter Kavalier«: Sergei Saltykow war seit 1752 Liebhaber der jungen Großfürstin.

Er war, um es kurz zu sagen, durch Geburt und durch viele andere Eigenschaften ein vollendeter Kavalier«, schwärmte die 23-Jährige. Dass sich hier eine Affäre anbahnte, war wohl für jedermann ersichtlich, aber niemand schritt ernsthaft dagegen ein. Die Frage der Thronfolge drängte, und möglicherweise bot sich hier eine für alle probate Lösung an. Bei einer Jagdgesellschaft nutzte der erfahrene Saltykow die Gelegenheit, Katharina näherzukommen. In ihren Memoiren beschreibt sie dieses Erlebnis in bester Romanmanier. Ein Unwetter habe die Gesellschaft auf einer Insel in der Newa festgehalten. »Sergei Saltykow sagte mir, heute sei sogar der Himmel selber ihm günstig, denn er gebe ihm die Möglichkeit, mich länger zu sehen, und tausend Dinge dieser Art«, so Katharina. »Ich hatte mir eingebildet, ihn und mich lenken und beherrschen zu können, und nun sah ich, dass das eine wie das andere schwer, wenn nicht unmöglich war.« Die beiden wurden ein Paar, und die Affäre dauerte so lang an, dass Saltykow rein rechnerisch als Vater des kleinen Paul infrage kommen konnte. Großfürst Peter allerdings schien keine Zweifel an seiner eigenen Vaterschaft zu haben. Stolz zeigte er die Geburt seines Sohnes den ausländischen Höfen an.

Doch ausgerechnet Katharina selbst beharrte später darauf, dass der Großfürst nicht der Vater des Thronfolgers sei. In ihren Memoiren lässt sie klar durchblicken, der Erzeuger Pauls sei Saltykow, der Großfürst selbst sei gar nicht zeugungsfähig gewesen. Dass eine Mutter selbst grundlos behaupten würde, ihr Kind sei unehelich, mag erstaunen, doch zu dem Zeitpunkt, als Katharina ihre Lebenserinnerungen aufschrieb, war ihr Verhältnis zu Paul katastrophal. Sie wollte ihren Erstgeborenen vermutlich in der Thronfolge übergehen und die Krone an ihren Enkel Alexander weitergeben. Möglicherweise diffamierte sie Paul bewusst als Bastard, um dessen Ansprüche auf den Zarenthron zu untergraben, und nahm dafür sogar in Kauf, ihren eigenen Ruf ebenfalls zu schädigen. Großfürst Peter, der die schon zum Zeitpunkt von Pauls Geburt kursierenden Gerüchte sicherlich kannte, ließ sich davon nicht aus der Ruhe bringen. Zeit seines Lebens bevorzugte er Paul gegenüber den Kindern, die Katharina in den kommenden Jahren zur Welt bringen sollte. Optisch glich Paul auf den Gemälden der Zeit durchaus dem Großfürsten, und auch charakterlich gab es viele Übereinstimmungen zu Peter. Die Abstammung Pauls wurde letztlich nie geklärt und beschäftigt bis

Thronfolger Paul im Alter von etwa elf Jahren. Gerüchten zufolge war nicht Großfürst Peter, sondern Saltykow sein Vater.

heute die Dynastie-Interessierten. Denn sollte Sergei Saltykow der Vater gewesen sein, wären alle »Romanows«, die sich in späteren Generationen als solche bezeichneten, keine gewesen. Der kleine Paul wurde direkt nach seiner Geburt von der Mutter entfernt und wuchs unter der Obhut seiner Ammen und der Kontrolle durch die Kaiserin auf. Elisabeth umsorgte den Jungen und erstickte ihn nahezu mit Fürsorge. Ein französischer Diplomat berichtete in dieser Zeit sogar, in Petersburg kursiere das Gerücht, »dieses Kind sei das der Zarin selbst, die es mit dem Sohn des Großfürsten ausgetauscht habe«. Katharina sah Paul nur bei gelegentlichen Besuchen. Mutter und Sohn bauten so nie eine emotionale Bindung zueinander auf. Zwar war es in der höfischen Gesellschaft des 18. Jahrhunderts durchaus üblich, dass ein Kind engeren Kontakt zur Amme als zur Mutter hatte, doch die extreme Einmischung durch die Kaiserin tat ihr Übriges, um Katharina und Paul komplett voneinander zu entfremden. Die Affäre mit Sergei Saltykow wurde nach Pauls Geburt elegant beendet, indem der schöne Verführer in diplomatischer Mission nach Schweden geschickt wurde. Katharina war zunächst untröstlich, allmählich dämmerte ihr aber auch, dass ihr Liebhaber ein recht gewöhnlicher Schürzenjäger gewesen war, der sie alsbald durch andere Damen ersetzte.

Auch Katharina suchte sich einen neuen Gefährten, den feingeistigen, zarten Stanisław Poniatowski. Er war der polnische Sekretär des englischen Gesandten in Petersburg und, anders als Saltykow, aufrichtig verliebt in die Großfürstin. »Sie war erst 25 Jahre alt und erholte sich von ihrer ersten Niederkunft«, erinnerte sich Poniatowski später. »Damals eine voll erblühte Schönheit, hatte sie schwarzes Haar, eine erlauchte Blässe, ungemein lange Wimpern, eine griechische Nase, einen Mund zum Küssen, vollkommen geformte Hände und Arme, eine schlanke Taille, einen sehr behänden, aber doch erhabenen Gang, eine angenehme Stimme und ein fröhliches Lachen. Mit größter Leichtigkeit befasste sie sich nach den lustigen, ja albernsten Spielen mit einer Tafel mit Zahlen, die sie ebenso wenig erschreckten wie Schriften.«

Katharina erwiderte Poniatowskis romantische Gefühle nur begrenzt. Sie hatte aus der Affäre mit Saltykow gelernt und suchte in ihren künftigen Beziehungen stets die Überlegene zu bleiben. Saltykow und Poniatowski sind die Ersten in einer Reihe von Männern, die Katharina im Lauf ihres Lebens als ihre »Favoriten«

auswählte. Ende der 1750er-Jahre begann sie eine Affäre mit Grigori Orlow, der schon rein optisch das Gegenteil des zierlichen und feinen Stanisław Poniatowski war. Orlow, ein Leutnant des Ismailowski-Garderegiments und beeindruckender Hüne mit lauter Stimme, war ein Draufgänger, Spieler und leidenschaftlicher Jäger, der gern mit seinen ebenso riesenhaften Brüdern auftrat, was das Erscheinungsbild noch imposanter machte. Katharina hatte sich ihn als Liebhaber ganz bewusst ausgesucht. »Von Natur aus ist er nichts als ein russischer Bauer, und das wird er bis zu seinem Tod bleiben«, so das vernichtende Urteil des französischen Diplomaten Durand de Distroff.

Es kann nur einen Sieger geben

Mit der Geburt ihres Sohnes hatte Katharina enorm an Selbstbewusstsein gewonnen. Sie hatte wohl festgestellt, dass sie sich manches herausnehmen konnte, ohne dass sie mit wirklichen Konsequenzen rechnen musste. Sie bekam zwei weitere Kinder: eine Tochter von Poniatowski und einen Sohn von Grigori Orlow. Ihr Leben verlief nun weitgehend unabhängig von Großfürst Peter. Der wusste um ihre Affären und widmete sich seinen eigenen. Die Kaiserin ließ das alles geschehen. Die Thronfolge war gesichert, und sie selbst fühlte sich gesundheitlich immer weniger in der Lage, mehr als die unmittelbar anliegenden Probleme zu lösen. Doch weiterhin mussten Katharina und Peter als Paar auftreten. Und was würde geschehen, wenn die Zarenkrone auf den »jungen Hof« übergehen würde?

Die Eheleute suchten ihre Positionen zu sichern und ihre Gefolgschaften für den Tag X zu positionieren. Über die Jahre entwickelte sich die Ehe des Großfürstenpaares zu einem zermürbenden Kleinkrieg, in dem sich Katharina und Peter in immer gnadenloseren Scharmützeln beharkten. Als der Großfürst sich verärgert über die Geburt von Katharinas Tochter Anna zeigte und sie mit den Worten »Gott weiß, woher die Schwangerschaft meiner Frau kommt« öffentlich brüskierte, schoss sie scharf zurück. Sie schickte einen Freund mit folgendem Auftrag: »Verlangt von ihm, er soll einen Eid schwören, dass er nicht mit seiner Frau geschlafen hat, und sagt ihm, wenn er das tut, werdet ihr es sofort Alexander Schuwalow als dem Großinquisitor des Reiches mitteilen.« Resigniert ließ Peter ausrichten: »Gehen Sie zum Teufel, und sprechen Sie nicht mehr davon.« Katharina war später sehr daran gelegen, Peters Entwicklung in diesen Jahren als die eines zunehmend schwachsinniger agierenden Säufers darzustellen. Er habe nichts dazugelernt seit jenem Jahr, in dem er als Jugendlicher nach Russland kam. Den Quellen zufolge entspricht das nicht den Tatsachen. Peter beschäftigte sich ausgiebig mit Musik und Militärstrategien und entwickelte eine eigene Meinung zur Außenpolitik der Kaiserin. Die Auseinandersetzung Russlands mit Preußen im Siebenjährigen Krieg lehnte er entschieden ab. Katharina legte ihm das als Russenfeindlichkeit und übertriebene Anhänglichkeit an das Preußentum aus. Für sie war Peters Beschäftigung mit Truppenaufstellungen und Festungsmodellen Kinderei und eine üble Marotte.

»Als ich eines Tages das Zimmer seiner kaiserlichen Hoheit betrat, fiel mein Blick auf eine große Ratte, die er, mit dem ganzen Apparat einer Hinrichtung, in der Mitte eines durch eine Bretterwand gebildeten Kabinetts hatte aufhängen lassen«, berichtet sie in ihren

Memoiren. »Ich fragte, was dies bedeute, worauf er erwiderte, diese Ratte habe eine verbrecherische Handlung begangen, die nach den Kriegsgesetzen mit der Hinrichtung bestraft werde. Sie sei über die Wälle einer Festung von Pappe gesprungen, die auf dem Tisch in diesem Kabinett stand, und habe zwei aus Zunder verfertigte Schildwachen, die auf den Bastionen im Dienst gewesen, aufgefressen. Er habe den Verbrecher nach den Kriegsgesetzen verurteilen lassen. Sein Hühnerhund habe die Ratte erwischt, und sie sei sofort gehenkt worden, wie ich sähe, und solle als warnendes Beispiel drei Tage vor den Augen des Publikums ausgestellt bleiben. Ich konnte nicht umhin, über die unglaubliche Albernheit in lautes Lachen auszubrechen, erregte jedoch dadurch großes Missfallen bei ihm. In Anbetracht der Wichtigkeit, die er der Sache beimaß, zog ich mich zurück und verschanzte mich als Frau hinter meiner Unkenntnis der Kriegsgesetze. Allein er ließ nicht nach, mich wegen meines Lachens zu schelten, und doch konnte man zur Rechtfertigung der Ratte mindestens anführen, dass sie gehenkt worden war, ohne dass man sie aufgefordert hatte, sich zu rechtfertigen, oder dass man ihre Rechtfertigung gehört hätte.«

Peters Mätresse Elisabeth Woronzowa im Jahr 1762. Offenbar plante Peter, Katharina vom Hof zu entfernen und seine Geliebte an ihre Stelle zu setzen.

Doch die Konflikte beschränkten sich nicht auf den privaten Bereich. Es wurden Briefe von Katharina an Stepan Apraxin abgefangen, einen russischen General, der durch einen überraschenden Truppenrückzug im Krieg gegen die Preußen für Unruhe gesorgt hatte. Zwar konnte man Katharina keinen Hochverrat nachweisen, doch hatte sie gegen die Order der Kaiserin Elisabeth verstoßen, sich aus Staatsangelegenheiten herauszuhalten. Elisabeth zitierte die Großfürstin zum Rapport. Großfürst Peter ließ es sich nicht nehmen, bei der Abstrafung seiner Frau dabei zu sein. Allerdings entwickelte sich das Gespräch anders, als er erhofft hatte. »Der Großfürst zeigte während dieser Unterredung viel Galle, Gehässigkeit und Aufgebrachtheit in Bezug auf mich und suchte die Kaiserin gegen mich einzunehmen ... Aus dem maßlosen Gerede meines Herrn Gemahls ging deutlich hervor, dass er beabsichtigte, mich zu verdrängen, um seine augenblickliche Mätresse Elisabeth Woronzowa zu heiraten, sodass sie meine Position einnehmen könnte. Sie kam schon in seine

Gemächer und machte dort die Honneurs ... Doch das konnte nicht nach dem Geschmack der Kaiserin sein«, erinnert sich Katharina. Und weiter: »Über ihren Neffen dachte die Kaiserin genauso wie ich.«

Aus der Feder Peters gibt es keine Erinnerungen. Sie hätten möglicherweise eine andere Version des Geschehens überliefert. Dass die Kaiserin aber kein Interesse an einem Skandal hatte, dürfte den Tatsachen entsprechen. Elisabeth Woronzowa, Peters langjährige Geliebte, war die Nichte des Kanzlers Michail Woronzow. Peter war der Frau, die als relativ unansehnlich und schlicht beschrieben wurde, offenbar aufrichtig zugetan. Und er wurde es zunehmend leid, von seiner Ehefrau gemaßregelt zu werden. Immerhin war er der Thronfolger und Katharina nur die Frau an seiner Seite, die man auch austauschen konnte, zumal da ihre Schuldigkeit mit der Geburt des möglichen Thronfolgers ja bereits getan war. Ihren Erinnerungen zufolge drohte Katharina in dieser Zeit damit, Peter zu verlassen. Angeblich habe die Kaiserin selbst sie von diesem Schritt abgehalten, um einen Skandal zu vermeiden. Die Antwort auf die Frage, was genau sie denn im Fall einer Trennung vom Großfürsten vorgehabt hätte, bleibt sie in ihren Memoiren schuldig.

Als ich vor dem neuen Kaiser Peter III. erschien, fing er sofort an, mich über einen Gegenstand zu unterhalten in einer Weise, die all meinen Verdacht und meine Besorgnisse wegen der Kaiserin rechtfertigte. Er sprach halblaut und in halben Worten, aber in Ausdrücken, die ziemlich unzweideutig seine Absicht zu erkennen gaben, Katharina zu beseitigen und die Romanowna, wie er meine Schwester nannte, auf den Thron zu erheben. Nachdem er sich so ausgesprochen hatte, gab er mir einige heilsame Ermahnungen. »Wenn Sie, meine kleine Freundin, auf meinen Rat hören wollen«, sagte er, »so wenden Sie sich ein bisschen mehr zu uns. Die Zeit wird kommen, wo Sie es bereuen werden, Ihre Schwester vernachlässigt zu haben. Glauben Sie mir, ich spreche in Ihrem eigenen Interesse. Sie haben keinen anderen Weg, sich eine Stellung in der Welt zu machen, als durch das Studium ihrer Art und Weise, sich ihres Schutzes zu versichern.« Da es mir unmöglich war, in diesem Augenblick etwas Passendes zu erwidern, so stellte ich mich, als ob ich kein Wort verstanden hätte, was er sagte, und eilte, um mich einer Gesellschaft beim Campisspiel anzuschließen.

FÜRSTIN DASCHKOWA, JÜNGERE SCHWESTER ELISABETH WORONZOWAS UND VERTRAUTE KATHARINAS

Der Tod der Kaiserin

Kaiserin Elisabeth hatte schon viele Jahre mit einer angegriffenen Gesundheit zu kämpfen gehabt. Doch immer wieder war sie genesen, auch wenn die Ärzte schon düstere Prognosen abgegeben hatten. Am 25. Dezember 1761 aber starb Elisabeth I., und ihren Platz übernahm plangemäß ihr Neffe als Peter III. Die Memoiren Katharinas zeichnen ein äußerst negatives Bild der kurzen Regentschaft des Zaren. Bereits bei der Beerdigung Elisabeths habe er sich komplett danebenbenommen. »Der Kaiser war an diesem Tag außerordentlich guter Stimmung«, schreibt sie, »und bei der Trauerzeremonie machte er sich folgenden Spaß: Er blieb gelegentlich hinter dem Trauerwagen zurück und ließ ihn etwa dreißig

Katharina am Sarg Elisabeths. Ende 1761 war die alte Kaiserin gestorben. Gemälde von Nikolai Nikolajewitsch Gay, 1874.

Saschen [= ca. 65 Meter] voraus, dann suchte er ihn eiligst einzuholen. Die älteren Kammerherren, die die Schleppe des schweren Staatsmantels trugen … konnten nicht mit ihm Schritt halten und mussten den Mantel fahren lassen. Als dann der Wind ihn aufblies, machte das Peter III. noch größeres Vergnügen, und er wiederholte den Scherz noch mehrere Male. Und daher kam es, dass ich und alle, die ihm folgten, weit hinter dem Sarg zurückblieben. Schließlich musste nach vorn geschickt werden, um den Trauerzug halten zu lassen, bis die Zurückgebliebenen wieder herangekommen waren. Über dieses unwürdige Benehmen wurde viel gesprochen, nicht zum Vorteil für die Person des Kaisers, und es gab allerhand Gerede über sein unverständiges Tun bei vielen Gelegenheiten.« Fairere Zeitgenossen stellten dagegen fest, dass Peter mit dem Amtsantritt deutlich an Statur gewann. So schrieb der britische Gesandte Keith in sein Heimatland, die russische Regierung arbeite deutlich straffer, seitdem Peter den Thron übernommen habe. Der Zar kümmere sich im Gegensatz zu seiner Amtsvorgängerin selbst um die ausländischen Angelegenheiten und treffe Entscheidungen. Während seiner ersten Regierungsmonate erließ er eine Fülle von Verfügungen in emotionaler Wortwahl, die dem Wohl des Volkes dienen sollten. Seine Gedanken, die er offenbar schon lange mit sich herumgetragen hatte, orientierten sich an den Maximen des aufgeklärten Absolutismus. Nun machte er sich mit Feuereifer daran, sie in die Tat umzusetzen. Er schloss die Geheime Kanzlei und verfügte eine weitgehende Glaubensfreiheit. Er verbot die Folter, schaffte die Salzsteuer ab und führte im Gegenzug eine Luxussteuer für den Adel ein. Manche Historiker gehen sogar davon aus, dass er mittelfristig die Abschaffung der Leibeigenschaft plante. Zumindest kursierten solche Gerüchte im Volk.

»Unverhoffter Freundschaftsbund«: Nach seinem Amtsantritt schloss Peter (rechts) Frieden mit Preußen und Schweden.

Der Siebenjährige Krieg

Im sogenannten Siebenjährigen Krieg standen sich von 1756 bis 1763 die Allianzen aus Frankreich, Österreich und Russland sowie Preußen und Großbritannien gegenüber. Da somit alle Großmächte der Zeit beteiligt waren und der Krieg außer in Europa auch in Nordamerika, der Karibik, Indien und auf den Weltmeeren ausgetragen wurde, sprechen Historiker auch von einem ersten Weltkrieg. Preußen etablierte sich durch diesen Krieg als fünfte Großmacht auf dem Kontinent.

Katharina gegenüber verschärfte sich sein Ton erheblich, wie auch andere Zeitzeugenberichte bestätigen. Er behandle seine Frau »mit der ausgezeichnetsten Verachtung«, schrieb der französische Gesandte Breteuil Anfang 1762 in sein Heimatland. Sie habe politisch nicht das Geringste zu sagen, so der Franzose. Doch einem aufmerksamen Beobachter wie ihm fiel auch auf, wie demonstrativ sich die Frau des Kaisers bemühte, in der Öffentlichkeit Punkte zu machen. »Mit auffallender Genauigkeit«, so Breteuil, »beobachtete sie die Feste, Fasten, Speiseregeln und dergleichen, alles Dinge, die der Kaiser leichthin behandelt, obgleich sie in Russland nicht gleichgültig sind. Mit einem Wort: Katharina vernachlässigte nichts, womit sie gefallen könnte.« Doch noch war die Zeit nicht gekommen, aktiv auf die politische Bühne zu treten. Katharina war hochschwanger, sie erwartete das Kind von Grigori Orlow. Am 11. April 1762 kam ihr Sohn Alexei zur Welt. Nach einigen Wochen der Erholung sah sich Katharina gestärkt genug, um loszulegen. Und es wurde höchste Zeit, denn je länger Peter regierte, umso mehr Rückhalt würde er möglicherweise im Volk finden.

Einen Beschluss allerdings gab es, der für erhebliches Murren in Russland sorgte. Am 5. Mai 1762 schloss Peter einen Sonderfrieden mit Preußen und beendete damit den Siebenjährigen Krieg. Ein Friedensschluss war unnötig gewesen, die militärische Lage Russlands ausgezeichnet. Preußen hatte kurz sogar vor der Niederlage gestanden. Zu allem Überfluss stellte Peter Friedrich dem Großen sogar noch ein Hilfskorps von 15 000 Soldaten zur Verfügung. Auch der Plan eines Krieges gegen Dänemark, von dem Peter Ländereien des Hauses Gottorp zurückerobern wollte, stieß auf wenig Gegenliebe bei den russischen Militärs. Psychologisch agierte Peter unklug, als er die Garden als »Janitscharen« verunglimpfte und Regimenter auflöste. Auch ein Ukas, ein eigenhändiger Erlass des neuen Kaisers vom 21. März, mit dem er erhebliche Besitztümer der orthodoxen Kirche säkularisierte und die Geistlichen gegen sich aufbrachte, war strategisch schlecht gesetzt. Solche Pläne existierten schon seit Peter dem Großen, doch mit ihrer Umsetzung machte sich der neue Herrscher wenig Freunde. Aber die eigentliche Schwäche seiner frühen Regierung war es, nicht zu sehen, was hinter seinem Rücken vorging.

Von Peter bewundert: der preußische König Friedrich der Große. Porträt von Heinrich Franke, 1763.

Katharina wusste, dass es für Peter nun keinerlei Grund mehr gab, an der Scheinehe mit ihr festzuhalten. Mit jeder Verfügung und jedem Erlass gewann der neue Regent an Selbstbewusstsein – was hinderte ihn dann eigentlich noch, auch in seinem Eheleben entsprechend aufzutreten? Peter zeigte öffentlich deutlich, wie genervt er von seiner Frau war. »Am Tisch schlug der Kaiser drei Gesundheiten vor«, schreibt die Augenzeugin Fürstin Katharina Daschkowa, »die unter dem Donner der Kanonen von der Festung her getrunken werden sollte. Die erste war auf die Gesundheit der kaiserlichen Familie! Die zweite: auf den König von Preußen. Die dritte: auf die Dauer des glücklich geschlossenen Friedens. Als die Kaiserin auf die Gesundheit der kaiserlichen Familie getrunken hatte, schickte Peter III. seinen Generaladjutanten Gudowitsch, der hinter seinem Stuhl stand, zu ihr und ließ sie fragen, warum sie bei diesem Toast nicht aufgestanden sei. Die Kaiserin antwortete, da die kaiserliche Familie nur aus ihrem Gemahl, ihrem Sohn und ihr selbst bestände, so hätte sie geglaubt, ihr Aufstehen sei nicht nötig.« Peter war offenbar über diese naheliegende Antwort enorm aufgebracht und rief für alle hörbar über den Tisch, die Herzöge von Holstein gehörten ebenfalls zur kaiserlichen Familie. Man möge seiner Frau ausrichten, sie sei eine dumme Gans. Und damit der Überbringer der Nachricht die Beschimpfung nicht etwa abmilderte, habe er »dumme Gans« noch einmal höchstpersönlich über den Tisch gebrüllt. Katherina sei daraufhin in Tränen ausgebrochen, so die Fürstin. Wie aber sollte Peter seine Frau loswerden? Ein oft praktizierter Weg war es, eine unliebsame Ehepartnerin in ein Kloster abzuschieben. Doch Peter wird sich bewusst gewesen sein, dass das bei dieser klugen Frau nicht ausreichend war. Katharina hätte möglicherweise einen Weg gefunden, den Schleier wieder loszuwerden oder auch hinter Klostermauern Ränke zu schmieden. Nein, sie musste weiter weg.

In einem Schreiben an den von ihm so bewunderten Friedrich II. von Preußen fragte Peter an, wie er eine Scheidung von seiner lästigen Gattin bewerkstelligen solle, und fasste Pläne für deren Ausweisung. »Die Kaiserin lebt unter grausamen Bedingungen und wird weiterhin mit Hohn und Spott bedacht«, schrieb der französische Gesandte Breteuil, »auf das Benehmen des Kaisers antwortet sie mit Ungeduld, den zur Schau getragenen Stolz der Mademoiselle Woronzow erträgt sie kaum. Ich zweifle nicht daran, dass der entschiedene Wille dieser Prinzessin, deren Kühnheit und Kraft mir wohlbekannt sind, früher oder später dazu führen wird, dass sie zu den äußersten Maßnahmen greift.« Und damit sollte der weitsichtige Gesandte, der ein Vertrauter Katharinas war, recht behalten.

Die weißen Nächte von Petersburg

Katharina hatte 18 Jahre Zeit gehabt, zu überlegen, wohin ihr Weg gehen sollte. Viel länger, als die angegriffene Gesundheit der Kaiserin zunächst hatte erwarten lassen. Sie war in diesen Jahren erwachsen geworden, hatte sich gebildet, verliebt, war dreifache Mutter geworden. Mit dem Mädchen, das einst an den Zarenhof gekommen war, hatte sie kaum noch etwas gemein. Da ihr Leben am »jungen Hof« keinerlei wirkliche Arbeitsleistung erforderte, hatte sie genügend Muße gehabt, die Ränke und Intrigen des Hofes zu studieren und zu verstehen. Den Mann, neben dem sie nun den Zarenthron bestenfalls dekorieren sollte, verachtete sie. Den Sohn, der einst den Thron übernehmen würde, kannte sie kaum. Und was, wenn sie selbst nach der Macht greifen würde? Herrscherinnen hatte es in Russland schon mehrfach gegeben, und gerade Kaiserin Elisabeth hatte vorgemacht, dass man sich der Krone bemächtigen und sie auch jahrzehntelang tragen konnte. Katharina traute es sich zu, dieses gewaltige Russland zu regieren. Und sie hatte die Gefolgschaft, den Machtwechsel zu erzwingen. Ihre wichtigsten Verbündeten waren ihr Geliebter Grigori Orlow und seine Brüder. Auch auf die Mehrheit der hochadeligen Familien konnte sie zählen, und nicht zuletzt stand Alexei Rasumowski, der durchaus angesehene Liebhaber Elisabeths, auf ihrer Seite.

Seit dem Frühjahr 1762 arbeiteten die Orlows und andere ausgewählte Militärs an der Unterhöhlung von Peters Position. Sie brachten Teile der Garden hinter sich und bewegten höhere Militärs zum Überlaufen. Auch bei den hohen orthodoxen Geistlichen, die um ihre Pfründen fürchteten, fanden sie Verbündete. Beim Anwerben von Mitverschwörern setzten sie auf eine erfolgreiche Mischung aus Drohungen und Geld. Im fragilen Verwaltungsgefüge des russischen Zarenreichs genügte es, die Garden hinter sich zu wissen, auf die es entscheidend ankam, um einen Monarchen zu Fall zu bringen. Peters Berater und der unerfahrene Herrscher selbst waren offenbar nicht wachsam genug, dabei war selbst Friedrich dem Großen im entfernten Berlin klar, was Peter eigentlich tun musste. »Ich gestehe Ihnen«, so schrieb er an den Zaren, »dass ich sehr dringend wünsche, dass Ew. Majestät sich bereits hätten krönen lassen, weil eine solche Feierlichkeit einem Volk imponiert, das gewöhnt ist, seine Souveräne gekrönt zu sehen. Ich gestehe ganz offen, dass ich den Russen nicht traue; jede andere Nation würde dem Himmel danken, einen Fürsten mit so ausgezeichneten und bewunderungswürdigen Eigenschaften

Seine Zeit als »Kaiser aller Reußen« sollte nur kurz währen: Zar Peter III. nach der Thronbesteigung 1762.

zu besitzen, aber wissen die Russen auch ihr Glück zu würdigen?« Einigermaßen naiv war Peters Antwort: »Wenn die Russen mir nicht wohl wollten, so hätten sie schon längst mir schaden können, da ich nie auf meine Sicherheit bedacht bin, mein Leben Gott anheimstelle und stets zu Fuß auf der Straße gehe … Wenn man die Russen zu nehmen weiß, so ist man ihrer sicher.« Doch Peter wusste sie nicht zu nehmen. Er hatte die Tatkraft seiner Frau und die Kaltblütigkeit der Gruppe um die Gebrüder Orlow unterschätzt.

Als mit Leutnant Passek einer der Verschwörer am 27. Juni verhaftet wurde, gab es nur noch die Flucht nach vorn. Die Gruppe musste handeln, wollte sie nicht komplett auffliegen. In der Nacht zum 28. Juni kam Alexei Orlow in Katharinas Schlafgemach und eröffnete den Putsch mit den legendären Worten: »Es ist Zeit, dass Sie sich erheben.« In aller Eile kleidete Katharina sich an, und in rasender Fahrt beförderte sie eine Kutsche nach Petersburg. Ihr erstes Anlaufziel war die Kaserne der Ismailowski-Garden. »Die Soldaten«, so berichtet Katharina in ihren Memoiren, »eilten herbei, um meine Hände und Füße, meinen Rocksaum zu küssen und mich ihre Erlöserin zu nennen. Zwei ... brachten einen Priester mit einem Kruzifix und legten den Eid ab.« Von dort ging es erneut per Kutsche zur Kaserne der Semjonowski-Garde. »Sie kamen uns unter Hochrufen entgegen«, so Katharina. Immer mehr liefen zu Katharina über, und der Konvoi, der die Großfürstin begleitete, schwoll auf Hunderte Soldaten an und begab sich zum Winterpalais. Am 28. Juni 1762 wurde ein Manifest in den Straßen Petersburgs verteilt, in dem Katharina die ungeheuren Gefahren beschwor, denen sich das Land ausgesetzt sehe. »Deshalb und weil Wir von der Gefahr aller Unserer getreuen Untertanen überzeugt sind, haben Wir Uns genötigt gesehen, mit Gottes Hilfe und seiner Gerechtigkeit, besonders aber auf den deutlichen ungeheuchelten Wunsch Unserer getreuen Untertanen, den Thron als Selbstherrscherin aller Reussen zu besteigen, woraufhin alle Unsere getreuen Untertanen Uns den feierlichen Eid geleistet haben.«

Doch bei allem Jubel in den Straßen: Rein militärisch war Peter in einer ungleich besseren Position als seine Frau. Seine Armeen standen für den Dänemarkfeldzug gerüstet in Livland und hätten binnen kürzester Frist zurückkehren und die Garden zerschlagen können. Auch die Festung Kronstadt, die die Seewege nach Petersburg kontrollierte, war noch in seiner Hand. Doch Peter blieb in Schloss Peterhof und feierte dort mit seiner Geliebten das Peter-und-Paul-Fest. Auf die Idee, wirklichen Widerstand zu leisten, kam er offenbar gar nicht. In Windeseile witterten seine Gefolgsleute, wer aus dieser Machtprobe als Sieger hervorgehen würde, und ließen ihn im Stich. So fiel Kanzler Michail Woronzow vor Katharina auf die Knie, obschon er eigentlich von Peter geschickt worden war, um in dessen Sinne mit der Großfürstin zu verhandeln. Das kleine Grüppchen, das beim Kaiser verblieben war, begab sich nach Oranienbaum, und ein letzter Versuch Peters, Kronstadt zu sichern, scheiterte jämmerlich. Auf den Ruf von Peters Leuten, der Kaiser sei da, erwiderten die Wachposten höhnisch: »Es gibt keinen Kaiser mehr.« Peter brach überfordert zusammen. Er hatte wohl nicht die Charakterstärke, um in einer solchen Situation bestehen zu können. Ohne nennenswerte Gegenwehr unterzeichnete er in Oranienbaum die Abdankungsurkunde: »In der kurzen Zeit meiner absoluten Regierung über das russische Reich habe ich erkannt, dass meine Kräfte einer solchen Last nicht gewachsen sind ... Ich erkläre ohne Zwang und feierlich vor dem russischen Reich und der ganzen Welt, dass ich der Regierung auf Lebzeiten entsage ... Peter, Herzog von Holstein«.

Zurück in Peterhof, übergab er den Bewachern seinen Säbel und seine Uniform. Nikita

»Deutlicher ungeheuchelter Wunsch Unserer getreuen Untertanen«: Nach dem Umsturz am 28. Juni 1762 wird die neue Kaiserin Katharina auf dem Balkon des Winterpalasts vom Volk bejubelt.

Panin, der Erzieher von Katharinas Sohn Paul, erinnerte sich später, Peter sei vor ihm auf die Knie gefallen und habe ihn angefleht, nicht von seiner Mätresse Elisabeth Woronzowa getrennt zu werden. Nachdem dies abgelehnt worden sei, habe er gebettelt, wenigstens seine Geige, seinen »Mohren« Narziss und seinen Hund Mopsi behalten zu dürfen. »Ich erachte es als einen der großen Unglücksfälle meines Lebens, dass ich Peter in jenem Moment sehen musste«, so Panins Einschätzung, »nein, den größten Unglücksfall meines Lebens.« Friedrich II. fasste das Ganze später mit den treffenden Worten zusammen: »Der Zar ließ sich ent-

»Mütterchen, er ist nicht mehr«: In der Obhut der Brüder Grigori (rechts) und Alexei Orlow kam Peter am 6. Juli 1762 ums Leben – vermutlich wurde er ermordet.

thronen wie ein Kind, das man zu Bett schickt.« Doch bei aller Selbstgewissheit, mit der Katharina den Putsch später als perfekt geplant darstellt: Der Ausgang der Ereignisse hätte ein anderer sein können. Dass sich Peter im entscheidenden Moment als so hilflos erweisen und er zudem auch noch von seinen Gefolgsleuten im Stich gelassen werden sollte, war so gar nicht vorhersehbar gewesen. Die Gebrüder Orlow hatten auf Brachialgewalt und Überrumpelung gesetzt – und waren damit erfolgreich gewesen. Wie aktiv Katharinas Rolle bei den Ereignissen dieser Tage war, ist im Nachhinein kaum noch zu entwirren. Sie selbst stellte sich in ihren Erinnerungen stets als den überlegten, vorausschauenden Part dar. Friedrich II. sah die Sache anders: »Man darf Katharina nicht die Schande oder den Ruhm dieser Revolution zuschreiben, denn sie war eine junge, schwache, einsame Ausländerin, die vor einer Scheidung und vielleicht auch vor einer Verhaftung stand. Es waren die Orlows, sie haben den Umsturz vorbereitet und geleitet.« Historiker, die sich in der jüngeren Forschung auf die Seite des so lange geschmähten Peter III. geschlagen haben, sehen im Putsch sogar einfach die Beseitigung eines Ehemanns durch den Liebhaber seiner Frau. Doch es war viel mehr als das. Katharina hatte eine konkrete Vorstellung davon, was sie als Herrscherin erreichen wollte. In den Wartejahren bei Hofe hatte sie ihre Vision eines neuen Russland entwickelt. Und sie wusste, dass Peter sie irgendwann ausmustern würde wie ein mottenzerfressenes Kleid. Den Rest ihres Lebens als Nonne hinter Klostermauern zu verbringen oder zurückgeschickt zu werden in eine Heimat, an die sie sich nur noch schemenhaft erinnerte? Für Katharina war beides undenkbar. Sie sah die Chance, selbst nach der Macht zu greifen, und sie nahm sie wahr.

Katharina verlässt am 10. Juli 1762 Peterhof.
Aquarell auf Pergament von Konrad Koestner, 1762.

Der Tod Peters

Peter wurde als Gefangener in das Landhaus Ropscha bei St. Petersburg gebracht – und war am 6. Juli 1762 tot. Katharina bewahrte einen Brief auf, der an einem Mord als Todesursache Peters keinen Zweifel ließ. »Mütterchen, gnadenreiche Kaiserin! Wie soll ich es aussprechen, was geschehen ist?«, heißt es in dem Schreiben Alexei Orlows. »Mütterchen, er ist nicht mehr ... Er kam bei Tisch in Streit mit dem Fürsten Fedor, und ehe wir sie auseinanderbringen konnten, war er nicht mehr. Wir wissen selbst nicht, was wir getan, aber wir sind alle schuldig und der Strafe wert.« Neuere linguistische Untersuchungen kommen zu dem Schluss, dass es sich bei diesem Schreiben um eine Fälschung handeln könnte, die Katharina von einer Mittäterschaft freisprechen sollte. Aus ebendiesem Grund habe sie das Schreiben so lange aufbewahrt.

Es lässt sich nicht beweisen, dass Katharina einen Mord an Peter wirklich in Auftrag gab, doch kann mit großer Sicherheit davon ausgegangen werden, dass sie seinen Tod billigend in Kauf nahm. Ihrer Verbündeten, der Fürstin Daschkowa, gewährte sie einen kurzen, aber durchaus erschreckenden Einblick in ihr Seelenleben. Denn sie bedauerte nicht den Tod des Mannes, mit dem sie knapp zwei Jahrzehnte verbracht hatte, sondern sorgte sich um ihren Ruf. »Mein Ruhm ist verdorben, die Nachwelt wird mir nie verzeihen.« Mit dieser Prognose sollte sie recht behalten, denn ganz Europa sah sie infolge der dramatischen Ereignisse in Ropscha als Gattenmörderin. Lediglich ihr Brieffreund Voltaire ließ letztlich Gnade walten. »Das sind Familienangelegenheiten, die mich nichts angehen«, urteilte er später lapidar. Auch eine eiligst veröffentlichte Darstellung konnte an der öffentlichen Meinung in Russland nichts mehr ändern. »Am 7. Tag, nachdem Wir den Thron Russlands bestie-

Nach seinem Amtsantritt hatte Peter Elisabeths Großneffen Iwan VI. in Schlüsselburg besucht. Katharina ließ den möglichen Kontrahenten ermorden.

gen«, so heißt es da, »erhielten Wir die Nachricht, dass der gewesene Kaiser Peter III. an seinen gewöhnlichen Hämorrhoidal-Anfällen erkrankt sei und an heftiger Kolik leide. Unserer Christenpflicht eingedenk, gaben Wir sogleich Befehl, ihm alles zu schicken, was an ärztlicher Hilfe ... erforderlich war. Aber zu Unseres Herzens Betrübnis ... erhielten Wir gestern Abend die Nachricht, dass es Gottes Wille gewesen ist, seinem Leben ein Ende zu setzen.« Am 19. Juli 1762 wurde der tote Zar im Alexander-Newski-Kloster aufgebahrt. Die offenbar gut sichtbaren Strangulationsspuren am Hals suchte man mit einem Halstuch zu verdecken, doch die blau-violette Verfärbung seines Gesichts war nicht zu kaschieren. In weiser Voraussicht nahm Katharina an der Beerdigung Peters nicht teil. Die trauernde Witwe hätten ihr die Russen vermutlich auch nicht abgenommen.

Zwei Jahre später war auch der letzte potenzielle Thronrivale ausgeschaltet. Iwan VI., der unglückselige Großneffe Elisabeths, war als Kind in die Festung Schlüsselburg gesperrt worden, da er möglicherweise Ansprüche auf den Zarenthron hätte anmelden können. Mittlerweile war er zu einem jungen Mann herangewachsen, und seine edle Abstammung machte ihn auch für Katharina zu einem ernst zu nehmenden Gegner. Doch wie es um den Geisteszustand des sogenannten »Gefangenen Nr. 1« bestellt war, darüber gab es verschiedene Meinungen. Die andauernde Haft hatte offenbar ihre Spuren hinterlassen. Aber die Gefahr, dass der junge Mann zum Spielball anderer Interessen wurde, blieb groß. Am 4. Juli 1764 nun, so die offizielle Version, kam Iwan bei einem Befreiungsversuch durch den Offizier Wassili Mirowitsch zu Tode. Die Wachen waren dem Befehl gefolgt, den Gefangenen im Fall eines Befreiungsversuchs sofort zu erschießen. Ob und wieweit der Zwischenfall von Katharina gesteuert worden war, lässt sich letztlich nicht mehr klären, doch das Ergebnis war, dass sie nunmehr die einzige und unbestrittene Herrscherin des Landes war. Auch in diesem Fall zeigte sie wenig Mitleid. »Außer seinem hilflosen Gestammel hat der doch nicht begriffen«, so ihr gnadenloses Urteil. »Die Vorsehung hat mir wirklich einen Dienst erwiesen.«

»Kaiserin und Autokratin aller Reußen«: Die Krönung Katharinas II. in der Uspenski-Kathedrale des Moskauer Kreml am 22. September 1762.

Ich werde eine Autokratin sein, das ist mein Beruf. Und Gott der Herr wird es mir verzeihen. Das ist sein Beruf.

KATHARINA DIE GROSSE

An einem Sonntag, dem 22. September 1762, war Katharina im Moskauer Kreml zur »erlauchtesten und allmächtigen Fürstin und Dame Katharina der Zweiten, Kaiserin und Autokratin aller Reußen«, gekrönt worden. Wer erwartet hatte, sie würde die Regentschaft nur stellvertretend für ihren minderjährigen Sohn Paul übernehmen, sah sich getäuscht. Sie selbst wollte herrschen – solange sie lebte. In einer goldenen Kutsche kehrte die frisch gekrönte Kaiserin in ihren Palast zurück. Ihre Gardisten schleuderten Goldmünzen in die Menge. Eine komplette Woche lang wurde der Machtwechsel mit Bällen und Empfängen gefeiert – dann begann die Regierungszeit Katharinas der Großen, die 34 Jahre andauern sollte.

»Freie Hand, Gutes zu tun«: Katharina im Krönungsornat. Porträt des kaiserlichen Hofmalers Alexei P. Antropow, 1762.

Gute Vorsätze

Katharinas Regentschaft begann voller Hoffnung. Sie übernahm Gedanken der Aufklärer, sprach von Freiheit, Gerechtigkeit und dem Glück der Untertanen. Sie nahm ihren schriftlichen Dialog mit Voltaire auf, auch mit Denis Diderot und Jean le Rond d'Alembert stand sie in regem Austausch. »Es ist gegen die christliche Religion und die Gerechtigkeit, Menschen, die alle mit der Geburt die Freiheit mitbringen, zu Sklaven zu machen«, schrieb die neue Kaiserin. »Freiheit, Seele aller Dinge, ohne dich ist alles tot. Ich will, dass man den Gesetzen gehorcht, aber ich will keine Sklaven. Glücklich zu machen sei das allgemeine Ziel ... Man binde mir die Hände, so viel man will, um mich zu hindern, Böses zu tun, aber man lasse mir freie Hand, Gutes zu tun. Dem kann jeder vernünftig denkende Mensch zustimmen.« Sätze wie diese zeugen von guten Vorsätzen und dem Glauben an die Kraft von Veränderungen.

Während Katharinas Zeit als russische Kaiserin setzte sich in Europa die Erkenntnis durch, dass eine Umgestaltung der Gesellschaftsordnung unumgänglich war. »Der Staat bin ich« – diese Maxime der absolutistischen Herrscher war nicht mehr haltbar. Der sogenannte aufgeklärte Absolutismus sollte auf Basis der Achtung der Menschenrechte und der Verbindlichkeit des Rechts für alle gelten. Doch ein »dritter Stand« in Gestalt eines reformbe-

Brief Voltaires vom 22. Dezember 1766 an Katharina

Madame! Ihre Kaiserliche Autorität mögen mir verzeihen. Nein, Sie sind gewiss nicht die Aurora Borealis, Sie sind sicherlich das leuchtende Gestirn des Nordens, und kein Stern ist jemals so wohltuend gewesen wie der Ihrige. Andromeda, Perseus und Kallisto wiegen Sie nicht auf. Alle diese Gestirne hätten Diderot vor Hunger sterben lassen. Er wurde in seinem Vaterland verfolgt. Sie aber kommen und überhäufen ihn mit Ihren Wohltaten. Ludwig XIV. zeigte sich in seiner königlichen Herrlichkeit weniger freigebig als Ihre Majestät; er belohnte das Verdienst in fremden Ländern, aber man musste ihn darauf hinweisen; Sie dagegen, Madame, suchen es und finden es. Ihre edelmütigen Bemühungen, die Gewissensfreiheit in Polen herzustellen, sind eine Wohltat, die das Menschengeschlecht feiern sollte, und ich habe den Ehrgeiz, so kühn zu sein, im Namen dieses Menschengeschlechts zu sprechen, wenn meine Stimme noch vernommen werden kann.

Indessen gestatten Sie mir, Madame, zu veröffentlichen, was Sie mir liebenswürdigerweise bezüglich des Erzbischofs von Nowgorod und der Toleranz mitteilten. Was Sie mir geschrieben haben, ist ein Denkmal Ihres Ruhms. Diderot, d'Alembert und ich errichten Ihnen Altäre. Sie machen mich wieder zum Heiden: Ich werfe mich mit Anbetung zu den Füßen Ihrer Majestät und bin mit der tiefsten Hochachtung der Priester Ihres Tempels.

Anders als von manchen Beobachtern angenommen, übernahm Katharina selbst die Regierungsgeschäfte. Die Kaiserin empfängt ausländische Botschafter. Zeitgenössischer Stich.

reiten Bürgertums existierte in Russland nicht. Hier gab es Millionen Leibeigene und den Adel, der sich größtenteils an seine Pfründen klammerte. Katharina gelangen schön klingende Formulierungen, doch als Herkulesaufgabe erwies es sich, ihnen Taten folgen zu lassen. Selbst ohne nennenswerte eigene Regierungserfahrungen hatte sie in 18 Jahren bei Hofe genug mitbekommen, um zu wissen, dass sie auf das richtige Pferd setzen musste, wollte sie an der Macht bleiben. Und das waren nun einmal die Adligen und nicht die Bauern.

Katharina nahm ihre Aufgabe als russische Herrscherin von Anfang an sehr ernst und ging sie mit großem Fleiß an. »Ich stehe regelmäßig um sechs Uhr früh auf, ich lese und schreibe ganz allein bis acht, dann kommt man und trägt mir Angelegenheiten vor … Ich gehe vor elf Uhr schlafen, um am nächsten Tag das Gleiche zu tun. Das ist geregelt wie Musik auf Notenpapier«, so die Kaiserin in ihren Erinnerungen. Sie vertraute auf erfahrene Berater, doch ließ sie es sich nicht nehmen, an Erlassen persönlich mitzuwirken und über alles bestens informiert zu werden. Um sich ein wirkliches Bild von ihrem Land zu machen, ging sie auf Reisen, wie es einstmals Peter der Große getan hatte. Zwar blieb sie im Gegensatz zu ihrem mächtigen Amtsvorgänger im eigenen Land, doch ihre Wege zogen immer weitere Kreise – von Moskau und Petersburg ausgehend bis weit ins russische Hinterland. Auf ihren Reisen bestätigte sich, was Katharina befürchtet hatte: Regierung, von wem auch immer ausgeführt, kam in Großteilen des Landes überhaupt nicht an. »Der Senat schickte Ukasse und Befehle in die Gouvernements, aber die Anordnungen wurden dort so schlecht ausgeführt, dass die Redensart ›Man wartet auf den dritten Ukas‹ fast sprichwörtlich geworden ist, weil dem ersten und zweiten nie Folge geleistet wurde«, hieß es.

Die Idee, die Macht mit einem »kaiserlichen Rat« zu teilen, war schnell wieder vom Tisch. »Das russische Kaiserreich ist so weitläufig, dass außer einem Selbstherrscher jede andere Regierungsform ihm schädlich wäre, denn alle anderen sind langsamer in der Ausführung und haben zahllose verschiedenartige Parteilichkeiten in sich, die zur Zerstückelung der Macht und der Kraft treiben, während der eine Herrscher, der das allgemeine Wohl als sein eigenes ansieht, alle Mittel zur Ausrottung aller Schäden hat«, so Katharina.

Dennoch machte sich die Kaiserin mit Feuereifer daran, ein umfangreiches Gesetzeswerk zu verabschieden, das die Grundlage ihrer Regierung werden sollte. Sie entwarf eine »Instruktion für die Verfertigung des Entwurfs zu einem neuen Gesetzesbuch«, bei deren Formulierungen sie sich großzügig der Gedankengänge der Aufklärer bediente. Vor allem bei Montesquieu schrieb sie einfach ab, machte

Auch beim Putsch trug Katharina Uniform. Reiterbildnis von Vigilius Erichsen, 1770.

daraus aber auch kein Hehl. So schrieb sie an d'Alembert: »Sie werden sehen, wie ich zum Nutzen meines Reiches Montesquieu geplündert habe, ohne ihn zu nennen. Sieht er meine Arbeit von der anderen Welt aus, so wird er mir dieses Plagiat doch hoffentlich verzeihen, um der Wohltaten willen, die sich daraus für zwanzig Millionen Menschen ergeben sollen.« Die gigantische Regel- und Gedankensammlung, die so entstand, befasste sich mit allen Bereichen des Zusammenlebens in Russland. Religion, Wirtschaft, Strafrecht und Regierung

Katharina als Gesetzgeberin im Tempel der Gerechtigkeitsgöttin Justitia. Gemälde von Dimitri Grigorjewitsch Lewizki, um 1780.

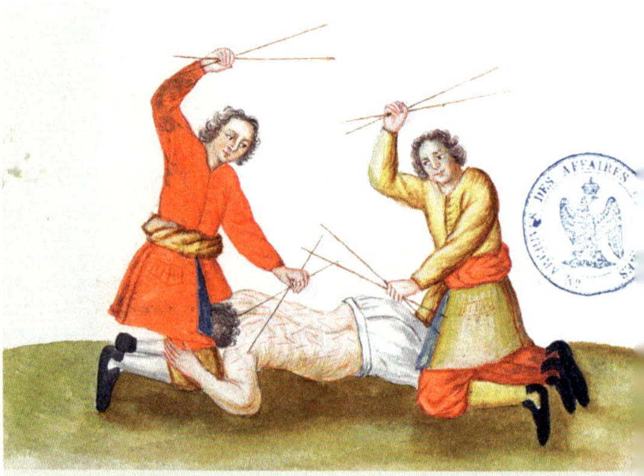

Ein Leibeigener wird gezüchtigt. Zeichnung aus einem französischen Reisebericht über Russland von 1731.

wurden ebenso angesprochen wie Fragen von Umwelt, Klima oder Sitten. Doch das Vorhaben war zu groß, um durchgesetzt werden zu können.

1767 berief Katharina eine gesetzgebende Kommission ein, die sich aus Adligen, Städtern und den Bauern der Staatsgüter zusammensetzte, um die grundlegende Rechtsreform in Russland vorzubereiten. Die Leibeigenen, die den überwiegenden Teil der russischen Bevölkerung ausmachten, hatten keine Mitsprache. »Bei jedem Paragrafen gab es Meinungsverschiedenheiten«, berichtet Katharina. »Ich gestattete ihnen zu streichen, so viel sie wollten. Sie strichen mehr als die Hälfte von dem, was ich geschrieben hatte.« Über Jahre gelang es der Reichsversammlung nicht, aus Katharinas »Instruktion« ein Gesetzbuch aus einem Guss zu entwickeln. Als im Herbst 1768 der Türkenkrieg ausbrach, verschwand das Projekt in den Schubläden. Die Erfahrungen der jahrelangen Befassung damit aber flossen in die große Verwaltungsreform des Jahres 1775 ein. Russland wurde in Verwaltungsprovinzen und -distrikte unterteilt, um den Kontakt zwischen Obrigkeit und Bevölkerung zu gewährleisten. Die Verwaltung der Untereinheiten übernahmen die Adligen, deren Einfluss dadurch noch einmal erheblich zunahm. Für die Leibeigenen dagegen blieb alles beim Alten.

Leibeigenschaft

Seit dem Beginn des 17. Jahrhunderts waren in Russland große Teile der Bauernschaft Leibeigene. Sie, die auch verächtlich als »Muschiki« bezeichnet wurden, waren damit der kompletten Verfügungsgewalt ihres adeligen Leibherrn unterstellt. Sie mussten ihm Frondienste leisten und konnten nach Belieben verkauft werden. Von Beginn an entlud sich die Unzufriedenheit der Bauern in immer wiederkehrenden Aufständen. Die Reformen Peters des Großen tasteten die Leibeigenschaft nicht an, und auch die Regentschaft Katharinas brachte nicht die erhofften Erleichterungen für die sogenannten »Muschiki«.

Am 19. Februar 1861, und damit rund fünfzig Jahre später als in den westeuropäischen Ländern, erließ Zar Alexander II. das Manifest zur Aufhebung der Leibeigenschaft für 25 Millionen Bauern. Doch auf die juristische Freiheit folgten meist wirtschaftliche Not und Abhängigkeit, die noch über Jahrzehnte andauerten. 1917 bildeten sie den Nährboden für die Oktoberrevolution.

Die Unzufriedenheit der verschiedenen Bevölkerungsgruppen entlud sich im sogenannten Pugatschow-Aufstand, der Katharinas Herrschaft in den Jahren 1772 bis 1775 stark erschütterte. Unter der Führung des Donkosaken Jemeljan Pugatschow verbreitete sich die Rebellion gegen die Zentralgewalt wie ein Flächenbrand. Binnen kürzester Frist erfasste sie ein gigantisches Gebiet zwischen dem Ural, der Wolga, Westsibirien und dem Don. Pugatschow gab sich als Peter III. aus, der dem Mordanschlag entkommen und nun zurückgekehrt sei, um die Geknechteten zu befreien. »Vom Selbstherrscher Peter Fjodorowitsch, Kaiser von ganz Russland ... Harret aus, bis ich zu euch komme«, heißt es in einem Ukas des angeblichen Kaisers, »mit wahrhaftiger Treue, untertäniger Freude und mit kindlicher Liebe zu mir, eurem Herrscher und Vater ... Dafür werde ich euch gnädig verleihen: ewige Freiheit, Flüsse, Wiesen, alle Nutzungsrechte, Gewerbe, Salär, Proviant, Pulver und Blei, Würde und Ehren und die Freiheit.«

Seinem Ruf folgten zunächst die Kosaken, deren Eingliederung in den russischen Staatsverband nie wirklich gelungen war, dann die Baschkiren, Kirgisen und Kalmücken. Doch in Windeseile schlossen sich auch zwei Gruppen an, deren Unzufriedenheit Regierungen zu Fall bringen konnte: die Arbeiter der Fabriken und Bergwerke des Uralgebiets und die Leibeigenen, vor allem an der mittleren und unteren Wolga. Auch viele Geistliche sympathisierten mit der Erhebung. Katharina nahm die Bedrohung von Anfang an wahr, unterschätzte jedoch ihre Sprengkraft: »Gott mag wissen, wie das enden wird. Vielleicht laufen die Rebellen auch von selbst wieder auseinander«, schrieb sie im Dezember 1773. Doch im Verlauf weniger Monate erhielt Pugatschow so viel Zulauf, dass man von bürgerkriegsähnlichen Zuständen sprechen muss. Pugatschow bündelte in seinen Forderungen die Wünsche und Sehnsüchte von Millionen Unterdrückten. »Wir befreien die Bauern und das gesamte Volk von allen Abgaben und Lasten, die ihnen früher

»Wir befreien das gesamte Volk«: Pugatschow hält während des Aufstands in einer eroberten Stadt Gericht. Gemälde von Wassili Perow, 1879.

von den verbrecherischen Adligen und bestechlichen Stadtrichtern auferlegt wurden«, verkündete der angebliche Peter im Juli 1774, »und nach Ausrottung dieser Feinde und verbrecherischen Adligen wird jedermann die Stille und ein ruhiges Leben genießen, das andauern wird, solange die Welt besteht.«

Das war nichts weniger als die Forderung nach einer Revolution. Tausende Adlige und ihre Angehörigen wurden von aufgebrachten Bauern umgebracht und ihre Anwesen zerstört. Zeitweilig gelang es Pugatschow, große Teile des russischen Südens unter seine Kontrolle zu bringen. Erst nach zwei Jahren konnten Katharinas Truppen den Aufstand niederschlagen. Am 10. Juli 1775 wurde der Rebellenführer in Moskau hingerichtet. Das Ausmaß der Revolte und der beeindruckende Zulauf, den Pugatschow erfahren hatte, hätten die Kaiserin aufrütteln können, den Gründen für die Unzufriedenheit nachzugehen. Doch bereits zu diesem Zeitpunkt war von den romantischen Gedanken, die sie zu Beginn ihrer Regierungszeit gehegt hatte, nicht mehr viel übrig. Katharina sorgte sich vor allem um ihren Ruf im Ausland. »Ich bitte Sie um Gottes willen, geben Sie sich alle Mühe, diese Verbrecher, die uns vor aller Welt beschämen, auszumerzen«, schrieb sie im Februar 1774 an General Bibikow, den sie mit der Niederschlagung des Aufstands beauftragt hatte. Zwar erließ sie 1775 eine Amnestie für viele Aufständische, doch war ihr die »Pugatschowina«, wie die Revolte genannt wurde, eine Lehre. Für den Rest ihrer Regierungszeit blieb sie wachsam und misstrauisch gegenüber potenziellen Aufrührern.

Graf Grigori Orlow hatte als Liebhaber der Kaiserin schon bald ausgedient.

Eine Nymphomanin auf dem Zarenthron?

Seit dem Tod Peters III. und der Krönung Katharinas stand auch die Frage nach dem Mann an ihrer Seite im Raum. Nicht wenige hatten zunächst erwartet, dass sie direkt in den Stand der Ehe treten würde. Doch mit wem? Grigori Orlow war keineswegs eine standesgemäße Partie. Wohl hatte er Katharina gebeten, seine Frau zu werden, doch die Kaiserin wusste, dass sie sich damit nur Schwierigkeiten einhandelte. Im Gegenteil – Orlow hatte seine Schuldigkeit getan und musste abtreten, bevor er zu fordernd wurde. Katharina heiratete nie wieder. Und doch war stets ein Mann an ihrer Seite. Auf Grigori Orlow folgte Grigori Potemkin, mit dem sie eine wunderbare Liebesgeschichte verband. Der talentierte Militär und Staatsmann war mehrere Jahre lang Katharinas Liebhaber und blieb ihr auch nach dem Ende ihrer intimen Beziehung stets in Freundschaft verbunden. Als Potemkin starb, so heißt es, fand man einen Liebesbrief Katharinas, den er an sein Herz gedrückt hatte.

Es gehört viel Kraft und Mut dazu, einen Mann von sich abhängig zu machen. Doch es zahlt sich fast immer aus.

KATHARINA DIE GROSSE

Erst ab 1776, im Alter von 47 Jahren, begann Katharina ihre Liebhaber häufiger zu wechseln. Letztlich waren es wohl 21 Männer, die ihr Bett teilten – eine Zahl, die Katharina den zweifelhaften Ruhm einer Sexbesessenen eintrug. Dieser

Liebesbrief Katharinas an Grigori Potemkin

Liebling, ich glaube, Du hast wirklich gedacht, ich würde Dir heute nicht schreiben. Du hast Dich getäuscht. Ich bin um fünf Uhr aufgewacht, jetzt ist es sieben Uhr, und schon schreibe ich Dir ... Ich habe meinem ganzen Leib, ja auch den kleinsten Härchen streng befohlen, Dir nicht den geringsten Liebesbeweis zu geben. Ich habe meine Liebe in meinem Herzen mit zehn Schlössern versiegelt; dort schmachtet sie, ihr ist ganz elend, und ich fürchte, sie wird ausbrechen. Bedenk doch, ein vernünftiger Mann, kann man so viel Torheit in wenigen Zeilen aussprechen? Eine ganze Flut von Unsinn entströmt meinem Kopf. Ich verstehe nicht, wie Du eine Frau mit so wirren Gedanken ertragen kannst. O Monsieur Potemkin, was für ein trauriges Wunder habt Ihr vollbracht, einen Kopf, der einstmals in der Welt als einer der besten von Europa galt, aus dem Gleichgewicht zu bringen. Es ist Zeit, höchste Zeit, dass ich wieder zur Vernunft komme. Wie schändlich! Wie sündhaft! »Du wirst ihm mit deinem Wahnsinn lästig werden«, sage ich mir ... »Mein Grischa wird diese verrückten Zeilen, aus denen doch so viel Liebe spricht, nicht lesen.« Adieu Christenmensch, Moskowiter, Kosak. Ich liebe Dich nicht.

Mit Grigori Potemkin verband Katharina bis an dessen Lebensende eine innige Beziehung.

Aspekt ihres Lebens ist es, der bis heute deutlich mehr Beachtung findet als ihre gesamte politische Tätigkeit. Die angebliche Nymphomanie der Kaiserin wurde in zahllosen Romanen, Zeichnungen und Pornofilmen ausgebreitet.

Wahre Freundschaft hat sich nie in ihrem Herzen niedergelassen, und sie ist bereit, ihren besten Freund zu verraten ... Sie hält sich an die Regel, einen Mann so lange zu beschwatzen, wie er benötigt wird, um ihn dann, mit ihren eigenen Worten, ›wegzuwerfen wie eine ausgequetschte Zitrone‹.

FÜRST SCHTSCHERBATOW,
HÖFLING IN PETERSBURG

Dabei war die Anzahl der Liebhaber, mit denen sie in 67 Lebensjahren zusammen war, keineswegs ungewöhnlich. Viele männliche Herr-

Katharinas wechselnde Liebhaber wurden zumeist fürstlich entlohnt. So erhielt Grigori Orlow das Schloss Gatschina bei St. Petersburg. Gemälde von 1798.

scher ihrer Zeit brachten es auf erheblich mehr Mätressen. Ungewöhnlich aber war die Offenheit, mit der Katharina dieses Thema behandelte. Die erwählten Männer, die meist aus dem Militär stammten, wurden ungeniert bei Hofe vorgestellt und lebten in Räumlichkeiten nahe der Kaiserin. Sie teilten Bett und Leben der Kaiserin für eine bestimmte Zeit und wurden anschließend gegen einen anderen, in der Regel jüngeren Mann ausgetauscht. Eine Beziehung zur Kaiserin lohnte sich für ihre Favoriten. Keinen entließ sie mittellos, sondern sorgte für ein finanzielles Auskommen und eine gesellschaftliche Position. So erhielt beispielsweise Grigori Orlow das hübsche Schlösschen Gatschina. Auch scheint das persönliche Verhältnis zu den Männern in der Regel auch nach dem Ende der intimen Beziehung gut gewesen zu sein. Auch in höherem Lebensalter änderte Katharina ihren Lebensstil nicht. Ihr letzter Geliebter, Platon Zubow, war vierzig Jahre jünger als sie. In den Namen ihrer Liebhaber erschöpft sich das Wissen um Katharinas Liebesleben eigentlich bereits.

Dennoch kursieren unzählige Geschichten über Orgien und unfassbares Treiben hinter Palastmauern. Ihren Ursprung haben die meisten Gerüchte wohl in der Propaganda der Zeit der Französischen Revolution, deren Geist Katharina erbittert bekämpfte. Obszöne Pamphlete kursierten, nach denen die russische Nymphomanin Männer kompanieweise vernaschte. Die bekanntesten Geschichten entstanden nicht einmal zu Lebzeiten der Kaiserin, sondern entstammen den folgenden Jahrhunderten. Sie sind damit eher Zeugnis der europäischen Pornografiegeschichte als der Geschichte Katharinas der Großen. Da taucht der Name des Marquis de Sade ebenso auf wie der Leopold von Sacher-Masochs. Alle extremen sexuellen Begierden werden Katharina der Großen zugeschrieben, ob nun zügellose Gier, Unersättlichkeit, Sex mit mehreren Partnern oder Tieren. Die gleichen Episoden tauchen über die Jahrhunderte in immer anderen Schriften auf und werden nur in Nuancen verändert.

Jeder Mann ist ein Manuskript, das erst korrigiert werden muss … Männer lieben intensiver mit zwanzig, aber sie lieben besser mit dreißig.

KATHARINA DIE GROSSE

Manche Geschichten sind aber auch neueren Datums, so die oft zitierte Episode, nach der Katharina ihre Liebhaber zuvor von einer Zofe auf ihre Leistungsfähigkeit überprüfen ließ. Sie taucht wohl erstmals bei dem deutsch-baltischen Kulturhistoriker Bernhard Stern Ende des 19. Jahrhunderts in *Die Romanows. Intime Episoden aus dem russischen Hofleben* auf: »Sobald Katharina auf einen Mann ihr Auge geworfen, wurde einer hierzu bestimmten Dame, der ›Probiererin‹, befohlen, den Betreffenden zu Tisch zu laden. Hier erschien angeblich auch die Kaiserin, sprach mit dem Auserwählten und suchte zu erforschen, ob er ihre Gunst und Gnade wert. Und wenn er ihrem Geschmack entsprach, musste zunächst die Probiererin … durch 24 Stunden die Kräfte des Erwählten erproben und der Kaiserin rapportieren: ›In jeder Hinsicht vortrefflich‹ oder ›Nicht für Majestät geeignet‹. Hatte endlich auch der Leibarzt den Gesundheitszustand des Kandidaten für gut befunden, so war die Sache fertig.« Tatsächlich ließ Katharina, bevor sie mit einem Mann intim wurde, erhebliche Erkundigungen über ihn einholen, die aber sicher weniger den sexuellen Talenten galten als der Überprüfung von Geschlechtskrankheiten. Diese waren in der höfischen Gesellschaft, und nicht nur hier, im 18. Jahrhundert enorm verbreitet und führten mangels Behandlungsmöglichkeit oftmals sogar zum Tod.

Für andere bizarre Geschichten dagegen lässt sich überhaupt keine Herkunft nachweisen. So soll Katharina allen Ernstes beim Sex mit einem Hengst zu Tode gekommen sein. Das Tier sei über ihr zusammengebrochen und habe sie erdrückt. Diese mit Sicherheit frei erfundene Episode ist so sehr mit der Person Katharinas verwoben, dass das *Wall Street Journal* die Mär von Hengst und Katharina 2002 zum wohl meist erinnerten Teil der europäischen Geschichte kürte. Durchaus Anlass dagegen gab es für die Fama, Katharina habe ein erotisches Kabinett unterhalten, in dem sie sich mit ihren Gespielen an amourösen Darstellungen erfreut habe.

Die Fürstin war von mittlerer Größe, doch gut gebaut und von einer majestätischen Haltung; sie besaß die Gabe, alle für sich zu gewinnen, die sie an ihrer Bekanntschaft interessiert glaubte. Ohne schön zu sein, war sie sicher, durch ihre Sanftmut, ihre Leutseligkeit und ihren Geist zu gefallen, deren sie sich sehr gut bediente, um von jedem Hochmut frei zu erscheinen.

GIACOMO CASANOVA
ÜBER KATHARINA DIE GROSSE

Katharina die Große während eines Spaziergangs im Park von Zarskoje Selo. Gemälde von Wladimir L. Borowikowski, 1796.

Seit dem Zweiten Weltkrieg kursierten auch in Deutschland Gerüchte über das berüchtigte Zimmer. Deutsche Soldaten, die an der Belagerung Leningrads teilnahmen, wollten es im nahe gelegenen Zarskoje Selo gesehen haben: eine mit Holz verkleidete Lasterhöhle, die vom Boden bis zur Decke mit frivolen Schnitzereien verziert war. Die Soldaten machten auch Fotos von anstößigem Inventar, das sie im Schloss Gatschina gesehen hätten, zum Beispiel von einem Tisch, dessen Platte auf erigierten Penissen ruht, frivolen Bildern und mit erotischen Darstellungen verzierten Schnupftabakdosen. Ein wirklicher Nachweis, dass diese Möbel wirklich Katharina der Großen gehörten und sie selbst ein solches erotisches Kabinett benutzte, konnte nie erbracht werden. Die Erotika auf den Fotos der deutschen Soldaten haben mit größter Wahrscheinlichkeit nicht Katharina gehört, da ihr Stil eher dem 19. Jahrhundert zuzuordnen ist. Doch viele Monarchen des 18. Jahrhunderts sammelten pornografische Bilder und Gegenstände. In Petersburg findet sich eine Liste aus den 1920er-Jahren, die nicht weniger als 500 erotische Inventarteile aus den Zarenpalästen erfasste. Tatsächlich erfreute sich Katharina eines lebhaften Liebeslebens, und es wäre verwunderlich, wenn

Empfängnisverhütung im 18. Jahrhundert

Die Möglichkeiten zur Schwangerschaftsverhütung waren zu Lebzeiten Katharinas der Großen äußerst begrenzt. Kräutermixturen oder magische Praktiken, wie zum Beispiel das empfohlene dreimalige Spucken ins Maul eines Frosches, erfüllten wohl selten ihren Zweck. Das deutlich aktivere Sexualleben Katharinas seit dem Ende ihres fünften Lebensjahrzehnts führen Historiker auch darauf zurück, dass sich die Kaiserin nach ihren Wechseljahren keine Gedanken mehr um ungewollte Schwangerschaften machen musste. Katharinas Zeitgenosse Giacomo Casanova (1725 bis 1798) berichtet in seinen Schriften detailliert über den Gebrauch von Kondomen, die er als *redingotes anglaises*, »englische Reitjacken«, bezeichnete. Sie bestanden aus getrockneten Schafsblinddärmen, die mit einem Bändchen zugebunden wurden. Offenbar leisteten sie tatsächlich einen gewissen Dienst zur Verhinderung von Schwangerschaften und Ansteckung mit Geschlechtskrankheiten. Casanova beklagte allerdings mangelnde Bequemlichkeit.

gerade sie solche Gegenstände nicht besessen haben sollte. In dieser Hinsicht war ihr Ruf ihr zeitlebens ziemlich egal. Als sie ein Flugblatt in die Hände bekam, auf dem von Orgien in den Kellern des Winterpalastes berichtet wurde, soll sie lapidar gesagt haben: »Ich bin nie in den Kellern dieses Palastes gewesen. Wie köstlich hätten wir uns dort amüsieren können, wenn wir das gewusst hätten.«

Lass mich nicht König werden, rufe mich zurück! Wenn ich je einen Thron erstrebte, so nur deshalb, weil ich Dich auf ihm sah … Man liebt nicht zweimal im Leben, wie ich Dich liebe. Was bleibt mir noch? Eine Leere, ein furchtbarer Überdruss im Herzen … Sophie, Sophie, Du lässt mich furchtbar leiden.

STANISŁAW PONIATOWSKI AN KATHARINA, ALS IHM DIE POLNISCHE KRONE ANGETRAGEN WIRD

»Jetzt wird die Katze ihre Mäuse jagen«

Als Katharina den Zarenthron bestieg, hatte ihr Amtsvorgänger Peter außenpolitisch vollendete Tatsachen hinterlassen. Sie beließ es beim Frieden mit Preußen. Da ihre Regierung noch lange auf wackeligen Füßen stand, blieb ihr auch keine Wahl. Auf Dauer aber fand sie durchaus gemeinsame Ziele mit Friedrich dem Großen. Leidtragender war Polen, das schwache Wahlkönigreich zwischen Russland und Preußen. Als König August III. 1763 starb, verfiel Katharina auf die Idee, ihren ehemaligen Liebhaber Stanisław Poniatowski zum polnischen König zu machen. Friedrich, der nach dem Tod Peters III. schnell auf gute Verständigung mit der neuen Regentin gesetzt hatte, unterstützte ihre Pläne. Im April 1764 unterzeichneten Preußen und Russland ein Defensivbündnis, und wenige Monate später wurde Stanisław II. polnischer König. Katharina

»Der polnische Kuchen«: britische Karikatur auf die erste Teilung Polens, 1774.

schrieb an ihren Berater Nikita Panin: »Ich gratuliere Ihnen zu dem König, den wir gemacht haben.« Doch sie hatte sich verschätzt. Poniatowski blieb keinesfalls die Marionette, die sich Katharina auf dem Polenthron gewünscht hatte. Die Folge war die erste Teilung Polens zwischen Russland und Preußen. Zwei weitere sollten folgen, durch die sich das russische Staatsgebiet letztlich um eine Million Quadratkilometer Land vergrößerte.

In den beiden russisch-türkischen Kriegen von 1768 bis 1774 und 1787 bis 1792 erkämpften Katharinas Truppen einen Zugang zum Schwarzen Meer und besetzten weite Teile des Küstengebiets. An den Grafen Iwan Tschernitschew schrieb Katharina: »Jetzt hat man die schlafende Katze aufgeweckt, jetzt wird die

Er wurde polnischer König von Katharinas Gnaden: der ehemalige Liebhaber der Kaiserin, Stanisław Poniatowski.

Katze ihre Mäuse jagen.« Im Zuge des zweiten Türkenkriegs gelang die Eroberung der Krim, und es begann die Erschließung der Südukraine als Neurussland. Katharina konnte sich hier auf die unschätzbaren Dienste ihres ehemaligen Liebhabers Grigori Potemkin verlassen. In die Geschichte aber ging dieser große Staatsmann durch eine einzige Begebenheit ein. Der Legende nach täuschte er ihr bei einer großen Repräsentationsreise durch Südrussland prachtvolle Dörfer vor, die es gar nicht gab. Hölzerne Attrappen hätten die brüchigen Fassaden ersetzt, fröhliche und gut gekleidete Menschen vom Flussufer der hohen Besucherin zugewinkt. Diese »Potemkinschen Dörfer« wurden durch die süffisanten Berichte mitreisender europäischer Gesandter zum geflügelten Wort. Tatsächlich wusste Katharina wohl genau, dass ihr nur Dörfer in besonders gutem Zustand gezeigt werden sollten. Sie hatte die Reise 1787 aus Anlass ihres 25. Thronjubiläums unternommen und wurde von einem Großteil ihres Hofes und hohen ausländischen Gesandten begleitet. Zeitweise nahmen sogar der österreichische Kaiser Joseph II. und der polnische König teil. Die Reiseroute war offenbar von Potemkin so gewählt worden, dass sich die Region von ihrer besten Seite zeigte.

Stellen Sie sich vor, dass Sie Europa und Asien dienen müssen. Welch ein Unterschied in Klima, Menschen, Gewohnheiten, vor allem in den Begriffen. Das wollte ich mit eigenen Augen sehen, und da bin ich nun in Asien. In dieser Stadt gibt es zwanzig Völker, die sich in keinem Stück gleichen, und trotzdem muss man ihnen einen Rock nähen, der allen gleich gut sitzt. Es ist leicht, allgemeine Regeln zu finden, aber die Details? Und welche Details? Wie viele sind es? Das ist fast so schwer, als müsste man eine ganze Welt erschaffen, sie vereinigen und erhalten.

KATHARINA AN VOLTAIRE
IN EINEM BRIEF VOM 29. MAI 1767

Nach dem Ende der Türkenkriege nimmt die Kaiserin die Eroberungen auf der Krim in Besitz. Französischer Stich vom Ende des 18. Jahrhunderts.

Das Ende einer großen Herrscherin

»Die Zeit gehört nicht mir, sondern dem Reich«, soll Katharina gesagt haben. Tatsächlich arbeitete sie zeit ihres Lebens diszipliniert und ungeheuer produktiv. Kaum etwas entging ihren wachen Augen, sie schrieb unablässig Korrespondenzen, Erlasse, aber auch Theaterstücke und Zeitungsartikel. Bereits ganz zu Beginn ihrer Regierungszeit hatte sie begonnen, die Bildung in ihrem Riesenreich zu reformieren. Ab 1764 gründete sie Volksschulen, Gymnasien und Ingenieursfachschulen. Mit dem Petersburger Smolny-Institut ging die erste russische Lehranstalt für Mädchen auf ihre Initiative zurück. In den dreieinhalb Jahrzehnten ihrer Regierung gelang es ihr, das Volksschulwesen in Russland so auszubauen, dass letztlich jede Bezirksstadt eine Volksschule vorzuweisen hatte, deren Besuch freiwillig und kostenfrei war. Auch Gymnasien gab es am Ende der Ära Katharinas II. in nahezu jeder Provinz. Auf dem Gebiet der Wohlfahrt und Gesundheitsvorsorge gelangen ihr bahnbrechende Neuerungen. So versuchte sie seit Ende der 1760er-Jahre, die Pockenimpfung in Russland durchzusetzen. Seit ihrer Kindheit lebte Katharina in ständiger Furcht vor der tückischen Krankheit. Zahlreiche Verwandte und Freunde waren an den Pocken gestorben oder

Während des Krimbesuchs der Kaiserin ließ Potemkin auch große Feuerwerke inszenieren.

von ihnen entstellt worden. Die Wirkung der Impfung war bekannt, doch die Menschen fürchteten diese. 1768 beschloss Katharina, mit gutem Beispiel voranzugehen. Sie bestellte den englischen Arzt Thomas Dimsdale zu sich und ließ sich und ihren Sohn Paul impfen. Nachdem die Impfung komplikationslos verlaufen war, legten sich auch in Russland die Vorurteile, und die Pockenimpfung begann allgemeine ärztliche Praxis zu werden.

Vieles, was Katharina im Verlauf ihrer Zeit auf dem Zarenthron anfasste, gelang ihr. Nach den Teilungen Polens und den Siegen in den beiden Türkenkriegen stand die Kaiserin in ihren letzten Regierungsjahren auf dem Gipfel ihres Erfolgs. Europa staunte über die rasante Entwicklung Russlands und fürchtete gleichzeitig die riesenhafte Macht im Osten. »Wenn ich zweihundert Jahre lebte, würde natürlich ganz Europa unter das Zepter Russlands kommen … aber ich werde nicht sterben, bevor die Türken aus Europa vertrieben, der Hochmut Chinas gebrochen und die Handelsbeziehungen mit Indien hergestellt sind«, äußerte sie 1787 selbstbewusst dem Dichter Gawriil Derschawin gegenüber. Doch es sollte anders kommen. Die revolutionäre Lawine, die wenig später in Frankreich losbrach, entsetzte Katharina. Was da in Paris geschah, kommentierte sie fassungslos als »Unfug«, die Nationalversammlung war ihr eine »Hydra mit 1200 Köpfen« und allgemein alle Aufständischen »Kanaillen«.

Man darf nicht vergessen, dass man es mit einer Frau zu tun hat, die sich um Russlands Wohl ebenso wenig kümmert wie ich. Man muss sie also streicheln. Ihre Eitelkeit ist ihr Götzenbild; ihr rasendes Glück sowie der Wetteifer ganz Europas in übertriebener Huldigung für sie haben sie verdorben.

KAISER JOSEPH II. ÜBER KATHARINA DIE GROSSE IN EINER NOTIZ AN STAATSKANZLER KAUNITZ, 1780

Als Ludwig XVI. und seine Frau im Januar 1793 schließlich hingerichtet wurden, giftete sie: »Man muss die Franzosen vernichten bis auf ihren Namen.« Doch die alternde Kaiserin hatte den Veränderungen des ausgehenden 18. Jahrhunderts nicht mehr wirklich viel entgegenzusetzen. Die Geschehnisse in Europa verdüsterten ihre Stimmung, und bissig versuchte sie, die Flammen der Revolution zu ersticken, die auf ihr Reich überspringen wollten. Panisch ging sie gegen alle Schriftsteller und Publizisten vor, die es wagten, in ihren Veröffentlichungen sozialkritische Töne anzuschlagen. Den Adligen Alexander Radischtschew, der 1790 in seinem Buch *Reise von St. Petersburg nach Moskau* die jämmerlichen Lebensbedingungen der Leibeigenen schilderte, ließ sie zunächst zum Tode verurteilen. Er habe mit seinem Buch die öffentliche Ruhe gefährdet, das Volk aufgehetzt und die Würde der Zarin angegriffen, hieß es in der Urteilsbegründung. Zwar ließ Katharina das Todesurteil wieder zurücknehmen, doch musste Radischtschew den Weg in die sibirische Verbannung antreten. Von den aufklärerischen Gedanken ihrer anfänglichen Regierungszeit war drei Jahrzehnte nach Thronbesteigung nichts mehr übrig geblieben. Ganz im Gegenteil: Katharina hatte über die Jahre die Herrschaft des Adels zementiert, indem sie ihn in die neuen Verwaltungsstrukturen einbezog und mit den Adelsprivilegien von 1785 »für ewige Zeiten … dem russischen Adel seine Unabhängigkeit und Freiheit« garantierte.

Auch innerhalb ihrer eigenen Familie hatte sich die alternde Kaiserin allmählich zu einer starrsinnigen Matriarchin entwickelt, der nach eigenem Bekunden niemand das Wasser reichen konnte. Das Verhältnis zu ihrem Erstgeborenen Paul, das schon in dessen Kindheit kühl geblieben war, schlug in unverhohlenen Hass um, als der Junge erwachsen geworden war. Paul rächte sich, indem er zahlreiche Interessen seines Vaters übernahm. Seine Liebe zu Militär und Spielzeugsoldaten brachte seine Mutter zur Raserei. Sie, die als junge Frau so darüber geklagt hatte, dass ihr Kaiserin Elisabeth die Kinder weggenommen hatte, machte nun das Gleiche mit ihrer Schwiegertochter. Katharina bestand darauf, dass Pauls Kinder von ihr persönlich erzogen wurden. Bei ihren

Pauls ältester Sohn Alexander war der Lieblingsenkel der Kaiserin. Gemälde von 1787.

Enkeln Alexander und Konstantin zeigte sie sich zärtlich und warmherzig und überschüttete die Kinder mit Liebe. Vor allem der erstgeborene Sohn Pauls, Alexander, hatte es ihr angetan. Mit Begeisterung und Fürsorge begleitete sie seine Entwicklung und sah in dem Heranwachsenden den weitaus geeigneteren Thronfolger. »Herr Alexander ist von Körper wie von Herz und Geist eine Person seltener Schönheit, Güte und Fassungsgabe; er ist lebhaft und gesetzt, flink und bedacht, hat tiefe Gedanken und eine erstaunliche Leichtigkeit in allem, was er anfasst, man sollte meinen, dass er nur eben das, was er vorhat, sein Leben lang getrieben hat«, schwärmte sie 1790 von ihrem Enkel, dem späteren Alexander I.

Am 6. November 1796 stand Katharina wie gewohnt in Zarskoje Selo auf und widmete sich

Das Denkmal Katharinas der Großen im Zentrum von St. Petersburg.

ihren Regierungsgeschäften. Als die Bediensteten längere Zeit keine Geräusche aus den kaiserlichen Gemächern hörten, sahen sie nach und fanden die Kaiserin auf dem Boden liegend. Sie hatte offenbar einen Schlaganfall erlitten. Im Verlauf des Tages starb sie. Katharina war 67 Jahre alt geworden.

Trotz ihrer Abneigung gegen ihren Sohn Paul hatte sie sich nie entschließen können, ihn von der Thronfolge auszuschließen. So folgte er ihr als Paul I. auf den Zarenthron. Seine erste Amtshandlung hätte programmatischer nicht sein können: Er verfügte, dass neben dem Sarg seiner Mutter auch die exhumierten Überreste Peters III. im Trauerzug getragen werden sollten. Über die zugefrorene Newa zog die Trauermenge zur Kathedrale der Peter-und-Paul-Festung. Der alt gewordene Alexei Orlow musste dem Sarg Peters die Zarenkrone hinterhertragen. Eine Geste tiefster Erniedrigung, durch die Paul mit den vergangenen Jahrzehnten abrechnete.

Bereits 1778 hatte Katharina die Große ihr Leben in den Worten zusammengefasst, die ihren Grabstein zieren sollten: »Hier ruht Katharina die Zweite, geboren in Stettin am 21. April 1729 [= 2. Mai nach heutigem gregorianischen Kalender]. Sie ging im Jahr 1744 nach Russland, um Peter III. zu heiraten. Im Alter von vierzehn Jahren fasste sie den dreifachen Vorsatz, ihrem Gemahl, Elisabeth und der Nation zu gefallen. Achtzehn Jahre voller Langeweile und Einsamkeit veranlassten sie, viele Bücher zu lesen. Als sie den Thron von Russland bestiegen hatte, wollte sie das Gute und suchte ihren Untertanen Glück, Freiheit und Besitz zu verschaffen. Sie verzieh leicht und hasste niemanden. Sie war nachsichtig, leichtlebig, von heiterer Gemütsart, republikanischer Gesinnung und guten Herzens. Sie hatte Freunde. Die Arbeit fiel ihr leicht, Geselligkeit und Künste gefielen ihr.« So wollte Katharina in Erinnerung bleiben, und größtenteils ist ihr das gelungen.

Königin Luise

Die preußische Madonna

»Luise« ist für die Nachwelt eine Saga in Bildern. Jede Etappe ihres Lebens ist illustriert: die hübsche mecklenburgische Prinzessin, die Mutter vieler Kinder oder die Königin, die Napoleon begegnet. Durch ihren frühen Tod blieb Preußens Königin in Erinnerung, wie sie war – jung, herzlich, schön und anmutig. Weil sie starb, als ihr Land in Not war, galt sie als Märtyrerin, wurde später zur Ikone der preußischen Erneuerung und der erwachenden deutschen Nation stilisiert – und noch zu sehr viel mehr: mal zur preußischen Übermutter und »Madonna«, mal zur »Königin der Herzen« und Trendsetterin in Sachen Mode. Was ist Legende, was Wirklichkeit?

Manche Länder erhielten ihre Prägung unter weiblicher Herrschaft. Englands Königin Elisabeth I., Katharina die Große auf dem russischen Zarenthron und Österreichs Kaiserin Maria Theresia schrieben als Regentinnen europäischer Großmächte Geschichte. Sie übten Regierungsgewalt aus, initiierten Reformen, unterschrieben Verträge, führten Kriege – auch um sich in einer ansonsten von Männern dominierten Welt zu behaupten. Und dann gab es jene Frauen, die nicht regierten, aber dennoch ihre Spuren in der Geschichte hinterließen. Über politische und militärische Macht verfügten sie nicht, gewannen aber Einfluss auf andere, die zu entscheiden hatten, etwa ihre Ehegatten. Eine dieser Frauen wurde schon zu Lebzeiten als »Königin der Herzen« gerühmt: Luise von Preußen. Die Monarchin bewies Stärke, als ihrem Gemahl in entscheidenden Momenten die Entschlusskraft fehlte. Er drohte an den Herausforderungen seines königlichen Amtes in der schwersten Stunde Preußens zu scheitern. Luise und nicht er hatte das Format, als Symbolfigur des Umbruchs in Erinnerung zu bleiben. Eher sie als er trat dem mächtigsten Kriegsherrn ihrer Zeit entgegen, nahm es mit Napoleon Bonaparte auf, versuchte ihn »mit den Waffen einer Frau« umzustimmen, als die Existenz des Hohenzollernstaats auf dem Spiel stand.

Preußen lag 1807 am Boden, hatte fürchterliche Niederlagen gegen die Franzosen erlitten. Die anmutige Königin sollte nun ausgerechnet den Mann um Milde bitten, den sie als eine Ausgeburt der Hölle betrachtete und als ein Länder verschlingendes »Ungeheuer« beschimpft hatte – eben Napoleon. Obwohl sie zum neunten Mal schwanger war, machte sie sich auf den beschwerlichen Weg ins ostpreußische Tilsit. Dort galt es Friedensbedingungen mit dem Sieger auszuhandeln. Preußen drohten erhebliche Gebietsverluste und Reparationszahlungen in astronomischer Höhe. Berater hatten dem preußischen König, Friedrich Wilhelm III., nahegelegt, seine Frau ins Spiel zu bringen. Luise möge alle ihre weiblichen und mütterlichen Eigenschaften ausspielen, um Napoleon zu beschwichtigen. Sie

»Nie schöner als gerade in diesen schweren Tagen«: das Treffen der preußischen Königin Luise mit dem französischen Kaiser Napoleon in Tilsit.

nahm den Opfergang auf sich, kleidete sich betont feminin und beschloss, dem Kontrahenten in der Rolle der tief besorgten Landesmutter ihr Herz auszuschütten. Selten wurde die Weiblichkeit einer Königin von einer ratlosen »Männergesellschaft« so gezielt für politische Zwecke instrumentalisiert wie bei dem legendären Treffen im Jahr 1807. Für Preußen ging es ums nackte Überleben. Für Luise war es ein bewusster Akt der Pflichterfüllung: »Niedergeschlagen über die Lage … fasste ich den festen Entschluss zu reden, und ich wollte versuchen, Napoleon zu rühren.«

Sie war in ängstlicher Spannung, aber trotz aller Gemütsbewegungen dieser Zeit erinnere ich mich kaum, sie schöner gesehen zu haben als gerade in diesen für sie so schweren Tagen.

LISINKA GRÄFIN TAUENTZIEN, HOFDAME LUISES, ÜBER DAS TREFFEN IN TILSIT

Doch die Vermittlungsbemühungen scheiterten, der französische Kaiser ließ sich nicht beirren und diktierte Friedensbedingungen, die Entsetzen auslösten. Aber er war angetan von der Frau, die er zuvor mit einer kriegslüsternen Amazone verglichen hatte, ihr beherztes Auftreten rang ihm Achtung ab. Später, als Verbannter auf der Insel St. Helena, hielt er Rückschau auf die Begegnung mit Luise: »Die Königin von Preußen war wohlunterrichtet, eine geistvolle und kluge Frau … Trotz aller von mir aufgebotenen Geschicklichkeit, trotz aller meiner Anstrengung erwies sie sich stets als Beherrscherin, als die Tonangebende der Unterhaltung, kam immer auf ihr Thema zurück.« Ein außergewöhnliches Eingeständnis für jemanden, der dafür bekannt war, jede weibliche Einmischung in die Politik mit Verachtung zu strafen. Zu Außenminister Talleyrand hatte Bonaparte nach dem Treffen mit der preußischen Königin gesagt: »Anstatt ihr eine Krone zu nehmen, möchte man versucht sein, ihr eine andere zu Füßen zu legen.«

Friedrich Wilhelm III., der Napoleon gegenüber unsicher und hilflos erschien und keinen anderen Rat wusste, als seine Frau die Kastanien aus dem Feuer holen zu lassen, gebrauchte in seinen Erinnerungen hingegen Worte, die vor diesem Hintergrund erstaunlich klingen: »Viele Menschen haben in dem Wahn gestanden, als ob meine Frau einen bestimmten Einfluss auf die Regierungsgeschäfte gehabt hätte. Sie hatte eine besondere Neigung für politische Gespräche, in denen sich freilich oft Leidenschaft mischte, besonders in der Kriegsperiode … wurde auf so mannigfaltige Weise auf sie eingewirkt, dass sie öfter fremde Ansichten für ihre eigenen hielt.«

Hier soll nicht der Eindruck entstehen, der König habe seine Königin nicht geliebt oder geachtet – er hat sie sogar verehrt, doch vor der Nachwelt wollte er offenbar eines klarstellen: Es konnte nicht sein, was nicht sein durfte, nämlich dass eine Frau Einfluss auf die Geschicke des Hohenzollernstaats nahm, denn das stand allein dem Monarchen und seiner Regierung zu.

Wer war Luise von Preußen, dass sich ihr Ehemann und ihr ärgster Gegner so merkwürdig gegensätzlich äußerten? Die Königin selbst hatte immer wieder betont, sich aus der großen Politik heraushalten zu wollen; das entsprach auch der zeitgenössischen Erwartung an eine Monarchin. Ihr Leben schrieb jedoch eine andere Geschichte.

Die kleine Prinzessin

Am 10. März 1776 wurde Luise Auguste Wilhelmine Amalie in Hannover geboren. Die Zeichen der Zeit standen auf Wandel, es war das Jahr der amerikanischen Unabhängigkeit, das Erdbeben der Französischen Revolution sollte Europas Staatensystem in den kommenden Jahrzehnten ins Wanken bringen. Auch auf deutschem Boden gab es Rufe nach Reformen, doch das war zunächst noch Zukunftsmusik. Prinzessin Luise kam als sechstes Kind des Prinzen Karl von Mecklenburg-Strelitz und seiner ersten Frau Friederike, Prinzessin von Hessen-Darmstadt, zur Welt.

Was damals in hohen Adelskreisen als bemerkenswert galt: Die kleine Luise erlebte ihre Eltern als glückliches Ehepaar. Ihre Mutter gebar zehn Kinder, von denen fünf am Leben blieben: Charlotte, Therese, Luise und Friederike sowie der jüngste Sohn Georg. An den Folgen der Niederkunft des letzten Kindes verstarb sie 1782 mit nicht einmal dreißig Jahren. Prinz Karl heiratete später ihre Schwester, die aber ebenfalls eine Geburt nicht überlebte.

Der doppelt Verwitwete gab Luise mit ihren beiden Schwestern Therese und Friederike in die Obhut seiner Schwiegermutter Marie Luise Albertine von Hessen-Darmstadt. Die rüstige Dame galt als besonders lebensfreudig und humorvoll und war als »Prinzessin George«, wie sie sich nach dem Tod ihres Mannes zum Angedenken an dessen Namen nannte, beim Volk beliebt. Für acht Jahre wurde das alte Palais in Darmstadt zu Luises Heimat; sie konnte sich der liebevollen Zuwendung von »Mabuscha« – so nannten die Kinder ihre Großmutter – sicher sein. Anders als viele andere Sprösslinge ihres Standes wuchsen die Mecklenburger Prinzessinnen auf, ohne dass die Zwänge des Hofzeremoniells allzu ernst genommen wurden. Einiges im Alltag erinnerte eher an bürgerliche Verhältnisse – manche Biografen sehen darin die Ursprünge für Luises spätere »Volksnähe«.

»Prinzessin George«, die Großmutter Luises, sorgte für eine Erziehung ohne Standesdünkel.

Auf jeden Fall sollte sie als Monarchin immer wieder von dieser Zeit schwärmen und wehmutsvoll auf die Darmstädter Jahre zurückblicken, in denen sie mit ihren Schwestern ungestüm und voller Lebenslust durch die Gärten der Residenz tollte und sich allzu gerne vom Lernen ablenken ließ. Ihren Spitznamen machte sie alle Ehre: »Jungfer Husch« und »unsere tolle Luise« wollte lieber spielen, tanzen und blödeln als Lehrstoffe pauken. Stets war sie zu Späßen und Streichen aufgelegt. Ent-

Das alte Palais in Darmstadt. Hier verlebten Luise und ihre Schwestern Therese und Friederike eine unbeschwerte Kindheit.

sprechend sahen ihre Schulhefte aus, in denen es von Rechtschreibfehlern nur so wimmelte. Dafür zierten manche Heftseiten niedliche, fantasievolle Zeichnungen – darunter Karikaturen modisch gekleideter Damen.

Prinzessin George sah Luise die kleinen Eskapaden nach, sie wollte, dass ihre temperamentvollen Schützlinge ihr offenes, natürliches Wesen bewahrten. Mit eher mildem Nachdruck sorgte sie dafür, dass sie das gebotene Mindestmaß an höfischen Manieren mitbekamen. Die Ersatzmutter entließ sogar eine Erzieherin, weil diese die Prinzessinnen in erster Linie dazu befähigen wollte, »ihre gesellschaftliche Stellung zu wahren«. Dem entgegnete »Mabuscha«: »Es ist vor allem notwendig, sie auf die Wechselfälle des Lebens vorzubereiten.« Sie stellte daraufhin eine einfühlsamere und für die Ideen der Aufklärung aufgeschlossene Pädagogin ein.

Damals war es generell nicht üblich, junge Prinzessinnen in klassischen Fächern ausführlich zu unterrichten. Der Stoff in Geschichte, Erdkunde und Mathematik beschränkte sich auf das Grundlegende. Im Vordergrund der Erziehung standen vielmehr Regeln der Etikette und die Befähigung zu standesgemäßem Auftreten. Töchter des hohen Adels sollten sich als Ehefrauen möglichst reibungslos in den höfischen Alltag einfügen, sollten alsbald Thronfolger beziehungsweise Stammhalter gebären und bei der Repräsentation an der Seite ihres Gatten eine gute Figur machen.

»Jungfer Husch«: ein mit zahlreichen Kritzeleien verziertes Schreibheft der Prinzessin.

Mehrfach waren Luise und ihre Schwestern in Frankfurt bei Catharina Goethe zu Gast.

Luise brachte eine Reihe von Eigenschaften mit, die ins angestammte Rollenbild passten. Hübsch und anmutig, mit blauen Augen und blonden Locken, musisch begabt, künstlerisch interessiert und stets freundlich, war sie bestens vorbereitet, einem fürstlichen Hof Glanz zu verleihen. Später, als angehende Königin, sollte sie zwar manche ihrer Bildungslücken zu beklagen haben, doch tat sie dann auch einiges, um diese nachträglich zu schließen.

Ihre Reisen führten die junge Prinzessin mal in die Niederlande, mal ins Elsass. Mehrmals besuchte sie das nahe gelegene Frankfurt. Etwa als dort der Kaiser des Heiligen Römischen Reiches Deutscher Nation gekrönt wurde, wie in den Jahren 1790 und 1792. Dann nahm man auch mal Quartier bei Catharina Goethe, der Mutter des berühmten Dichters, die ihre Gäste mit Specksalat und Eierkuchen bewirtete. Und es gab Stoff für Anekdoten: so, wenn sich Luise und Friederike den Mahnungen der Erzieherinnen zum Trotz am Ziehbrunnen des Anwesens ganz und gar nicht standesgemäß mit Wasser bespritzten. Ein Maler verewigte

Die Szene am Goethe'schen Ziehbrunnen wurde Teil der Legendenbildung um Luise.

Das Alte Reich

Das Heilige Römische Reich Deutscher Nation war alles andere als ein nationaler Staat wie Frankreich, vielmehr stellte es eine Art »Dachverband« dar, der durch eine Idee, verbindliche Regeln, Verträge sowie feste Institutionen zusammengehalten wurde. Die politische Landkarte Deutschlands vor 1800 bot immer noch jenes Bild, das der Westfälische Frieden von 1648 hinterlassen hatte: ein Staatenpuzzle von mehr als tausend – oft nicht einmal zusammenhängenden – Territorien, in denen mehr als dreihundert große und unbedeutendere Herrscher regierten. Den größten Einfluss übten die beiden Großmächte Brandenburg-Preußen und Österreich aus; Letzteres stellte seit Jahrhunderten den Kaiser für das Reich. Daneben gab es viele weitere Fürsten- und Herzogtümer wie das kleine Mecklenburg-Strelitz. Sie waren weder vermögend noch mächtig, doch als »Reichsstände« ebenbürtig mit den Königen Europas.

später diese Brunnenszene, die sich bestens in den legendären Bilderreigen der jungen weltoffenen Prinzessinnen einfügte.

Weniger der feierliche Krönungsakt in Frankfurt als vielmehr das lebendige Treiben in der Kaiserstadt war für die beiden Teenager von Interesse. Dort zelebrierte der europäische Hochadel das historische Ritual der Inthronisierung mit mittelalterlichem Gepränge, begleitet von allerlei Spektakeln und Festveranstaltungen.

Wohl kaum jemand ahnte, dass die Kaiserkrönung des Habsburgers Franz II. im Jahr 1792 die letzte im »Alten Reich« sein sollte. Für Luise und Friederike aber war es die Gelegenheit, in die noble Gesellschaft eingeführt zu werden. Vor der historischen Kulisse der Mainmetropole sorgten die jungen Damen durch ihre Anmut und Schönheit für Aufsehen – auch wenn sie zu kaschieren hatten, dass sich ihr Vater den Ausflug in die Kaiserstadt wegen Geldnöten kaum leisten konnte. Wer wusste schon, dass Luise damals nur über fünf Gulden und dreißig Kreuzer Taschengeld im Monat verfügte und dass die beiden Schwestern ihre seidenen Schuhe und die Kleidung selber genäht hatten – für den eigentlichen Höhepunkt der Visite, den Krönungsball. Kein Geringerer als Klemens Metternich sollte Luise bei dieser festlichen Veranstaltung zum Eröffnungstanz führen.

Die Krönung von Franz II. zum Kaiser des Heiligen Römischen Reiches Deutscher Nation in Frankfurt am 14. Juli 1792. Zu diesem Anlass war auch Luise in der Stadt.

Brautschau

Ein weiterer Aufenthalt in Frankfurt am Main (1793) stellt einen Wendepunkt im Leben der jungen Mecklenburger Prinzessin dar, denn sie lernte dort ihren künftigen Ehemann kennen. Preußens Kronprinz Friedrich Wilhelm diente beim Militär, und als ältester Sohn – im heiratsfähigen Alter – befand er sich in fürsorglicher Obhut seines Vaters: Der Preußenkönig Friedrich Wilhelm II. hatte die Brautschau für den Thronfolger gleich selbst übernommen und ebenso für dessen jüngeren Bruder Prinz Ludwig. Als der Monarch Luise und ihre Schwester erstmals in Augenschein nahm, überschlug er sich fast vor Begeisterung: »Wie ich die beiden Engel zum ersten Mal sah … war ich so frappiert von ihrer Schönheit, dass ich ganz außer mir war ... Ich wünschte sehr, dass meine Söhne sie sehen möchten und sich in sie verlieben.«

Es war in Fürstenhäusern des 18. Jahrhunderts keineswegs selbstverständlich, dass sich künftige Ehepartner im Zuge elterlicher Anbahnungsbemühungen bereits vor der Heirat näher kennenlernten. Kronprinz Friedrich

Wilhelm wirkte bei der ersten Begegnung auch eher gehemmt, schüchtern und unbeholfen. Luise bezauberte ihn, aber er zeigte sich – und das war für seinen Charakter typisch – unentschlossen. Beim Vater wuchs die Ungeduld, er ließ dem Kronprinzen aber immerhin die Wahl und schrieb ihm nicht vor, für welchen der beiden bezaubernden »Engel« er sich entscheiden sollte. Nach weiteren Treffen hielt Friedrich Wilhelm um Luises, der jüngere Bruder Ludwig um Friederikes Hand an.

Der Kronprinz war bei der ersten Begegnung 22 Jahre alt. Groß gewachsen, von schlanker, aufrechter Haltung, mit dunkelblauen Augen, dürfte er seiner künftigen Braut gefallen haben.

Und was empfand er? Von Anfang an fühlte er sich zu Luise hingezogen. Er spürte, dass er es mit einem warmherzigen, sehr liebevollen Menschen zu tun hatte, dem er sich anvertrauen konnte. Ihr gegenüber musste er sich nicht verstellen. Luises unbefangene, freundliche Art war wie Balsam für sein sprödes Wesen: »Ich kann gar nicht beschreiben, wie mich meine Wahl glücklich macht«, stellte der Kronprinz fest. Auch die Braut zeigte sich in einem Brief an ihre ältere Schwester in glücklicher Stimmung: »Du kannst dir nicht denken, liebe Therese, wie zufrieden ich bin. Der Prinz ist außerordentlich gut und offen. Kein unnötiger Schwarm von Worten begleitet seine Rede,

Der preußische König Friedrich Wilhelm II. wollte seine beiden älteren Söhne mit Luise und deren Schwester Friederike verheiraten.

Eher schüchtern und unbeholfen: Kronprinz Friedrich Wilhelm im Alter von etwa 20 Jahren.

sondern er ist erstaunlich wahr. Kurz, mir bleibt nichts mehr zu wünschen übrig.«

Der Umgang mit ihr läutert einen, denn man würde sich fürchten, in ihrer Nähe mit unlauterem Herzen einherzugehen, vielmehr wäre es unmöglich, denn selten schien wohl so hohe Tugend unter einer so reizenden Gestalt.

LUISES SCHWESTER THERESE

Die zurückhaltende Art Friedrich Wilhelms kam bei Luise gut an. Fast achtzig Brautbriefe richtete sie an ihren künftigen Ehemann – unter Aufsicht der Großmutter, die auf die Rechtschreibung und adäquate Formulierungen achtete. Einmal gelang es Luise jedoch, die Zensur zu umgehen, und sie ließ ihren Bräutigam ohne Umschweife wissen, »dass ich Sie recht von Herzen liebe«. Dabei scheute sie sich nicht, auch Schwächen einzugestehen: »Sie kennen mich noch recht wenig; deshalb bitte ich Sie im Voraus, haben sie viel Nachsicht mit mir, verlangen Sie nicht zu viel von mir; ich bin sehr unvollkommen, ich bin sehr jung, ich kann mich oft irren; aber wir werden doch glücklich sein« – vertrauensvolle Zeilen, die dem Kronprinzen wahrscheinlich Gefühle entlockten, wie er sie zuvor noch nie empfunden hatte.

Luises jüngere Schwester Friederike hatte bei der Partnerwahl weniger Fortune. Prinz Ludwig willigte zwar in die Heirat ein, aber den Vorzug gab er weiterhin seinen außerehelichen Beziehungen. So bahnte sich lediglich bei Luise und Friedrich Wilhelm fast so etwas wie eine Liebesheirat an – damals in königlichen Kreisen etwas höchst Seltenes, in Preußen geradezu eine Sensation.

Heimholung nach Berlin

Luise und ihre Schwester kannten ihre künftige Heimat vielleicht aus Erzählungen, von Bildern und Illustrationen. Beide Prinzessinnen waren jedenfalls in heller Aufregung, als sie sich im Dezember 1793 auf den Weg in die preußische Hauptstadt machten – aber wie würde man sie dort empfangen? Die Reiseroute führte über Potsdam nach Berlin. Mit in der Kutsche saß die künftige Oberhofmeisterin. Sophie von Voß hatte schon viele Jahre an Preußens Königshof gedient, wirkte auf Luise resolut, aber auch wohlwollend. Nach ihrer ersten Begegnung mit der künftigen Kronprinzessin notierte die damals 64-jährige Gräfin in ihr Tagebuch: »Ihre Erscheinung war zugleich edel und lieblich, jeder, der sie sah, fühlte sich unwiderstehlich

Luises Oberhofmeisterin Sophie von Voß hatte ihre liebe Mühe mit der jungen Kronprinzessin.

angezogen und gefesselt.« Es sollte allerdings nur wenige Tage dauern, bis die 17-jährige Braut ihrer Aufpasserin erste Schrecksekunden bereitete.

An einem kalten, sonnigen Wintermorgen, zwei Tage vor Weihnachten, näherte sich die sechsspännige goldene Karosse der preußischen Hauptstadt. Vorbei am Potsdamer Tor führte die letzte Etappe über die Prachtstraße Unter den Linden zum Stadtschloss. Es muss Luise wie ein Triumphzug vorgekommen sein: Menschenmengen säumten die Straßen, Jubel brandete ihr entgegen. Friedrich Wilhelm wartete im Schloss auf seine Braut. Dann machte die kleine Kolonne halt, eine Bürgerdelegation begrüßte die Prinzessin. Dabei spielte sich eine Szene ab, die zum festen Bestandteil der späteren Luise-Legende werden sollte: Ein Mädchen – so eine Überlieferung – überreichte der Braut eine blühende Myrtenkrone. Die niedliche Kleine habe nun ein Gedicht vorgetragen und so unbefangen und rührend gesprochen, dass sich Luise spontan bückte, um das Kind zu küssen, während sie Blumen aus dessen Hand entgegennahm. Die Geste habe großen Beifall gefunden. Nun aber, so der Bericht weiter, sei die Oberhofmeisterin und Hüterin des Zeremoniells auf den Plan getreten: »Gütiger Himmel!«, soll sie ausgerufen haben, » ... das ist doch gegen alle Etikette!« Darauf Luise: »Wie, darf ich das nicht mehr tun?« Als hätte sie das Selbstverständlichste der Welt getan.

Nicht ohne Grund bekundet der Historiker Daniel Schönpflug Zweifel an dieser Schilderung, denn diese Erzählvariante stammt aus einer Quelle, die erst ein halbes Jahrhundert nach dem Ereignis entstand. Im zeitgenössischen Bericht war seinerzeit nichts von einem Kuss zu lesen, und die Gedichte waren demnach auch nicht vorgetragen, sondern lediglich überreicht worden.

»Gütiger Himmel!«: Die herzliche Begrüßung eines kleinen Kinds durch Luise beim Einzug in Berlin verstieß gegen die höfische Etikette.

Es ist nur ein Weg, glücklich zu werden, nämlich der, der Stimme seines Gefühls, seines Herzens zu folgen.

LUISE

Und doch eroberte Luise durch ihre liebevolle Art auf Anhieb die Herzen der Preußen. Allein die Begegnung mit den Kindern, ihre freundliche Geste der Zuwendung, vielleicht die Andeutung einer Berührung sorgten für Begeisterung in einem Königreich, in dem das Herrscherhaus in der Regel Distanz hielt zu den Untertanen. Womöglich weckte Luises Auftritt bei den Berlinern die Hoffnung auf eine Monarchin, die für das Volk nahbar war, eine »Königin zum Anfassen«. Auf Gräfin Voß kam jedenfalls eine Menge Arbeit zu, immer wieder ermahnte

Die Schwestern Luise und Friederike besuchen ihre Verlobten Friedrich Wilhelm und Ludwig im Feldlager, Mai 1793.

»So hohe Tugend unter einer so reizenden Gestalt«. Porträt Luises als Kronprinzessin.

sie Luise, Abstand zu wahren und den Geboten der Etikette Folge zu leisten. Der erfahrenen Hüterin der höfischen Formen dürfte schon bald klar geworden sein, dass mit dem Einzug der bildhübschen Mecklenburger Prinzessin in Berlin ein neues Kapitel der preußischen Monarchie aufgeschlagen wurde.

Und wie sah es der künftige Bräutigam? Er strahlte. Friedrich Wilhelm konnte förmlich spüren, dass Luise dazu beitragen konnte, den etwas ramponierten Ruf der Familie der Hohenzollern wieder aufzubessern. Die Zeiten gingen allmählich vorüber, in denen Könige Staatsgelder verprassten und ihre Frauen widerspruchslos die Mätressenwirtschaft ihrer Ehemänner über sich ergehen lassen mussten. Schon lange fehlte im Erscheinungsbild des preußischen Königshauses die weibliche Komponente, da die Königin sich nicht oft in der Öffentlichkeit zeigte

Doch teilte Friedrich Wilhelms Mutter Friederike Luise keineswegs seine Begeisterung, was die junge Braut betraf. Das Auftreten der künftigen Schwiegertochter erschien ihr zu offenherzig und leichtfertig. Dass Luise eigenmächtig grüßte, wo eigentlich andere zu grüßen hatten, dass sie auch dort das Gespräch suchte, wo es nicht standesgemäß erschien, missfiel ihr schon am Tag der ersten Begegnung.

Die Hochzeit

Als Datum der Vermählung war der Weihnachtsabend des Jahres 1793 auserkoren. Der Weiße Saal des Berliner Schlosses, seit jeher Schauplatz großer Hochzeiten der preußischen Königsfamilie, bot die würdige Kulisse. Zwar wurde die Trauung nach dem alten, noch aus barocken Zeiten stammenden Ritual vollzogen, doch nicht nur Adlige und höhere Beamte durften der Zeremonie beiwohnen, sondern auch Bürger. Dem Kronprinzen, der sich sonst eher schwertat, Gefühle zu zeigen, konnte man sein Glück an diesem Tag ansehen. Doch im Mittelpunkt stand Luise, die künftige Kronprinzessin. Ihr Haupt zierte die mit Diamanten besetzte Brautkrone der Hohenzollern. Einer der Anwesenden hielt später fest: Sie »sah bezaubernd aus und schien voll Anmut und Güte. Indem sie sich nach allen Seiten verneigte, überflog ihr klares, verständiges Auge die Menge mit lieblichem Lächeln und ruhte mit dem Ausdruck vertrauensvoller Liebe auf ihrem Verlobten. Derselbe schritt in seiner innerlichen Bewegung sehr rasch vorwärts, zu schnell für die Regeln des Hofes« – offenbar konnte der Kronprinz die Vermählung kaum abwarten.

Niemals in meinem Leben hatte ich oder habe ich seitdem ein so hinreißendes Wesen gesehen wie die Kronprinzessin ... Ihr sanfter, bescheidener Gesichtsausdruck, vereint mit ihrer Schönheit und ihrem Adel, gewann ihr alle Herzen.

LUISE FÜRSTIN VON RADZIWILL,
NICHTE FRIEDRICHS DES GROSSEN,
ÜBER DIE HOCHZEIT

Zum Einzug der künftigen Kronprinzessin in Berlin am 22. Dezember 1793 war am Forum Fridericianum eine reich geschmückte »Ehrenpforte« errichtet worden.

Um einen mit Purpursamt eingekleideten Tisch – überdacht von einem baldachinartigen Thronhimmel – versammelte sich die königliche Familie. Die Lebensläufe der Anwesenden ergaben fast schon eine Art Panoptikum der preußischen Geschichte. Da war die Witwe Friedrichs des Großen, die an die Zeiten des Aufstiegs der Hohenzollern erinnerte, aber auch daran, dass Königinnen im Preußenland eher ein Schattendasein fristeten. Da war der gegenwärtige König, Friedrich Wilhelm II., der im Gegensatz zu seinem berühmten Vorgänger und Onkel die öffentliche Meinung spaltete. Auch seine Gemahlin hielt sich meist im Hintergrund.

Der älteste Königssohn, Luises künftiger Ehemann, aber galt als tugendhaft und pflichtbewusst. Auf ihn richteten sich nun die Hoffnungen nicht nur vieler Hochzeitsgäste, sondern auch der Untertanen. Aber eben nicht nur auf ihn, sondern auch auf Kronprinzessin Luise.

Oberhofprediger Sack, der die Trauung vollzog, widmete dem Paar weihevolle Worte, auch der Braut: »Dieses Herz, das Ihnen jetzt seine Liebe und Treue am Altar der Religion weiht« – gemeint war der Kronprinz –, »dieses Herz verehrt Gott, und es liebt redlich Gerechtigkeit und Tugend.« Weiter sprach er zu Luise: »Sie sind von der Vorsehung auserwählt, es zu beglücken … Ihr schöner Beruf ist es, in demselben die sanfte Flamme zärtlicher Empfindungen zu unterhalten, die das Furchtbare der Heldentugenden mildert und die, da sie selbst Liebe ist, auch Liebe erzeugt.« Und nochmals hob er an: »Von Eurer Königlichen Hoheit erwartet der Prinz … das heilige Glück der Freundschaft; von Ihnen der Hof und das Vaterland ein neues leuchtendes Vorbild.«

Die junge Kronprinzessin dürfte manche der salbungsvollen Sätze mit eher gemischten Gefühlen aufgenommen haben. Mehr als einmal hatte sie Zweifel geäußert, ob sie den kommenden Anforderungen am Hof überhaupt gewachsen sein würde. Doch nun wurde erst einmal gefeiert. Zwei Tage nach Luise heiratete Friederike Prinz Ludwig. Der großartige Maskenball im Opernhaus war nur einer von vielen Höhepunkten im nicht enden wollenden Rausch der Feste und Veranstaltungen, die noch wochenlang andauerten. Luise und ihre Schwester tanzten bis zur Erschöpfung – vor allem den bis dahin am preußischen Hof verpönten Walzer, und das mit einer Hingabe, die reichlich für Gesprächsstoff sorgte. Das männliche Publikum sah es mit Freude, die Königin empörte sich über den anrüchigen Tanz und verbot ihren Töchtern, sich derart schamlos zu bewegen und anfassen zu lassen. Und als würde Luise solchen Verboten trotzen wollen, schrieb sie im Februar 1794 nicht ohne Koketterie an ihre Schwester Therese: »Mache dich darauf gefasst, das du bald von meinem Tode hören wirst ... bis zu meinem Geburtstag gibt es noch sieben Bälle. Unsere Lebensweise ist unglaublich anstrengend, und ich achte nicht auf meine Gesundheit.«

Friedrich Wilhelm konnte stolz darauf sein, wie herzlich seine Frau in den Kreisen des Adels, aber auch bei den Bürgern aufgenommen wurde. Frischer Wind wehte durch die Paläste Berlins. Beide setzten auch im privaten Umgang Zeichen, redeten einander mit »Du« an, verstießen damit gemeinsam gegen die höfische Etikette.

Ansonsten gelang es dem Kronprinzen kaum, über den eigenen Schatten zu springen, und so behielt er seine zurückhaltende, manch-

Die Hochzeit im Berliner Stadtschloss am Heiligen Abend 1793: Brautvater Herzog Karl segnet seine Tochter. Aus einem Volksbuch über Königin Luise von 1896.

mal verstockte Art auch in der Ehe bei. Seiner Frau vermochte er keineswegs immer die Zärtlichkeit zu geben, die sie ersehnte. Doch sie zeigte Verständnis: Friedrich Wilhelm hatte von elterlicher Seite wenig Liebe erfahren. Und sein Großonkel, Friedrich der Große, beobachtete ihn während seiner Kindheit mit strengen Blicken. Wie an vielen europäischen Höfen waren vor allem Erzieher mit der Ausbildung und Betreuung der Thronfolger beauftragt. Ganz anders hatte Luise ihre jungen Jahre erlebt. Ihre Freude an Spiel, Tanz und fröhlicher Gemeinschaft wollte sie sich nicht nehmen lassen.

Doch bald schon holte sie der höfische Alltag ein. Die Frischvermählten lebten im Kronprinzenpalais, das König Friedrich Wilhelm II. hatte herrichten lassen. 25 Zimmer standen zur Verfügung, von denen zehn für den privaten Gebrauch des jungen Paars bestimmt waren. Einige waren im topmodernen klassizistischen Stil ausgestattet und galten als vorbildlich und schick. Und doch kam sich die Kronprinzessin in ihren Gemächern oft verloren vor. Die steifen pflichtgemäßen Begegnungen mit der königlichen Familie machten ihr zu schaffen. Die neue Verwandtschaft wusste

»Ihrer Schönheit bewusst«: Porträt der Kronprinzessin von Johann Friedrich August Tischbein.

oft wenig anzufangen mit der temperamentvollen Mecklenburger Frohnatur. In einigen Briefen, auch an ihren Bruder Georg, klagte Luise über ihre Einsamkeit in dem goldenen Käfig: »Gestern war ein harter Tag für mich; ich war über alle Beschreibung melancholisch und traurig, keiner von meiner Gesellschaft war heiter, und keiner hat das Herz, aus Schonung für mich, viel zu sprechen, sodass das Mittagessen in tödlicher Stille vorbeiging. In dem Augenblick, als wir uns setzten, glaubte ich von Tränen erstickt zu werden.«

Zur Aufhellung ihres Gemüts hatte auch ihr Gemahl wenig beizutragen. Versuche, ihn aus der Reserve zu locken, blieben oft vergeblich. Zum Glück lebte Luises geliebte Schwester in unmittelbarer Nähe; Friederike und der unstete Ludwig waren in das benachbarte »Kleine Palais« eingezogen. So häufig wie möglich trafen sich beide zu Konzerten, Bällen, Spaziergängen und Theatervorstellungen. Dass die Kronprinzessin nach Lust und Laune Gäste zu sich einlud, dass sie mit Friederike – manchmal ohne Begleitung – über die Straßen Berlins flanierte, dass sie Gefallen an den Schmeicheleien mancher Verehrer fand, führte immer wieder zu Stirnrunzeln am preußischen Hof – manchmal auch beim Kronprinzen. Seine Gemahlin musste sich vor allem dann Kritik gefallen lassen, wenn sie allzu impulsiv über die Stränge schlug – durch ihre freimütig zur Schau getragene Lebenslust, ihre Neigung zu Tanz und Spiel, ihre manchmal überschwängliche Art. Doch meist nahm er sie in Schutz, spürte er doch, was er an ihr hatte.

Sie war sich ihrer Schönheit bewusst … und liebte den Putz mehr, als nötig war.

FRIEDRICH AUGUST LUDWIG VON DER MARWITZ, PREUSSISCHER GENERAL

Als Luise jedoch während der ersten Schwangerschaft weiterhin eifrig das Tanzbein schwang, rief das sogar den ansonsten eher jovialen König auf den Plan. Er ermahnte seinen Sohn, der Kronprinzessin klarzumachen, dass sich am preußischen Hof der Mann bei der Frau Gehorsam verschaffe. Oberhofmeisterin Voß notierte in ihr Tagebuch, dass »alle Welt mit ihr unzufrieden war«.

Erste Prüfung

Zu einer veritablen Ehekrise führten ihre nur anfangs unbekümmerten Flirts mit Prinz Louis Ferdinand, einem Vetter Friedrich Wilhelms, der sich in fast jeder Hinsicht vom prinzipientreuen Kronprinzen unterschied und von diesem auch deshalb mit Verachtung bedacht wurde. Nicht von ungefähr genoss Louis Ferdinand den Ruf eines preußischen Apolls, galt er doch in der Damenwelt als stürmischer Draufgänger, Lebemann und Schürzenjäger. Zwischen ihm und Luise entflammte eine leidenschaftliche Zuneigung. Beide entdeckten in der steifen höfischen Umgebung ihre Seelenverwandtschaft. Der Prinz – wie die Kronprinzessin musisch und künstlerisch begabt, im Gespräch geistvoll und eloquent – wusste zu imponieren. Luise fühlte sich von ihm verstanden, von seinem Charme betört und durch seine Fantasie inspiriert, bot er doch einen willkommenen Kontrast zu ihrem eher spröden Ehemann. Allmählich nahm die freundschaftliche Liaison verfängliche Züge an.

Friedrich Wilhelms Cousin Louis Ferdinand machte der Kronprinzessin den Hof.

Sie war zu sehr Frau, zu wenig Königin … Selbst ihr Herz war ihrem Gemahl nicht immer zugewandt, vielmehr einem andern, was sie auch nicht verhehlte.

AUGUST NEIDHARDT VON GNEISENAU, PREUSSISCHER GENERALFELDMARSCHALL

Der Kronprinz konnte dem Klatsch in der Berliner Hofgesellschaft nur dadurch einen Riegel vorschieben, dass er die Hauptfigur aus dem Spiel nahm, nämlich Luise. Bald bot sich dazu die Gelegenheit: Frühjahrsmanöver in Potsdam. Friedrich Wilhelm wollte, dass seine Gemahlin ihn begleitete. Es war die richtige Eingebung. Die räumliche Entfernung vom höfischen Leben war zwar gering, doch der Abstand erwies sich als groß genug, um die eheliche Beziehung wieder zu festigen. Der Aufenthalt in Potsdam erschien dem Paar wie eine Rückkehr in die ungezwungene Idylle früherer Tage. Bei ausgedehnten Spaziergängen jenseits protokollarischer Verpflichtungen im Klima der

Luise mit ihrem erstgeborenen Sohn, dem späteren preußischen König Friedrich Wilhelm IV., 1796.

vergleichsweise beschaulichen Residenzstadt fanden Kronprinz und Kronprinzessin wieder zueinander. Besann sich Luise in dieser Zeit auf ihre Pflichten als Ehefrau und künftige Landesmutter? Wohl einmal mehr machte sie sich bewusst, welche Verantwortung ihre Rolle mit sich brachte. Jedenfalls spricht manches dafür, dass sie sich während der Wochen außerhalb Berlins ihrem Schicksal fügte. Vielleicht erkannte sie ihre Berufung auch darin, die Charaktereigenschaften ihres Mannes durch ihr offenes Wesen auszugleichen. Bemerkenswert ist: Beide sollten künftig gemeinsam von der Potsdamer Zeit schwärmen. »Gott sei Dank bist du wieder meine Frau geworden«, verlieh der Kronprinz seiner Erleichterung Ausdruck, nicht ohne Verständnis dafür zu zeigen, was seine Frau durchzumachen hatte: »Du musst allzu oft Kronprinzessin sein.«

Und Luise schien die Erwartungen an sie zu erfüllen, auch als werdende Mutter. Im Oktober 1795 erblickte der zukünftige Thronfolger der nächsten Generation das Licht der Welt. Der Sprössling erhielt denselben Namen wie der Vater und der Großvater: Friedrich Wilhelm – der spätere Friedrich Wilhelm IV.

Das Königspaar

Der regierende Monarch starb am 16. November 1797. Unter großem Jubel wurde das Kronprinzenpaar ein halbes Jahr später auch von der Bevölkerung zum preußischen Königspaar erhoben. Für Friedrich Wilhelm III. begann nun die »Prüfungszeit«. Auch Luise hatte oft daran gezweifelt, zur Monarchin geboren zu sein. Doch was spielte das jetzt für eine Rolle, beide hatten ihrer Bestimmung zu folgen.

Der neue König übernahm kein leichtes Erbe, finanziell war der Hohenzollernstaat abgewirtschaftet, nur wenige Reformen waren in Gang gekommen. Das Heer hatte sich seit den Tagen Friedrichs des Großen nicht mehr weiterentwickelt. Doch jeder Nachfolger würde sich am legendären »Alten Fritz« messen lassen müssen. Friedrich Wilhelm III. eiferte seinem

Friedrich Wilhelm der Dritte,

König von Preußen, rc. rc. rc.

Ist gebohren am 3ten August 1770, hat sich vermählt den 24ten December 1793. mit Luise, Auguste, Wilhelmine, Amalie, Tochter des regierenden Herzogs Karl zu Meklenburg-Strelitz, und den Thron bestiegen den 16ten November 1797.

Einstimmig wird unser edler Monarch der gerechte König genannt, und Er hat sich dieses Beinamens bisher im höchsten Grade würdig gemacht. Alle seine Gesinnungen und Thaten bezeichnet hohe Gerechtigkeitsliebe; mit welcher Er sein Ihm von Gott anvertrautes Volk regiert und zu beglücken strebt. Gleich der erste Tag seiner Regierung war Zeuge von dieser seiner hohen Tugend, es darf Ihn keiner umgeben, wer nicht ein erprobter, bewährter rechtschaffner Mann ist; denn Er schätzt nichts höher als Rechtschaffenheit. Diese ist sein Panier. Mit ihr handelt Er gegen Freund und Feind. Rechtschaffenheit und Mässigung wird Er sich nach seinen eignen Worten in den auswärtigen Verhältnissen heilig seyn lassen. Er will überall der ehrliche Mann seyn, dessen Worte nie auf Schrauben stehen, der hält, was Er verspricht, und keinen, auch seinen Feind nicht verdrehen und mißdeuten wird. So wird Er sich vor allen Völkern ehrwürdig machen und Alles mit Ehrfurcht vor sich erfüllen; denn die Tugend gebietet überall Ehrfurcht und auch das Laster muß sie ihr bringen.

Er ist ein zärtlicher Familien-Vater, ein herablassender Menschenfreund, ein tapferer Soldat. Schon als Kronprinz hat Er davon Beweise gegeben.

Am Rhein und in Polen hat Er standhaft, tapfer und heldenmüthig Heere angeführt. Auf Ihm ruht der Geist Friedrichs des Großen, der Ihn stets um sich hatte und sich seiner männlichen Tapferkeit und Muth verrathenden Spiele freute, und der einst zu Ihm sagte, da der Prinz den vom großen Könige aufgefangene und verwehrte Ball mit Gewalt forderte: „Du wirst dir Schlesien nicht nehmen lassen!" Schon im Kinde zeigte sich der Held, der vor uns hergehen wird, wenn man unsere Rechte kränken sollte und dem wir dann auch bis in den Tod folgen werden. Bei dem Feldzuge in Polen gab Er den armen, matten und verwundeten Soldaten selbst den Wein zu trinken und half beim Verbande! Die armen Leute! rief Er da einmal über das andere aus und sorgte redlich für Hülfe.

Er lebt häuslich ohne große Pracht. Er gehet und reitet oft ohne alle Begleitung, weil die Liebe seines Volkes seine Leibwache ist. Er ist ein sparsamer redlicher Haushalter, um seinem Lande mit gutem Beispiel voranzugehn. Er ist ein großer König im Frieden, das wird uns Segen bringen, das heißt tausendmahl mehr, als nur groß im Kriege seyn.

Du bist, was Friedrich war,
Ein großer Mann und König,
Ein Philosoph wie Er,
Und Gott nur unterthänig.

Volkslied.

Einen solchen König preise, preis' Ihn hoch, o Festgesang! schon als Jüngling brav und weise giebt sein Herz Ihm Königsrang. :,: In der Laufbahn rascher Jugend, die Er, festen Schritts, betrat, ward Er früh am Scheide-Pfad der Gefährte strenger Tugend, Erhalt uns Ihn, o Gott! Erhalt Ihn groß und gut! Für Ihn :,: giebt gern sein Volk dann Leben hin und Blut.

Nicht dem Purpur, nicht der Krone räumt Er eitlen Vorzug ein; Er ist Bürger auf dem Throne, und sein Stolz ist: Mensch zu seyn. :,: Zu dem Flehn bedrängter Brüder neigt Er liebreich gern sein Ohr; wer die Hofnung schon verlor, o! dem giebt sein Blick sie wieder. Erhalt uns Ihn, o Gott! Erhalt Ihn weich und mild! In Ihm :,: sieht dann die Welt von Deiner Huld ein Bild.

Er zerreißt der Selbstsucht Netze, auf das Wohl des Volks bedacht. Er verehret die Gesetze, auch als Schranken eigner Macht. :,: Er entfernt der Heuchler Schaaren, und verachtet Schmeichler-Ton; denn Er winkt zu seinem Thron nur den biedern Mann, den wahren. Erhalt uns Ihn, o Gott! Erhalt Ihn so gerecht! Durch Ihn :,: wird dann sein Volk ein glückliches Geschlecht.

Er gehorcht nicht frommen Wahne, nicht empörter Leidenschaft. Seine Thaten, seine Plane sind Geburten deutscher Kraft. :,: In der Wissenschaft Gebiete, durch das Lächeln seiner Gunst, treiben deutscher Fleiß und Kunst neue Früchte deutscher Blüte. Erhalt uns Ihn, o Gott! Erhalt Ihn deutsch gesinnt! Durch Ihn :,: sieht dann die Welt, was deutsche Kraft beginnt.

Diesen braven König preise, preis' Ihn hoch, o Festgesang! Hier in treuer Freundschaft Kreise singt Ihm, Freunde! lauten Dank! :,: für des besten Königs Leben, für die edle Königinn, für dies Paar von deutschem Sinn, trinkt den Saft von deutschen Reben! Erhalt, o Gott! dies Paar, vereint durch ew'ges Band, zum Heil :,: für Welt und Staat, für Thron und Vaterland!

Berlin, zu haben bei J. J. Zürngibl, an der Grünstraßen-Brücke.

Nach dem Tod seines Vaters wurde Friedrich Wilhelm III. König von Preußen. Flugblatt anlässlich der Thronbesteigung am 16. November 1797.

Die Prinzessinnengruppe

Den Wandel bei Hofe spiegelt auch die Geschichte der legendären Prinzessinnengruppe, eines Meisterwerks des Bildhauers und Quadriga-Schöpfers Johann Gottfried Schadow. In klassischem Stil hatte er das Standbild zunächst aus Gips gefertigt, später in Marmor vollendet. Der alte König hatte das Kunstwerk in Auftrag gegeben, als wollte er der Schönheit der beiden anmutigen Schwestern Luise und Friederike ein Denkmal setzen. Zart aneinandergeschmiegt, einander liebevoll umarmend, zogen die Figuren den Betrachter in den Bann. Mehrmals hatten die beiden Schönen Modell gestanden, misstrauisch beäugt vom Kronprinzen.

Schon der Prototyp aus Gips begeisterte das Publikum bei der ersten Ausstellung. Als dann 1797 die Marmorskulptur vollendet war, verbat sich der bald darauf zum preußischen König aufgestiegene Friedrich Wilhelm III. jedoch eine Platzierung in öffentlichen oder höfischen Räumen. Das Bildnis, so der Monarch, sei vielleicht geeignet, eine preußische Venus darzustellen, aber eben nicht die Königin. Wahrscheinlich empfand er die wallenden, durchsichtig erscheinenden Gewänder im sogenannten griechischen Stil als – obwohl in Stein gemeißelt – zu anstößig. Jedenfalls verschwand das Standbild der beiden Schwestern erst einmal in einer Holzkiste, in der sich zwischenzeitlich sogar Nagetiere eingenistet haben sollen.

berühmten Großonkel insofern nach, als auch er sich als »erster Diener des Staates« verstand. Er verordnete Preußen einen rigiden Sparkurs. »Nur keinen Luxus«, lautete sein Credo, mit dem er den ausschweifenden Regierungsstil seines Vaters beendete. An Tugenden fehlte es dem neuen König nicht, allerdings an Charisma, er wirkte bei allem guten Willen steif, unbeholfen, pedantisch. Schnelles und energisches Entscheiden war nicht seine Sache.

Friedrich Wilhelm und Luise im Park von Schloss Charlottenburg. Gemälde von Friedrich Georg Weitsch, 1799.

Weder wortgewandt noch redselig, ging er den höfischen Repräsentationspflichten nicht gerade mit Leidenschaft nach. Keineswegs war er der ideale Monarch in einer Zeit großer Veränderungen.

Die Französische Revolution hatte eine neue Epoche eingeläutet. Zwar erschien ein Umsturz wie in Frankreich auf deutschem Boden unwahrscheinlich, denn es gab kein Machtzentrum wie Paris, auf das sich revolutionäre Energien hätten lenken lassen. Das Bürgertum war weniger selbstbewusst als im Nachbarland, zudem hatte die Enthauptung von Ludwig XVI. und Marie Antoinette selbst freiheitliche Gemüter abgeschreckt.

Doch konnte deshalb alles so bleiben wie bisher? Reformstau gab es auch in Preußen. Luise spürte, dass die Beziehung zwischen Bürger und Staat der Pflege bedurfte. Gern stellte sie sich in den Dienst dieser Aufgabe, ihr lag am Herzen, die Untertanen enger an die Monarchie zu binden. Mit ihrer Unbefangenheit und Freundlichkeit kam sie gut an beim Volk, und in den höfischen Kreisen – was auch ihr Gemahl zu schätzen wusste – glich sie damit doch aus, was er selbst nicht zu leisten vermochte.

Während sich der König meist schwertat, auf Menschen zuzugehen, blühte Luise in der Menge auf. Sogar über die »Liebe« zwischen Volk und Königsfamilie hörte man sie sprechen. Wie das gemeint war, zeigte sich bei Begegnungen mit ihren Landeskindern. Auch davon existieren Bildnisse: hier der gemeinsame Besuch beim Weihnachtsmarkt, da eine Huldigungsreise in die Provinzen. Immer war der Jubel groß für eine Königin, die für jedermann da zu sein schien. Doch gibt es keinen Hinweis darauf, dass sie jemals die ständische Ordnung anzweifelte oder das Gottesgnadentum infrage stellte; allenfalls sah sie eine Verpflichtung aller Glieder der Gesellschaft, am vorbestimmten eigenen Platz das Beste für das gemeinsame Ganze anzustreben.

Die Mode-Ikone

Kunstvoll geschwungene Bänder, durchscheinende Gewänder, kostbare Juwelen: Luise legte großen Wert auf ihr Äußeres.

Schon die Prinzessinnengruppe wirkte stilprägend: Die Art und Weise, wie Luise dort ihr Musselinband um Kopf und Hals geschlungen hatte – was die Züge ihres schönen Gesichts noch mehr betonte –, fand viele Nachahmerinnen. Was angeblich dazu gedient haben soll, eine Schwellung am Hals zu kaschieren, wurde zum Vorbild für modebewusste Frauen vor allem in Berlin. Luise, die sich stets aktuelle Gazetten der Haute Couture aus Paris zukommen ließ und trotz knapper Apanage regelmäßig Kleider bestellte, die ihr gefielen, wurde zur Mode-Ikone des weiblichen Preußen. Bei einer Größe von 1,73 Meter hatte sie nachgerade Model-Maße. Zierlich war sie nicht, doch dies passte zu den langen fließenden, manchmal skandalös durchschimmernden Gewändern im »griechischen Stil«. Diese wirkten wie ein moderner Gegenentwurf zum traditionellen Reifrock und Korsett. Ihr ansonsten sparsamer Ehemann ließ sich Luises Ausstattung, darunter etwa 65 besonders exklusive Roben, einiges kosten, wofür sich die Beschenkte bei Friedrich Wilhelm »untertänigst« bedankte. Auch ihre private Juwelensammlung konnte sich sehen lassen, sie hielt dem Vergleich mit der Kollektion von Frankreichs Kaiserin Josephine stand.

Bei all der Anerkennung, die man ihr entgegenbrachte, war es für die stürmische und freiheitsliebende Luise nicht einfach, die Eigenarten ihres Ehemanns zu ertragen und dabei dem eigenen Leben Gestalt zu geben. Sie fieberte jeder Abwechslung entgegen, Empfänge, Bälle und Einladungen trösteten sie über manche Entbehrung hinweg. Einerseits füllten solche Anlässe ihr Dasein aus, genoss sie es, dabei im Mittelpunkt zu stehen. Andererseits beklagte sie sich darüber, zu wenig Muße und Ruhe zu finden. Schließlich gelang es ihr doch, sich Freiräume zu schaffen. Luise, die in ihrer Kindheit dem Lernen nur wenig abgewinnen konnte, nahm sich Zeit, um ihr Wissen Schritt für Schritt zu erweitern.

Bildung

Die junge Königin widmete sich nicht nur den bildenden Künsten und der Musik, sondern auch der Literatur. Ihre Freundin Caroline von Berg unterstützte ihren Wissensdrang, brachte sie mit Kreisen in Berührung, zu denen Johann Wolfgang von Goethe, Johann Gottfried Herder und Friedrich Schiller zählten. Vor allem die Werke des »Sturm und Drang« inspirierten sie. Goethe hatte Luise und ihre Schwester schon früher als »himmlische Erscheinungen« gepriesen. Der Dichter Novalis verehrte die »Herrlichste« abgöttisch. Mit Schiller fühlte sich Luise besonders verbunden, sie empfing den Dichter mehrmals in Berlin und stellte ihm bei dieser Gelegenheit Kronprinz Friedrich Wilhelm und ihren Sohn Prinz Wilhelm vor.

Caroline von Berg führte die Kronprinzessin in Künstlerkreise ein.

Neben anderen Dichtern fühlte sich Luise besonders mit Friedrich Schiller verbunden.

Sie hatte im höchsten Grade die Gabe zu beseelen, zu ermutigen, zu beleben und wieder zu beruhigen allein schon durch ihre Gegenwart, selbst in gefahrvollen Augenblicken; sie erkannte alle Talente, sie besaß die Kunst, selbst diejenigen zu entdecken, die sich am wenigsten selbst hervortaten.

WILHELM VON HUMBOLDT

Die einst eher lernunwillige Mecklenburger Prinzessin mauserte sich zur belesenen Königin, sie suchte das Gespräch in intellektuellen Zirkeln, verfolgte politische Entwicklungen mit, pflegte sogar den Gedankenaustausch mit reformorientierten Kreisen. Ihr Mann ließ sie gewähren, auch wenn er die kulturellen Bedürfnisse seiner Frau nicht teilte. Die Sphäre der Dichter und Denker war nicht seine Welt, und das bekam auch Luise zu spüren. Da gab es so manche »Träne, die [es] sie gekostet« hat, wie sie beklagte, doch sie verlor nicht den Mut: »Es darf nicht geschwärmt sein; in der wirklichen Welt müssen wir bleiben und durcharbeiten, so will es das Schicksal.«

Und das stellte sie mehrmals auf die Probe. 1798, zwei Jahre nach dem Tod ihres Ehemanns Prinz Ludwig, wurde ihre Schwester Friederike schwanger. Um einen Skandal zu vermeiden, heiratete Friederike daraufhin Prinz Friedrich von Solms-Braunfels, einen Offizier in preußischen Diensten. Friedrich Wilhelm verbannte das Paar kurze Zeit später von Berlin nach Ansbach. Für Luise brach eine Welt zusammen, als sie ihre Schwester, ihre engste Vertraute, ziehen lassen musste.

»Meine besten Schätze«: Luise 1809 mit ihren Söhnen Kronprinz Friedrich Wilhelm und Prinz Wilhelm.

Königskinder

In den kommenden Jahren füllte die wachsende Kinderschar mehr und mehr Luises Leben aus. Ihnen galt ihre bedingungslose Liebe und mütterliche Hingabe, ihre Söhne und Töchter wollte sie ganz in ihrer Nähe haben und auf keinen Fall – wie sonst oft in Adelskreisen üblich – in erster Linie Erziehern überlassen. »Meine Sorgfalt ist meinen Kindern gewidmet … Erhält Gott sie uns, so erhält er meine besten Schätze, die niemand mir entreißen kann«, beschreibt sie ihr Selbstverständnis als Mutter. Die Königin nahm sich viel Zeit für den Nachwuchs, kümmerte sich persönlich um das Wohl der Töchter und Söhne, sang, lachte, scherzte mit ihnen.

In ihren mehr als 16 Ehejahren wurde Luise insgesamt zehnmal schwanger. Ihr erstes Kind, ein Mädchen, wurde tot entbunden. Im darauffolgenden Jahr (1795) kam Kronprinz Fritz (der spätere König Friedrich Wilhelm IV.) zur Welt, 1797 Prinz Wilhelm (der spätere

Kaiser Wilhelm I.). 1798 folgte Prinzessin Charlotte (später Gemahlin von Kaiser Nikolaus I. von Russland), 1801 Prinz Carl und 1803 Prinzessin Alexandrine. Fünf Jahre später, im Königsberger Exil, wurden 1808 Prinzessin Luise und 1809 Prinz Albrecht geboren. Zwei ihrer Kinder, Prinzessin Friederike und Prinz Ferdinand, starben sehr jung. Wenn sie ihren Ehemann auf Reisen begleitete, schrieb sie oft seitenlange Briefe an ihre Sprösslinge, lobte und ermahnte sie, ließ sie an ihrem Leben teilhaben. Und auch den Erzieherinnen ihrer Kinder gab sie präzise Anweisungen, was sie in ihrer Abwesenheit zu tun und zu lassen hatten. In schwärmerischer Liebe, so zumindest ist es überliefert, verehrten die Kinder ihre Mutter, liebten sie für ihre Freundlichkeit und ihre Fürsorge – und sicherlich auch für manche anerkennenden und zärtlichen Worte.

Die Idylle von Paretz

Auf dem kleinen Landgut Paretz nahe Potsdam spielten sich in den Sommermonaten geradezu idyllische Momente des Miteinanders von Königsfamilie und Landvolk ab. Hier ließ es sich zwanglos leben, in genügend großem Abstand zur Hektik der Städte und Höfe. Das Paar war nie glücklicher als bei den Aufenthalten jenseits der Residenzen. Man redete, feierte, tanzte miteinander, scheinbar frei von Standesgrenzen – Luise trug das Ihre dazu bei. Der Generaladjutant des Königs, Karl Leopold von Köckritz, hielt seine Erlebnisse schriftlich fest: »Die guten Menschen [gemeint war das Königspaar] genossen mit einem heiteren Herzen so ganz das Einfache der Natur … Entfernt von allem Zwange nahmen sie herzlichen Anteil an den naiven Äußerungen der Freude des Land-

Erntefest in Paretz – Friedrich Wilhelm und Luise feiern mit den Gutsangehörigen. Aus einem Volksbuch über Königin Luise von 1896.

volkes, besonders bei dem fröhlichen Erntefest, vergaßen ihre Hoheit, die schöne königliche Frau mischte sich in die lustigen Tänze der jungen Bauernsöhne und -töchter und tanzte vergnügt mit. Hier war im eigentlichen, aber besten Verstande Freiheit und Gleichheit.«

Ein Bild, das zur Verklärung einlädt, aber wohl auch dem Ideal mancher Zeitgenossen entsprach, die zwar Veränderung wollten, aber bloß nicht zu viel. Es war die Wunschvorstellung von einer Monarchie, die sich den Untertanen zuwendet, getragen vom Glauben an ein harmonisches Miteinander von Herrschern und Beherrschten. Wer wollte schon eine Revolution wie in Frankreich, wo Köpfe rollten? Der schöne Schein, vor allem verkörpert durch Luise, weckte manche Illusionen; der Romantiker Novalis war derart von der Monarchin bezaubert, dass er forderte, den »Königsdienst« wie einen »Gottesdienst« zu zelebrieren. Es ist die Hoffnung auf die Reform in behutsamen Schritten, allenfalls eine sanfte Revolu-

Auf Schloss Paretz, fernab von der Hektik der Großstadt, verlebte das Königspaar seine glücklichsten Stunden.

tion von oben, weiterhin gebettet in einen von Gott bestimmten Kosmos. Es war der romantisierende Gegenentwurf zum rationalen Staatsverständnis der Aufklärung.

Es schien, als hätte das Schicksal einen Engel auf den Thron gesetzt, um die Tugend in ihrer ganzen Liebenswürdigkeit, in ihrem ganzen Glanze zu zeigen.

MARIE VON KLEIST, HOFDAME LUISES

Tatsächlich zeigte sich die Königin Reformen gegenüber aufgeschlossener als ihr Ehemann, auch wenn es keine Hinweise darauf gibt, dass ihr die noch immer gravierenden gesellschaftlichen Unterschiede in Preußen zu schaffen machten. Vielleicht war es ein harmonischeres, offeneres Miteinander der Stände, was ihr vorschwebte. Doch an tradierten Rollenbildern wollte Luise nicht rütteln, etwa was das Verhältnis der beiden Geschlechter betraf. Frauen hatten damals praktisch keine Rechte, woran sie keinen Anstoß nahm. Das neue Erschei-

Luises Briefe

Zu Lebzeiten Luises galt das Briefeschreiben als eine besondere Form der Kunst; auch das besonders im 18. Jahrhundert beliebte Genre des Briefromans bringt das zum Ausdruck. Königin Luise war eine passionierte Schreiberin, unermüdlich brachte sie ihre Gefühle und Gedanken zu Papier. Oft setzte sie sich mehrmals täglich an den Schreibtisch; manchmal saß sie tagelang an einem Brief, je nach Stimmungslage oder abhängig davon, wie die Repräsentationspflichten sie in Anspruch nahmen. Beim Schreiben gab sie Empfindungen und Gedanken gegenüber den Menschen preis, die ihr wichtig waren – sei es der Vater, die Großmutter, seien es die Geschwister, Freunde und Freundinnen oder auch Gelehrte und Politiker. Friedrich Wilhelm schrieb sie seitenlange hingebungsvolle Briefe, meist in Französisch abgefasst und mit leichten grammatikalischen Mängeln. Doch auch andere Männer, für die sie schwärmte, bekamen ihre Schreiblust zu spüren – allen voran Alexander I. von Russland, für den sie weitaus mehr als nur Sympathie empfand. Mit dem Briefeschreiben öffnete sich für Luise ein Tor zur Welt, es brachte Abwechslung, Zerstreuung, Unterhaltung und Trost in ihren oft eintönigen Alltag.

nungsbild der königlichen Familie Preußens hingegen war der Monarchin wichtig: ein Ehepaar, das sich liebte, sich treu war, zueinanderstand, sich intensiv um die eigenen Kinder kümmerte, das Einblicke gewährte in das private Leben – nie zuvor hatte es das im Hohenzollernland gegeben. Zahlreiche Bildnisse und Schilderungen ihres Alltags vermittelten eine Wertewelt, mit der sich das Bürgertum identifizieren konnte. Dieses Bild von sich, das Luise und Friedrich Wilhelm keineswegs inszenierten oder vorspielten, schien geeignet, die Anhänglichkeit zum Herrscherhaus zu fördern, zumindest solange nicht innere oder äußere Umstände den Bestand des Staates in seiner jetzigen Form infrage stellten.

Preußen am Wendepunkt

Europa befand sich seit der Französischen Revolution im Umbruch. Das Heilige Römische Reich Deutscher Nation stand vor seinem Ende. Napoleon wollte den Kontinent in seinem Sinn neu ordnen, führte Kriege, schloss Bündnisse, nahm und verteilte Land nach Gutdünken, fand dabei mal mehr, mal weniger Unterstützung bei den angestammten deutschen Fürsten- und Königshäusern. Schon Friedrich Wilhelm II. hatte auf Neutralität gesetzt. Nach dem nicht gerade von Erfolgen gekrönten Waffengang mit dem revolutionären Frankreich hatte Preußen in Basel 1795 einen Sonderfrieden mit dem Gegner ausgehandelt und wollte die militärischen Auseinandersetzungen mit Frankreich künftig anderen europäischen Mächten überlassen.

Doch wie lange noch würde sich Preußen aus den Konflikten heraushalten können? Dem russischen Zaren lag viel an einer engen Bindung zum preußischen Herrscherhaus, auch weil die politischen Entwicklungen seit der Jahrhundertwende dies nahelegten. Napoleons kriegerisches Vordringen Richtung Osten brachte das Mächteverhältnis aus der Balance. Preußen befand sich in einer Konstellation zwischen Frankreich, Österreich und Russland, und jede der Mächte versuchte, die Hohenzollern zu einem Bündnis zu bewegen. Bonaparte, der es schon geschafft hatte, die Badener, Bayern und Württemberger auf seine Seite zu ziehen, bemühte sich auch um einen Pakt mit dem preußischen König. Friedrich Wilhelm III. konnte sich jedoch zu keiner dauerhaften Parteinahme durchringen, blieb weiterhin dem schon von seinem Vater eingeschlagenen Neutralitätskurs treu. Seine politische Maxime lautete: zu allen den gleichen Abstand halten und vor allem Frieden wahren. Er glaubte sein Land allein durch diplomatisches Handeln aus den kriegerischen Auseinandersetzungen in Europa heraushalten zu können. Doch diese Haltung katapultierte Preußen mehr und mehr ins Abseits.

Luise zeigte anfangs keinerlei Neigungen, sich in politische Vorgänge einzumischen, verwies stets auf den König, wenn sie auf staatliche Belange angesprochen wurde. Doch sie spürte, wie schwer sich Friedrich Wilhelm tat, Entscheidungen zu fällen. Immer öfter wurde sie von führenden politischen Köpfen bedrängt, auf den Monarchen Einfluss zu nehmen, bei inneren und äußeren Angelegenheiten Preußens.

Zar Alexander

Wer konnte künftig ein zuverlässiger Bundesgenosse sein, wenn der Hohenzollernstaat wieder von Frankreich herausgefordert würde? In Memel kam es 1802 zu einer denkwürdigen Begegnung zwischen dem preußischen Königs-

Denkwürdige Begegnung: Friedrich Wilhelm und Luise treffen 1802 in Memel den russischen Kaiser Alexander. Zeitgenössischer Stich.

paar und dem Zaren. Friedrich Wilhelm fühlte sich familiär und freundschaftlich mit Alexander I. verbunden. Luise erblickte im russischen Kaiser den entscheidenden Mann, an dessen Seite Preußen künftig bestehen konnte. Der junge Monarch übte eine große Faszination auf sie aus, und Luise hielt sich mit ihren Empfindungen ihm gegenüber keineswegs zurück. In Dutzenden von Briefen ließ sie ihn in ihr Herz schauen – in ihren Aufzeichnungen ist zu lesen: »Der Kaiser ist einer der seltenen Menschen, die alle liebenswürdigen Eigenschaften mit allen echten Vorzügen vereinigen ... Er ist wunderbar gut gebaut und von sehr stattlicher Erscheinung. Er sieht aus wie ein junger Herkules.«

War das eine Liebeserklärung? Auch wenn man berücksichtigt, dass Luise ihre Gefühle in der betont schwärmerischen Sprache ihrer Epoche zum Ausdruck brachte, empfand sie wohl weit mehr als Freundschaft. Der Zar selbst schien ebenfalls von ihr beeindruckt, schmeichelte ihr, aber er hatte eine Ehefrau, liebte seine Schwester und war bekannt für seine zahlreichen Affären. Und doch schwärmte die preußische Königin für ihn wie für einen Liebhaber, Freund und Beschützer in einer Person. Hinzu kam, dass sie sein politisches Anliegen teilte. Alexander I. erwartete von Preußens König, dass er sich an einer Koalition gegen Napoleon beteiligt. Luise teilte die Abneigung des Zaren gegen den machtbesessenen Emporkömmling, der offenkundig die Herrschaft über ganz Europa anstrebte. Umso mehr schwärmte sie in ihren Erinnerungen von der herzlichen Begegnung mit dem russischen Kaiser: »Wir tanzten Polonaise ohne Ende und Aufhören, man spielte sich gegenseitig Streiche ... wir waren wie die Kinder, sprangen wie Zicklein, und alle waren glücklich und zufrieden.«

Napoleon, der sich 1804 zum Kaiser der Franzosen krönte, wurde von vielen europäischen Fürsten als Emporkömmling verachtet.

Doch schien es, als wollte Preußen weiterhin teilnahmslos im Auge des anschwellenden Orkans verharren. Lieber neutral bleiben als auf der falschen Seite stehen, womöglich

Der Treueschwur zwischen dem preußischen König und dem russischen Kaiser am Grab Friedrichs des Großen im Beisein von Luise.

im Lager der Verlierer! Doch der Druck auf den preußischen König nahm zu. Einflussreiche Beamte, Militärs, aber auch Stimmen aus dem Adel und dem Volk bekundeten Missfallen über die Appeasement-Politik gegenüber Frankreich, während andere Berater wiederum den Monarchen davor warnten, etwas gegen Bonaparte zu unternehmen – militärisch sei er nicht zu bezwingen. Selbst Großmächte wie Österreich oder Großbritannien vermochten Frankeich kaum Paroli zu bieten.

Bald folgten weitere Provokationen. Es durfte nicht überraschen, dass der französische Kaiser den Status der Neutralität spätestens dann verletzen würde, wenn es ihm militärisch geboten schien. So hatte er keine Skrupel, preußische Territorien als Durchmarschgebiet zu nutzen. Ein Willkürakt. Gern hätte mancher Militär im Dienste der Hohenzollern schon im Jahr 1805 den Säbel gezückt. Mehr und mehr geriet es zu einer Frage der Ehre, was sich der einst so mächtige Staat gefallen lassen durfte und was nicht. Als preußische Monarchin fühlte sich auch Luise durch die Übergriffe herausgefordert. Sie sah in Napoleon ein verachtenswertes Subjekt. Ihre auf ihn gemünzte Wortwahl sollte sich in den kommenden Monaten merklich verschärfen. Längst stellte sich auch für andere prominente Köpfe Preußens die Frage nach militärischen Schritten gegen den Eroberer, manche hätten den Krieg lieber früher als später geführt.

Da traf es sich, dass Alexander I. sich erneut bemühte, Preußen auf die Seite einer Allianz mit Österreich und Großbritannien zu ziehen. Friedrich Wilhelm zierte sich zunächst – zu Luises Missfallen, die ihm nahelegte, dem Treffen alsbald zuzustimmen. So kam es Ende Oktober 1805 zu einer weiteren Begegnung mit dem russischen Kaiser, diesmal im Zentrum der preußischen Macht, in Berlin und Potsdam.

Der Zar genoss den feierlichen Empfang, das Volk jubelte ihm zu, Luise erschien es wie ein Plebiszit für den Schulterschluss mit Russland. Französische Truppen waren inzwischen in Österreich einmarschiert. Ein Grund mehr für die Königin, die Nähe des Freundes zu suchen und für einen Pakt mit ihm zu plädieren, ein Bündnis der Guten gegen das Böse. Womöglich hat die prorussische Stimmung bei den Auftritten des Zaren in den Tagen des Besuchs dazu beigetragen, dass sich Friedrich Wilhelm III. nicht länger sperrte. Er erklärte sich bereit, Napoleon Bedingungen zu stellen, behielt sich aber das Recht zur Vermittlung zwischen den gegnerischen Parteien vor, denn der Konflikt zwischen Österreich, Frankreich

Die Schlacht von Austerlitz im Dezember 1805 endete mit einer verheerenden Niederlage für Preußen und Österreich. Gemälde von François Gérard.

und Russland spitzte sich zu. Im »Potsdamer Vertrag« versprach der preußische König dem Zaren militärischen Beistand für den Fall, dass die Verhandlungen scheiterten und Napoleon sich weigerte, die von ihm eroberten Gebiete rechts des Rheins zu räumen. Ihm sollte ein entsprechendes Ultimatum gestellt werden. Wieder kam es zu einer denkwürdigen Szene, die künftig im Bilderreigen der Luise-Legende einen prominenten Platz einnehmen sollte – es heißt, die Königin habe den historischen Moment selbst herbeigeführt: den gemeinsamen Treueschwur am Sarg Friedrichs des Großen in der Gruft der Potsdamer Garnisonkirche. Einander die Hände reichend, gelobten Zar Alexander, König Friedrich Wilhelm III. und Königin Luise, in unverbrüchlicher Freundschaft und Solidarität zueinanderzustehen.

Das gemeinsame Ultimatum, besetztes Terrain zurückzugeben, forderte Bonaparte heraus, doch noch ehe sich Preußen in Verhandlungen oder Vermittlungsbemühungen einschalten konnte, bahnte sich die nächste militärische Kraftprobe an. Anfang Dezember 1805 tobte die Dreikaiserschlacht bei Austerlitz. Sie endete mit einer verheerenden Niederlage für die Russen und Österreicher. Luise war verzweifelt, machte ihrem Mann Vorwürfe, sich nicht rechtzeitig für die Koalition entschieden zu haben.

Nun war es wiederum Bonaparte, der Forderungen stellte und stellen konnte – auch an Preußen, das ins Lager seiner Gegner eingeschwenkt war. Im Februar 1806 nötigte er dem Hohenzollernstaat einen Vertrag auf, der einem Diktat gleichkam. Preußen musste eigene Gebiete abtreten und Eroberungen Napoleons anerkennen. Dafür wurde den Hohenzollern zwar Hannover zugesprochen, das bis dahin vom britischen König mitregiert worden war, doch wurde Preußen damit zugleich in einen ungewollten Pakt gegen die Briten gezwungen. Demütigende Bestimmungen, die auch Luise keine Ruhe ließen. Preußen war nun endgültig zu einer politischen Marionette degradiert. Umso mehr machte sich die Königin dafür stark, dem fatalen Bündnis so bald wie möglich ein Ende zu setzen und wieder die Nähe Russlands zu suchen.

Partei der Königin

Die Stimmung war aufgeheizt, Preußens Eliten waren gespalten, wobei der Einfluss derjenigen, die einen harten Kurs gegenüber Napoleon steuern wollten, zunahm. Sie suchten das Gespräch mit Luise, ihnen lag daran, sie als Fürsprecherin zu gewinnen, während ihr Gemahl weiterhin an ein Arrangement mit Frankreich glaubte. So scharten sich um die Königin einflussreiche politische Köpfe, die auch innenpolitische Veränderungen forderten. Karl Freiherr vom und zum Stein war für seine Memoranden berüchtigt. Er und andere Reformer übermittelten der Monarchin eine Denkschrift mit der Bitte um Weitergabe an Friedrich Wilhelm. Doch erschrak Luise über den Tonfall. In dem Forderungskatalog wurde dem König nahegelegt, sich von unfähigen Beratern zu trennen und das Regieren Fachleuten zu überlassen. Auch wenn Luise manche dieser Positionen unterstützte, riet sie von einer Weitergabe des Dokuments ab und warnte davor, allzu schroffe Formulierungen könnten das Gegenteil von dem bewirken, was eigentlich bezweckt war. Sie hielt sich zurück, versuchte allenfalls zu vermitteln, doch die Reformer fanden in ihrem Umkreis ein Forum, in dem fortschrittliche Ideen reifen konnten – nicht von ungefähr sollte später von einer »Partei der Königin« die Rede sein, in der sich auch Napoleon-Gegner zusammenfanden.

Man kann sagen, dass sie am preußischen Hofe die einzige Persönlichkeit gewesen ist, durch die – was doch auch politisch nicht unwichtig war – die Stimme des neuen in der Bildung begriffenen Nationalgeistes das Ohr des Königs erreichen konnte.

OTTO HINTZE, HISTORIKER, 1910

Weitere Provokationen ließen nicht lange auf sich warten. Der französische Kaiser hatte sich seinem verdienten Marschall Murat gegenüber erkenntlich gezeigt. Der regierte seit März 1806 als Herzog von Kleve und Berg und ließ – sicher nicht ohne Wissen seines Gönners – die angrenzenden Abteien Werden und Essen, die zu Preußen gehörten, besetzen. Der für seine

Impulsivität bekannte General Blücher hatte das militärische Kommando in Westfalen und hätte am liebsten sofort seine Truppen losgeschickt. »Brauchen Sie Gewalt, dann will ich Gewalt erwidern lassen«, ließ er den Monarchen wissen, doch der zog es vor, besonnen zu bleiben und zu verhandeln.

Luise teilte mittlerweile die verbreitete Meinung, das »Ungeheuer« Napoleon gehöre »erschlagen«. Sie packte ihren Gemahl bei der Ehre und schrieb ihm am 2. April 1806: »Je mehr Nachgiebigkeit man ihm zeigt, umso mehr spottet er derer, die so dumm sind. Gewalt gegen Gewalt, das ist meiner Meinung nach das Einzige ...« Friedrich Wilhelm jedoch zögerte und warnte, hatte doch das Debakel von Austerlitz vor Augen geführt, wie riskant ein Krieg gegen Frankreich war. Vor Luise rechtfertigte er sich mit den Worten: »... unglücklicherweise ist die Partie für mich immer so ungleich wie nur möglich, es gibt kein Mittel, die Dinge auf die Spitze zu treiben, ohne einen noch größeren Fehler zu begehen.«

Napoleons Feldherr Joachim Murat wurde mit den Herzogtümern Kleve und Berg entlohnt und verleibte sich auch preußisches Gebiet ein.

Napoleon steuerte indes auf den Zenit seiner Macht zu. Im Juli 1806 hob er in Paris den sogenannten Rheinbund aus der Taufe, dem sich zunächst 16 deutsche Fürsten anschlossen. Damit war das Ende des Heiligen Römischen Reiches Deutscher Nation besiegelt. Mit schmucklosen Worten legte der Habsburger Franz II. die Reichskrone nieder.

Der Rheinbund stellte für Napoleon eine Art »drittes Deutschland« dar, als Gegengewicht zu Österreich und Preußen. De facto war es ein *Cordon sanitaire,* eine Konföderation als Militärallianz, dem Willen Bonapartes als »Bundesprotektor« unterworfen. Handlungsspielraum hatten die Monarchen und Fürsten vor allem im Innern, sie konnten ihre Macht konsolidieren – solange sie dabei nicht in Konflikt mit den Zielen Napoleons gerieten. Alle Mitglieder des Bundes waren Frankreich gegenüber tributpflichtig, mussten beträchtliche Truppenkontingente für seine Kriege bereitstellen. Einige Fürsten hatten von Bonaparte besonders profitiert, wurden sogar zu Königen erhoben. Der großzügige »Geber« forderte im Gegenzug unbedingte Loyalität.

Krieg gegen Napoleon

Luise quittierte die politischen Vorgänge mit den Worten: »Das kann nicht so bleiben, Napoleon ist ein Elender!« Sie muss von der Richtigkeit ihrer Auffassung überzeugt gewesen sein, anders sind bestimmte Appelle an ihren Ehemann kaum nachvollziehbar, etwa als sie ihm schreibt: »... überhaupt ist mehr Selbstvertrauen das Einzige, was Dir fehlt. Hast Du Dir das erst angeeignet, so wirst du schneller einen Entschluss fassen.« Luise hatte keine politischen Ambitionen, doch leidenschaftlich wie sie war, glaubte sie, sich in einer so demütigenden Lage für ihr Land einmischen zu müssen. Zumindest in vertrauten Kreisen und gegenüber ihrem Ehemann fühlte sie sich zur Parteinahme berufen.

Es waren sicher nicht die verbalen Nadelstiche Luises, die schließlich zur Entscheidung für den Krieg führten. Das Fass zum Überlaufen brachten Geheimverhandlungen, deren Inhalte dann doch nicht verborgen blieben. Zwischen Frankreich und Großbritannien bahnte sich ein möglicher Friedensschluss an. Dafür sollte das zuvor an Preußen übertragene Hannover wieder den Briten zurückgegeben werden. Es ging um die Stadt, in der Luise geboren wurde; sie war den Hohenzollern zugesprochen worden, als Preußen andere Gebiete an Frankreich abgeben musste. Und nun wurde über den Kopf des preußischen Königs hinweg verhandelt. Eine Brüskierung, die in Berlin eine Lawine ins Rollen brachte. Dabei war die Königin kaum mehr treibende Kraft, sie musste es auch nicht sein. Am 9. August erhielt die preußische Armee den Befehl zur sofortigen Mobilmachung. »Somit blieb mir keine andere Wahl«, schrieb daraufhin Friedrich Wilhelm an Zar Alexander. Preußen hatte sich selbst unter Druck gesetzt, denn auch die Forderung an Napoleon, seine Truppen hinter den Rhein zurückzuziehen, blieb – wie zu erwarten war – unbeantwortet.

»Das muss gutgehen«: Begrüßung der Königin durch preußische Truppen. Holzstich, um 1860.

Der *Empereur* quittierte die Mobilmachung mit Hohn und Spott. Die Vorstellung, dass Preußen sich isoliert mit Frankreich auf einen Krieg einlassen könnte, erschien ihm »so lächerlich, dass sie gar nicht in Betracht gezogen zu werden verdient«. Er forderte Preußen kurzerhand auf, die Kriegsspielerei zu unterlassen und sofort die Demobilisierung einzuleiten. Nun gab es für Friedrich Wilhelm kein Zurück mehr. Und für Luise? Sie sagte später einmal, sie sei zwar »nie über öffentliche Angelegenheiten zurate gezogen worden«, doch hätte man sie gefragt, so »hätte ich – ich bekenne es offen – für den Krieg gestimmt, da ich glaubte, dass er notwendig war«.

Königin Luise im Reitkostüm. Gemälde von Wilhelm Ternite, 1827.

Dass die Königin gegenüber Dritten von sich sagte, sie sei zu politischen Fragen nicht konsultiert worden, ist sicher der Haltung geschuldet, dass sie grundsätzlich am traditionellen Rollenbild festhielt. Doch ihr entschiedenes Auftreten gegenüber dem König und einigen hochrangigen Beratern hatte selbstverständlich eine politische Wirkung. Ihr Anteil an der Kriegsentscheidung ist jedoch anhand der Quellenlage des Sommers 1806 kaum zu ermessen. Längst erhoben einflussreichere Kräfte im Umfeld des Königs ihre Stimme, und schließlich gab es angesichts der napoleonischen Willkür aus preußischer Sicht kaum mehr eine Alternative.

Es war eine Epochenwende, die Zeit des Friedens und der Neutralität war für Preußen endgültig vorüber. Luise war schon im März 1806 ehrenhalber ein Truppenteil unterstellt worden, das Dragonerregiment Ansbach-Bayreuth. Die Offiziere und einfachen Soldaten waren gleichermaßen begeistert und stolz, unter ihrer populären Königin dienen zu dürfen. Sie wiederum wollte ein ermutigendes Zeichen setzen, die Söhne des Landes zumindest symbolisch in den Kampf begleiten – auch wenn sie sich bei aller Zuversicht durchaus bewusst war, dass dieser Krieg viele Opfer fordern und wieder zahllose Witwen und Waisen zurücklassen würde. Auch ihre Dragoner ritten mit klingendem Spiel durch die Tore Berlins. Gehörten sie nicht zu jener Armee, mit der einst Friedrich der Große seine Schlachten geschlagen und große Siege errungen hatte? Kaum jemand in Preußen sah einen Grund, daran zu zweifeln, dass auch dieser Krieg einen erfolgreichen Verlauf nehmen würde.

Als die Truppen im September 1806 auszogen, trug Luise ein Reitkleid in den Farben ihres Regiments. Sie begleitete Friedrich Wilhelm in das preußische Hauptquartier in Naumburg. Auch dort schien die Stimmung noch ungetrübt. An ihrer überschwänglichen Art, an Zar Alexander zu schreiben, änderte sich auch in diesen Tagen nichts: »Das muss gutgehen, die Truppen sind von schönstem Eifer beseelt und brennen darauf, sich zu schlagen und vorwärts zu gehen … Aber nicht nur der Soldat, sondern die ganze Nation denkt ebenso und preist den

Die Niederlage in der Doppelschlacht bei Jena und Auerstedt im Oktober 1806 besiegelte den Untergang des alten Preußen.

König für den Entschluss, den er gefasst hat.« So machte sie sich selber Mut.

Später sollte die napoleonische Propaganda nicht nur aus Luises Beziehung zum Zaren Kapital schlagen – die Tatsache, dass sie ihre Truppen anfeuerte und ihre Garderobe einer Uniform ähnelte, nahm Bonaparte zum Anlass für die Behauptung, hier sei eine Kriegstreiberin am Werk, die ihr Land ins Unglück stürze. Napoleon sah schon in der Mobilmachung Preußens eine Anmaßung – und nun diese Provokation: Aus seiner Sicht hatten Frauen partout nichts in der Politik verloren geschweige denn auf dem Schlachtfeld – dafür sollte Luise büßen.

Für die preußische Königin begann das dunkelste Kapitel ihres Lebens. Schon bei den ersten Kämpfen starb ihr einstiger Schwarm Prinz Louis Ferdinand, schnell kippte die Stimmung, die Monarchin musste über Umwege nach Berlin zurückkehren, um nicht zwischen die Fronten zu geraten. Die Doppelschlacht von Jena und Auerstedt im Oktober 1806 nahm ihren Lauf.

Was nun binnen weniger Tage geschah, war mehr als eine verheerende Niederlage – es war das Ende einer Großmacht, die »preußische Katastrophe«. Militärisch und politisch prallten zwei Welten aufeinander: Preußens Armee hatte sich noch immer in den militärischen Erfolgen Friedrichs II. gesonnt, auch Luise hatte sich davon blenden lassen, wie sie später eingestehen sollte. Nun demonstrierte Napoleon einmal mehr, was eine modern

Als triumphaler Sieger zieht Napoleon mit seiner *Grande Armée* am 27. Oktober 1806 in der preußischen Hauptstadt ein. Gemälde von Charles Meynier, 1810.

geführte Bürgerarmee zu leisten vermochte: schnelle Märsche, überraschende Truppenkonzentrationen an entscheidender Stelle, systematische Verwendung einer beweglichen Artillerie, Schützengefechte statt starrer Formationen. Die *Grande Armée* kämpfte hoch motiviert, war erprobt, und sie hatte vor allem ihn: Napoleon, der von seinen Soldaten geradezu vergöttert wurde. Das stehende preußische Heer hatte dem wenig entgegenzusetzen, die Armee war überaltert, schlecht ausgerüstet, der sturen Linientaktik verhaftet. Da half es auch nicht, dass die beliebte Königin ihre Truppen ermunterte. Das Desaster war nicht zu verhindern.

Napoleon kostete seinen Triumph aus, auch als Sieg über die preußische Königin. An seine Ehefrau Joséphine schrieb er: »Von allen Seiten facht sie den Krieg an. Sie ist eine Frau mit hübschem Gesicht, aber unfähig, die Folgen ihrer Handlungen vorauszusehen. Doch anstatt sie zu beschuldigen, kann man sie heute nur bedauern.«

Der Staat Friedrichs des Großen befand sich nach der vernichtenden Niederlage in Auf-

»Nicht in die Hände dieser Menschen fallen«: Königin Luise flüchtet im Januar 1807 über die Kurische Nehrung vor Napoleon.

lösung. Friedrich Wilhelm III. floh nach Königsberg, wenig später weiter in den äußersten Zipfel Ostpreußens, nach Memel – »unser Dämel sitzt in Memel«, riefen ihm kritische Bürger nach. Napoleon aber marschierte nach Berlin, nicht ohne vorher in Potsdam Station zu machen, wo er am Grab Friedrichs des Großen jene viel zitierten Worte fand: »Wenn er noch leben würde, wäre ich nicht hier.«

Am 27. Oktober 1806 zog der französische Kaiser, erhaben auf einem Schimmel reitend, in die preußische Hauptstadt ein. Vor dem Brandenburger Tor überreichte ihm eine Abordnung der Bürgerschaft die Schlüssel der Stadt auf einem Tablett. Zuvor hatte der Magistrat bei »Leibes- und Lebensstrafe« befohlen, bei Einzug der französischen Truppen keinen Widerstand zu leisten. Schaulust, Neugier, aber auch Ehrfurcht und Bewunderung mögen Tausende von Berlinern damals auf die Straße Unter den Linden getrieben haben. Auch der Ruf »Vive l'Empereur!« (»Es lebe der Kaiser!«) war zu vernehmen, wenngleich Berliner Polizisten ein wenig nachgeholfen haben sollen, um die Sieger gütlich zu stimmen.

Triumphierend schlenderte Napoleon auch durch die preußischen Schlösser, erst Sanssouci, dann Charlottenburg. Dort stöberte er genüsslich in den Räumen Luises und quartierte sich ein, las auch die Korrespondenz der Königin.

Danach setzte er, frisch munitioniert, seine Schmähkampagne fort. In seine Kriegsbulletins lässt er wenig Schmeichelhaftes über seine Gegnerin schreiben: »Jedermann ist überzeugt, dass die Königin an allen Leiden, die das preußische Volk zu erdulden hat, schuld ist. Überall hört man sagen: Sie war so gut, so sanft vor einem Jahr. Aber wie hat sie sich seit der verhängnisvollen Zusammenkunft mit dem Kaiser Alexander verändert!«

Als die Beleidigungen öffentlich wurden, befand sich Luise auf der Flucht nach Ostpreußen. Dennoch erhielt sie Kenntnis davon, was Bonaparte über sie verbreitete: »In den Gemächern, die die Königin in Potsdam innehatte, hat man das Bild des Kaisers von Russland gefunden, das er ihr geschenkt hatte. Auch von Dokumenten ist die Rede, sie beweisen ... wie unglücklich die Fürsten sind, die Frauen Einfluss auf die politischen Angelegenheiten gestatten. Die Noten, die Berichte und die Staatspapiere ... fanden sich unter Bändern und Spitzen und anderen Toilettengegenständen der Königin!«

Luise fühlte sich angesichts solcher Verleumdungen wehrlos, ohnmächtig, entblößt, war verzweifelt und wiederholte die Ausdrücke der Schmähschriften »mit strömenden Augen«, wie ein Kammerherr notierte. »Ist es diesem boshaften Menschen nicht genug, dem König seine Staaten zu rauben«, rief sie aus, »soll auch noch die Ehre seiner Gemahlin geraubt werden, indem er niedrig genug denkt, über mich die schändlichen Lügen zu verbreiten?«

Dass die französische Propaganda Luise als kriegslüsterne Amazone darstellte, grenzte in der Tat ans Absurde und verkannte völlig ihre tatsächliche Machtposition. Und dass Napoleon die Kriegsschuld ausschließlich bei anderen suchte, war wohl auch seinem selbstgefälligen Größenwahn geschuldet.

Die preußische Katastrophe

Monarch und Monarchin waren nunmehr Getriebene – mal gemeinsam, mal getrennt, mal mit Kindern, mal ohne befanden sie sich wochenlang auf der Flucht durch Stadt und Land, von Küstrin über Königsberg nach Memel. Nur an der äußersten Grenze Ostpreußens schien das Königspaar noch sicher zu sein: »Ihr seht mich in Tränen«, bekannte Luise ihren Kindern gegenüber, »wir müssen flüchten.« Es folgten weitere leidvolle Etappen, die fortan einen wesentlichen Bestandteil der Luise-Legende darstellten. In zahlreichen Bildnissen sind sie nachempfunden: Momente der Erschöpfung, Stationen größter Entbehrungen, liebevolle Begegnungen mit den Kindern während der monatelangen Odyssee, eine von Fieber und Krankheit entkräftete, aber entschlossene Königin im ungeschützten offenen Wagen mitten im Schneesturm bei der Fahrt über die Kurische Nehrung. Und dies alles, um eines zu verhindern: »Ich will lieber in die Hände Gottes fallen als dieser Menschen.« Nie wollte sie Gefangene Napoleons werden.

Und doch keimte im Frühjahr 1807 noch einmal Hoffnung. Alexander und Friedrich Wilhelm bekräftigten ihren Pakt, kämpften als Bündnispartner Seite an Seite. Mit preußischer Unterstützung gelang es der russischen Armee in der Schlacht bei Preußisch Eylau, Napoleon Paroli zu bieten. Die Verluste an Soldaten waren enorm, doch es gab keinen Sieger.

Napoleon auf dem Schlachtfeld bei Preußisch Eylau, Februar 1807. Nach dem Gefecht erklärte sich der französische Kaiser zu Verhandlungen bereit.

Der französische Kaiser bekam zu spüren, dass auch seine Kräfte nicht unerschöpflich waren. Er erklärte sich bereit zu verhandeln.

Sollte Friedrich Wilhelm die ihm entgegengestreckte Hand ergreifen? Sollte er gerade jetzt schwanken, wo das Bündnis mit dem Zaren enger war denn je? Alexander wollte dies verhindern, gab sich zuversichtlich, Napoleon zu schlagen. Auch Luise riet ihrem Gemahl, jetzt nicht nachzugeben. Der französische Kaiser unternahm einen weiteren Versuch, schickte General Bertrand als Unterhändler ins preußische Quartier, doch der fand kein Gehör. Auch auf die Königin versuchte der französische Gesandte einzuwirken – vergeblich. Sie erinnerte ihn an die beleidigenden Worte Bonapartes, Frauen hätten doch »nicht über Krieg und Frieden zu sprechen«.

Luise vertraute fast blind auf das Bündnis mit Alexander. Im April 1807 verpflichteten sich der russische Kaiser und der preußische König gegenseitig, erst dann Verhandlungen mit Napoleon aufzunehmen, wenn die französische Armee hinter den Rhein zurückgeworfen sei. Damit war die Friedensofferte Bonapartes endgültig vom Tisch.

Die nächste Kraftprobe ließ jedoch nicht lange auf sich warten. Bei Friedland bezogen die gegnerischen Truppen Position. Im Juni 1807 kam es erneut zur Schlacht. Sie endete mit einem Debakel für die Verbündeten. Napoleon demonstrierte einmal mehr die Schlagkraft seiner *Grande Armée*. Das preußische Königspaar musste nun mit dem Schlimmsten rechnen, die Existenz ihres Staates stand auf dem Spiel. Alexander wurde klar, dass er den Krieg nicht weiterführen konnte, und Napoleon wollte seine Kräfte schonen, denn er hatte schon den nächsten Gegner im Visier: Großbritannien. Dafür brauchte er Ruhe an den anderen Fronten und auch ein Arrangement mit dem russischen Zaren. Preußens Schicksal schien besiegelt, der König verfiel in Apathie, und auch die Königin schien die Hoffnung zu verlieren: »Wir gehen mit Ehren unter«, schrieb sie an ihren Vater. Der König aber habe unter Beweis gestellt, dass sein Land nicht »Sklavenketten tragen« wolle. Nun liege das Schicksal Preußens in Gottes Hand.

Weiter flehte sie Alexander um Beistand an, klammerte sich an ihren »russischen Herkules«, als wollte sie nicht wahrhaben, wo seine Prioritäten lagen. Sie appellierte nochmals an die gegenseitige Verbundenheit, denn es standen schwierige Verhandlungen bevor: »Sie werden in diesem grausamen Augenblick nicht Ihren Freund und seine Sache verlassen wollen, die Ihrem Herzen immer teuer gewesen sind … Ach, verlassen Sie uns doch nicht!« Der russische Kaiser hatte jedoch andere Sorgen, wollte den Schaden der Niederlage für sein Reich begrenzen. Und Napoleon wollte Frieden.

Luise betend im Königsberger Exil, umgeben von ihren Kindern. Die Zeichnung gibt ein Beispiel für die Verklärung der Königin.

Mit Komplimenten, freundlichen Gesten und geheimen Offerten zog er Alexander auf seine Seite, für den die Treue zu Preußen in dieser Lage kaum vorrangig sein konnte. Während Luise die Politik als eine Frage der Grundsätze, der Wahrhaftigkeit, der Ehre betrachtete, handelte der Zar nach der für ihn gebotenen Staatsräson, setzte sich indes für den Fortbestand des Hohenzollernstaats ein. Napoleon unterließ im Fall Preußens keine Gelegenheit zu demonstrieren, wer Sieger war und wer Besiegter. Und er sparte nicht mit Gesten der Demütigung. Als auf einem Ponton inmitten der Memel Napoleon und Alexander Verhandlungen aufnahmen, stand Friedrich Wilhelm am Ufer im strömenden Regen, inkognito mit einem russischen Uniformmantel bekleidet, und blieb von den Gesprächen ausgeschlossen – ein Bild des Jammers. Auch an der abendlichen Tafel nach der

Während Napoleon und Alexander auf einem Ponton auf dem Fluss Memel über einen Waffenstilstand verhandelten, blieb der preußische König von den Beratungen ausgeschlossen.

ersten Begegnung durfte der preußische König nicht teilnehmen. Bonaparte schmeichelte dem russischen Kaiser, und eitel wie Alexander I. war, fühlte er sich nicht nur ernst genommen, sondern sah sich auch auf Augenhöhe mit seinem Gegenüber. Am kommenden Tag erst hatte Friedrich Wilhelm III. Zugang zu den Gesprächen, er und sein Gefolge wurden den anderen Teilnehmern aber nicht einmal vorgestellt. Der preußische König verachtete Napoleon, und es fiel ihm schwer, das zu verbergen. Er sah sich nicht in der Lage, über den eigenen Schatten zu springen. Alles andere als ein wendiger Diplomat, verstand er es nicht zu verhandeln und an geeigneter Stelle Entgegenkommen zu signalisieren, sondern beharrte auf Standpunkten, die längst nicht mehr zu halten waren. Redlich mochte er versucht haben zu retten, was zu retten war, doch ihn überforderte das Spiel, das Napoleon seinen Gesprächspartnern aufzwang. Die Verhandlungen kamen ins Stocken, was die Berater des Königs an den Rand der Verzweiflung trieb. Luise war fassungslos, als sie von dem entwürdigenden Schauspiel erfuhr, doch mehr, als sich über diesen »Höllenhund« zu empören, blieb ihr nicht. Noch.

Der Ruf nach Tilsit

In der preußischen Delegation herrschte angesichts der festgefahrenen Lage Ratlosigkeit. Ein Kompromiss musste gefunden werden, der Preußens weitere Existenz garantierte. Immerhin hatte Napoleon damit gedroht, die Hohenzollern vom Thron zu vertreiben oder Preußen so zurechtzustutzen, dass von einem Fortbestand kaum noch zu reden hätte sein können. Wer konnte das Schlimmste verhindern, welcher Retter – oder gar eine Retterin? Wer würde den Knoten lösen können?

Schließlich glaubten die Berater des Königs keine andere Wahl mehr zu haben, als das bisher Unvorstellbare in Betracht zu ziehen. Sie kamen auf die Idee, die preußische Königin nach Tilsit zu holen. Ein unglaublicher Vorgang – eine Kapitulation der preußischen Männerwelt! Ende Juni 1807 erhielt Luise ein Schreiben ihres Mannes, dem die Einladung des preußischen Generalfeldmarschalls zu einem Treffen mit Napoleon beilag. Es braucht nicht viel Fantasie, um sich vorzustellen, was das für Luise bedeutete. Sie sollte sich in die »Höhle des Löwen« begeben, also jenen Menschen treffen, den sie zutiefst verabscheute. Sie war entsetzt, wollte sich am liebsten verkriechen, Türen und Fenster verschließen, abtauchen. Doch konnte sie sich dem Hilferuf entziehen?

Ein solcher Appell an ihr Pflichtgefühl als preußische Königin und Landesmutter musste ihr viel bedeuten. Wenn es eine Chance gab, das Blatt zu wenden, und sie würde dazu beitragen können – wie sollte sie sich da verweigern? Es war das schwerste Opfer, das man ihr abverlangen konnte, vor Napoleon als Bittstellerin aufzutreten: »Es ist mir, als wenn ich in den Tod ginge.«

Alle Hoffnungen richteten sich nun auf die Königin, die Zeit arbeitete gegen Preußen. Der Druck, den Frieden auszuhandeln, war allenthalben spürbar. Schließlich fugte sie sich in ihr Schicksal: »Ich komme, ich fliege nach Tilsit, wenn Du es wünschst, wenn Du glaubst, dass ich irgendetwas Gutes bewirken kann ... ich kann Dir keinen größeren Beweis meiner Liebe und Hingabe für das Land zeigen, zu dem ich halte, als wenn ich dorthin fahre, wo ich nicht begraben sein möchte«, schrieb sie ihrem Gemahl.

Das Treffen mit dem »Ungeheuer«

Welche Motive mochten Napoleon bewogen haben, dem Treffen mit Luise zuzustimmen? Zunächst bot es ihm Gelegenheit, die »ärgste Feindin«, die er vor aller Öffentlichkeit bloßgestellt hatte, leibhaftig kennenzulernen. Vielleicht konnte er dadurch den Triumph über Preußen doppelt auskosten. Vielleicht war es aber auch nur Neugier und Interesse an der Begegnung mit einer Monarchin, die berühmt war für ihren Liebreiz und ihre Schönheit.

Luise war zum neunten Mal schwanger, ein weiter und beschwerlicher Weg nach Tilsit stand bevor; heiße, staubige Luft drang während der Reise in ihre Kutsche. Bei ihrer Ankunft herrschte gedrückte Stimmung; wohin sie auch blickte, erntete sie sorgenvolle Blicke. Viele Ratschläge musste sie über sich ergehen lassen, wie sie Napoleon am besten beschwichtigen könne: »Ich solle das Vergangene ganz vergessen, nicht an das denken, was er von mir persönlich gesagt hatte, das Böse vergessen, es ihm sogar verzeihen, und nur an den König, an die Rettung des Königreichs und an meine Kinder denken.« Auch der Zar versäumte es nicht,

»Unsere Hoffnung ruht auf Ihnen«: Das Treffen Luises mit Napoleon wurde auf zahlreichen Kunstwerken verewigt. Gemälde von Nicolas Gosse, 1837.

sie daran zu erinnern, was auf dem Spiel stand: »Die Dinge gehen nicht gut, alle unsere Hoffnung ruht auf Ihnen, auf Ihrem Vermögen, nehmen Sie es auf sich, und retten Sie den Staat!« Luise nahm allen Mut zusammen: »Niedergeschlagen über die Lage … fasste ich den festen Entschluss zu reden, und ich wollte versuchen, Napoleon zu rühren.«

Die Königin trug ein langes, schneeweißes Gewand; ein schmales Diadem zierte ihren Kopf, eine Perlenkette schmückte ihren Hals – für eine Monarchin eine bescheidene Robe, aber ihre Schönheit habe das nur unterstrichen, waren sich die Augenzeugen einig. Auffällig tief ausgeschnitten war ihr Kleid – mit dem tiefsten Dekolleté, das man bei einer preußischen Königin je gesehen habe, wie eine Biografin schreibt. Dann betrat Napoleon den Salon in dem wenig standesgemäßen Bürgerhaus in Tilsit, wo Luise ihn erwartete. Zuvor hatte er eine schmale Treppe emporsteigen müssen, um zur Königin zu gelangen. Luise tat ihr Bedauern über die Unannehmlichkeit kund, worauf der Besucher den Charmeur gab und erwiderte: »Auf dem Weg zu einem solchen Ziel darf man vor keinem Hindernis zurückschre-

»Es kostet Sie nur ein Wort, einen vernünftigen Frieden zu machen«: Luise versuchte, Napoleon für die Verhandlungen mit Preußen milde zu stimmen. Gemälde von Carl Röchling.

cken.« Eine Stunde sollte das Gespräch unter vier Augen dauern. Es gab keine Zeugen, nur nachträgliche Aufzeichnungen.

Die Schönheit der Königin, das versichern alle Augenzeugen, strahlte niemals heller als in den dunklen Stunden von Tilsit.

PAUL BAILLEU,
BIOGRAF LUISES, 1908

Im ersten Moment der Begegnung waren offenbar beide etwas verlegen – der Kaiser und die Königin. Luise fand ihr Gegenüber gar nicht so hässlich, wie man es ihr zuvor geschildert hatte; sie spürte schnell, dass sich ein kluger Kopf hinter den prüfenden und wachsamen Augen ihres Gesprächspartners verbarg. Napoleon hingegen war offenbar irritiert, wie selbstbewusst und unbefangen ihm Luise entgegentrat. Er versuchte auszuweichen, machte Komplimente, sprach sie auf ihr schönes Kleid an: »Ist es Crêpe oder italienische Gaze?«, fragte er, worauf die Königin verständnislos zurückgab: »Sollen wir in einem so wichtigen Augenblick von so unbedeutenden Dingen reden?« Erstaunt musste der

Das Gespräch von Tilsit

Über das Gespräch der Königin mit Napoleon am 6. Juli 1807 in Tilsit berichtete der schwedische Gesandte Karl Gustav von Brinckmann – der allerdings nicht persönlich zugegen war – am 10. Juli dem schwedischen König (Auszüge):

»Als Bonaparte in Tilsit bei der Königin eintrat, verließen alle, auch der König selbst, das Zimmer Ihrer Majestät. Nach den ersten Komplimenten und einigen nichtssagenden Redensarten begann die Königin eine sehr ernste Unterhaltung.
Luise: ›Ich lerne Ew. Majestät in einem für mich höchst peinlichen Augenblick kennen. Ich sollte vielleicht Bedenken tragen, zu Ihnen über die Interessen meines Landes zu sprechen. Sie haben mich einst angeklagt, mich zu viel in Politik zu mischen, obgleich ich wirklich nicht glaube, diesen Vorwurf je verdient zu haben.‹
Napoleon: ›Seien Sie ganz überzeugt, Majestät, dass ich niemals das alles geglaubt habe, was man während unserer politischen Zwistigkeiten so indiskret verbreitet hat.‹
Luise: ›Sei dem, wie ihm wolle, ich würde es mir nie vergeben, wenn ich diesen Augenblick nicht benutzte, freimütig mit Ihnen zu sprechen, als Gattin und als Mutter ... Wir haben einen unglücklichen Krieg geführt, Sie sind der Sieger, aber soll ich annehmen, dass Sie Ihren Sieg missbrauchen wollen?‹
Napoleon: ›Ew. Majestät wollen mir gestatten, freimütig zu antworten. Warum haben Sie mich gezwungen, die Dinge aufs Äußerste zu treiben? Wie oft habe ich Ihnen Frieden angeboten? ...‹
Luise: ›... ich wage nicht, die großen politischen Interessen zu erörtern; ich spreche Ihnen nur meine Besorgnisse aus über das Schicksal meiner Familie und meiner Kinder ... ich könnte den Gedanken nicht ertragen, unglücklichen Wesen das Leben geschenkt zu haben. Sie haben selbst eine zahlreiche Familie und bei jeder Gelegenheit bewiesen, wie sehr Ihnen das Schicksal der Ihrigen am Herzen liegt. Müssen

französische Kaiser feststellen, dass seine Ablenkungsmanöver nicht fruchteten, dass keineswegs er die Richtung der Konversation bestimmte und er Luise womöglich unterschätzt hatte. Sie argumentierte schlagfertig, aber verbindlich. In der Rolle der guten Ehefrau und Landesmutter wollte sie für die Zukunft Preußens sprechen, sie hatte sich vorgenommen, an Napoleons Großmut zu appellieren, war an diesen Ort gekommen, um Verständnis für ihre Ängste um das Land und das Schicksal ihrer Kinder zu wecken.

Und doch kam sie auch auf konkrete Friedensbedingungen zu sprechen, ersuchte um die Rückgabe der Gebiete links der Elbe und warb inständig, dass Magdeburg bei Preußen verbleibt. Napoleons Fragen nach der Zurückweisung früherer Friedensangebote wich sie aus – die an Preußen gestellten Bedingungen hätten eine Einigung nicht zugelassen. Schnell versuchte sie das Gespräch wieder von der politischen Ebene wegzubringen. Würde es ihr gelingen, ihn zu bezaubern, ihn zu »rühren«, wie sie es sich vorgestellt hatte? Immer wieder appellierte sie an Napoleons Nachsicht, an sein Mitgefühl, suggerierte ihm, doppelter Sieger zu sein, wenn er Großherzigkeit beweise, möge er doch ihren Kindern nicht die Zukunft verstellen.

Ihnen die Besorgnisse einer Mutter hierüber nicht gerecht und achtungswert erscheinen?‹

Napoleon: ›Aber Majestät glauben doch nicht etwa, dass von der Vernichtung Preußens die Rede sei?‹

Luise: ›Nein, aber der Friede, den man uns in Aussicht stellt, kann die Vernichtung für die Zukunft vorbereiten ...‹

Napoleon: ›Oh, Sie dürfen überzeugt sein, Majestät, dass ich allein zu entscheiden habe.‹

Luise: ›Ich kenne Sie nur nach Ihrem Rufe, aber ich möchte Ihnen nicht das Unrecht tun zu glauben, dass Sie unempfindlich wären gegen das Vergnügen, zu dem Glück derjenigen beizutragen, die man beklagen mag ... Erwerben Sie sich Rechte auf unsere Dankbarkeit, und Ihre Siege werden Ihnen doppelt Ehre machen.‹

Napoleon: ›Aber haben nicht Ew. Majestät selbst meine Freundschaft für Preußen zurückgewiesen? ...‹

Luise: ›Ich gebe mich keiner Täuschung hin über unsere Lage. Ich weiß, dass wir Opfer bringen müssen; aber wenigstens trenne man von Preußen nicht Provinzen, die ihm seit Jahrhunderten gehören; wenigstens nehme man uns nicht Untertanen, die wir wie Lieblingskinder lieben und die unter jeder anderen Herrschaft unglücklich sein werden. Der Krieg ist nicht zu unserem Vorteil ausgefallen, aber er hat die Anhänglichkeit unserer Völker an uns nicht vermindert – ich rufe Sie selbst zum Zeugen auf –, und das ist ein großer Trost, der uns bleibt.‹

Napoleon: ›Leider ... stehen die allgemeinen Kombinationen oft den besonderen Rücksichten entgegen.‹

Luise: ›Ich verstehe nichts von den großen politischen Kombinationen; aber ich glaube der Würde einer Frau nichts zu vergeben, wenn ich den grausamen Schmerz des Königs betone, falls er einige der ältesten Provinzen seines Hauses abtreten müsste. Obwohl Sie mir einen Vorwurf wegen der Verlängerung des Krieges gemacht haben, so kann ich mir doch nicht denken, dass Standhaftigkeit im Unglück in Ihren Augen ein Unrecht ist. Aber lassen Sie mich immer allein sprechen, ohne auf meine Hauptfrage etwas zu erwidern, und doch kostet es Sie nur ein Wort, um einen vernünftigen Frieden zu machen.‹«

Nun lenkte Napoleon ab, fühlte sich offenbar in die Enge getrieben – er habe nicht allein über den Frieden und seine Bedingungen zu entscheiden, sei Verpflichtungen eingegangen. Er beließ es bei einem unbestimmten: »Wir wollen sehen.« Nach etwa einer Stunde dann öffnete Friedrich Wilhelm die Tür und trat ein, er hatte endgültig die Geduld verloren. Luise war – gelinde gesagt – irritiert. Napoleon allerdings zeigte sich erleichtert und verabschiedete sich. Gegenüber Zar Alexander bekannte er: »Der König von Preußen ist zur rechten Zeit dazugekommen, denn eine Viertelstunde später hätte ich der Königin alles versprochen.«

Die Situation war für mich äußerst peinlich geworden, und ich weiß nicht, ob ich die Kraft gehabt hätte, den schmeichelnden Bitten der schönen Frau, die mit ... glühenden Augen flehend vor mir stand, zu widerstehen. Da trat ... Friedrich Wilhelm ins Zimmer. Der Königin war das gar nicht recht, sie wurde verstimmt. Der König versuchte ... sich in seiner linkischen Art in die Unterhaltung zu drängen – er verdarb seiner Gemahlin alles, und ich war gerettet.

NAPOLEON AUF ST. HELENA ÜBER DAS TREFFEN VON TILSIT

Es bleibt Spekulation, ob die Fortsetzung des Gesprächs wirklich Früchte getragen hätte. Doch hatte Luise nach dem einstündigen Treffen keineswegs die Hoffnung verloren. Napoleons respektvolle und schmeichelhafte Worte über die preußische Königin gaben Außenminister Talleyrand zu denken; er ermahnte den Kaiser, »nicht um ein paar schöner Augen willen Ihre größte Eroberung aufs Spiel zu setzen«.

Das Friedensdiktat

Luise hatte das Gefühl, womöglich doch etwas bewirkt zu haben, aber jegliche Hoffnungen auf einen milderen Frieden sollten sich bald zerschlagen. Napoleon machte keine Zugeständnisse, er blieb ungerührt, wenn er auch künftig mit weitaus mehr Respekt von der Königin sprach. Ihre Appelle änderten nichts an dem harten Verdikt, das Preußen nun traf. Eine

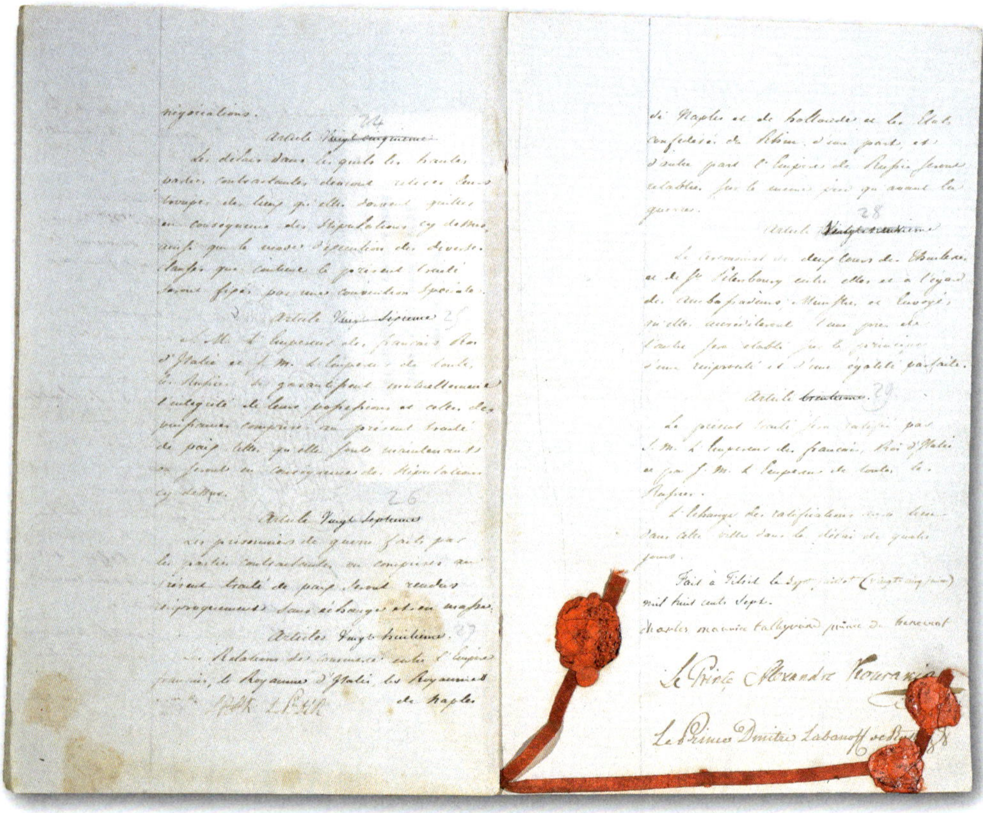

Hartes Verdikt: Die Bedingungen des Friedens von Tilsit vom Juli 1807 sorgten in Preußen für Entsetzen.

…ußen nach dem
…eden von Tilsit 1807
KGR. SCHWEDEN
KGR. DÄNEMARK
OSTSEE
…ORDSEE
Kopenhagen
Schwed.-Pommern
Stralsund
Holstein
Lübeck
Hamburg
Mecklenburg
Bremen
Olden-burg
Hannover
Alt-mark
Braunschweig
Magdeburg
Salm
Münster
Hessen-Darm…
Kassel
Hessen
Nassau
Frankfurt
Mainz
Erfurt
Weimar
Dessau
Leipzig
Sachsen
Dresden
Kottbus
Brandenburg
Potsdam
Berlin
Küstrin
KGR. PREUSSEN
Pommern
Stettin
Danzig
Marienburg
Westpreußen
Königsberg
Memel
Tilsit
Kowno
Friedland
Ostpreußen
Suwalki
Bialystok
Neuostpreußen
Bromberg
Thorn
Plock
Warschau
Posen
Südpreußen
Lodz
Petrikau
Westgalizien
Lublin
Glogau
Breslau
Schlesien
Neuschlesien
Glatz
Krakau
Österr.-Schlesien
Prag
Böhmen
Mähren
KAISERTUM ÖSTERREICH
Bayreuth
Würzburg
Nürnberg
Main
Elbe
Oder
Warthe
Weichsel
Memel
Donau
Inn
Rhein
…ANK-…ICH
Karlsruhe
Württemberg
Stuttgart
Baden
Regensburg
Bayern
Passau
Augsburg
München
Linz
Österreich
Wien
Preßburg
Salzburg
Steiermark
Graz
Kgr. Ungarn
Basel
Zürich
…ELVETISCHE REPUBLIK
Innsbruck
Tirol
Kärnten
Krain
Laibach
Agram
Trient
Venetien
Triest
Fiume
Mailand
ITALIEN
ADRIA
Grenzen von 1803 (nach dem Reichsdeputationshauptschluss)
Grenze des Heiligen Römischen Reiches Deutscher Nation 1803
Preußens Verluste im Tilsiter Frieden (9. Juli 1807)
von Familienmitgliedern Napoleons regierte Gebiete
Grenze des Rheinbundes 1808
0 50 100 150 km

Macht, die selbst nie verlegen war, wenn es um Annexionen und die Verteilung von Beute ging, geriet nun selbst zum Objekt der Willkür. Die preußischen Gebiete westlich der Elbe wurden dem Königreich Westfalen zugeschlagen. Der Hohenzollernstaat musste Territorien des immer wieder aufgeteilten Polen zurückgeben, büßte insgesamt fast die Hälfte seiner Fläche ein. Hinzu kamen enorme Summen Kriegsentschädigung, die das Land zu ruinieren drohten. Besatzungstruppen sollten die Zahlungen sicherstellen. »Sie haben mich grausam getäuscht, Majestät«, ließ Luise Napoleon wissen. Für sie geriet das Treffen zur Tragödie.

Nicht aber für ihr künftiges Bild als Landesmutter. Der Gang nach Tilsit bot Stoff für die Verklärung Luises zur preußischen Schmerzensmadonna. Als Schwangere von Angesicht zu Angesicht mit dem mächtigsten Mann Europas tat sie, was eine wahre Königin der Herzen nur tun konnte – für ihr Land und für ihr Volk über sich hinauszuwachsen. Aus dieser Deutung heraus sollte das erneuerte Preußen später moralische Kraft schöpfen.

Sitzung einer Militär-Reorganisationskommission unter Vorsitz General Scharnhorsts. Königsberg, Oktober 1807.

Reformen gegen Napoleon

Doch ging es für den Hohenzollernstaat zunächst ums nackte Überleben. Weil Berlin von napoleonischen Truppen besetzt blieb, kehrte das Herrscherpaar nach Memel zurück. Ihrer Freundin Caroline von Berg gestand Luise: »Ach Gott, wohin ist es mit Preußen gekommen? Verlassen aus Schwachheit – vefolgt aus Übermut – geschwächt durch Unglück – so müssen wir untergehen!«

Wer aber konnte das Schicksal des preußischen Staats in die Hand nehmen – während französische Offiziere in den Schlössern und Herrenhäusern Berlins Quartier nahmen? Friedrich Wilhelm trug sich mit Rücktrittsgedanken, seine tapfere Gemahlin versuchte sie ihm auszureden, kämpfte gegen die Resignation an, versuchte einmal mehr, ihren Ehemann zu ermutigen. Sein Mangel »an Vertrauen in sich selbst« behielt, so Luise, »leider immer die Oberhand«. Für sie war es zum »Aus-der-Haut-Fahren«.

Inständig versuchte sie ihm zu vermitteln, dass die Niederlage auch eine Chance bot. Preußen sei »eingeschlafen auf den Lorbeeren Friedrichs des Großen«, der Staat habe den Anschluss an den Fortschritt verloren und müsse einen Neuanfang wagen. Am Ende werde Bonaparte unterliegen, von seinem Glück geblendet. »Wer kein Maß halten kann, verliert das Gleichgewicht und fällt«, prophezeite die preußische Königin ihrem Gemahl, »auf die jetzige böse Zeit« werde »eine bessere folgen«.

Einer der führenden Köpfe der preußischen Reformer: Karl Reichsfreiherr vom und zum Stein.

Doch wie ermöglicht man einem besiegten und besetzten Land den Wiederaufstieg? Auch hierzu hatte Luise eine Meinung: Man lässt die fähigsten Köpfe an die Regierung, Reformer, die den Hohenzollern aus der Misere helfen sollten durch einen fundamentalen Umbau von Staat, Wirtschaft, Gesellschaft und Armee. Einige Namen ragen hier besonders heraus: Karl August von Hardenberg, die Militärs Scharnhorst und Gneisenau und Wilhelm von Humboldt. Der Favorit Luises, zumindest in dieser Situation, war der berühmt-berüchtigte Heinrich Friedrich Karl Freiherr vom und zum Stein. Der frühere preußische Finanz- und Wirtschaftsminister nassauischer Provenienz galt als jähzorniger Dickkopf – war ganz und gar kein umgänglicher Mann, seine Zunge so scharf wie sein Verstand, sein aufbrausendes Temperament legendär. Mitunter genoss er es geradezu, das Gegenteil eines geschmeidigen Diplomaten darzustellen. Immerhin war er ein hervorragender Fachmann und ein erprobtes Verwaltungsgenie. Oft genug hatte er seinen König vor den Kopf gestoßen und seine Entlassung provoziert, als er Gelder zur Begleichung französischer Besatzungskosten, die der Monarch pflichtschuldig erbringen wollte, zurückhielt. Doch stand Steins Loyalität gegenüber Preußen außer Frage.

Auch die Königin drängte den preußischen Monarchen, den Freiherrn nun nach Memel zu beordern. Der nur sechs Monate zuvor von allen Ämtern Geschasste folgte dem »Befehl« pflichtbewusst. Allerdings stellte er Bedingungen, verlangte direkten Zugang zum König und die Entlassung »unfähiger« Berater. Luise bat Stein inständig um Rücksicht und Verständnis: »Ich beschwöre Sie um König, Vaterland, meiner Kinder, meiner selbst willen darum: Geduld.«

Stein legte sofort los, er wollte Preußen von Grund auf reformieren. Friedrich Wilhelm gab ihm die nötigen Vollmachten, Luise unterstützte den Reformer. Es galt, die Bürger am politischen Leben zu beteiligen, aus Untertanen Patrioten zu machen, die sich für den Staat einsetzten. Die Erbuntertänigkeit auf dem

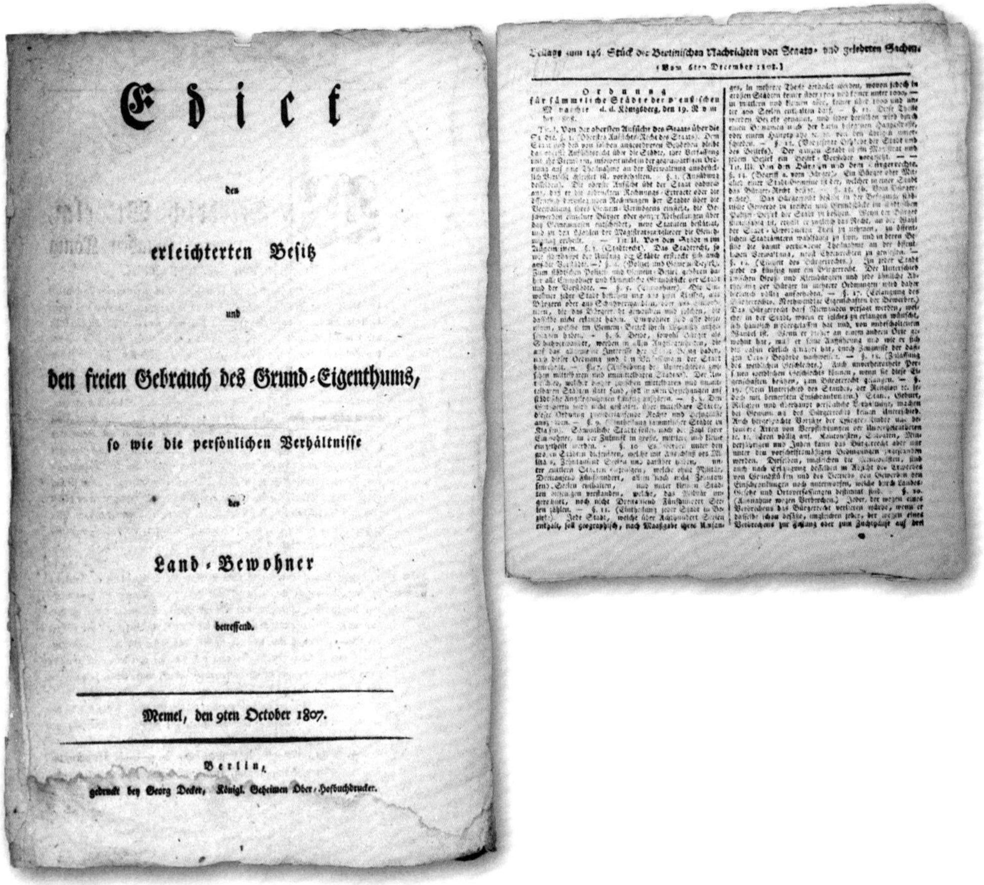

Das »Oktoberedikt« über die Aufhebung der Erbuntertänigkeit und die Freiheit der Berufswahl in Preußen vom 9. Oktober 1807 stand am Anfang einer ganzen Reihe von Reformgesetzen.

Lande sollte abgeschafft werden, Handwerker und Händler sollten ihr Gewerbe frei betreiben können, die Städte sich künftig selbst verwalten und das Heer eine Armee der Bürger werden. Leistung sollte von jetzt an über die Chancen eines jungen Preußen entscheiden, weniger die Herkunft.

Wilhelm von Humboldt reformierte das preußische Bildungswesen, führte das humanistische Gymnasium ein. »Bildung, Weisheit und Tugend« galten als gleichberechtigte Erziehungsziele; auch die Berliner Universität wurde von ihm gegründet. Der preußische General Gerhard Johann David von Scharnhorst reformierte gemeinsam mit August Neidhardt von Gneisenau das Militär, denn die Armee lag nach dem Trauma von Jena und Auerstedt am Boden. Künftig sollte es jeder tapfere und fähige Soldat zum Offizier bringen können – bisher war das dem Adel vorbehalten. Prügelstrafen wurden abgeschafft und die preußischen Männer zur allgemeinen Wehrpflicht herangezogen. Auch hier gab es erste Schritte auf dem Weg vom Untertanen zum Bürger – das französische Beispiel hatte es vorgemacht. Das preußische Gemeinwesen sollte so stark werden, dass es die napoleonische Herrschaft eines Tages überwinden oder gar bezwingen konnte.

Die Reformer konnten sich der Fürsprache der Königin gewiss sein. Luise hielt Kontakt zu den Erneuerern, vermittelte zwischen ihnen und dem König. So wuchsen in Preußen langsam die Fundamente moderner Staatlichkeit und Ökonomie.

Ein Streitpunkt jedoch führte zur Entfremdung zwischen Luise und dem rigiden Minister Stein. Es ist eine Begebenheit, die das Bild von der aufopferungsvollen preußischen Madonna ein Stück weit infrage stellt: Der Zar hatte das Herrscherpaar eingeladen, nach Sankt Petersburg zu kommen. Luise bat Stein um die Bewilligung der nötigen Finanzmittel. Der Minister war strikt dagegen – Preußen sei kaum in der Lage, die Zahlungen an Frankreich zu entrichten, viele Landeskinder litten unter Armut.

Luise argumentierte mit Gepflogenheiten der Gipfeldiplomatie. Mehrmals sei der Zar nach Preußen gereist, nun sei es an der Zeit für einen Gegenbesuch – dies könne den Belangen Preußens dienlich sein. Stein riet dringend davon ab, und auch der König äußerte sich skeptisch. Luise setzte sich jedoch durch, nur widerwillig gab der Minister die Mittel

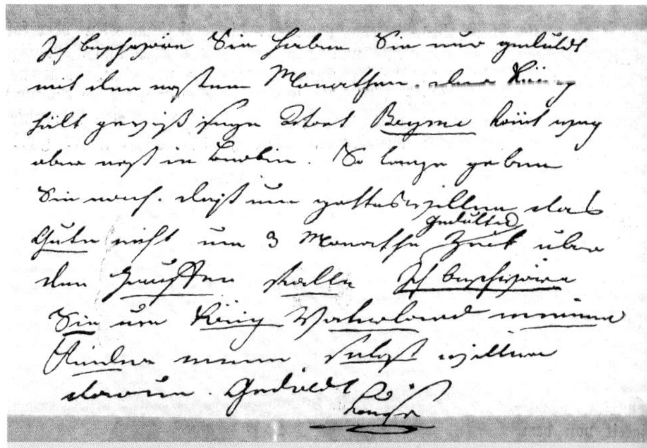

»Ich beschwöre Sie, haben Sie nur Geduld«: Dieses Schreiben Luises an Stein vom Herbst 1807 zeigt, wie sie zwischen Reformern und dem König vermittelte.

frei. Ein Beispiel für besondere Opferbereitschaft der Königin war dies sicher nicht, und kritische Betrachter der Luise-Legende sehen darin einen Ansatzpunkt, das verklärte Bild ein wenig zurechtzurücken.

Für Luise erfüllte sich mit der Reise nach Russland ein lang gehegter Traum. Sie brannte darauf, den Zaren und seine Familie in ihrer Heimat zu besuchen, war begierig, endlich wieder zu tanzen, zu feiern, wieder einzutauchen in die glamouröse Welt der europäischen Monarchien. Sie hatte Alexander offenbar verziehen, dass er mit Napoleon paktierte.

Der Empfang in Sankt Petersburg war berauschend. Es »regnete Diamanten«, beschrieb Luise die unglaubliche Pracht am Zarenhof, die ihre kühnsten Vorstellungen übertraf. Doch auch die preußische Königin selbst sorgte für Aufsehen, bezauberte einmal mehr durch ihre Herzlichkeit und Schönheit. Der russische Hochadel huldigte ihr, Verehrer umschwärmten sie – eine Genugtuung

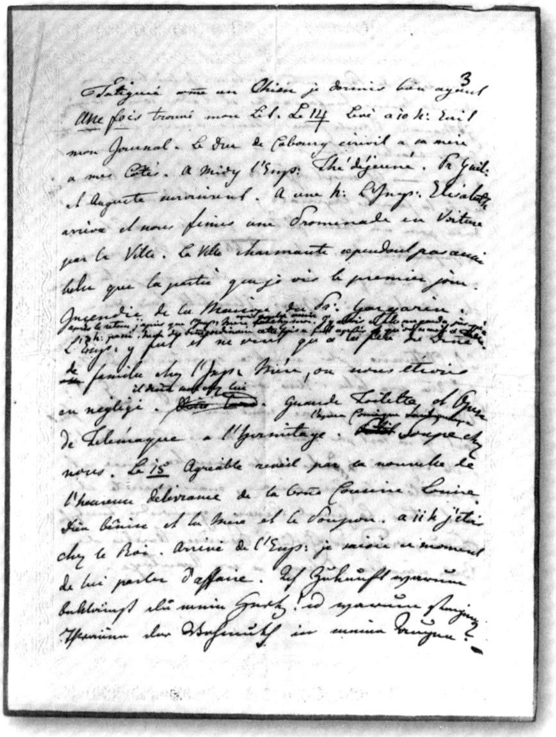

»Warum steigen Tränen der Wehmut in meine Augen?«: Aufzeichnungen Luises während des Besuchs in Petersburg, Januar 1809.

nach all den Demütigungen und Entbehrungen. Der Zar blieb auf Distanz, was sie nur schwer verkraftete, doch seine Familie schloss Luise in ihr Herz. So flossen viele Tränen, als die preußische Delegation die Heimreise antreten musste.

Eine weite Fahrt stand bevor – aber unter vielversprechenden Vorzeichen. Das Königspaar durfte zu Weihnachten 1809 nach Berlin zurückkehren, nach drei Jahren der Flucht und Verbannung.

Rückkehr nach Berlin

Die französischen Truppen waren inzwischen aus der preußischen Hauptstadt abgezogen, allerdings musste der Hohenzollernstaat weiterhin hohen Tribut an Frankreich entrichten. Bei der Heimkehr brandete dem Königspaar frenetischer Jubel entgegen, die Menschen standen Spalier, um Luise und Friedrich Wilhelm die Ehre zu erweisen, als wollten sie nachholen, was für Jahre nicht möglich war. Die Königin fühlte sich in die Zeit ihres ersten triumphalen Empfangs zurückversetzt, den ihr Tausende Berliner Bürger 16 Jahre zuvor bei ihrer Ankunft als Braut bereitet hatten.

Luise konnte nach der Heimkehr ins winterliche Berlin wieder Hoffnung schöpfen, es erschien ihr wie ein erster Schritt in die Normalität. Empfänge, Bälle und Paraden versüßten das Wiedersehen, auch wenn die Leichtigkeit vergangener Zeiten unwiederbringlich verloren war.

Luises 34. Geburtstag stand bevor. Friedrich Wilhelm ließ ihr zu Ehren einen feierlichen Ball ausrichten und dafür den Weißen Saal des Schlosses öffnen, der sonst nur den königlichen Hochzeiten vorbehalten war. Braut und Bräutigam hatten hier einst Worte vernommen, die das Paar in die Pflicht nahmen: Sie sollten Vorbilder für ihr Land und seine Menschen sein. Wenn beide seinerzeit auch nur geahnt hätten, was ihnen bevorstand!

Schon bei ihrer Hochzeit hießen sie Adlige und Bürger willkommen. Beim Geburtstagsball 1810 sollte es nicht anders sein. Wieder kam es zu einer Szene, die Geschichte schrieb: Ein junger Mann mit krausem Haar bahnte sich den Weg durch den Weißen Saal, er suchte Luise; etwas unbeholfen, schüchtern, aber ent-

Die Rückkehr der königlichen Familie nach Berlin, Dezember 1809: Empfang durch Oberbürgermeister Büsching an der Stadtgrenze.

»Dein Haupt scheint wie von Strahlen mir umschimmert«: Heinrich von Kleist besang die Anmut der Königin.

schlossen näherte er sich der Königin. Es war der Dichter Heinrich von Kleist, der sich vor seiner Angebeteten verneigte. Wohl traten die Anwesenden ein paar Schritte zurück, denn eine kleine Darbietung stand bevor. Luise blickte den für seine leidenschaftliche Hingabe bekannten Poeten freundlich an. Kleist trug ein Gedicht vor, das er der Königin widmete:

» ... Wie, trotz der Wunde, die dein Herz durchschnitt / Du stets der Hoffnung Fahn' uns vorgetragen: / O Herrscherin, die Zeit dann möcht ich segnen! / ... / Dein Haupt scheint wie von Strahlen mir umschimmert; / Du bist der Stern, der voller Pracht erst flimmert, / Wenn er durch finstre Wetterwolken bricht!«

Luise war zu Tränen gerührt, dankte dem Dichter herzlich für sein gefühlvolles Präsent. Dankbarkeit und Demut waren für sie offenbar die bestimmenden Gefühle in jenen Tagen. Die anhaltende Treue ihrer Untertanen in dieser schweren Zeit beeindruckte sie und half ihr, ihre innere Ruhe wiederzugewinnen. Und als wollte sie nach all dem Erlebten ihren Frieden mit sich und der Welt machen, schrieb sie an ihre Schwester Therese: »Ich liebe die Menschen, ich hoffe so gern, und habe allen, ich sage allen meinen Feinden verziehen.« Das klang wie eine Bilanz ihres jungen Lebens.

Das Ende

Niemand konnte ahnen, dass im Weißen Saal Luises letztes Geburtstagsfest gefeiert wurde. Anzeichen von Erschöpfung hatte sie stets verdrängt, ihr Tatendrang schien ungebrochen. Noch immer quälte sie das Schicksal ihres Landes. Auch während des Balls hatte sie das Gespräch mit Fürsten und anderen einflussrei-

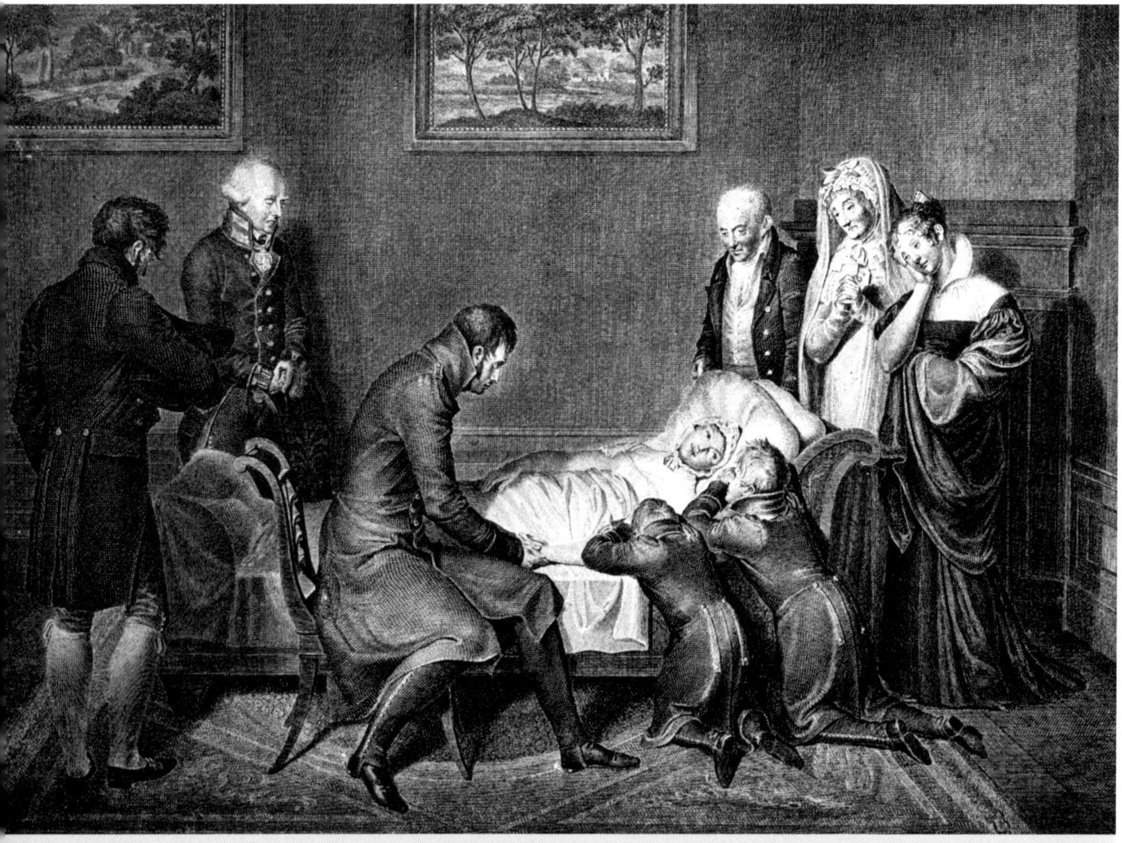

»Der Verlust ist so groß …«: König Friedrich Wilhelm III. mit seinen beiden ältesten Söhnen am Sterbebett der Königin, 19. Juli 1810. Zeitgenössischer Kupferstich.

chen Gästen gesucht, um Lösungen zu suchen, Preußens Schulden zu begleichen.

Einen lange geplanten Besuch bei ihrem Vater schob sie immer wieder auf, weil sie ihren Ehemann in der Krise nicht im Stich lassen wollte. Doch schließlich erfüllte sich ihr Wunsch, der Fahrt nach Mecklenburg stand nichts mehr im Weg. Der Gedanke, zum ersten Mal gemeinsam mit Friedrich Wilhelm in die Heimat ihrer Familie zu reisen, beflügelte ihre Stimmung: »Ich bin so glücklich, wenn ich daran denke, dass ich Euch … in Neustrelitz sehen werde … Hussassa tralala, bald bin ich bei euch.« Es schien, als hätte noch einmal die kleine Prinzessin zur Feder gegriffen, in einem Schreiben an ihren Vater vom 19. Juni 1810 steht in verrücktester Kindersprache: »Bester Päp, ich bin tull und varucky. Eben diesen Augenblick hat mir der gute, liebevolle König die Erlaubnis gegeben, zu Ihnen zu kommen, bester Vater.

Ich bin ganz toll … Ich glühe vor Freude … Gott, wie freue ich mich. Nein, ich kann es gar nicht beschreiben.«

Gab es auch nur einen Grund, daran zu zweifeln, dass inzwischen ein neuer, ein besserer Abschnitt im Leben Luises begonnen hatte? Voller Vorfreude machte sie sich auf den Weg zu ihrem geliebten Papa und ihren Geschwistern. Der Empfang war geradezu euphorisch, Stunden in heiterer und gelöster Atmosphäre standen bevor, ohne Pflichten, ohne Sorgen. Drei Tage später kam Friedrich Wilhelm nachgereist, genoss seinen ersten Aufenthalt auf Schloss Hohenzieritz, dem Sommersitz des Schwiegervaters.

Doch bald wurde die Wiedersehensfreude getrübt. Luise litt unter starken Kopfschmerzen, zog sich immer wieder in ihr Zimmer zurück, fühlte sich geschwächt. Noch machte sich die Familie keine ernsthaften Sorgen – die zurückliegenden Strapazen schienen alles zu erklären.

Aber Luises Zustand verschlimmerte sich. Der König – inzwischen nach Potsdam zurückgekehrt – brach nun erneut nach Hohenzieritz auf. Dort bot sich ihm ein beklemmendes Bild. Von ergreifenden Momenten am Krankenbett wird berichtet: »Lieber Freund, wie freue ich mich, Dich zu sehen«, begrüßte ihn Luise. Später knieten auch die Söhne Friedrich Wilhelm und Wilhelm an der Liegestätte der Mutter. Der König schrieb später nieder, was er ihr gegenüber in jener Stunde bekannte: »Es ist nicht möglich, dass es Gottes Wille sein kann, uns zu trennen. Ich bin ja nur durch Dich glücklich, und nur durch Dich hat das Leben allein noch Reiz für mich.«

Am Morgen des 19. Juli 1810 geschah das Unfassbare: Die preußische Königin schloss für immer die Augen; die Uhr schlug in diesem Moment neunmal. Nicht nur für die Familie, für ganz Preußen schien eine Welt zusammenzubrechen. Wie ein Lauffeuer verbreitete sich die traurige Kunde im Land und über seine Grenzen hinaus.

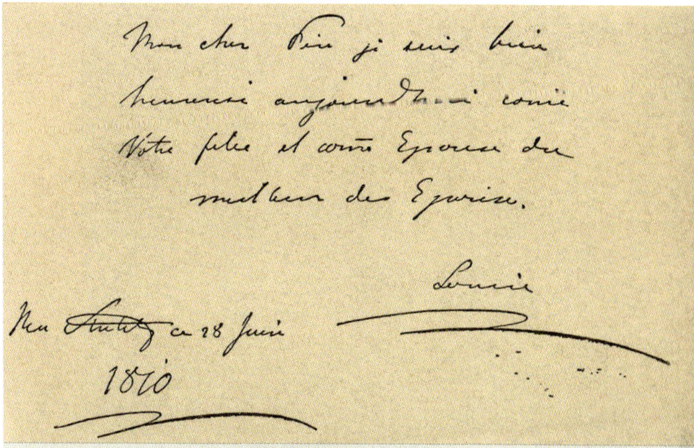
Mon cher Père je suis bien heureuse aujourd'hui comme Votre fille et comme Epouse du meilleur des Epoux.

Louise

Neu ~~Strelitz~~ ce 28 Juin 1810

»Ich glühe vor Freude«: Wenige Tage vor ihrem Tod hatte Luise noch voller Begeisterung an ihren Vater geschrieben.

Das glückliche Verhältnis, das zwischen meiner Frau und mir stattfand, ist schuld daran, dass ich mich jetzt über ihren Verlust nicht trösten kann und auch nie trösten werde. Der Verlust für mich ist so groß, dass ihn eigentlich keiner außer ich selbst zu beurteilen vermag.

FRIEDRICH WILHELM III., 1810

Bei der Obduktion wurde festgestellt, dass ein Lungenflügel zerfressen war, am Herzen gab es eine Geschwulst. Im Tagebuch der Gräfin Voß ist zu lesen: »Die Ärzte sagen, der Polyp im Herzen sei eine Folge zu großen und anhaltenden Kummers« – daraus wurde später die Legende vom Opfertod der Königin gestrickt.

»Du schläfst so sanft«: Christian Daniel Rauchs Plastik der früh verstorbenen Königin wurde zu einer Ikone des Luise-Kults.

In die Stimmung der Trauer mischte sich die Wehklage über das Schicksal Preußens.

Der König schämte sich seiner Tränen nicht, und auch viele Untertanen ließen ihren Gefühlen freien Lauf, nahmen teil an den bewegenden Trauerbekundungen. Luise trat ihre letzte Reise an, sie führte noch einmal vorbei an wichtigen Stationen ihres Lebens. Diesmal ist es ihre sterbliche Hülle, die auf den Weg geschickt wurde. Ein letztes Mal erreichte die königliche Kutsche Berlin, wieder säumten Tausende Menschen die Straßen, diesmal in aller Stille. Der Kreis ihres Lebens schloss sich.

Der König zog sich für Monate zurück, quartierte sich im Charlottenburger Schloss ein, beobachtete, wie der Bildhauer Christian Daniel Rauch ein legendäres Werk der Erinnerung schuf: die schlafende Königin aus Marmor, für das Mausoleum im Park des Palastes. Es ist die Ikone des künftigen Luise-Kults.

Du schläfst so sanft! – Die stillen Züge hauchen / Noch deines Lebens schöne Träume wieder; / Der Schlummer nur senkt seine Flügel nieder, / Und heil'ger Friede schließt die klaren Augen /…/ Kommt dann der Tag der Freiheit und der Rache: / Dann ruft dein Volk; dann, deutsche Frau, erwache, / Ein guter Engel für die gute Sache!

THEODOR KÖRNER: »VOR RAUCHS BÜSTE DER KÖNIGIN LUISE« (1812)

Verklärung

Luises Tod wurde zum teuersten Tribut an die napoleonische Fremdherrschaft stilisiert. Das Volk fühlte sich geeint in der Trauer um die beliebte Königin, und es schien, als wollte es daraus Kraft für die Befreiung Preußens schöpfen. Es dauerte nicht mehr lange, bis sich bewahrheitete, was Luise prophezeit hatte. Napoleon überspannte den Bogen, seine Armeen wurden in Russland nahezu aufgerieben. Die Zeit des Aufbegehrens gegen Bonaparte hatte begonnen. Die Mächte rüsteten zum entscheidenden Schlag gegen den Usurpator, auch das zögerliche Preußen fasste neuen Mut.

Der Widerstand im Hohenzollernstaat berief sich nicht nur, aber eben auch auf Luise, Friedrich Wilhelm stiftete ihr zu Ehren das Eiserne Kreuz, eine militärische Auszeichnung nicht nur für den Adel. Einige Frauen meldeten sich freiwillig für den Befreiungskampf gegen Napoleon, um ihrem Vorbild nachzueifern, selbst wenn sie sich dafür als Männer verkleiden mussten. Der Dichter Theodor Körner widmete der Königin kämpferische Verse: »Luise sei der Schutzgeist deutscher Sache. / Luise sei das Losungswort der Rache.« General Blücher

Schon bald nach ihrem Tod wurde Luise in zahlreichen Darstellungen zur preußischen Heiligen verklärt.

nahm dies anscheinend wörtlich, die Leipziger Völkerschlacht 1813 erklärte er zu einem Akt der Revanche – nach dem siegreichen Marsch auf Paris soll er vom Montmartre herabgerufen haben, die Königin sei nun gerächt.

Fortan trieb der Luise-Mythos mannigfaltige Blüten, immer wieder wurde die Königin vereinnahmt, instrumentalisiert, neu belebt. Im Kampf gegen Napoleon vermischten sich preußischer Patriotismus und deutsches Nationalbewusstsein mit der Erinnerung an die gepriesene Monarchin. Es schien, als bräuchte die werdende Nation nicht nur Helden, sondern auch Heldinnen. Frauen wie sie, die zugleich Tugenden und Rollenbilder verkörperten, die nach der Zeit der Revolution und Befreiung das moralische Fundament für eine neue Zeit legen konnten.

Nur wenigen Glücklichen ist ein so reiches Leben nach dem Tode beschieden gewesen wie dieser deutschen Königin.

HEINRICH VON TREITSCHKE, HISTORIKER

Die »Preußische Madonna« des Bildhauers Wilhelm Schade war ebenfalls ein Medium des Luise-Mythos.

Was aber hat das Bild von Luise so nachhaltig geprägt – über zwei Jahrhunderte hinweg?

Die preußische Königin war für ihre Untertanen eine »Königin der Herzen«, ihre Schönheit und Anmut beeindruckten nicht nur ihr adliges Umfeld, sondern auch Gelehrte, Literaten, Politiker und Künstler. Ihre Erinnerungen an Luise hielten sie für die Nachwelt fest, ganze Bildergalerien künden von ihrem Leben.

Die Vermählung Luises mit Friedrich Wilhelm III. galt als Liebeshochzeit, das entsprach bürgerlichen Wunschvorstellungen und brach mit der Tradition der dynastischen Zweckheirat. Ihre Ehe und das Verhältnis zu ihren Kindern galten als vorbildlich, formten das Familienverständnis auch nachfolgender Generationen.

Königin Luise vermochte durch ihr Temperament und ihre Entschlussfreudigkeit Schwächen ihres Gatten auszugleichen, und der schätzte sie – zumindest hinter den Kulissen – als Gesprächspartnerin. Sie brillierte auf der Bühne der Mächtigen, suchte das Rampenlicht und spiegelte sich darin. So verband sich ihr Bild von der bürgernahen Königin mit der Aura höfischer Pracht.

Sie war die »Duellantin« mit dem mächtigsten Herrscher ihrer Zeit, Napoleon. Zunächst demütigte er sie, später achtete er seine Gegnerin. Schließlich die berühmte Szene von Tilsit. Der Opfergang: eine politische Niederlage, aber ein Sieg der Würde. Dass sie in einer Phase der Demütigung Preußens starb, verlieh ihr den Nimbus einer Märtyrerin.

Ihr Mann und ihre sieben Kinder verehrten sie, schmückten ihr Andenken in den schillerndsten Farben aus. Einer der Söhne, Wilhelm I., wurde der erste Kaiser des 1871 geeinten Deutschland; er sorgte dafür, dass Luise im Gründungsmythos des neuen Reiches einen gebührenden Platz erhielt.

Mehr als von der Verleumdung ihrer Feinde hat Luise von der Phrasenhaftigkeit ihrer Verehrer zu leiden gehabt. Sie starb nicht am »Unglück ihres Vaterlandes«, das sie freilich bitter genug empfand. Übertreibungen, die dem Einzelnen seine Gefühlsregungen zuschreiben wollen, reizen nur zum Widerspruch.

THEODOR FONTANE, »WANDERUNGEN DURCH DIE MARK BRANDENBURG«, 1862

Die Luise-Legende bot und bietet Raum für Projektionen. Immer wieder sollte sie, in unterschiedlicher Gestalt, in Erscheinung treten – mal als preußische Venus, als Muse oder gar als Mode-Ikone, mal als Amazone, Übermutter oder Märtyrerin und nicht zuletzt als Wegbereiterin der deutschen Nation. Mythos und Wirklichkeit sind kaum zu unterscheiden. Welchem Image Luise selbst den Vorzug gegeben hätte, ist auch nach mehr als zwei Jahrhunderten schwer zu ermessen.

Sophie Scholl

Die Seele des Widerstands

Sophie Scholl besaß weder Macht noch Einfluss. Ihren Platz in den Geschichtsbüchern erhielt sie nicht, weil sie in ihrer Zeit etwas bewegte, sondern weil sie, von der Welt weitgehend unbeachtet, Zeichen setzte und für ihre unbeugsame Haltung in den Tod ging. So wurde sie posthum zum Vorbild und zur moralischen Instanz. Ihr Weg in den Widerstand war nicht geradlinig. Wie viele Jugendliche ihrer Generation begeisterten sich die Geschwister Scholl anfangs für die Hitler-Jugend. Ihr ausgeprägter Individualismus sollte sie später jedoch in Konflikt mit dem System bringen. Erst im Verlauf des Kriegs wurde aus der inneren Distanz dann ein endgültiger Bruch.

Ein Tag im Mai 1942. Irgendwo in München genießt ein junges Liebespaar den Frühling, schlendert vielleicht Arm in Arm die Maximilianstraße entlang, trinkt eine kühle Maß in einem der zahlreichen Biergärten oder macht Rast auf einer Wiese im Englischen Garten. Wie Sophie Scholl und ihr Freund Fritz Hartnagel die Zeit vom 16. bis 20. Mai 1942 wirklich verbracht haben, lässt sich nur vermuten. Weder Fritz noch Sophie haben es später erwähnt oder in einem der vielen Briefe festgehalten, die sie miteinander ausgetauscht haben. Und doch darf man annehmen, dass das Paar diese Tage im Mai genossen hat – wenn auch schon ahnend, dass es die letzten Stunden sein würden, die sie miteinander verbrachten. Seit fast drei Jahren herrschte Krieg. Fritz Hartnagel war Soldat und mit seiner Einheit, einer Luftnachrichtenbetriebskompanie, auf dem Weg an die Ostfront. Wie viele Menschen in diesen Kriegsjahren mussten Fritz und Sophie damit rechnen, dass es ein Abschied für lange Zeit sein würde – oder sogar für immer. Täglich starben Tausende an den Fronten. Rund 500 000 deutsche Soldaten waren allein seit dem Überfall auf die Sowjetunion im Juni 1941 gefallen, verwundet worden oder galten als vermisst. Die Sorge darüber, ob Fritz unversehrt aus Russland wieder in die Heimat zurückkehren würde, überschattete die gemeinsamen Tage im Mai 1942.

Ich wünsche Dir sehr, dass Du diesen Krieg und diese Zeit überstehst, ohne ihr Geschöpf zu werden.

SOPHIE SCHOLL
AN FRITZ HARTNAGEL,
ULM, 16. MAI 1940

Völlig unverhofft hatte sich der Oberleutnant der Luftwaffe noch einmal freinehmen können, bevor er von Le Mans in Frankreich nach Mariupol in Russland am Asowschen Meer verlegt werden sollte. Erst zwei Wochen zuvor war sein regulärer Heimaturlaub zu Ende gegangen. Wie so oft hatte das Paar kostbare gemeinsame Tage in Freiburg verbracht, wo es im Hotel »Freiburger Hof« übernachtete. Von da aus waren sie vermutlich für einen kurzen Abstecher nach Konstanz an den Bodensee gefahren und hatten sich dort im »Inselhotel« einquartiert. Da es Unverheirateten nicht erlaubt war, gemeinsam ein Hotelzimmer zu bewohnen, hatte Fritz irgendwann einfache Ringe gekauft, mit denen sich das Liebespaar als Ehepaar ausgab.

Nach diesem Heimaturlaub zu seiner Truppe zurückzukehren fiel dem Offizier Fritz Hartnagel besonders schwer: »Ach, Sofie ... ich komme mir so verlogen und unwahr dabei vor, wenn ich so tun muss als ob. Wie gut, dass ich mich zu Dir flüchten kann, Du liebe Sofie. Könntest Du's spüren, wie fest Du in meine Arme geschlossen bist!«, schrieb er am 7. Mai 1942. Am Rand des Briefes notierte Fritz noch eilig: »Unser Abmarsch ist noch unbestimmt!«

Ein ungewöhnliches Paar: Fritz Hartnagel und Sophie Scholl während eines gemeinsamen Ausflugs.

Drei Tage später schrieb er Sophie, die sich seit Kurzem in München befand: »Unser Abtransport steht immer noch nicht fest, und denk Dir, ich hätte ruhig bis heute und noch länger wegbleiben können! Ich würde es ja so gern noch einmal versuchen, 2 oder 3 Tage zu Dir zu kommen, wenn ich nur wüsste, ob ich Dich so einfach von Deinem Studium wegholen kann.« Was Sophie Scholl auf diesen Brief geantwortet hat, ist nicht überliefert. Doch gelang es Fritz Hartnagel am 16. Mai tatsächlich, sich noch einmal von seiner Einheit loszumachen und nach München zu fahren, um dort seine Freundin zu treffen.

Sophie Scholl besaß zu diesem Zeitpunkt noch keine eigene Bleibe in München. Vorübergehend war sie im Haus von Professor Carl Muth, einem Freund der Familie, in München-Solln untergekommen. Vielleicht haben sich Sophie und Fritz – mit falschen Eheringen am Finger – in einem Hotel einquartiert. Noch während Fritz in München weilte, immatrikulierte sich Sophie Scholl an der Universität München. Mit Datum vom 18. Mai 1942 schrieb sie sich für Biologie und Philosophie ein. Warum Sophie Scholl ausgerechnet Biologie wählte, ein Fach, das im NS-Staat stark von nationalsozialistischem Gedankengut geprägt war, ist nicht klar. Doch spielte das Studium für Sophie Scholl ohnehin nur eine Nebenrolle: » ... ich höre nur von Philosophierereien, Teetrinken, Segeln ... und an sich ist doch Dein Studium ... vielleicht doch ein konkretes Ding?«, fragte ihre Schwester Elisabeth sie halb belustigt, halb mahnend wenig später in einem Brief. Tatsächlich stürzte sich die junge Studentin geradezu in das Leben, nach dem sie sich schon so lange gesehnt hatte: frei und selbstbestimmt. In der NS-Diktatur war dies keine Selbstverständlichkeit. Der NS-Staat hatte ein System der totalen Vereinnahmung entwickelt, das den Menschen von der Kindheit bis ins hohe Alter nicht mehr losließ: erst Hitler-Jugend, dann Arbeitsdienst, und für die Männer folgte die Wehrmacht. Wer Karriere machen wollte, musste in die Partei eintreten. Wer in die SS aufgenommen wurde, gehörte zur Elite.

Sophie war nach ihrem Abitur im Frühjahr 1940 und der anschließenden Ausbildung zur Kindergärtnerin erst zu sechs Monaten Reicharbeitsdienst und dann zu weiteren sechs Monaten Kriegshilfsdienst verpflichtet worden. »Noch ein halbes Jahr in der Zwangsjacke«, schrieb sie ihrem Bruder Hans, als sie von der Verlängerung ihrer Dienstverpflichtung erfuhr. »Dabei hätte die Zeit bis jetzt schon genügt, um

Totale Vereinnahmung

»Diese Jugend lernt ja nichts anderes als deutsch denken, deutsch handeln ... wenn diese Knaben mit zehn Jahren in unsere Organisation hineinkommen und dort oft zum ersten Mal überhaupt eine frische Luft bekommen und fühlen, dann kommen sie vier Jahre später vom Jungvolk in die Hitler-Jugend, und dort behalten wir sie wieder vier Jahre. Und dann geben wir sie erst recht nicht zurück in die Hände unserer alten Klassen- und Standeserzeuger, sondern dann nehmen wir sie sofort in die Partei, in die Arbeitsfront, in die SA oder in die SS, in das NSKK und so weiter ... und sie werden nicht mehr frei ihr ganzes Leben.« (Hitler in seiner Rede vor Kreisleitern in Reichenberg, 2. Dezember 1938) meine Abscheu und meine Verachtung dafür ganz reifen zu lassen.« Das Studium in München bot Sophie Scholl endlich mehr Freiheiten.

Die »Weiße Rose«

Im Umfeld ihres Bruders Hans, der bereits seit drei Jahren in der Stadt an der Isar lebte, lernte Sophie Menschen kennen, die den Nationalsozialismus ablehnten und vom verbrecherischen Tun des Regimes überzeugt waren. Dazu zählten der katholische Verleger Carl Muth, bei dem Sophie zunächst wohnte, aber auch der Schriftsteller Werner Bergengruen, der Architekt Manfred Eickemeyer, der Schriftsteller Sigismund von Radecki, der Philosophieprofessor Kurt Huber, der Philosoph Theodor Haecker sowie der ehemalige Justizbeamte Josef Furtmeier. Häufig trafen sich die Gleichgesinnten an Nachmittagen oder Abenden, tranken Tee, lasen aus philosophischen Texten und diskutierten anschließend darüber. Von einem »dreistündigen, pausenlosen und anstrengenden Gespräch« bei Furtmeier berichtete Sophie etwa ihrer Freundin Lisa Remppis im Juni 1942. Eickemeyer, der sich häufig in

»Man muss etwas unternehmen«: Sophie Scholls Bruder Hans war die treibende Kraft der »Weißen Rose«.

Alexander Schmorell während einer Vorlesung an der medizinischen Fakultät der Münchner Universität 1939.

Christoph Probst war Freund, Kommilitone und Gesinnungsgenosse von Scholl und Schmorell.

»Das Erlebnis Russland«: Willi Graf führten seine Erfahrungen an der Ostfront zur »Weißen Rose«.

Polen aufhielt, informierte die Freunde über die barbarischen Verbrechen an der polnischen Zivilbevölkerung, vor allem an Juden.

Strittig war im Freundeskreis die Frage, welche Haltung man angesichts dieser entsetzlichen Ereignisse einnehmen sollte. Sich auf »geistige Gegenwehr« zu beschränken, wie es die meisten in diesem Kreis forderten, war Hans Scholl zu wenig. Eines Abends Ende Mai 1942 forderte er, etwas zu unternehmen, »und zwar heute noch!« In diesen Tagen muss bei dem Medizinstudenten Hans Scholl der Plan gereift sein, nicht mehr länger tatenlos zuzusehen, wie das nationalsozialistische Regime in deutschem Namen Tod und Elend über Europa brachte. Mit seinem engen Freund Alexander Schmorell, wie Hans Medizinstudent, tauschte er sich darüber aus. Alexander Schmorell war 1917 in Russland geboren worden und verachtete das nationalsozialistische System, auch wenn er in der Wehrmacht den Eid auf Hitler geleistet hatte. Die Schmorell'sche Villa in der Benediktenwandstraße 12 in München-Harlaching wurde bald zum Treffpunkt der Freunde. Zum Kreis um Hans Scholl und Alexander Schmorell gehörte auch Christoph »Christl« Probst, ebenfalls Medizinstudent, seit 1941 verheiratet und Vater von zwei Söhnen. Mit ihm war Schmorell seit der Schulzeit eng befreundet. Willi Graf, den Schmorell, Probst und Scholl im Frühjahr 1942 an der medizinischen Fakultät in München kennenlernten, stieß später hinzu. Im Sanitätsdienst der Wehrmacht hatte Graf den Katastrophenwinter 1941/42 in Russland erlebt und war dort zur Erkenntnis gelangt, dass Hitler einen »Vernichtungskampf« führte.

Schmorell war ein ausgesprochen künstlerischer Mensch, künstlerisch begabt, fantasievoll, schwärmerisch. Christoph Probst war vielleicht der gütigste, klarste menschlichste von uns allen. Das hat vielleicht damit zu tun gehabt, dass er verheiratet war und Kinder hatte. Von allen stand mir Christoph Probst am nächsten. Willi Graf war wohl der tiefste, eindeutig derjenige, der sich am meisten Gedanken machte, am meisten darüber nachdachte, was er tat und warum er es tat. Wir waren alle sehr verschiedene Menschen.

JÜRGEN WITTENSTEIN, MITGLIED DER »WEISSEN ROSE«, IN EINEM INTERVIEW 2003

Der Russlandfeldzug

Am 22. Juni 1941 überfiel die Wehrmacht auf Hitlers Befehl die Sowjetunion. Auf breiter Front zwischen der Ostsee und den Karpaten standen 153 deutsche Divisionen mit knapp über drei Millionen Soldaten, 3600 Panzern, 600 000 motorisierten Fahrzeugen und 2000 Flugzeugen der völlig unvorbereiteten Roten Armee gegenüber. Trotz Warnungen seiner Geheimdienste hatte der sowjetische Diktator Stalin nicht an einen deutschen Angriff geglaubt und von einer Mobilmachung seiner Truppen abgesehen. Vom Überraschungsmoment begünstigt, stießen die deutschen Heeresgruppen zunächst rasch nach Osten vor und eroberten große Gebiete. Doch im Herbst geriet der deutsche Vormarsch ins Stocken. Kübelwagen, Motorräder und Pferdekarren blieben im Schlamm stecken, der einsetzende Frost und dichter Schneefall führten bei der Wehrmacht zu hohen Verlusten. In Erwartung einer schnellen Entscheidung waren die deutschen Verbände nicht ausreichend mit winterfester Kleidung ausgestattet worden. Schon bald starben mehr Soldaten an Erfrierungen als in Kampfeinsätzen. Dennoch hatten sich im November 1941 Teile der Wehrmacht bis zu rund zehn Kilometern vor Moskau herangekämpft. Durch ihre Scherenfernrohre konnten die deutschen Soldaten bereits die Türme des Kreml in der sowjetischen Hauptstadt erkennen. Doch näher sollten sie Moskau niemals kommen.

Anfang Dezember 1941 startete die Rote Armee eine Gegenoffensive, der die geschwächten deutschen Streitkräfte wenig entgegenzusetzen hatten. Am 15. Januar 1942 musste Hitler den Rückzugsbefehl erteilen – der geplante »Blitzkrieg« gegen die Sowjetunion war damit endgültig gescheitert. Der Mythos von der »unbesiegbaren Wehrmacht« war gebrochen, auch wenn sich die NS-Propaganda bemühte, das Debakel vor Moskau als »Rückzug der deutschen Truppen in die Winterstellungen« zu verbrämen. Im Frühjahr 1942 hatte die Wehrmacht rund 500 000 Tote, Verwundete oder Vermisste zu beklagen. Darüber hinaus hatte sie etwa 1300 Panzer, 2500 Geschütze und über 15 000 Fahrzeuge verloren.

Deutsche Truppen im Dezember 1941 vor Moskau. Vor den Toren der sowjetischen Hauptstadt zerbrach der Mythos von der Unbesiegbarkeit der Wehrmacht.

Auch Sophie Scholl gehörte im Frühsommer 1942 zu den regelmäßigen Besuchern der Schmorell'schen Villa. Mit Alexander Schmorell teilte sie sich ein Modell zum Zeichnen und Modellieren und nahm auch an etlichen Diskussionsabenden teil. Doch nicht nur von Hans' Freunden erfuhr die junge Studentin von den Verbrechen hinter der Front, sondern auch von Fritz Hartnagel. Am 26. Juni 1942 schilderte der Offizier in einem Brief aus dem Donezbecken in Russland einen »Kasinoabend« mit »wüsten Zotereien, viel Krach und zerbrochenen Gläsern«, bei dem sein Kommandeur »mit zynischer Kaltschnäuzigkeit« von der »Abschlachtung sämtlicher Juden des besetzten Russlands« erzählt habe und »dabei von der Gerechtigkeit dieser Handlungsweise vollkommen überzeugt« gewesen sei. »Ich saß mit klopfendem Herzen dabei«, schrieb Hartnagel. »Oh, wie froh war ich, als ich wieder allein auf meinem Feldbett lag und zu Dir und meinem Gebet flüchten konnte.«

Hatte der junge Offizier bereits während seines ersten Russlandeinsatzes im Sommer 1941 nur gerüchteweise von Massenerschießungen von Juden gehört, so war es nun zur Gewissheit geworden, dass von Einsatzgruppen der SS, aber auch von Angehörigen der Wehrmacht ungeheuerliche Verbrechen begangen wurden. Man kann wohl davon ausgehen, dass sich Sophie über die Berichte ihres Freundes Fritz mit Hans austauschte. Zwischen dem 27. Juni und 12. Juli 1942 verfassten Hans Scholl und Alexander Schmorell vier Flugblätter, in denen diese Gewaltverbrechen genannt und angeprangert wurden. Der Anstoß zu den Flugblättern, so gab Hans Scholl später bei den Vernehmungen durch die Gestapo zu, sei von ihm gekommen. Mit Alexander Schmorell habe er sich in der Villa in München-Harlaching getroffen, dort heimlich die Texte verfasst, mit einer Schreibmaschine auf Matrizen getippt und anschließend auf einem Vervielfältigungsapparat abgezogen. Rund hundert Stück stellten Hans und Alexander auf diese Weise von jedem Flugblatt her. Mit der Post verschickten die beiden Medizinstudenten die Schriften vor allem an Intellektuelle – Professoren, Buchhändler, Ärzte –, deren Adressen sie zuvor aus Telefonbüchern herausgesucht hatten. Aber auch Freunde, Studienkollegen und Verwandte erhielten die Flugblätter mit der Post sowie einige Münchner Wirte von Gasthäusern und Cafés. Die Studenten hofften, dass »die Wirte es an ihre Gäste weitererzählen« würden und sich damit die Zahl der Leser und Verbreiter vergrößern ließe. »Nichts ist eines Kulturvolkes unwürdiger, als sich ohne Widerstand von einer verantwortungslosen und dunklen Trieben ergebenen Herrscherclique ›regieren‹ zu lassen. Ist es nicht so, dass sich jeder ehrliche Deutsche heute seiner Regierung schämt, und wer von uns ahnt das Ausmass der Schmach, die über uns und unsere Kinder kommen wird, wenn einst der Schleier von unseren Augen gefallen ist und die grauenvollsten und jegliches Mass unendlich überschreitenden Verbrechen ans Tageslicht treten«, lauten die ersten Sätze des Flugblatts, das die Überschrift »Flugblätter der Weissen Rose« und die römische Ziffer I trägt.

Warum er ausgerechnet den Namen »Weiße Rose« gewählt habe, erklärte Hans Scholl später gegenüber der Gestapo so: »Der Name Die Weiße Rose ist willkürlich gewählt. Ich ging von der Voraussetzung aus, dass in einer schlagkräftigen Propaganda gewisse feste Begriffe da sein müssen, die an und für

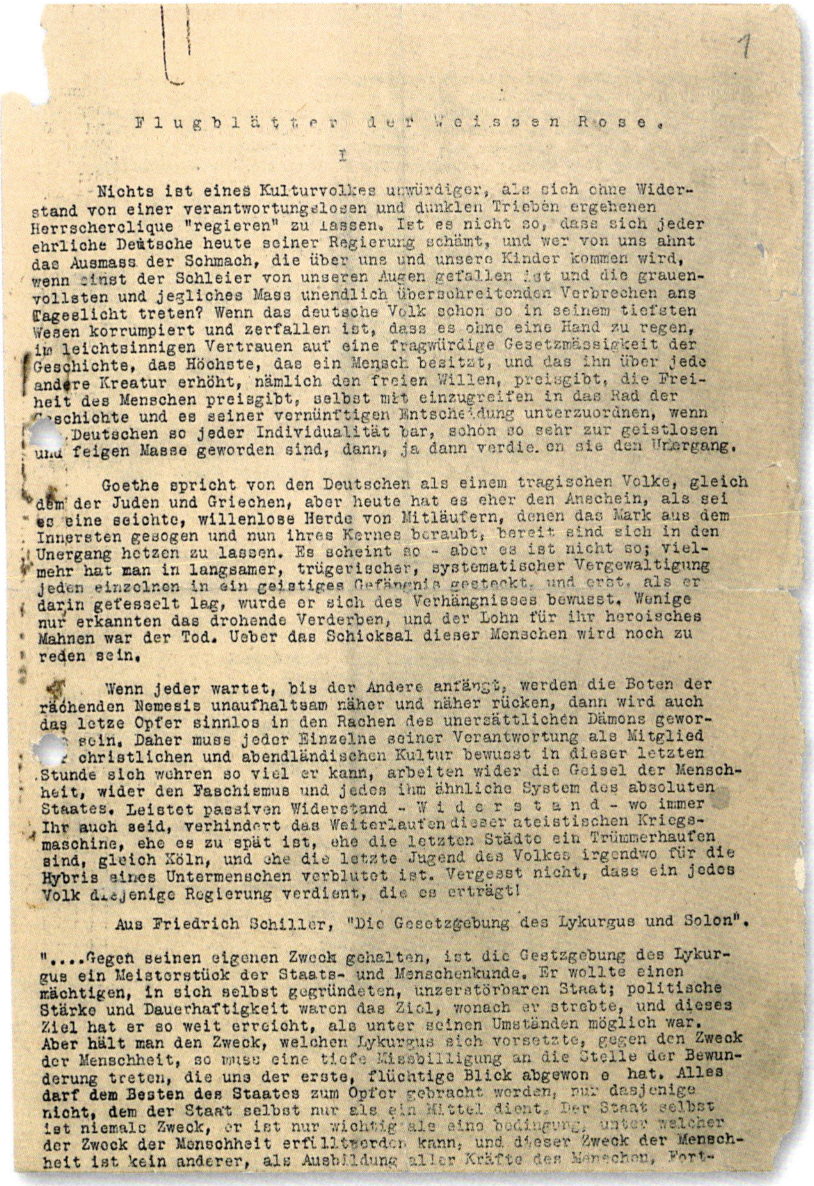

1

Flugblätter der Weissen Rose.

I

Nichts ist eines Kulturvolkes unwürdiger, als sich ohne Widerstand von einer verantwortungslosen und dunklen Trieben ergebenen Herrscherclique "regieren" zu lassen. Ist es nicht so, dass sich jeder ehrliche Deütsche heute seiner Regierung schämt, und wer von uns ahnt das Ausmass der Schmach, die über uns und unsere Kinder kommen wird, wenn einst der Schleier von unseren Augen gefallen ist und die grauenvollsten und jegliches Mass unendlich überschreitenden Verbrechen ans Tageslicht treten? Wenn das deutsche Volk schon so in seinem tiefsten Wesen korrumpiert und zerfallen ist, dass es ohne eine Hand zu regen, im leichtsinnigen Vertrauen auf eine fragwürdige Gesetzmässigkeit der Geschichte, das Höchste, das ein Mensch besitzt, und das ihn über jede andere Kreatur erhöht, nämlich den freien Willen, preisgibt, die Freiheit des Menschen preisgibt, selbst mit einzugreifen in das Rad der Geschichte und es seiner vernünftigen Entscheidung unterzuordnen, wenn die Deutschen so jeder Individualität bar, schon so sehr zur geistlosen und feigen Masse geworden sind, dann, ja dann verdienen sie den Unergang.

Goethe spricht von den Deutschen als einem tragischen Volke, gleich dem der Juden und Griechen, aber heute hat es eher den Anschein, als sei es eine seichte, willenlose Herde von Mitläufern, denen das Mark aus dem Innersten gesogen und nun ihres Kernes beraubt, bereit sind sich in den Unergang hetzen zu lassen. Es scheint so - aber es ist nicht so; vielmehr hat man in langsamer, trügerischer, systematischer Vergewaltigung jeden einzelnen in ein geistiges Gefängnis gesteckt, und erst, als er darin gefesselt lag, wurde er sich des Verhängnisses bewusst. Wenige nur erkannten das drohende Verderben, und der Lohn für ihr heroisches Mahnen war der Tod. Ueber das Schicksal dieser Menschen wird noch zu reden sein.

Wenn jeder wartet, bis der Andere anfängt, werden die Boten der rächenden Nemesis unaufhaltsam näher und näher rücken, dann wird auch das letze Opfer sinnlos in den Rachen des unersättlichen Dämons geworden sein. Daher muss jeder Einzelne seiner Verantwortung als Mitglied der christlichen und abendländischen Kultur bewusst in dieser letzten Stunde sich wehren so viel er kann, arbeiten wider die Geisel der Menschheit, wider den Faschismus und jedes ihm ähnliche System des absoluten Staates. Leistet passiven Widerstand - W i d e r s t a n d - wo immer Ihr auch seid, verhindert das Weiterlaufen dieser ateistischen Kriegsmaschine, ehe es zu spät ist, ehe die letzten Städte ein Trümmerhaufen sind, gleich Köln, und ehe die letzte Jugend des Volkes irgendwo für die Hybris eines Untermenschen verblutet ist. Vergesst nicht, dass ein jedes Volk diejenige Regierung verdient, die es erträgt!

Aus Friedrich Schiller, "Die Gesetzgebung des Lykurgus und Solon".

"....Gegen seinen eigenen Zweck gehalten, ist die Gestzgebung des Lykurgus ein Meisterstück der Staats- und Menschenkunde. Er wollte einen mächtigen, in sich selbst gegründeten, unzerstörbaren Staat; politische Stärke und Dauerhaftigkeit waren das Ziel, wonach er strebte, und dieses Ziel hat er so weit erreicht, als unter seinen Umständen möglich war. Aber hält man den Zweck, welchen Lykurgus sich vorsetzte, gegen den Zweck der Menschheit, so muss eine tiefe Missbilligung an die Stelle der Bewunderung treten, die uns der erste, flüchtige Blick abgewon e hat. Alles darf dem Besten des Staates zum Opfer gebracht werden, nur dasjenige nicht, dem der Staat selbst nur als ein Mittel dient. Der Staat selbst ist niemals Zweck, er ist nur wichtig als eine Bedingung, unter welcher der Zweck der Menschheit erfülltwerden kann, und dieser Zweck der Menschheit ist kein anderer, als Ausbildung aller Kräfte des Menschen, Fort-

»Leistet passiven Widerstand, wo immer Ihr auch seid«: das im Sommer 1942 verbreitete erste Flugblatt der »Weißen Rose«.

sich nichts besagen, einen guten Klang haben, hinter denen aber ein Programm steht. Es kann sein, dass ich gefühlsmäßig diesen Namen gewählt habe, weil ich damals unmittelbar unter dem Eindruck der spanischen Romanzen von Brentano, Rosa Blanca, gestanden habe. Zu der Weißen Rose der englischen Geschichte bestehen keine Beziehungen.«

Auch in den drei weiteren Flugblättern der »Weißen Rose« klagten Hans Scholl und Alexander Schmorell die Verbrechen des NS-Regimes an: »Nicht über die Judenfrage wollen wir in diesem Blatte schreiben«, heißt es in Flugblatt Nr. II, »keine Verteidigungsrede verfassen – nein, nur als Beispiel wollen wir die Tatsache kurz anführen, die Tatsache, dass seit der Eroberung Polens dreihunderttausend Juden in diesem Land auf bestialischste Art ermordet worden sind. Hier sehen wir das fürchterlichste Verbrechen an der Würde des Menschen, ein Verbrechen, dem sich kein ähnliches in der ganzen Menschengeschichte an die Seite stellen kann.«

Die Flugblätter von Hans Scholl und Alexander Schmorell, die Unerhörtes zur Sprache brachten und die Verbrechen des NS-Regimes entlarvten, erreichten auch die Familie Scholl: »In Ulm hatte man mir … zwei Seiten anonym zugesandte Flugblätter mit seltsam fragenden Augen gezeigt, die in München abgestempelt waren. Ich wagte sie nicht einmal zu lesen, um nicht aus dem Stil die volle Gewissheit zu bekommen, dass sie von Hans seien«, schrieb Inge Scholl, die älteste Schwester von Hans und Sophie kurz nach dem Krieg in ihren Erinnerungen an München. »Aber hat man Macht über seine Ängste und Gedanken? Mit aller Gewalt wollte ich es bei den Folgen aus solchen Dingen nicht wahrhaben, dass sie von Hans seien, und doch ließ sich die Spur einer hartnäckigen und hellsichtigen Ahnung nicht wegfegen.«

Die Schwester spricht in ihren Erinnerungen nur von Hans, nicht von Sophie. Bis heute ist nicht klar, was oder wie viel Sophie von den Flugblättern wusste. Von Traute Lafrenz, einer engen Freundin der Geschwister Scholl, wissen wir, dass Sophie »etwa Mitte Juli« 1942 ein Flugblatt an der Universität während einer Vorlesungspause zu lesen bekam. Traute Lafrenz überreichte es ihr, Hans stand dabei und habe »weder durch Mienen, Gebärden oder Bemerkungen erkennen lassen, dass er mit dieser Schrift, das heißt mit der Herstellung und Verbreitung, irgendetwas zu tun hatte«. Wenige Tage nach dem Vorfall an der Universität soll laut Traute Lafrenz Sophie dann auch ihren Bruder zur Rede gestellt haben. Dieser habe ausweichend geantwortet, sie solle lieber nicht nach dem Verfasser fragen, »weil man diesen dadurch nur gefährde«. Eine beinahe salomonische Antwort, die Sophie sicher zu deuten wusste.

Ein weiteres Indiz für die Kenntnis Sophie Scholls von den Flugblättern ist ein Gespräch, das die junge Studentin mit ihrem Freund Fritz Hartnagel führte – und zwar bereits im Mai 1942. Während ihres gemeinsamen Aufenthalts in Freiburg und Konstanz habe Sophie – so der spätere Bericht Hartnagels – ihm einen Bezugsschein für einen Vervielfältigungsapparat gegeben und gebeten, diesen mit einem Stempel der Wehrmacht zu versehen. Nur so konnte Sophie Scholl den Bezugsschein nutzen. Wofür die junge Frau den Vervielfältigungsapparat verwenden wollte, daran vermochte sich Hartnagel später nicht mehr zu erinnern. Er habe sie jedoch gewarnt, und Sophie sei sich über das Risiko im Klaren gewesen. Außerdem habe sie ihn um 1000 Reichsmark gebeten, »für einen guten Zweck«. Eine stolze Summe, wenn man bedenkt, dass der Oberleutnant der Luftwaffe rund 300 Reichsmark Besoldung monatlich erhielt. Doch Fritz Hartnagel fiel es nicht schwer, großzügig zu sein; er gab Sophie den gewünschten Betrag. Den Bezugsschein jedoch stempelte er nicht ab. Monate später, am 31. August 1942, erwähnte er ihn wieder in einem Brief: »Den gewünschten Bezugsschein kann ich nur unter Schwierigkeiten erhalten, ich habe immer noch Bedenken und weiß nicht, ob der Zweck eventuelle Unannehmlichkeiten rechtfertigen würde.« Was genau mit dem »Zweck« gemeint ist, verrät der Brief nicht. Es ist anzunehmen, dass sie und Hans bereits im April oder Mai 1942 über die Herstellung von Flugblättern gesprochen haben. Als Hans schließlich im Juni und Juli 1942 die ersten Flugblätter verfasste, war Sophie jedenfalls nicht beteiligt.

Sophie war sehr begeistert von ihrem Bruder, es war ja der große Bruder, der so tüchtig war, so viel geleistet hat. Aber sie war ein selbstständiger Mensch, der selbstständig gedacht, eigenhändig gehandelt und Schlüsse gezogen hat. Sie wurde nicht zu einer blinden Nachfolgerin von Hans.

JÜRGEN WITTENSTEIN,
MITGLIED DER »WEISSEN ROSE«,
IN EINEM INTERVIEW 2003

Die Familie Scholl

Aber wie war es dazu gekommen, dass sich Hans Scholl und seine Schwester Sophie gegen Hitlers Staat stellten, seine Verbrechen öffentlich machten und sogar bereit waren, dafür ihr Leben, zumindest aber ihre Freiheit zu riskieren? Denn nicht immer waren die Geschwister Gegner der nationalsozialistischen Regierung gewesen – im Gegenteil. Sophie Scholl erblickte am 9. Mai 1921 in Forchtenberg im beschaulichen Kochertal das Licht der Welt, als viertes von insgesamt fünf Kindern. Ihr Vater Robert Scholl war damals Bürgermeister der hohenlohischen Kleinstadt, die Familie lebte im historischen Rathaus. Leicht hatte es Robert Scholl nicht in seinem Amt – er galt als Querdenker, liberal und fortschrittlich eingestellt. Im August 1914, zu Beginn des Ersten Weltkriegs, hatte sich der damals 23-Jährige nicht wie die meisten seiner Altersgenossen freiwillig zum Dienst an der Waffe gemeldet. Erst als ihn im November 1914 der Gestellungsbefehl erreichte, fügte sich Scholl ins Unabwendbare und absolvierte die Grundausbildung in einem Infanterie-Ersatzbataillon.

Doch an die Front wurde der junge Mann, der erst kurz zuvor seine Prüfung als Verwaltungsbeamter abgelegt hatte, nicht abkommandiert. Man schickte ihn vielmehr als Sanitäter in ein Lazarett nach Ludwigsburg, wo er die zehn Jahre ältere Diakonisse Lina Müller kennenlernte. Die beiden verliebten sich ineinander – schließlich legte Lina Müller ihre Diakonissentracht ab und heiratete Robert Scholl am 23. November 1916. Von Anfang an stellte diese Ehe eine ungewöhnliche Verbindung dar: ein junger Sanitäter und eine zehn Jahre ältere Diakonisse – das löste in der damaligen Zeit Kontroversen aus. Lina – eigentlich Magdalena – Müller war eine gläubige Protestantin, der Abschied vom Schwesternhaus fiel ihr nicht leicht. Auch Robert Scholl musste sich für seine Wahl rechtfertigen. Sie ließen sich aber in ihrer

Entscheidung füreinander nicht irremachen, sie hatten beide das Gefühl, einen ganz besonderen Menschen gefunden zu haben. »Immer muss ich wieder daran denken, wie schön wir leben könnten, wenn ... Friede im Lande wäre ... Die militärische Welt ist doch manchmal recht unschön. Wie froh bin ich da, dass ich Dich habe, die Du so viel anders bist als die meisten Menschen«, schrieb Robert Scholl seiner Lina am 1. Februar 1916. Die beiden vereinte die Sehnsucht nach einer friedlicheren Welt; im Lazarett hatten sie die zerstörerische Seite des Krieges kennengelernt und wünschten sich mehr als alles andere ein Leben ohne tägliches Leid.

Familie Scholl Anfang der 30er-Jahre vor der »Favorite« in Ludwigsburg: Vater Robert mit den Kindern Inge, Hans, Elisabeth, Sophie und Werner (von links).

Als Lina Müller ihren Beruf als Diakonisse für die Heirat mit Robert Scholl aufgab, hielt sie dennoch an ihrem frohen und unerschütterlichen Glauben an Gott fest. Robert Scholl wiederum hielt sich in Glaubensfragen bedeckt, später bezeichnete er sich selbst als »Sucher«. Seine älteste Tochter Inge sollte später urteilen: »Mein Vater ist leider kein Christ.« Und doch spielte der christliche Glaube in der Familie Scholl eine wichtige Rolle. Ganz selbstverständlich wurden Tisch- und Abendgebete gesprochen, und Lina Scholl las täglich in der Bibel. Bald nach der Heirat wurden die ersten Kinder geboren – 1917 Tochter Inge, 1918 Sohn Hans – und im protestantischen Glauben erzogen.

Im Juni 1917 war Robert Scholl als Schultheiß in Ingersheim eingesetzt worden, wo die junge Familie eine solide Existenz aufbauen konnte. Nach dem sieglosen Ende des Ersten Weltkriegs, als auf deutscher Seite 2,4 Millionen Tote und über sechs Millionen Verwundete zu beklagen waren, war das Kaiserreich am Ende. Wilhelm II. dankte ab, die Ausrufung der Republik am 9. November 1918 wurde von der Hoffnung begleitet, dass im Land rasch die Ordnung wiederhergestellt würde. Doch überall herrschten Unruhe, Unzufriedenheit und Mangel. Auch Ortsvorsteher Scholl in Ingersheim bekam dies deutlich zu spüren, bewährte sich aber in seinem Amt. Im Oktober 1919 bewarb sich Scholl als Bürgermeister in dem mittelalterlichen Städtchen Forchtenberg am Kocher und wurde gewählt. Die Familie zog um – und vergrößerte sich alsbald. Tochter Elisabeth wurde im Februar 1920 geboren, ein Jahr später Lina Sofie, im November 1922 der jüngste Sohn Werner.

Sofie habe ich schon immer ganz besonders geliebt, eine Zeitlang fast wie eine Mutter, bis dann die Altersunterschiede verwischt wurden und sie eine starke Selbstständigkeit erreichte. Die innige Beziehung zwischen uns aber hat sich erhalten, und ich glaube, dass ich sie verstehe, soweit man das von einem Menschen sagen kann.

INGE SCHOLL ÜBER IHR VERHÄLTNIS ZU SOPHIE, 1943

Lina Sofie, die sich später Sophie nannte und schrieb, wuchs mit ihren Geschwistern in einem liebevollen Elternhaus auf. Robert Scholl, nach dem Gesetz das Oberhaupt der Familie, ließ seiner Frau und den Kindern viel Freiraum. Lina und Robert führten eine gleichberechtigte Ehe, die Kinder durften mitreden und ihre Meinung äußern. Die Mutter erzählte ihren Kindern Geschichten aus dem Alten und Neuen Testament, sang und betete mit ihnen und besuchte regelmäßig die Gottesdienste in der evangelischen Michaelskirche. Die Obstgärten am Kocher, die engen Gassen der Altstadt mit ihren hohen Fachwerkhäusern, die Burgruine und die Weinberge – das war die Welt, in der sich die Scholl-Kinder ganz selbstverständlich und frei bewegten. »Uns erschien die Welt dieses Städtchens nicht klein, sondern weit und groß und herrlich«, schrieb Inge Scholl später über ihre Kindheit in Forchtenberg. »Wir hatten den Geruch von Moos, von feuchter Erde und duftenden Äpfeln im Sinn, wenn wir an unsere Heimat dachten.« Sophie galt als eher stilles, schüchternes Kind, das sich gerne allein beschäftigte und sich dem Trubel der Familie entzog. Dennoch besaß das Mädchen erstaunlich viel Selbstbewusstsein, das sich auch immer wieder in ihren Äußerungen zeigte. »Die Brävste bin ich nicht, die Schönste will ich gar nicht sein, aber die Gescheiteste bin ich immer noch«, soll sich Sophie Scholl einmal selbst im Alter von neun Jahren beschrieben haben.

»Die Brävste bin ich nicht, aber die Gescheiteste bin ich immer noch«: Sophie Scholl als Schülerin.

Ein neues Leben

1930 endete die Amtszeit des Vaters in Forchtenberg, die kleinstädtischen Bürger wählten den umtriebigen, aber auch unbequemen Scholl nicht wieder. Die siebenköpfige Familie – das sechste Kind Thilde, geboren 1925, war bereits im Alter von einem Jahr an Lungenentzündung gestorben – musste Mitte 1930 »die Ortsvorsteherdienstwohnung im Rathaus« räumen und zog zunächst nach Ludwigsburg um, wo Scholl eine Anstellung als Geschäftsführer beim »Malerbund« erhielt. Schon Anfang 1932, knapp zwei Jahre später, siedelten die Scholls erneut um, diesmal nach Ulm. Scholl wurde Teilhaber eines Steuerbüros und arbeitete fortan als Wirtschaftsprüfer und Steuerberater. Das Leben in Ulm war mit den Jahren in Forchtenberg kaum zu vergleichen: Statt im historischen Rathaus lebte die Familie zunächst in einem Neubaugebiet im Norden der Stadt. Nicht nur örtlich waren die Scholls damit an den Rand der Gemeinde gerückt, auch das gesellschaftliche Leben, in dem sie als Bürgermeisterfamilie immer im Zentrum gestanden hatten, veränderte sich nachhaltig. »Gestern haben wir Geburtstag gefeiert«, schrieb Inge am 12. August 1932 in ihr Tagebuch. »Keinen Menschen haben wir eingeladen. Wir ganz allein.« Die Familie war nun stärker auf sich selbst bezogen, fast wie eine eingeschworene Gemeinschaft. Dabei empfanden sich die Scholls als »erhaben«, als über der Masse stehend. Damit ging keinesfalls Hochmut einher, vielmehr die Verpflichtung, anderen ein Vorbild zu sein und Verantwortung zu übernehmen. Die Verse Friedrich Schillers, »Wisse, ein erhabner Sinn/ Legt das Große in das Leben, / Und er sucht es nicht darin«, galten in der Familie als Leitmotiv.

Im Tagebuch der ältesten Tochter Inge macht sich in dieser Zeit ein Wandel bemerkbar: »Nachher haben wir noch aus Hansens neuem Jungvolk-Buch gesungen. Da sind doch feine Lieder drin«, heißt es im Spätsommer 1932. Neben Kirchenliedern sangen die Geschwister nun also Liedgut der Jugendbewegung. Der vierzehnjährige Hans Scholl war Mitglied des Christlichen Vereins Junger Männer geworden, einer evangelischen Jungenorganisation, die nach dem Ersten Weltkrieg wie viele andere Jugendgruppen starken Zulauf erhielt. Werner Scholl hingegen war mit neun Jahren der Bündischen Jugend beigetreten. Allen Jugendgruppen gemeinsam war der Wunsch nach Selbstbestimmung und Abgrenzung von der Erwachsenenwelt; im Zentrum standen Gemeinschaftsgefühl und »vaterländische Gesinnung«. Damit wurde bei den Scholls ein Abnabelungsprozess der Kinder von den Eltern spürbar. Inge, Hans, Elisabeth, Sophie und Werner wollten zunehmend ihr Leben selbst gestalten – durchaus im Widerspruch zu den Eltern, wie sich bald zeigen würde.

Nicht nur im Familienleben der Scholls, auch in der Politik kündigte sich im Herbst 1932 ein Umbruch an: Straßenschlachten zwischen den Schlägertrupps der Nazis und ihren politischen Gegnern gehörten vielerorts zum Alltag. Überall versuchte die schlagkräftige Wahlkampftruppe der NSDAP Aufmerksamkeit zu erregen: durch grelle Plakate, überdimensionale Fahnen, lautstarke Aufmärsche und wortgewaltige Auftritte ihres Parteiführers Adolf Hitler. Mit Erfolg: Bei der Reichstagswahl im Juli 1932 konnte die NSDAP starke Zuwächse verbuchen und sich mit 37,2 Prozent der Stimmen als stärkste Partei im Parlament etablieren – auch wenn sie die absolute

Mehrheit nicht erreichte. In Ulm lag die Zustimmung zur braunen Partei sogar noch über dem Reichsdurchschnitt, bei 38,2 Prozent – eine Entwicklung, die der politisch stets interessierte Robert Scholl mit wachsender Sorge betrachtete. Im Gegensatz zu seinen Kindern, auf die die dröhnenden Aufmärsche der Nazis nicht ohne Eindruck blieben. Kurz vor der Herbstwahl im Jahr 1932 schrieb Inge Scholl in ihr Tagebuch: »Morgen kommt der Hitler nach Ulm und am Montag ist Wahl. Hoffentlich kommt es für Deutschland gut.«

Als die NSDAP nur vier Monate später im November 1932 bei einer neuerlichen Reichstagswahl auf 33,1 Prozent der Stimmen zurückfiel, sahen viele schon das Ende der braunen Partei gekommen. »Eins lässt sich sicher sagen – / und das freut uns rundherum: / Hitlern geht es an den Kragen, / dieses ›Führers‹ Zeit ist um«, spottete das Satireblatt *Simplicissimus* am Neujahrstag 1933. Aber dann ernannte am 30. Januar 1933 der greise Reichspräsident Paul von Hindenburg Adolf Hitler zum Reichskanzler. Damit lag die Macht im Staat nun in den Händen des nationalsozialistischen Führers. »Jetzt ist Hitler ans Ruder gekommen«, notierte die älteste Tochter Inge am 30. Januar 1933 in ihrem Tagebuch. »Ich glaube, dass sich im ganzen Volk eine furchtbare Spannung gelöst hat.« Tatsächlich waren zunächst viele erleichtert, dass die »Machtergreifung« friedlich und ohne Gewalt vonstatten gegangen war. Von Anfang an beabsichtigte Hitler jedoch, eine von jeglicher Kontrolle durch den Reichstag befreite Regierung zu etablieren, die das Ende der Weimarer Republik bedeuten sollte. Politische Gegner wurden mit Gewalt ausgeschaltet, in kürzester Zeit bemächtigten sich die Nationalsozialisten aller staatlichen Schaltstellen. Als die sogenannte »nationale Erhebung« im Sommer 1934 ihren Abschluss fand, waren Demokratie und Pluralismus in Deutschland endgültig zerstört, ohne dass es zu nennenswerter Gegenwehr gekommen wäre.

Aufstieg in der Hitler-Jugend

Robert Scholl und seine Frau waren als überzeugte Demokraten von Anfang an gegen Hitler und seine Partei eingestellt. Als am 21. März 1933, dem »Tag von Potsdam«, die Eröffnung des neuen Reichstages auch in Ulm

Sophie Scholl (vorn, in BDM-Kleidung mit weißer Bluse und schwarzem Halstuch mit Lederknoten) war anfangs ein begeistertes »Jungmädel«.

mit Fackelzug und großer Parade gefeiert wurde, kann es Robert und Lina keine Freude bereitet haben, dass auch ihre Kinder an dem Spektakel teilnahmen. Doch wie hätten die Eltern es verhindern sollen, wo doch Zehntausende herbeiströmten, um dem Aufmarsch von Polizei, Armee, NS-Trupps und Jugendverbänden im mittelalterlichen Stadtkern beizuwohnen? Selbst der evangelische Stadtpfarrer Gustav Oehler beschwor von der Kanzel den Aufbruch in ein »neues Deutschland« und die Überwindung der »Schmach von Versailles«. Dass nur wenige Tage später, am 1. April 1933, in Ulm wie in ganz Deutschland jüdische Geschäfte boykottiert wurden, SA-Trupps Schaufenster mit Hetzparolen beschmierten und Schmähreden gegen Juden gehalten wurden, hielt die Geschwister Scholl nicht von ihrer Begeisterung für die braunen Machthaber ab. »Hitler wird jetzt die einzelnen Jugendverbände auflösen. Die Hitlerjugend erstürmt ein Heim nach dem anderen. Das ist gut. Da wird Deutschland immer einiger«, schrieb Inge Scholl am 30. April 1933 in ihr Tagebuch. »Die nächste Woche wird sich entscheiden, ob Hansens Verein, das Jungvolk, geschlossen zur Hitlerjugend übertreten wird. Ich möchte in den BDM Bund deutscher Mädel gehen.«

Was sich hier im Tagebuch ankündigte, wurde alsbald Wirklichkeit: Im Mai 1933 trat erst Hans der Hitler-Jugend bei, im Juni seine Schwester Inge dem BDM. Wenig später, noch im gleichen Jahr, folgten Werner und Elisabeth dem Vorbild ihrer älteren Geschwister. Sophie war das letzte der Scholl-Kinder, das noch »frei« war. Im Januar 1934 bat auch die Zwölfjährige ihre Eltern um Erlaubnis, dem BDM beitreten zu dürfen. Lina und Robert Scholl stimmten zu. Der NS-Staat tat alles, um das Elternhaus als Erziehungsinstanz abzulösen, das gesamte Erziehungsrecht sollte auf den »Führer« und sein Regime übergehen. In der Hitler-Jugend wurde vor allem deshalb Selbstbewusstsein und Selbstständigkeit von Kindern und Jugendlichen scheinbar gefördert, um den Einfluss des Elternhauses zu schwächen und selbst Einfluss auszuüben.

Dass dieses Vorgehen innerhalb der Familien Spannungen auslöste, wurde bei den Scholls deutlich. Die Anschauungen der Eltern ließen sich immer weniger mit denen ihrer Kinder vereinbaren, immer häufiger kam es deswegen zu Konflikten. Am 30. April 1933 schildert Inge in ihrem Tagebuch eine Auseinandersetzung zwischen Hans und dem Vater wegen eines Hitler-Bildes: »Hans hat eine feine Radierung von Hitler. Sie hängt im Kinderzimmer. Vater hat sie am Anfang jeden Tag, wenn

Gesetz über die Hitler-Jugend

Der Eintritt in die Hitler-Jugend markierte den Beginn einer Erziehung des Einzelnen zum Nationalsozialisten. Dabei bedurfte es nicht einmal der Erlaubnis der Eltern: Nach dem im Dezember 1936 von den Nationalsozialisten geschaffenen »Gesetz über die Hitler-Jugend« konnten Jugendliche ihre Mitgliedschaft in der HJ auch gegen den Willen der Eltern polizeilich erzwingen. Kinder erhielten damit ein bislang unbekanntes, ja schier undenkbares Machtinstrument gegen ihre Eltern.

Der Bund Deutscher Mädel (BDM)

Für viele Mädchen war die weibliche Abteilung der Hitler-Jugend, der BDM, so attraktiv, weil sie damit eine eigene Organisation erhielten, mit eigenen Uniformen und eigener Führung. Die Jugendbünde und die Wandervogelbewegung der Weimarer Republik hatten die weibliche Jugend weitestgehend ausgeschlossen. In der bürgerlichen Welt der ersten deutschen Demokratie galten weibliche Wesen weithin als Menschen zweiter Klasse. Zwar besaßen Frauen seit 1919 das Wahlrecht, doch in der Öffentlichkeit – ob Politik, Kunst oder Wissenschaft – waren Frauen in bedeutenderen Positionen die absolute Ausnahme. Die Lebenswirklichkeit der meisten Frauen in Deutschland beschränkte sich damals auf Familie, Haushalt und Kinder. Selbst zu marschieren, Fahnen und Wimpel zu schwenken, Sport auszuüben, ohne Eltern »Fahrten« zu machen, bei denen die Mädchen in Zelten übernachteten und abends am Lagerfeuer saßen, waren Aktivitäten, die eine Provokation der bürgerlichen Gesellschaft darstellten.

Der BDM wirkte wie eine Machtdemonstration gegen althergebrachte Moralvorstellungen der Elternhäuser. Die Welt der Erwachsenen erschien dagegen kleinkariert und spießig. Viele junge Frauen empfanden im BDM das Gefühl, der häuslichen Enge entfliehen zu können und für einige Stunden »frei« zu sein.

Der Drang nach sozialer Befreiung war sicher das stärkste Pfund, mit dem der BDM wuchern konnte – wenngleich Hitler selbst mit seinen Ansichten über die Rolle der Frau nicht hinterm Berg hielt: »Die Welt der Frau ist der Mann. An anderes denkt sie nur ab und zu.« Und auch das Parteiorgan *Völkischer Beobachter* forderte immer wieder, dass Frauen aus allen Bereichen der Öffentlichkeit »zu entfernen« seien. Im BDM lag somit von Anfang an ein Widerspruch begründet: einerseits integraler Bestandteil einer atavistischen Männergesellschaft zu sein und gleichzeitig emanzipatorische Ziele verfolgen zu wollen.

er vom Geschäft heimkam, weggehängt und in eine Schublade getan. Hans hat sie aber jedesmal wieder an ihren Platz getan, bis Vater schließlich nachgegeben hat.« Im Juni 1934 heißt es in Inges Tagebuch: »Nachher hatte Vater Auseinandersetzungen mit Hans über die Hitlerjugend. Natürlich kam es wieder zu Tränen. Das ist einfach Hans' wunder Punkt. Da lässt er sich einfach nichts gefallen. Das gefällt mir.« Die Kraftprobe zwischen Eltern und Kindern entschieden immer öfter Letztere für sich – vielleicht auch, weil Robert und Lina Scholl jeder Zwang zuwider war und sie hofften, dass ihre Kinder das wahre Wesen der NS-Herrschaft selbst erkennen würden.

Zunächst aber machten die Geschwister Karriere in der Hitler-Jugend: Getreu dem Grundsatz »Jugend führt Jugend« übernahmen sie Führungspositionen in der HJ und dem BDM. Hans, Inge, Liesl, Sophie und Werner Scholl wurden von den NS-Jugendorganisationen angezogen, weil diese ihnen die Möglichkeit zum Aufstieg eröffneten. Zugleich hatten sie das Gefühl, in eine »neue Zeit« aufzubrechen und Teil einer »großen Bewegung« zu werden. Wenn Abteilungen der Hitler-Jugend abends in Fackelzügen durch die Straßen marschierten, die Schritte der Jugendlichen auf das Pflaster hämmerten und sich mit dem Rhythmus der aufpeitschenden Lieder vereinten, fühlten sich Jungen und Mädchen angesprochen. Hunderttausende wollten nicht danebenstehen, sondern mittun und am Vaterland »Dienst« leisten. Im Frühjahr 1934 legte Sophie als letzte der Geschwister Scholl ein feierliches Gelöbnis ab: »Jungmädel wollen wir sein. / Klare Augen wollen wir haben / Und tätige Hände. / Stark und stolz wollen wir werden: / Zu gerade, um Streber oder Duckmäuser zu sein, / Zu aufrichtig, um etwas scheinen zu wollen, / Zu gläubig, um zu zagen und zu zweifeln, / Zu ehrlich, um zu schmeicheln, / Zu trotzig, um feige zu sein.«

Für Sophie Scholl, die damals im dreizehnten Lebensjahr und somit kurz vor der Pubertät stand, hielt der BDM viele Aktivitäten bereit, bei denen sich der Teenager ausprobieren und seine eigenen Grenzen testen konnte. »Sie war wie ein feuriger wilder Junge, trug die dunkelbraunen glatten Haare im Herrenschnitt und hatte mit Vorliebe eine Freischarbluse oder eine Winterbluse ihres Bruders an«, erinnerte sich später ihre Freundin Susanne Hirzel, die Sophie Scholl im »Jungmädelbund« kennenlernte. »Sie war keck, mit heller klarer Stimme, kühn in unseren wilden Spielen und von einer göttlichen Schlamperei.« Vor allem die Geländeübungen, bei denen die Mädchen mit Kompass und Landkarte auf Wanderung gingen, oder die Reisen mit Rad und Zelt, bei denen abends am Lagerfeuer Lieder gesungen oder deutsche Heldensagen erzählt wurden, hatten es Sophie Scholl angetan. Die sogenannten »Heimabende«, bei denen neben ideologischer Schulung auch »Werk- und Nadelarbeiten« auf dem Programm standen, empfand Sophie Scholl dagegen als lästige Pflicht, die Woche für Woche zu absolvieren war. Auch an Sammlungen für das »Winterhilfswerk« nahm Sophie Scholl selbstverständlich teil.

Im Frühjahr 1935 hatte Sophie Scholl in Ulm-Wiblingen eine eigene Gruppe übernommen, die sie als »Scharführerin« leitete. »Sie war damals sehr begeistert, sehr fanatisch für den Nationalsozialismus, aber mit einem Schuss bündischer Jugend«, erinnerte sich Eva Amann, die als Zwölfjährige der Gruppe von Sophie Scholl angehörte. Auch ihre älteren Geschwister machten Karriere in der Hitler-Jugend. Hans war 1935 zum »Fähnleinführer« im Jungvolk ernannt worden und für 120 Jungen verantwortlich. Inge hatte als »Leiterin von Ring II« die höchste Stufe im BDM erklommen.

Immer weniger Zeit verbrachten die Kinder in ihrem Elternhaus, die Hitler-Jugend nahm immer mehr Raum in ihrem Leben ein – und so war es vom NS-Staat ja auch gewollt. »Wir wollen ein Volk sein, und ihr, meine Jugend, sollt dieses Volk nun werden«, hatte Hitler 1934 auf dem Reichsparteitag verkündet. »Wir wollen einst keine Klassen und Stände mehr sehen, und ihr dürft schon in euch diesen Klassendünkel nicht groß werden lassen.« Sophie legte diese Sätze in besonderer Weise aus, wenn sie bei Ausflügen mit ihrer Gruppe Geld und Proviant einsammelte und eine Gemeinschaftskasse einrichtete, damit alle Mädchen das Gleiche essen und kaufen konnten.

»Volksgemeinschaft« – dieser Begriff erhielt für die Hitler-Jugend eine besondere Bedeutung: sich einfügen, sich aufopfern. »Du bist nichts, dein Volk ist alles«, lautete der Wahlspruch, den viele tausend Hitlerjungen und -mädchen verinnerlichten, auch Sophie Scholl.

Dass zu dieser »Volksgemeinschaft« nicht alle Staatsbürger gehörten, blendeten die meisten aus. Immer brutaler wurden jüdische Mitbürger ausgegrenzt und diskriminiert. Die sogenannten Nürnberger Gesetze, die 1935 in Kraft traten, machten Juden zu Menschen minderen Rechts. Juden durften keine Ehe mit sogenannten »Ariern« eingehen, Beziehungen zwischen Juden und Nichtjuden galten als »Rassenschande«. Juden war es von Anfang an verwehrt, einer Parteiorganisation anzugehören, jüdische Kinder durften der Hitler-Jugend nicht beitreten. So erging es auch Luise Nathan, einer Ulmer Mitschülerin Sophies. Bei aller Begeisterung für den BDM sah Sophie Scholl durchaus den Widerspruch, dass sie – mit dunklen Haaren und dunklen Augen – in der Hitler-Jugend willkommen war, während die blonde und blauäugige Schulkameradin Luise Nathan ausgeschlossen wurde. Auch dass Dichter, die im Hause Scholl gelesen und verehrt wurden, wie Heinrich Heine, von den

»Wir gehören dem Führer«: begeisterte BDM-Mädchen während eines Aufmarschs auf dem NSDAP-Reichsparteitag 1938.

Nazis verfemt wurden, mochte der intelligenten Schülerin nicht in den Kopf gehen. Doch ergab sich daraus kein Bruch mit der NS-Ideologie.

Wie Sophie Scholl über die zunehmende Ausgrenzung jüdischer Mitbürger dachte, ist nicht klar. Es gibt keine eindeutigen Aussagen über ihre Haltung zum Antisemitismus. Als am 9. November 1938 überall im Reich Synagogen brannten und Juden auf offener Straße misshandelt wurden, fanden auch in Ulm Pogrome statt. Schaufenster jüdischer Geschäfte wurden eingeschlagen, die männlichen Juden durch einen Brunnentrog vor der Synagoge getrieben und brutal zusammengeschlagen. Auch der Rabbiner befand sich unter den Misshandelten, ihm setzte man am meisten zu. Sophie Scholl soll am Morgen danach in der Schule ihrer Empörung über das Geschehene Luft gemacht haben.

Aber es waren wahrscheinlich andere Gründe, die dazu führten, dass sich Sophie allmählich vom BDM entfernte. Im August 1937 heißt es in ihrem Tagebuch: »Von der HJ habe ich mich ohne mein Wollen ganz gelöst. Ich habe nichts mehr zu geben, nichts mehr zu nehmen.« Auch wenn sich die innere Einstellung zu ihrer Tätigkeit geändert hatte, ihre Führungsfunktion gab Sophie zu diesem Zeitpunkt nicht auf. Vielleicht war die inzwischen 16-Jährige dem BDM schlicht entwachsen.

Distanz zum Regime

Inge hatte im Herbst 1936 ihr Amt als Ringführerin niedergelegt und im Steuerbüro ihres Vaters eine Lehre begonnen. Zwar besuchte die damals 19-Jährige weiterhin die Jungmädel-Abende und nahm auch an Kundgebungen teil, aber sie bewegte sich fortan nicht mehr »in erster Reihe«. Auch für Hans war die Zeit in der Hitler-Jugend 1936 zu Ende gegangen. Immer wieder hatte der 18-Jährige Ärger mit einem vier Jahre älteren Vorgesetzten bekommen, wobei es keineswegs – wie später von seiner Schwester Inge behauptet – um eine Distanzierung von den Idealen der Hitler-Jugend ging, sondern um persönliche Rivalitäten. Hans verlor sein Amt als Fähnleinführer, versammelte dann aber selbst eine kleine Jungengruppe um sich, der auch sein jüngerer Bruder Werner angehörte. Hans verfolgte als Führer seiner eigenen Truppe eher bündische Ideale; die Jungen sangen Lieder der bündischen Jugend und lasen verbotene Literatur – was nach der NS-Gesetzgebung strafbar war.

Im Herbst 1937 startete das Regime eine umfassende Aktion, um die letzten Reste der bündischen Jugend zu zerschlagen. Überall im Land kam es zu Verhaftungen. Auch bei den Scholls klingelte am frühen Morgen des 10. November 1937 die Gestapo an der Haustür. Werner, Inge und Sophie wurden verhaftet und mitgenommen, die Wohnung wurde durchsucht. Hans, der nach dem Abitur »ordentlich« aus der HJ ausgeschieden war und seit Anfang November in Bad Cannstatt im Kavallerie-Regiment 18 seinen Wehrdienst leistete, wurde am 14. Dezember 1937 in der Kaserne festgenommen. Die Anklage lautete auf »bündische Umtriebe« – damit war Hans' Jungengruppe gemeint. Während Sophie schon kurz nach ihrer Verhaftung wieder entlassen wurde – es habe sich um einen »Irrtum« gehandelt –, wurden Werner und Inge einige Tage festgehalten und verhört. Da man ihnen nichts nachweisen konnte, wurden sie wieder nach Hause geschickt. Hans aber blieb mehrere Wochen im Stuttgarter Gefängnis, erst nach Weihnachten,

Nach dem regulären Ausscheiden aus der Hitler-Jugend sammelte Hans Scholl eine Gruppe von sechs bis zehn Jungen um sich, in der die Traditionen der bündischen Jugend gepflegt wurden. Hier ein Zeltlager mit den typischen Fahrtenzelten, den sogenannten »Kohten«.

am 30. Dezember 1937, wurde er aus der Untersuchungshaft entlassen.

Robert und Lina Scholl standen in dieser Zeit unerschütterlich zu ihren Kindern, besonders zu Hans, dem neben »bündischer Umtriebe« noch »homosexuelle Handlungen« mit einem Jungen aus seiner Gruppe vorgeworfen wurden. Die Anklagepunkte wirkten konstruiert und aus heutiger Sicht beinahe lächerlich: Die Gestapo verhaftete halbe Kinder, weil sie die falschen Lieder sangen und Fahnen mit »verbotenen Symbolen« trugen. Doch mussten die Vorwürfe gegen Hans damals mit größtem Ernst betrachtet werden. »Bündische Umtriebe« konnten hart bestraft werden und sich vor allem für die berufliche Zukunft sehr nachteilig auswirken.

1943 gab Sophie im Verhör der Gestapo zu Protokoll, dass ihre und die Verhaftung der Geschwister im Winter 1937 der Grund für ihre »weltanschauliche Entfremdung vom BDM und damit der NSDAP« gewesen sei: »Ich bin heute noch der Auffassung, dass das Vorgehen gegen uns sowie auch gegen andere Kinder aus Ulm vollkommen ungerechtfertigt war.« Im Frühjahr 1938, ein knappes Vierteljahr nach der Verhaftung, wurde Sophie Scholl als Gruppenführerin bei den »Jungmädeln« abgesetzt, blieb jedoch weiter einfaches Mitglied im BDM. Die Mitgliedschaft in der HJ war wichtig – sonst wäre Sophie nicht zum Abitur zugelassen worden. Ihre Freundin Susanne Hirzel schilderte später den Vorgang so: »Liesl und Sofie Scholl, einige weitere Führerinnen und ich wurden in feierlicher Zeremonie in der Geschäftsstelle der HJ in der Blockgasse abgesetzt. Den Anlass bildeten unsere neuen Wimpel, auf die wir nicht, wie üblich, Hakenkreuze, sondern Runen aufgenäht hatten, zur Abwechslung und als Nadelstich. Dies bedeutete Verrat.« Sophie Scholl hat später »innerdienstliche Differenzen mit der Obergauführerin des BDM« als Grund für ihre Absetzung angegeben und einen politischen Zusammenhang ausgeschlossen.

»Sie war wie ein feuriger, wilder Junge«: Sophie lesend im Liegestuhl (um 1937).

Fritz Hartnagel – die erste Liebe

Dass in Sophies Leben ab 1938 nicht mehr der BDM im Vordergrund stand, hatte noch andere als »weltanschauliche« Gründe: Die knapp 17-Jährige hatte sich zum ersten Mal verliebt. Fritz Hartnagel hieß der Auserwählte, er war vier Jahre älter als Sophie und tat als Berufsoffizier in Augsburg seinen Dienst. Hans und Werner Scholl kannten ihn aus Schultagen, auch Sophie war ihm schon begegnet, doch hatten sich beide erst im November 1937 bei einem »Tanzkränzchen« richtig kennengelernt. Sophies Freundin Annelies Kämmerer veranstaltete freitags häufig Treffen, bei denen die Jugendlichen zu verbotener Musik aus dem Grammophon tanzten, Wein und Sekt tranken, rauchten und flirteten. Sophie liebte Musik und tanzte leidenschaftlich gerne, auch wenn sie nicht – wie damals üblich – die Tanzschule besucht hatte. »Sie tanzte mit großer Hingabe, konzentriert und sehr still«, erinnerte sich ihre Schwester Inge. »Sie ließ sich von der Musik forttragen, vergaß ihre Umgebung und stellte sich ganz auf ihren Partner ein.« Ob sich Fritz Hartnagel deshalb in den Backfisch verliebte oder wegen Sophies unbefangener, manchmal herausfordernder Art?

Mein Gott, ich kann nichts anderes, als Dir mein Herz hinhalten, denn ich weiß, dass ich nur bei Dir glücklich bin.

SOPHIE SCHOLL AN FRITZ HARTNAGEL, 29. JUNI 1942

In den vielen Briefen, die sich Sophie und Fritz seit dem Treffen im November 1937 schrieben – rund 400 davon sind erhalten geblieben –, wird deutlich, dass die vier Jahre jüngere Sophie hinter ihrem Freund hinsichtlich Selbst- und politischem Bewusstein keineswegs zurückstand. Ihre anfänglich noch scheue Zurückhaltung gegenüber dem Älteren, Erfahreneren gab sie bald auf. Neben alltäglichen Dingen diskutierte das junge Mädchen auch Politisches, Philosophisches und Religiöses mit Fritz und übte schonungslos Kritik an seinen Vorstellungen. Nach dem Krieg sagte Fritz Hartnagel, er schäme sich nicht zuzugeben, dass er von diesem jungen Mädchen völlig umgewandelt worden sei. Die Briefe von Sophie und Fritz dokumentieren die schwierige Beziehung der beiden, das ständige Auf und Ab der Gefühle, den Wechsel von Distanz und Nähe. Mehrere Male wollte Sophie das Verhältnis zu Fritz beenden, weil sie sich zu jung dazu fühlte oder an ihren Gefühlen für Fritz zweifelte. Doch über die Jahre entwickelte sich eine freundschaftliche Liebe zwischen den beiden, die alle Krisen überstand. Gemeinsam unternahm das Paar Urlaubsreisen, ohne elterliche Begleitung oder andere »Aufpasser«, was für die damalige Zeit keine Selbstverständlichkeit war. Im Sommer 1939, als Sophie achtzehn geworden war, planten sie und Fritz sogar eine Reise nach Jugoslawien. »Ich kann es noch gar nicht recht glauben, dass es nun wahr werden soll. Zuerst wagte ich den Gedanken gar nicht auszusprechen, Dich zu dieser Fahrt einzuladen. Ich bewundere Deine Eltern«, schrieb Fritz übermütig am 27. Juni 1939. Damit spielte er auf den Umstand an, dass Robert und Lina ihrer Tochter diese Unternehmung erlaubt hatten – obwohl Sophie nach damaliger Gesetzgebung nicht einmal volljährig war. Sie vertrauten Fritz Hartnagel und wussten wohl auch, dass ein Verbot bei ihrer Tochter nur zu einer Trotzhandlung geführt hätte.

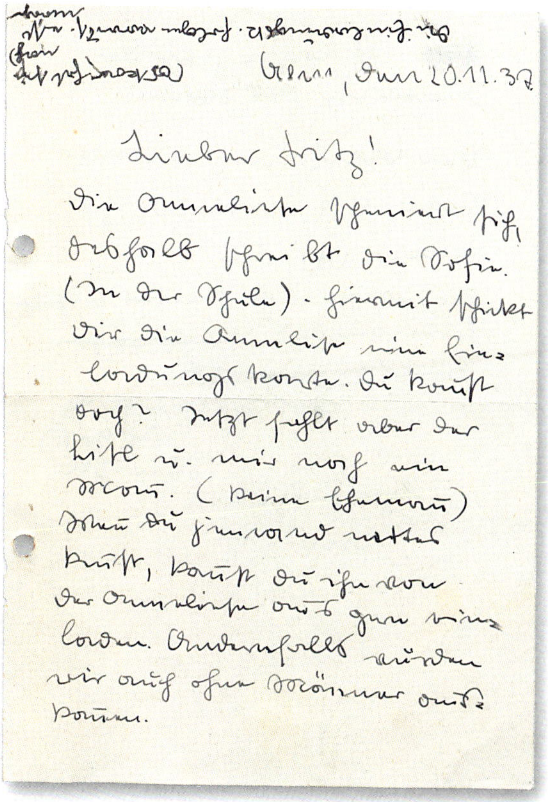

Ulm, den 20.11.37

Lieber Fritz!

»Du kommst doch?«: der erste Brief von Sophie an Fritz Hartnagel vom 20. November 1937.

Ach Sofie, Du bist für mich das Fensterchen, durch das ich in eine andere Welt schaue, mach es mir auf, so weit und so oft Du's kannst.

FRITZ HARTNAGEL AN SOPHIE SCHOLL, 29. MÄRZ 1942

Sophie Scholl war eine selbstbewusste junge Frau, die ein selbstbestimmtes Leben führen wollte. Sie war pflichtbewusst und übernahm gern Verantwortung für andere, ließ sich aber nicht gerne gängeln. Als moderne junge Frau legte sie Wert darauf, das Auto von Fritz selbst zu lenken, zu rauchen und ihre eigene Meinung zu äußern – auch in politischen Dingen. Damit entsprach Sophie Scholl nicht dem von der NS-Führung propagierten Frauenbild. Dessen war sich die junge Frau durchaus bewusst: »Es wirkt lächerlich an einem Mädchen, wenn es sich um Politik bekümmert«, schrieb sie beispielsweise ihrem Freund Fritz. »Sie soll ihre weiblichen Gefühle bestimmen lassen über ihr Denken. Vor allem das Mitleid. Ich aber finde, dass zuerst das Denken kommt, u. dass Gefühle oft irreleiten.« Dies entsprach dem Credo, das sie zur Grundlage ihres Handelns machte: »Man muss einen harten Geist und ein weiches Herz haben.«

Aus der geplanten Reise von Fritz und Sophie nach Jugoslawien im Sommer 1939 wurde nichts: Die Reichsführung der Hitler-Jugend, bei der Sophie einen Reisepass beantragen musste, erteilte keine Ausreiseerlaubnis. Hitler plante bereits den Überfall auf das Nachbarland Polen. In der letzten Juliwoche machte sich das Paar daher statt nach Jugoslawien auf in den Norden Deutschlands. Nordsee, Ostsee und Worpswede waren die Stationen ihrer Sommerreise, dann wurde Fritz unerwartet zu seiner Einheit zurückgerufen. Am 1. September 1939 überschritten deutsche Truppen die Grenze nach Polen und entfesselten den Zweiten Weltkrieg. Fritz Hartnagel wurde Anfang September nicht nach Polen, sondern in den Schwarzwald abkommandiert – an die potenzielle »Westfront«, denn nach einem erfolgreichen »Blitzkrieg« in Polen plante Hitler, Frankreich zu erobern. »Ich ... bin Adjutant bei der Nachrichtenabteilung«, schrieb er am 3. September 1939 an Sophie. »Wir warten nun stündlich, dass es auch hier bei uns zum Knallen kommt. Wenn wir's auch nicht hoffen wollen, so freuen wir uns natürlich insgeheim darauf«, bekannte der Berufssoldat. Doch Sophie konnte diese »heimliche Freude« nicht teilen, im Gegenteil. Ihre Antwort an Fritz fiel deutlich aus: »Ich kann es nicht begreifen, dass nun dauernd Menschen in Lebensgefahr gebracht werden von anderen Menschen. Ich kann es nie begreifen und ich finde es entsetzlich. Sag nicht, es ist für's Vaterland.« Der Kriegsausbruch scheint Sophie Scholls Gegnerschaft zum NS-Regime besiegelt zu haben. In den folgenden Kriegsjahren kritisierte Sophie Scholl ihren Freund immer wieder für sein Berufssoldatentum und seine Rolle in der Wehrmacht, empfahl ihm sogar, »später noch einmal umzusatteln«. »Du bringst mich in einen großen Konflikt, wenn Du mich nach dem Sinn des Blutvergießens fragst«, schrieb Fritz Hartnagel am 13. September 1939 an seine Freundin. Dem jungen Offizier, der im »Soldatentum eine Lebenshaltung« sah, fiel es nicht leicht, die harsche Kritik seiner Freundin anzunehmen.

Zunächst ein überzeugter Soldat: Fritz Hartnagel während seiner Ausbildung zum Luftwaffenoffizier, 1936/37.

Doch je länger der Krieg andauerte und je mehr er von den Verbrechen hinter der Front erfuhr, desto mehr begann er seine Einstellung zum Soldatentum zu überdenken. Einmal schrieb er Sophie, er empfinde es als Fortschritt, »wenn man das bisher Erlernte als falsch erkennt und deshalb über den Haufen wirft … woran nicht zuletzt, oder überhaupt, Du schuld bist«.

Krieg, Abitur und Ausbildung

In Sophies Leben änderte sich durch den Krieg zunächst wenig. Der Familie ging es dank Vaters einträglichem Steuerbüro finanziell gut, sie war inzwischen in eine großzügige Wohnung am Ulmer Münsterplatz gezogen. »Ich komme mir ganz ungerecht vor, wenn wir dies alles noch genießen können, während ihr dauernd in Gefahr seid und nichts dergleichen habt«, schrieb Sophie Scholl im Herbst 1939 an Fritz Hartnagel. Sie sah ihren Freund nur noch selten, oft lagen Monate zwischen ihren Treffen. Im März 1940 machte Sophie Scholl ihr Abitur, die junge Frau ließ die Schulzeit, die sie oft als »fad« und »grässlich« empfunden hatte, ohne Wehmut hinter sich. Wenig später, am 8. April, begann Sophie Scholl mit einer einjährigen Ausbildung zur Kindergärtnerin am Evangelischen Fröbel-Seminar in Ulm-Söflingen. Weniger aus Leidenschaft für den Beruf als vielmehr aus der Hoffnung, so dem lästigen »Reichsarbeitsdienst«, kurz RAD, zu entgehen, dem seit 1935 Jungen und seit 1939 Mädchen mit 18 Jahren verpflichtet waren. Die Ausbildung an einem kirchlichen Seminar, das die Ideen eines Reformpädagogen vertrat, entsprach durchaus der inneren Haltung Sophie Scholls; sie ließ sich nicht mehr durch die Ideologien der braunen Machthaber verführen.

Otl Aicher hatte großen Einfluss auf die Scholl-Geschwister. Nach dem Krieg wurde er einer der prägendsten deutschen Grafiker und Designer.

Wir haben alle unsre Maßstäbe in uns selbst, nur werden sie zu wenig gesucht. Vielleicht auch, weil es die härtesten Maßstäbe sind.

SOPHIE SCHOLL AN FRITZ HARTNAGEL,
ULM, 16. MAI 1940

Daraus machte die Auszubildende auch im Kreise ihrer Mitschülerinnen kein Geheimnis: Beinahe demonstrativ las sie im Seminar verbotene Literatur, darunter auch theologische Bücher. Seit einiger Zeit hatte der entschiedene NS-Gegner und Katholik Otto Aicher, genannt Otl, engen Kontakt mit den Scholls,

Frauen an Universitäten

Seit Kriegsbeginn hatte sich das Zahlenverhältnis von Frauen und Männern an den Universitäten drastisch verändert. Waren es 1939 noch 15,9 Prozent weibliche Studierende gewesen, so betrug der Frauenanteil 1942 rund 43 Prozent. In manchen Fächern füllten mehr Frauen als Männer die Hörsäle der Hochschulen. Der Krieg hatte zahlreiche Akademiker an die Front geholt, im Deutschen Reich herrschte Mangel an Akademikern und Fachkräften.
Die bis dahin propagierte NS-Politik, Frauen vom Studium fernzuhalten und ihnen ausschließlich die Rolle als Ehegattin und Mutter zuzuweisen, ließ sich nicht länger aufrechterhalten. Immer öfter mussten Frauen im Alltag Aufgaben übernehmen, die bislang Männern vorbehalten waren. Ab 1940 wurden Frauen, die wegen ihrer Heirat 1933 aus dem Beamtenverhältnis entlassen worden waren, wieder in Ämter und Behörden zurückgeholt.

besonders mit Werner, Inge und Sophie. Er war es, der die Geschwister mit den Lehren von Thomas von Aquin vertraut machte, mit Augustinus und anderen Kirchenvätern. Beinahe täglich besuchte Otl Aicher die Scholls am Münsterplatz, er wurde zum geistigen Anführer der Geschwister. Unter dem Einfluss von Otl Aicher trat Werner 1940 aus der Hitler-Jugend aus und setzte damit die Zulassung zum Abitur aufs Spiel. Sophie Scholl beschäftigte sich besonders mit den Schriften von Augustinus: »Du hast uns geschaffen hin zu Dir, und unruhig ist unser Herz, bis es ruht in Dir.« Diese Augustinus-Zeile erwähnt Sophie in einem Brief an ihre Schwester Inge: Sie war auf der Suche nach Gott, nach Ruhe und Sicherheit in einer Welt, in der alles aus den Fugen zu geraten schien.

Aber im Grunde kommt es ja nur darauf an, ob wir bestehen, ob wir uns halten können in der Masse, die nach nichts anderem als nach Nutzen trachtet. … Diese Masse ist so überwältigend, und man muss schon schlecht sein, um überhaupt am Leben zu bleiben.

SOPHIE SCHOLL AN FRITZ HARTNAGEL,
ULM, 29. MAI 1940

Sophies Plan, nach ihrem Examen als Kindergärtnerin im Frühjahr 1941 in München ein Studium zu beginnen, scheiterte. Im zweiten Kriegsjahr benötigte der NS-Staat immer mehr Frauen, die in der Heimat anstelle der Männer die Arbeit verrichteten. Besonders in der Landwirtschaft mussten RAD-»Arbeitsmaiden« aushelfen. Sich dieser Pflicht zu entziehen war unmöglich. Am 6. April fuhr Sophie Scholl ins RAD-Lager Schloss Krauchenwies im Kreis Sigmaringen, um dort ihren sechsmonatigen Dienst anzutreten. Die Fotos aus dieser Zeit im Lager legen Zeugnis ab, mit welcher »Wurschtigkeit« – wie Sophie es in einem Brief nannte – sie diese Verpflichtung über sich ergehen ließ. Auf dem Bild, das Sophie am 9. Mai 1941 an ihrem 20. Geburtstag im Kreise ihrer Kameradinnen zeigt, machen alle ein fröhliches Gesicht – bis auf das Geburtstagskind. Vor allem die Enge und körperliche Nähe zu den Mädchen, mit denen sie im Lager die Stube teilte, machten Sophie zu schaffen. Viel Spott musste sie über sich ergehen lassen, weil sie

Sophie Scholl (unten rechts) an ihrem 20. Geburtstag im RAD-Lager Krauchenwies – ein trauriges Gesicht in einer heiteren Mädchengruppe.

sich lieber mit einem Buch zurückzog, anstatt sich mit ihren Kameradinnen über Männer und die ersten sexuellen Erfahrungen auszutauschen. »Manchmal kotzt mich alles an«, beklagte sie sich in einem Brief an ihren Bruder Hans. »Trotz allem, es ist ein gutes Erziehungsmittel für mich.« Damit meinte die Zwanzigjährige die Notwendigkeit, ihre wahre Meinung zum NS-Staat zu verbergen. Sich nach außen hin anzupassen, innerlich aber Distanz zu üben – darin hatten die Scholls inzwischen reichlich Erfahrung sammeln können.

Es ist wirklich trostlos hier, wenn man nicht hin und wieder auskneifen könnte, wäre es sogar geisttötend.

SOPHIE SCHOLL ÜBER DEN DIENST IM RAD-LAGER, 1. MAI 1941

Von ihrem Freund Fritz Hartnagel, der mit seiner Nachrichteneinheit kurz in den Niederlanden und in Frankreich stationiert war, erfuhr Sophie von Verhaftungen und Gewalt gegenüber der jüdischen Zivilbevölkerung. Als die

Wehrmacht am 21. Juni 1941 die Sowjetunion überfiel, war Sophie Scholl – wie viele Deutsche – überzeugt davon, dass damit der Untergang von Hitlers Reich besiegelt war. Doch bangte sie gleichzeitig um Fritz' Leben, denn der Offizier war bald nach dem Überfall mit seiner Einheit nach Minsk abkommandiert worden. Wie Sophie hatte sich Fritz innerlich vom Nationalsozialismus abgewandt, doch dem Dienst an der Waffe konnte der Offizier nicht entrinnen. »Ich freu mich, bis alles vorbei ist«, schrieb er seiner Freundin am 1. August 1941. »Dein Arbeitsdienst und mein Krieg. Meine Gedanken suchen ihre tägliche Zuflucht bei Dir, oder bei uns, wie Du es nennen willst.« Im Oktober ging Sophie Scholls Zeit im RAD-Lager Krauchenwies zu Ende, aber der NS-Staat ließ die junge Frau noch lange nicht los: In Blumberg an der Schweizer Grenze sollte sie noch ein weiteres halbes Jahr »Kriegsarbeitsdienst« ableisten, bevor ihr gestattet wurde, ein Studium in München zu beginnen. Immerhin war Fritz im September 1941 ganz unerwartet von der russischen Front nach Weimar versetzt worden, um dort eine Fernmeldeeinheit für Nordafrika aufzubauen.

Fast ein halbes Jahr blieb er in der Heimat und konnte in dieser Zeit die Wochenenden mit Sophie verbringen. Fritz hatte ausgeklügelt, dass es am günstigsten war, wenn sich das Paar in Freiburg traf. Für Fritz bedeutete das jedes Mal eine über elfstündige Zugreise, von Blumberg aus hatte Sophie eine weitaus kürzere Anfahrt. Aber für die gemeinsamen Stunden nahm Fritz die lange Fahrt gern in Kauf. Sophies »Erziehungsarbeit« in ihren vielen Briefen hatte gewirkt: Der junge Offizier hatte zu Gott gefunden, aus seinem Glauben gewann er Zuversicht und Kraft. Sophie hingegen suchte noch immer verzweifelt nach Antworten auf grundsätzliche Glaubensfragen. Da sie sich intensiv mit den Lehren des Augustinus auseinandergesetzt hatte, der Sexualität zwischen Männern und Frauen ablehnte, zweifelte sie erneut an ihrer Beziehung zu Fritz. Die junge Frau haderte mit dem »Sinnlichen«, für sie war körperliche Nähe eine Schwäche, eine Sünde. »Ist es nicht eigentlich Gottes Liebe, die durch uns wirkt?«, hielt ihr Fritz im November 1941 entgegen. »Ich kann nicht glauben, dass dies Schwäche sein soll, die Sehnsucht nach der Liebe eines anderen«, argumentierte er. »Ich glaube, wir müssen jede sich bietende Gelegenheit für ein Zusammensein ausnützen, solange ich noch in Deutschland bin.« Seine Worte müssen Sophie schließlich überzeugt haben. Beinahe jedes Wochenende verbrachte das Paar in Freiburg, bis Fritz im Februar 1942 nach Frankreich – einer Zwischenstation auf dem Weg an die Ostfront – abkommandiert wurde.

Erweckungserlebnisse

Während Sophie noch verzweifelt nach Gott suchte, war ihr Bruder Hans im christlichen Glauben angekommen. »Ich hörte den Namen des Herrn und vernahm ihn ... Dann ist es wie Schuppen von meinen Augen gefallen. Ich bete. Ich spüre einen sicheren Hintergrund und sehe ein sicheres Ziel. Mir ist in diesem Jahr Christus neu geboren«, schrieb er Weihnachten 1941 einem Freund der Familie. Auch Hans Scholl war mit Otl Aicher befreundet, der ihn häufig in München besucht hatte. Die Gespräche mit ihm und der enge Kontakt zu Professor Carl Muth, dessen private Bibliothek Hans ordnete, haben zu dem »Erweckungserlebnis« des jungen Medizinstudenten beigetragen. Hans

Scholl hatte sich in München inzwischen eingelebt, sein Freundeskreis umschloss Traute Lafrenz und Ulla Claudius, Christoph Probst und Alexander Schmorell. Gemeinsam unternahmen die Freunde Ausflüge in die Berge, fuhren Ski, besuchten Konzerte und organisierten Leseabende.

Hans Scholl war jemand, der sich viele Gedanken machte, der sehr viel las, der andererseits oft und leicht seine Meinung änderte. Er war jemand, der andere Menschen sehr beeindruckte und sich klar war darüber. Man kann sagen, er war eine schillernde Persönlichkeit.

JÜRGEN WITTENSTEIN, MITGLIED DER »WEISSEN ROSE«, IN EINEM INTERVIEW 2003

Im Januar 1942 fuhr Sophie zu ihrem Bruder nach München und genoss eine Woche Urlaub vom ungeliebten Kriegsarbeitsdienst in Blumberg. Mehr denn je sehnte sich die junge Frau danach, mit dem Studium zu beginnen. Kurz darauf fiel ein schwerer Schatten auf die Familie: Am 14. Februar wurde Robert Scholl von der Gestapo verhaftet, die Wohnung der Scholls durchsucht und Unterlagen sowie Bücher konfisziert. Eine enge Mitarbeiterin hatte den Steuerberater denunziert, weil er sich wiederholt defätistisch über den Kriegsverlauf geäußert und Hitler als »größte Gottesgeißel« bezeichnet hatte. Obwohl Robert Scholl nach seiner Vernehmung durch die Gestapo wieder entlassen wurde, ahnte die Familie, dass die Anzeige nicht ohne Folgen bleiben würde. Gegen den Steuerberater wurde ein Verfahren eingeleitet. Im schlimmsten Fall konnten seine Äußerungen als Verstoß gegen das sogenannte »Heimtückegesetz« ausgelegt werden, worauf lebenslange Haft oder gar die Todesstrafe stand. Eine Drohung, die die ganze Familie belastete.

Am 27. März 1942 wurde Sophie Scholl aus dem Arbeitsdienst entlassen. Endlich war der Tag gekommen, den sie so lange herbeigesehnt hatte. Von Blumberg kehrte sie zunächst

»Sich halten in der Masse«: Sophie Scholl war zeitlebens eine Suchende.

nach Ulm in die elterliche Wohnung zurück, um sich auf ihr Biologie- und Philosophiestudium vorzubereiten. Im April fuhr die angehende Studentin nach München, um sich vor Ort zu informieren. Im Mai traf sie zweimal mit Fritz Hartnagel zusammen, der unerwartet Urlaub erhielt, bevor er wieder nach Russland musste, in den Krieg. Sophie Scholl lebte sich rasch in München ein, genoss die Freiheiten des Studentenlebens. Die vielen Aktivitäten, die sich ihr nun boten – Abendgesellschaften, Lese- und Musikkreise, Konzerte und Ausflüge –, wurden der jungen Frau beinahe zu viel. »Hier habe ich jeden Tag etwas Neues zu verdauen«, vertraute sie in einem Brief ihrer Freundin Lisa Remppis an und beklagte, nicht öfter für sich sein zu können. Ende Mai zog sie bei Professor Muth aus, um ein eigenes kleines Zimmer in der Mandlstraße 1 am Englischen Garten zu bewohnen. »Eine schlauchartige Fortsetzung des Flurs«, beschrieb es Inge Scholl. Als die Schwester im Juli 1942 Hans und Sophie in München besuchte, nahm sie an dem regen Studentenleben der Geschwister teil. Überall, wo Inge Scholl in diesen Tagen mit den Geschwistern hinkam, waren die Flugblätter der »Weißen Rose« Gesprächsthema – wenn auch stets hinter vorgehaltener Hand. Ein solches Flugblatt gelesen und nicht bei der Gestapo gemeldet zu haben war bereits strafbar. Während ihres Aufenthalts in München bedrückte Inge die Ahnung, dass ihr Bruder Hans Urheber der Schriften war – und auch Sophie Bescheid wusste. Als Inge Scholl am 18. Juli 1942 München wieder verließ, war sie überzeugt davon, dass ihre Geschwister mit den Flugblättern zu tun hatten und sich damit einem großen Risiko aussetzten. »Vater, o nimm mich auf. Sieh diese Angst, die sich wie eine Last auf meine Seele wälzt ... Hans – Deinen Engel lass ihn um ihn sein«, flehte sie Gott verzweifelt in ihrem Tagebuch an.

Humorvoll, gescheit, unternehmungslustig, und ziemlich übermütig.

SUSANNE HIRZEL
ÜBER SOPHIE SCHOLL

An die Front

Doch nicht allein die Sorge um Hans' Flugblattaktion ängstigte die große Schwester. Auch der Stellungsbefehl für den Medizinstudenten, der in den Semesterferien an der östlichen Front Dienst tun musste, bedrückte Inge Scholl. Die Studentenkompanie sollte nach Krakau abkommandiert werden; mit dabei waren Hans Scholl, Alexander Schmorell, Willi Graf, Jürgen Wittenstein und Hubert Furtwängler. Am 23. Juli 1942 feierten die Freunde im Atelier des Architekten Manfred Eickemeyer in der Leopoldstraße in München Abschied. Dabei wurde die Frage, wie man sich als Soldat an der Front verhalten sollte, heftig diskutiert. War es klug, den Schießbefehl zu verweigern? Sollte man Menschen töten, auch wenn es sich dabei um den »Feind« handelte? Die Meinungen waren geteilt. Sophie soll sich an dieser Diskussion nicht beteiligt haben, ihre Haltung lässt sich aber aus einem Brief an Fritz Hartnagel vom 23. September 1940 ableiten: »Die Stellung eines Soldaten dem Volk gegenüber ist für mich ungefähr wie die eines Sohnes, der seinem Vater od. seiner Familie schwört, in jeder Situation zu ihm od. ihr zu halten. Kommt es vor, dass der Vater einer anderen Familie Unrecht tut u. dadurch Unannehmlichkeiten bekommt, dann muss der Sohn trotz allem zum Vater halten. Soviel Verständnis für Sippe bringe ich nicht auf. Ich finde, dass Gerechtigkeit immer höher steht als jede andere, sentimentale Anhänglichkeit. Und es wäre doch schöner, die Menschen könnten sich bei einem Kampfe auf die Seite stellen, die sie für die gerechtfertigte halten. Ich hielt es immer für falsch, wenn ein Vater ganz auf seiten seines Kindes stand, etwa, wenn der Lehrer das Kind gestraft hatte … Ebenso unrichtig finde ich es, wenn ein Deutscher oder Franzose od. was er sein mag, sein Volk stur verteidigt, nur weil es sein Volk ist.«

Am Morgen des 24. Juli 1942 versammelte sich die Studentenkompanie zur Abfahrt am Münchner Ostbahnhof. Sophie kam mit dem Fahrrad, um ihren Bruder und die Freunde zu verabschieden. Die Abfahrt des Zuges verzögerte sich um vier Stunden. Während der stundenlangen Warterei wurde jenes Foto geschossen, das bis heute bekannt ist: Es zeigt eine nachdenkliche Sophie Scholl in Strickjacke, mit einer großen Margerite im Knopfloch, zwischen ihrem Bruder Hans und Christoph Probst. Es ist dieser entschlossene, beinahe trotzige Gesichtsausdruck der jungen Frau, der uns heute so anrührt – weil wir wissen, wie mutig sie handeln und welchen Preis sie dafür bezahlen sollte. Die Diskrepanz zwischen ihrer Jugend und ihren Taten macht uns betroffen und fordert Respekt. Andere Fotos, die an diesem Tag am Münchner Ostbahnhof entstanden, zeigen eine Sophie Scholl, die mit den Freunden herumalbert, lacht, dann wieder ernst und in sich gekehrt wirkt. Wenige Tage nach der Abreise von Hans und den Freunden schrieb Sophie an Lisa Remppis: »Jedes kleine Wort und jede kleine Gebärde des Abschieds ist noch so lebendig in mir; ich hätte nicht geglaubt, dass ich so an ihnen allen, vor allem an Hans, hänge. Hoffentlich können wir uns bald alle gesund wiedertreffen.«

»Hoffentlich treffen wir uns gesund wieder«: der Freundeskreis vor der Abfahrt der Studentenkompanie am Münchner Ostbahnhof.

Das berühmteste Bild der »Weißen Rose«: die Geschwister Scholl mit Christoph Probst am 24. Juli 1942.

Auf dem Weg nach Russland hatten die Münchner Studenten in Warschau haltgemacht und vor dem Ghetto die Willkür der deutschen Bewacher erlebt.

Alexander Schmorell und Hans Scholl nach ihrer Ankunft in Gschatsk, Russland.

Hans ist ein guter Bruder für mich, ich gewinne ihn immer lieber.

SOPHIE SCHOLL, 30 MAI 1942

Sophie verbrachte die Semesterferien bei ihren Eltern, der nationalsozialistische Staat hatte sie zum »Kriegshilfsdienst« in einer Ulmer Schraubenfabrik verpflichtet. In dieser Zeit erreichte sie ein Brief von Fritz Hartnagel, der sich »im Vormarsch Richtung Stalingrad« befand. Seine Einschätzungen der Lage an der Ostfront gaben keinerlei Anlass zu Optimismus: »Die zur Zeit laufenden Operationen dauern bestimmt noch bis Einbruch des Winters an, und wer weiß, ob wir dann den Winter über aus Russland herausgezogen werden ... an Urlaub ... aus Russland ... ist kaum zu denken.« Dass er zum Hauptmann befördert worden war, erfüllte den jungen Offizier nicht mit Stolz, sondern bedrückte ihn vielmehr: »Nun bin ich wieder eine Stufe weiter in ein System gedrängt, dem ich am liebsten den Rücken kehren möchte. Ich komme mir vor wie eine Puppe, die nach außen darstellt, was sie innerlich gar nicht ist«, gestand Fritz Hartnagel seiner Freundin.

Auch für die inzwischen einundzwanzigjährige Sophie waren die Zeiten alles andere als rosig: Hans und Werner Scholl befanden sich an der Ostfront. Die Familie sah mit Sorge dem Gerichtsverfahren gegen Robert Scholl entgegen. Eine Verurteilung des Vaters konnte im Unrechtsstaat der Nazis auch Konsequenzen für die Kinder haben. Sophie befürchtete, ihren Studienplatz zu verlieren und damit das eben erst gewonnene Leben in relativer Freiheit. Doch erstaunlicherweise fiel das Urteil gegen den Steuerberater milde aus: vier Monate Haft, wovon er auch zwei im Ulmer Gefängnis absaß. Später wurde Robert Scholl die Zulassung als Steuerberater entzogen – für den Unternehmer ein schwerer Schlag.

Fritz Hartnagel in der ukrainischen Steppe während des Vormarschs nach Stalingrad, Sommer 1942.

Robert Scholl mit Tochter Inge in seinem Steuerbüro. 1942 saß er wegen defätistischer Äußerungen vier Monate in Gestapo-Haft.

Die schlechten Nachrichten wollten nicht abreißen: Am 23. August 1942 erfuhr Sophie Scholl, dass Ernst Reden, mit dem Inge Scholl eng verbunden war, in Russland gefallen war. »Schluss! Jetzt werde ich etwas tun«, soll Sophie ausgerufen haben. Hatte sie bislang nur zugehört, wenn Hans und seine Freunde Überlegungen anstellten, wie man in der Heimat Widerstand gegen das Regime leisten könne, begann sie nun eigenständige Aktionen zu planen. Hans Hirzel, den jüngeren Bruder ihrer engen Freundin Susanne, fragte sie, ob er bereit sei, einen Vervielfältigungsapparat zu organisieren. Sie wolle damit Flugblätter drucken, bekannte Sophie ganz offen. Tatsächlich gelang es Hirzel, einen solchen Apparat zu besorgen, der wenig später in der Donau landete, als Hirzels Angst vor der Gestapo übermächtig wurde. Ob Hans und die Freunde zum Semesterbeginn wieder in der Heimat sein würden, war ungewiss. Für den Fall, dass alle gesund heimkehrten, wollte Sophie vorbereitet sein. Wenn nicht, wollte sie allein handeln.

Am 7. November 1942 kam Hans Scholl wohlbehalten wieder aus Russland zurück. Auch wenn die Freude über seine Heimkehr groß war, seine Berichte über die Zustände an der Ostfront waren bedrückend. Er hatte die unmenschliche Behandlung der Zivilbevölkerung erlebt und das Elend der russischen Kriegsgefangenen gesehen. In Warschau hinterließ das jüdische Ghetto »einen sehr entscheidenden Eindruck«, wie es Hans in einem Brief an Professor Kurt Huber formulierte. Der Medizinstudent und seine engsten Freunde waren mehr denn je davon überzeugt, handeln zu müssen. Noch im November 1942 versuchten Hans Scholl und Alexander Schmorell Kontakt zu Falk von Harnack in Chemnitz aufzunehmen, Mitglied der Widerstandsgruppe »Rote Kapelle«, der Künstler und Intellektuelle angehörten. Doch Harnack lehnte eine Zusammenarbeit in Bezug auf Flugblätter ab. Von Eugen Grimminger in Stuttgart, einem Freund Robert Scholls, erhielten die Medizinstudenten immerhin die Zusage einer finanziellen Unterstützung.

»Etwas tun ...«

Wieder in München, bezogen Hans und Sophie Scholl zum Wintersemester eine gemeinsame Zweizimmerwohnung in der Franz-Joseph-Straße 13. Die neue Bleibe lag in der Nähe von Eickemeyers Atelier, wo häufig Zusammenkünfte stattfanden. Wie entschlossen die junge Frau war, nicht mehr tatenlos den Verbrechen der Nazis zuzusehen, belegt eine Begebenheit, von der ihre Freundin Susanne Hirzel berichtete. Bei einem Besuch Anfang Dezember 1942 in Stuttgart habe Sophie Scholl der Freundin »mit ganz leisen Worten« von den Flugblättern erzählt und dann gesagt: »Wenn jeder nur eine Meinung hat gegen dieses System, aber nicht handelt, so macht er sich schuldig ... Ich jedenfalls will nicht schuldig werden!« Schließlich habe Sophie ausgerufen: »Wenn jetzt Hitler daherkäme und ich eine Pistole hätte, würde ich ihn erschießen. Wenn es die Männer nicht machen, muss es eben eine Frau tun!« So emanzipiert und entschlossen das auch klingt, innerhalb des Münchner Freundeskreises hielt sich Sophie eher im Hintergrund und überließ ihrem Bruder Hans die Führungsrolle.

Sie war ein prächtiger Kerl, und ich glaube, das Erstaunlichste an ihr ist ihre absolute Überzeugung, dass sie das Richtige getan hat.

JÜRGEN WITTENSTEIN, MITGLIED DER »WEISSEN ROSE«, IN EINEM INTERVIEW 2003

Während Hans Scholl, Alexander Schmorell und Willi Graf überwiegend für die inhaltliche Arbeit am nächsten Flugblatt zuständig waren, kümmerte sich Sophie um die Besorgung von Papier, Matrizen und Briefumschlägen. Mitten im Krieg und in der Mangelwirtschaft war dies keine einfache Aufgabe. Jeder, der große Mengen von Schreibartikeln verlangte, machte sich verdächtig. Dennoch gelang es Sophie, bis Mitte Januar 1943 rund 10 000 Blatt Papier und 2000 Umschläge zu besorgen. Auch für die Buchhaltung und Verwaltung der Kasse war die junge Studentin verantwortlich. Damit nahm sie innerhalb der Gruppe eine wichtige Stellung ein.

Wenn man irgendetwas tat, was aus der üblichen Reihe fiel, wurde man verdächtigt. Wenn man eine große Einheit Papier kaufte, dann machte man sich sofort verdächtig. Man konnte nicht mal aufs Postamt gehen und hundert Briefmarken kaufen.

JÜRGEN WITTENSTEIN, MITGLIED DER »WEISSEN ROSE«, IN EINEM INTERVIEW 2003

Die neuen Flugblätter sollten in der Wohnung von Hans und Sophie Scholl in der Franz-Joseph-Straße hergestellt werden. Alexander Schmorell hatte einen Vervielfältigungsapparat besorgt. Tag und Nacht verbrachten die Studenten damit, auf zwei Schreibmaschinen Adressen, die sie zuvor aus Telefonbüchern herausgesucht hatten, auf Briefumschläge zu tippen. Diesmal sollten die Flugblätter nicht nur in München, sondern auch nach Stuttgart, Augsburg, Frankfurt, Salzburg, Linz und Wien verschickt werden. Sophie hatte als Kassenwart die Aufgabe, die Kosten für die Verschickungsaktion zu kontrollieren. Bei über 5000 geplanten Flugblättern kamen allein für Briefmarken, Kuverts und Papier erhebliche Aus-

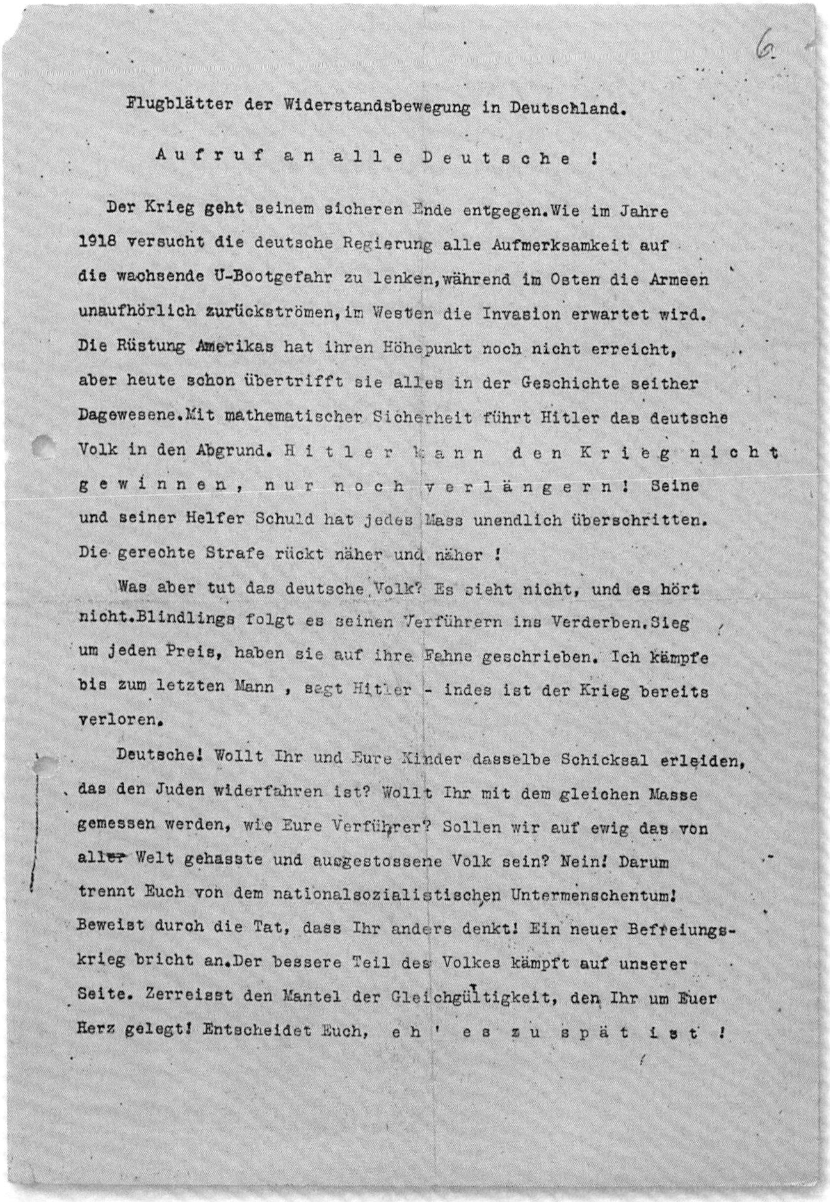

6.

Flugblätter der Widerstandsbewegung in Deutschland.

A u f r u f   a n   a l l e   D e u t s c h e !

Der Krieg geht seinem sicheren Ende entgegen.Wie im Jahre 1918 versucht die deutsche Regierung alle Aufmerksamkeit auf die wachsende U-Bootgefahr zu lenken,während im Osten die Armeen unaufhörlich zurückströmen,im Westen die Invasion erwartet wird. Die Rüstung Amerikas hat ihren Höhepunkt noch nicht erreicht, aber heute schon übertrifft sie alles in der Geschichte seither Dagewesene.Mit mathematischer Sicherheit führt Hitler das deutsche Volk in den Abgrund. H i t l e r   k a n n   d e n   K r i e g   n i c h t   g e w i n n e n ,   n u r   n o c h   v e r l ä n g e r n ! Seine und seiner Helfer Schuld hat jedes Mass unendlich überschritten. Die gerechte Strafe rückt näher und näher !

Was aber tut das deutsche Volk? Es sieht nicht, und es hört nicht.Blindlings folgt es seinen Verführern ins Verderben.Sieg um jeden Preis, haben sie auf ihre Fahne geschrieben. Ich kämpfe bis zum letzten Mann , sagt Hitler - indes ist der Krieg bereits verloren.

Deutsche! Wollt Ihr und Eure Kinder dasselbe Schicksal erleiden, das den Juden widerfahren ist? Wollt Ihr mit dem gleichen Masse gemessen werden, wie Eure Verführer? Sollen wir auf ewig das von aller Welt gehasste und ausgestossene Volk sein? Nein! Darum trennt Euch von dem nationalsozialistischen Untermenschentum! Beweist durch die Tat, dass Ihr anders denkt! Ein neuer Befreiungskrieg bricht an.Der bessere Teil des Volkes kämpft auf unserer Seite. Zerreisst den Mantel der Gleichgültigkeit, den Ihr um Euer Herz gelegt! Entscheidet Euch,   e h '   e s   z u   s p ä t   i s t !

»Hitler kann den Krieg nicht mehr gewinnen«: Unter dem Eindruck ihrer Erlebnisse in Russland verfassten die Mitglieder der »Weißen Rose« im Winter 1942 neue Flugblätter.

gaben zusammen. Sophie kalkulierte, dass es günstiger war, wenn einer von ihnen mit dem Zug in die betreffende Stadt fuhr, um dort die Briefe einzuwerfen. Das war trotz Fahrkarte günstiger, denn im selben Ort war das Porto geringer. Das Risiko freilich, bei einer solchen Aktion erwischt zu werden, war bei den ständigen Zugkontrollen im NS-Staat hoch.

Sophie Scholl wagte es als Erste: Am 25. Januar 1943 stieg sie in den Schnellzug nach Augsburg, mit rund 2000 Flugblättern im Gepäck. 250 davon steckten in Briefumschlägen, die Sophie erst in Augsburg frankierte und dort in verschiedene Briefkästen einwarf. Gegen Abend fuhr Sophie weiter nach Ulm, um Hans Hirzel die restlichen Flugblätter zu übergeben. Dieser fuhr zwei Tage später nach Stuttgart und verteilte sie dort mit seiner Schwester Susanne. Nachdem diese riskante Aktion geglückt war, machte sich Alexander Schmorell auf den Weg, um die Flugblätter in anderen Städten zu verteilen. Das sparte nicht nur Portogebühren, sondern führte auch die Gestapo an der Nase herum. Waren die Flugblätter der »Weißen Rose« im Juni/Juli 1942 nur in München aufgetaucht, erweckte es jetzt den Anschein, als ob es sich um ein über mehrere Städte verzweigtes Netz von Widerständlern handelte. 1942 waren nur einige hundert Flugblätter in einem lokal begrenzten Raum aufgetaucht. Aus kriminalistischer Sicht eine Einzelaktion, hinter der die Gestapo keine größere Gruppe vermutete. Das Flugblatt, das Hans und Sophie Scholl, Schmorell und Graf im Januar 1943 verteilten, kam auch mit anderer Aufmachung daher. Diesmal lautete die Überschrift nicht »Flugblätter der Weißen Rose« – was beinahe jugendlich-romantisch klang –, sondern »Widerstandsbewegung in Deutschland«. Damit erhoben die Verfasser den Anspruch, im gesamten Deutschen Reich gegen den NS-Staat wirken zu wollen. Waren die Flugblätter I bis IV der »Weißen Rose« noch mehrere Seiten lang und mit Zitaten von Friedrich Schiller, Aristoteles und Laotse gespickt, so war das Flugblatt vom Januar 1943 deutlich kürzer und prägnanter: »Aufruf an alle Deutsche! Der Krieg geht seinem sicheren Ende entgegen ... Hitler kann den Krieg nicht gewinnen, nur noch verlängern! Seine und seiner Helfer Schuld hat jedes Mass unendlich überschritten. Die gerechte Strafe rückt näher und näher! ... Deutsche! Wollt Ihr und Eure Kinder dasselbe Schicksal erleiden, das den Juden widerfahren ist? ... Sollen wir auf ewig das von aller Welt gehasste und ausgestossene Volk sein? Nein! ... Trennt Euch rechtzeitig von allem, was mit dem Nationalsozialismus zusammenhängt!«

Angesichts mehrerer tausend Flugblätter, die insgesamt in sieben Städten auftauchten, rollte bei Gestapo und Polizei der gesamte Fahndungsapparat an. Kriminalsekretär Robert Mohr, der bereits im Juni 1942 mit dem Fall »Weiße Rose« betraut worden war, wurde am 29. Januar 1943 ins Büro des Münchner Gestapo-Chefs Oswald Schäfer gerufen. Er erhielt den Auftrag, umgehend alle anderen Arbeiten liegen zu lassen und sich nur auf die Aufklärung der Flugblattaktion zu konzentrieren. Die »höchsten Stellen von Partei und Staat« seien beunruhigt und forderten schnellstmögliche Ergreifung der Täter. Labortechnische Untersuchungen des Druckpapiers und der Kuverts ließen die Schlussfolgerung zu, dass die Verfasser der Schriften »in München oder Umgebung zu suchen« waren.

Dass die Flugblätter in der NS-Führung für Unruhe sorgten, hatte unter anderem mit einem

Ereignis zu tun, das am 13. Januar 1943 für Schlagzeilen gesorgt hatte: Zum 470. Jubiläum der Münchner Universität hielt im Kongressaal des Deutschen Museums der bayerische Ministerpräsident und Gauleiter von München, Paul Giesler, eine Rede. Darin forderte er die weiblichen Studierenden auf, »ihr Glück möglichst bald in Gestalt eines Mannes mit Kraft und Saft« zu finden. Wenn einige Mädels nicht hübsch genug seien, höhnte der schwergewichtige NS-Funktionär, werde er gern seine Adjutanten zur Verfügung stellen – und versprach den Studentinnen auf diesem Wege ein »erfreuliches Ereignis«. Der lautstarke Protest der männlichen und weiblichen Zuhörer steigerte sich schließlich zum Tumult. Zwischen Studierenden, Polizei und SA-Männern kam es zu handfesten Prügeleien. Als etliche Studenten festgenommen wurden, schlossen sich Juristen, Mediziner, Philosophen spontan zu einem Protestmarsch zusammen, liefen Arm in Arm die Ludwigstraße hinunter und forderten die Freilassung ihrer Kommilitonen. Tatsächlich wurden die meisten Inhaftierten bereits nach kurzer Zeit wieder auf freien Fuß gesetzt. Dennoch befürchtete die Gestapo, dass eine studentische Widerstandsgruppe hinter der »Revolte« steckte. Als Ende Januar das Flugblatt der »Widerstandsbewegung« auftauchte, insgesamt das fünfte der »Weißen Rose«, fühlten sich die Gestapo-Beamten in ihrem Verdacht bestätigt und reagierten mit entsprechendem Nachdruck.

»Dem Führer ein Kind schenken«: Die Äußerungen des Münchner NSDAP-Gauleiters Paul Giesler während einer Rede am 13. Januar 1943 sorgten für Tumulte.

Stalingrad – die Wende

Am Abend des 3. Februar 1943 meldete der Großdeutsche Rundfunk: »Der Kampf um Stalingrad ist zu Ende. Ihrem Fahneneid getreu ist die 6. Armee unter der vorbildlichen Führung des Generalfeldmarschalls Paulus der Übermacht des Feindes und der Ungunst der Verhältnisse erlegen ... Generale, Offiziere, Unteroffiziere und Mannschaften fochten Schulter an Schulter bis zur letzten Patrone. Das Opfer der Armee war nicht umsonst. Sie starben, damit Deutschland lebe.« Zum ersten Mal seit Kriegsbeginn musste die NS-

»Die Lage ist ziemlich hoffnungslos«: Mit einer der letzten Maschinen, die aus Stalingrad abflogen, konnte der schwer verwundete Fritz Hartnagel den Kessel verlassen.

Regierung eine Niederlage eingestehen, die Bevölkerung war erschüttert. In der Stadt an der Wolga waren rund 250 000 deutsche Soldaten von der Roten Armee eingekesselt worden; 150 000 starben in den Häuserschlachten, an Hunger und Erfrierungen. Über 90 000 Männer gingen in sowjetische Kriegsgefangenschaft, die nur 6000 überleben sollten. Vergeblich versuchte die nationalsozialistische Propaganda die Niederlage zum heroischen Opfergang zu verklären; die Stimmung in der Bevölkerung war gekennzeichnet von Wut und Erbitterung. Aber Protest erhob sich nicht.

Für Sophie Scholl muss die Nachricht vom Untergang der 6. Armee ein besonders großer Schock gewesen sein, denn Fritz Hartnagel befand sich seit Dezember 1942 mit seiner Einheit in Stalingrad. »Wir haben schlimme Tage hinter uns. Seit 8 Tagen sind wir in ständigem Rückzug ... Seit 8 Tagen sind wir bei 30 Grad Kälte im Freien gelegen, ohne eine Möglichkeit, uns aufzuwärmen. Mein Btl. ist völlig aufgerieben. Ich selbst habe beide Hände erfroren, davon 2 Finger mit Erfrierungen dritten Grades ... Ich weiß nicht, wie nun alles weitergehen wird. Die Lage hier ist ziemlich hoffnungslos«, schrieb Fritz am

Die Leichen deutscher Soldaten nach dem Ende der Kämpfe in Stalingrad. Mehr als hunderttausend bezahlten das erbitterte Ringen um die Stadt an der Wolga mit ihrem Leben.

17. Januar 1943 an Sophie. Am Ende des Briefes bat er sie, seine Angehörigen zu grüßen, falls er selbst nicht mehr dazu fähig sein sollte. Zweifellos rechnete Fritz zu diesem Zeitpunkt nicht mehr damit, Stalingrad zu überleben. Doch fünf Tage später wurde er mit einem der letzten Flugzeuge aus dem tödlichen Kessel ausgeflogen. Sophie erhielt einen Tag vor der Sondermeldung im Rundfunk Nachricht von Fritz' wundersamer Rettung. »Fritz ist in Stalino im Lazarett, zwar werden ihm einige Finger, die Fersen vielleicht auch, abgenommen, doch er ist gerettet. Gott sei Dank!«, schrieb sie erleichtert einer Freundin.

... und jeder Deutsche, noch in tausend Jahren, muss mit heiligen Schauern das Wort »Stalingrad« aussprechen und sich erinnern, dass dort Deutschland letzten Endes doch den Stempel zum Endsieg gesetzt hat.

REICHSMARSCHALL HERMANN GÖRING
AM 30. JANUAR 1943 IN SEINER
»LEICHENREDE« FÜR DIE 6. ARMEE

Die Niederlage von Stalingrad motivierte die vier Freunde, sogleich ein neues Flugblatt zu verfassen und in München weitere Aktionen zu planen. In der Nacht vom 3. auf den 4. Februar machten sich Hans Scholl und Alexander Schmorell mit Blechschablone und Teerfarbe auf, um in der Münchner Innenstadt Parolen wie »Nieder mit Hitler« und »Freiheit« an Mauern und Gebäude zu malen. Auch am Eingang der Universität brachten sie welche an. Sophie Scholl beteiligte sich an dieser »Schmieraktion« nicht, sie war jedoch eingeweiht. Im Verhör mit der Gestapo gab sie sogar zu Protokoll, sie sei die »geistige Urheberin« gewesen. Mit ihrer Schwester Elisabeth, die sich damals in München befand, unternahm sie am Abend des 3. Februar nach einem Konzert noch einen Spaziergang durch den Englischen Garten. »Jetzt, in dieser Dunkelheit, müsste man Freiheitsparolen auf Mauern schreiben«, sagte sie zu Elisabeth. Als diese daraufhin den Bleistift in ihrer Tasche anbot, lachte Sophie und meinte, dazu brauche man schon Teerfarbe. »Die Nacht ist des Freien Freund«, meinte sie abschließend.

Die Malerei wurde in drei Nächten gemacht, hauptsächlich an der Feldherrnhalle, an der Ludwigstraße und auch der Universität: »Nieder mit Hitler, Hitler Mörder« und ein durchgestrichenes Hakenkreuz. Das war nachts, Willi Graf ist Wache gestanden mit der Pistole für den Fall, dass jemand kommt. Das war natürlich wirklich eine sehr gefährliche Sache, denn es gingen Polizeistreifen die ganze Nacht.

JÜRGEN WITTENSTEIN, MITGLIED DER »WEISSEN ROSE«, IN EINEM INTERVIEW 2003

Am nächsten Morgen standen vor der Universität in München Studenten in Grüppchen beieinander und deuteten erregt auf die Parolen, die in der Nacht am Eingang aufgemalt worden waren. Putzfrauen versuchten, mit Scheuerbürsten die Buchstaben wieder zu entfernen. Traute Lafrenz, die sich ebenfalls unter den aufgebrachten Studenten befand, eilte auf Hans Scholl zu, als dieser auftauchte. Als ihnen ein Kommilitone zurief: »Habt ihr das schon gesehen?«, lachte Hans laut und fragte mit spöttischem Unterton: »Nein, was ist denn?«

»Staatsfeindliche Umtriebe in München«, meldete der Oberstaatsanwalt beim Landgericht München I dem Reichsjustizministerium in Berlin. Gestapo-Chef Oswald Schäfer löste umgehend eine Großfahndung aus. Per Zeitungsanzeige wurden 1000 Reichsmark Belohnung für Hinweise auf die »Gewaltverbrecher« ausgesetzt. Doch schon in der Nacht vom 8. auf den 9. Februar 1943 tauchten neue Wandparolen auf, und noch einmal vom 15. auf den 16. Februar. Das neue, in der Nachfolge der »Weißen Rose« so genannte sechste Flugblatt wurde ebenfalls in dieser Nacht verteilt. Diesmal richtete es sich direkt an die Studenten: »Kommilitoninnen! Kommilitonen!«, lautete die Überschrift. Der Text stammte weitgehend von Professor Kurt Huber, den Hans Scholl und Alexander Schmorell darum gebeten hatten. Huber hatte beim Verfassen noch ganz unter dem Eindruck der Niederlage von Stalingrad gestanden: »Dreihundertdreißigtausend deutsche Männer hat die geniale Strategie des Weltkriegsgefreiten sinn- und verantwortungslos in Tod und Verderben gehetzt. Führer, wir danken dir!«

Knapp 3000 Flugblätter waren von dieser Schrift hergestellt worden, wieder in der Wohnung von Hans und Sophie Scholl. Nächtelang tippten die Geschwister erneut Adressen auf Kuverts, drehten die Matrizen ab und tüteten

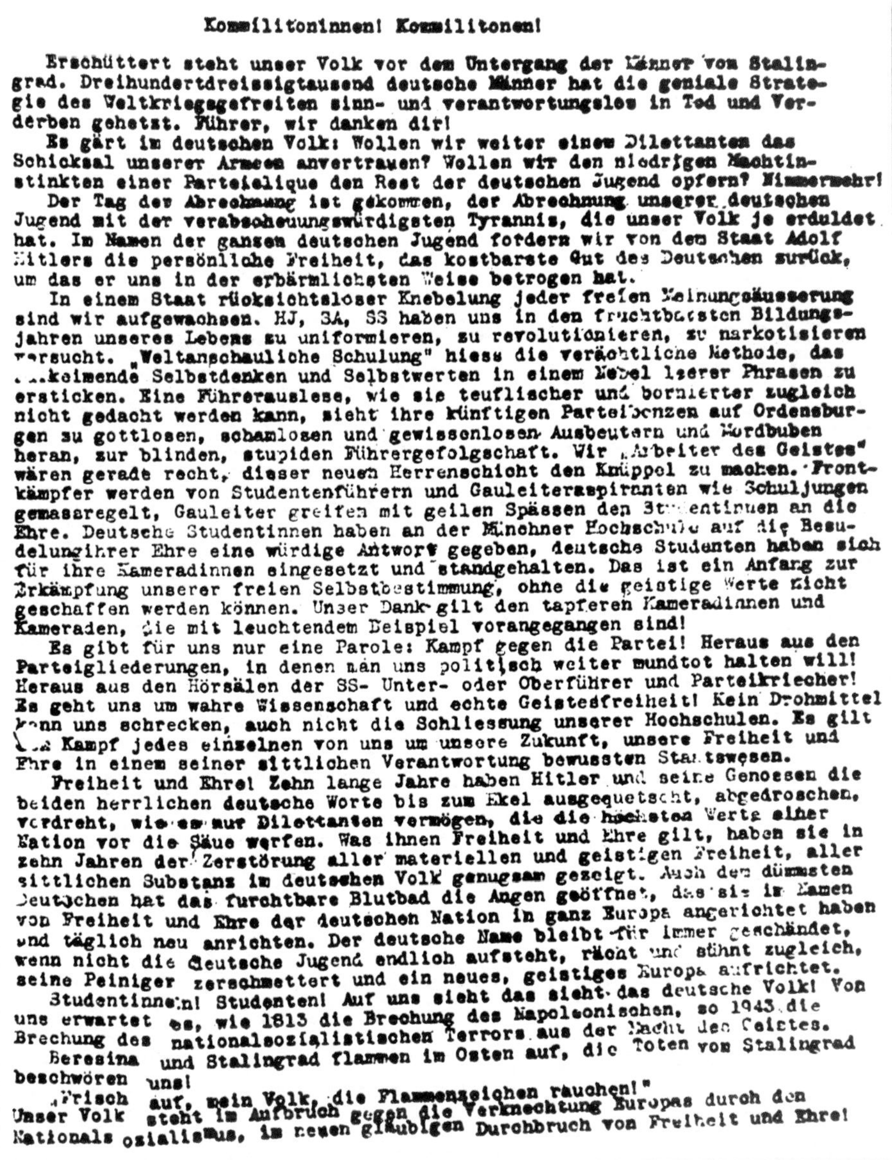

Kommilitoninnen! Kommilitonen!

Erschüttert steht unser Volk vor dem Untergang der Männer von Stalingrad. Dreihundertdreissigtausend deutsche Männer hat die geniale Strategie des Weltkriegsgefreiten sinn- und verantwortungslos in Tod und Verderben gehetzt. Führer, wir danken dir!

Es gärt im deutschen Volk: Wollen wir weiter einem Dilettanten das Schicksal unserer Armeen anvertrauen? Wollen wir den niedrigen Machtinstinkten einer Parteiclique den Rest der deutschen Jugend opfern? Nimmermehr!

Der Tag der Abrechnung ist gekommen, der Abrechnung unserer deutschen Jugend mit der verabscheuungswürdigsten Tyrannis, die unser Volk je erduldet hat. Im Namen der ganzen deutschen Jugend fordern wir von dem Staat Adolf Hitlers die persönliche Freiheit, das kostbarste Gut des Deutschen zurück, um das er uns in der erbärmlichsten Weise betrogen hat.

In einem Staat rücksichtsloser Knebelung jeder freien Meinungsäusserung sind wir aufgewachsen. HJ, SA, SS haben uns in den fruchtbarsten Bildungsjahren unseres Lebens zu uniformieren, zu revolutionieren, zu narkotisieren versucht. „Weltanschauliche Schulung" hiess die verächtliche Methode, das aufkeimende Selbstdenken und Selbstwerten in einem Nebel leerer Phrasen zu ersticken. Eine Führerauslese, wie sie teuflischer und bornierter zugleich nicht gedacht werden kann, zieht ihre künftigen Parteibonzen auf Ordensburgen zu gottlosen, schamlosen und gewissenlosen Ausbeutern und Mordbuben heran, zur blinden, stupiden Führergefolgschaft. Wir „Arbeiter des Geistes" wären gerade recht, dieser neuen Herrenschicht den Knüppel zu machen. Frontkämpfer werden von Studentenführern und Gauleiteraspiranten wie Schuljungen gemassregelt, Gauleiter greifen mit geilen Spässen den Studentinnen an die Ehre. Deutsche Studentinnen haben an der Münchner Hochschule auf die Besudelung ihrer Ehre eine würdige Antwort gegeben, deutsche Studenten haben sich für ihre Kameradinnen eingesetzt und standgehalten. Das ist ein Anfang zur Erkämpfung unserer freien Selbstbestimmung, ohne die geistige Werte nicht geschaffen werden können. Unser Dank gilt den tapferen Kameradinnen und Kameraden, die mit leuchtendem Beispiel vorangegangen sind!

Es gibt für uns nur eine Parole: Kampf gegen die Partei! Heraus aus den Parteigliederungen, in denen man uns politisch weiter mundtot halten will! Heraus aus den Hörsälen der SS- Unter- oder Oberführer und Parteikriecher! Es geht uns um wahre Wissenschaft und echte Geistesfreiheit! Kein Drohmittel kann uns schrecken, auch nicht die Schliessung unserer Hochschulen. Es gilt der Kampf jedes einzelnen von uns um unsere Zukunft, unsere Freiheit und Ehre in einem seiner sittlichen Verantwortung bewussten Staatswesen.

Freiheit und Ehre! Zehn lange Jahre haben Hitler und seine Genossen die beiden herrlichen deutsche Worte bis zum Ekel ausgequetscht, abgedroschen, verdreht, wie es nur Dilettanten vermögen, die die höchsten Werte einer Nation vor die Säue werfen. Was ihnen Freiheit und Ehre gilt, haben sie in zehn Jahren der Zerstörung aller materiellen und geistigen Freiheit, aller sittlichen Substanz im deutschen Volk genugsam gezeigt. Auch dem dümmsten Deutschen hat das furchtbare Blutbad die Augen geöffnet, das sie im Namen von Freiheit und Ehre der deutschen Nation in ganz Europa angerichtet haben und täglich neu anrichten. Der deutsche Name bleibt für immer geschändet, wenn nicht die deutsche Jugend endlich aufsteht, rächt und sühnt zugleich, seine Peiniger zerschmettert und ein neues, geistiges Europa aufrichtet.

Studentinnen! Studenten! Auf uns sieht das deutsche Volk! Von uns erwartet es, wie 1813 die Brechung des Napoleonischen, so 1943 die Brechung des nationalsozialistischen Terrors aus der Macht des Geistes.

Beresina und Stalingrad flammen im Osten auf, die Toten von Stalingrad beschwören uns!

„Frisch auf, mein Volk, die Flammenzeichen rauchen!"

Unser Volk steht im Aufbruch gegen die Verknechtung Europas durch den Nationalsozialismus, im neuen gläubigen Durchbruch von Freiheit und Ehre!

Das letzte Flugblatt der »Weißen Rose«: Es entstand unter dem Eindruck der Katastrophe von Stalingrad und richtete sich direkt an die Mitstudenten der Geschwister Scholl.

Flugblätter ein. Nachdem in der Nacht vom 15. auf den 16. Februar 1943 Willi Graf, Alexander Schmorell und Hans Scholl rund 1200 Umschläge in verschiedene Münchner Briefkästen eingeworfen hatten, befanden sich noch etwa 1500 Exemplare in der Scholl-Wohnung. Die Studenten beschlossen vage, die Flugblätter auch an der Universität auszulegen. Doch Termine wurden keine festgelegt.

Er nahm die Geschwister nach ihrer Flugblattaktion in Gewahrsam: Hausdiener Jakob Schmid, hier während eines Prozesses 1947.

»Ich verhafte Sie«

Warum sich Hans und Sophie am 18. Februar 1943 gegen 10.30 Uhr mit Koffer und Aktentasche, in denen sich die Flugblätter befanden, auf den Weg zur Universität machten, darüber kann nur gemutmaßt werden. Ein Freund hatte sie am Vorabend telefonisch gewarnt, dass ihnen die Gestapo auf den Fersen sei. Vielleicht wollten die Geschwister die gefährliche Fracht so schnell wie möglich loswerden.

Im Universitätsgebäude begegneten ihnen Willi Graf und Traute Lafrenz, mit denen sie ein paar Sätze wechselten und sich für den Nachmittag verabredeten. Kaum waren die Geschwister wieder allein, begannen sie an den Türen der Hörsäle Packen der Flugblätter auszulegen. Eine riskante Aktion: Bis zum Vorlesungsende um 11 Uhr, wenn sich die Türen öffneten, mussten die Geschwister fertig sein. Kurz vor 11 Uhr verließen Hans und Sophie Scholl die Universität am Hinterausgang Amalienstraße, als Sophie feststellte, dass sich noch immer eine große Menge Flugblätter im Koffer befand. Sofort kehrten beide um, liefen in den ersten Stock des Universitätsgebäudes, legten dort weitere Packen aus und eilten zum zweiten Stock hinauf. Von dort warf Sophie Scholl eine Handvoll Flugblätter die Brüstung hinunter in den Lichthof. Der Hausschlosser der Universität, Jakob Schmid, der sich zufällig zu diesem Zeitpunkt im Lichthof befand, sah die Flugblätter nach unten flattern. Sofort hastete er die Treppen hinauf und erwischte Hans, der eben den letzten Packen Flugblätter über die Brüstung im zweiten Stockwerk warf. »Ich verhafte Sie!«, rief Schmid – und tatsächlich folgten ihm die Geschwister widerstandslos. Viel ist später gerätselt worden, warum Hans und Sophie Scholl nicht die Flucht ergriffen. Sicher hätte der damals siebenundfünfzigjährige Hausschlosser keine Chance gehabt, den beiden wesentlich jüngeren Studenten zu folgen. Lähmte sie der Schreck, bei frischer Tat ertappt worden zu sein? Oder dachten sie, ihnen könne nichts geschehen? War es jugendlicher Leichtsinn oder die Hybris, der Gestapo überlegen zu sein?

Ich werde nie verstehen, warum Hans sich mit seiner Schwester Sophie von dem Pedell hat verhaften lassen. Er war ein kräftiger junger Soldat, er hätte ihn ohne weiteres entweder niederhauen können oder wegrennen können mit seiner Schwester ... Er hätte sich verstecken können. Warum hat er das gemacht? Warum haben sie diesen Leichtsinn gemacht, und warum hat er sich verhaften lassen?

JÜRGEN WITTENSTEIN, MITGLIED DER »WEISSEN ROSE«, IN EINEM INTERVIEW 2003

Schmid brachte Sophie und Hans Scholl zum Syndikus der Universität und informierte die Polizei. Noch bevor die Gestapo eintraf, versuchte Hans, einen Zettel aus seinem Sakko unauffällig zu beseitigen und in kleine Stücke zu zerreißen. Doch Schmid vereitelte auch dieses Unterfangen und nahm die Schnipsel an sich, um sie später der Gestapo zu übergeben. Es handelte sich um einen Flugblattentwurf, den Christoph Probst auf Hans' Anregung hin geschrieben hatte. Nachdem Kriminalobersekretär Robert Mohr an der Universität eingetroffen war und sich vom Tathergang einen Eindruck verschafft hatte, wurden Hans und Sophie Scholl zur zentralen Gestapo-Leitstelle gebracht. Bevor sie voneinander getrennt wurden, hatten die Geschwister Gelegenheit, sich für die bevorstehenden Verhöre abzusprechen.

Die Verhöre

Sophie und Hans wurden in verschiedene Zellen gebracht; Sophie teilte sich ihre mit der fünfundreißigjährigen Else Gebel, die einer kommunistischen Widerstandsgruppe angehörte. Von ihr erhielt die Studentin den Tipp, nichts zuzugeben, wofür es keine Beweise gebe. Gegen 15 Uhr wurde Sophie zum Verhör abgeholt. Die junge Frau machte auf Robert Mohr, der das Verhör leitete, einen gefassten und selbstsicheren Eindruck. Sophie Scholl bestritt, irgendetwas mit den Flugblättern zu tun zu haben. Sie habe mit dem Zug zu ihren Eltern nach Ulm fahren wollen, in dem leeren Koffer sollte auf dem Rückweg frische Wäsche transportiert werden. In der Universität habe sie auf dem Geländer im zweiten Stock einen Stapel Papiere liegen sehen, dem sie im Vorübergehen einen »Stoß« gegeben habe. »Ich sehe nun ein, dass ich durch mein Verhalten eine Dummheit gemacht habe, die ich aber nicht mehr ändern kann«, schilderte sie den Hergang gegenüber Mohr. Auch Hans Scholl bestätigte in einem getrennten Verhör diese Geschichte. Ihre Abneigung gegen den Nationalsozialismus gab Sophie offen zu: »... nach meiner Auffassung [wird] die geistige Freiheit des Menschen in einer Weise eingeschränkt ... die meinem inneren Wesen widerspricht. Zusammenfassend möchte ich die Erklärung abgeben, dass ich für meine Person mit dem Nationalsozialismus nichts zu tun haben will.«

Das war riskant, aber die Strategie schien aufzugehen. Schon sah es so aus, als ob Hans und Sophie tatsächlich davonkommen würden; Mohr deutete an, dass die Geschwister am Abend wie vorgesehen nach Ulm reisen könnten. Doch dann wendete sich das Blatt. Bei der Durchsuchung der Wohnung von Hans und Sophie Scholl hatte die Polizei »eine Anzahl Briefschaften, Notizen und Aufzeichnungen«, ein Heft mit »einer großen Anzahl von Anschriften« sowie eine Reiseschreibmaschine sichergestellt. Das umfangreiche Material brachte

»Nun, Volk, steh auf, und Sturm, brich los«: Während Hans und Sophie Scholl in München verhört wurden, proklamierte Propagandaminister Goebbels in Berlin den »totalen Krieg«.

die Aussagen der Geschwister ins Wanken. Die Verhöre wurden weit in die Nacht hinein fortgesetzt. Die Geschwister verstrickten sich immer mehr in Widersprüche, wurden mit den Namen ihrer Freunde Schmorell, Graf und Probst konfrontiert. Der zerrissene Zettel, von dem Hans behauptet hatte, ein Unbekannter hätte ihn in seinen Briefkasten gesteckt, wurde mit Briefen von Christoph Probst verglichen, die in Hans' Zimmer gefunden worden waren. Damit geriet Probst in den Verdacht, auch Autor der anderen Flugblätter zu sein.

Während Hans und Sophie Scholl in der Gestapo-Zentrale in München verhört wurden, lauschten Millionen Deutsche an diesem Abend einer Radioübertragung aus dem Berliner Sportpalast. Dort hielt Propagandaminister Joseph Goebbels vor 14 000 Zuhörern eine Rede, die wegen ihrer Radikalität und perfiden Inszenierung als Musterbeispiel der NS-Propaganda in die Geschichte eingegangen ist. »Wollt ihr den totalen Krieg?«, schrie der Mann am Rednerpult und verwandelte die Massenveranstaltung in einen Hexenkessel. Angesichts der desaströsen Lage an der Ostfront, der Katastrophe in Stalingrad, beschwor der Propagandaminister die bolschewistische Gefahr und appellierte an die Volksgemeinschaft. »Nun, Volk, steh auf, und Sturm, brich los!«, endete Goebbels seine zweistündige Rede, und die Zuschauermenge beklatschte begeistert ihren eigenen Untergang.

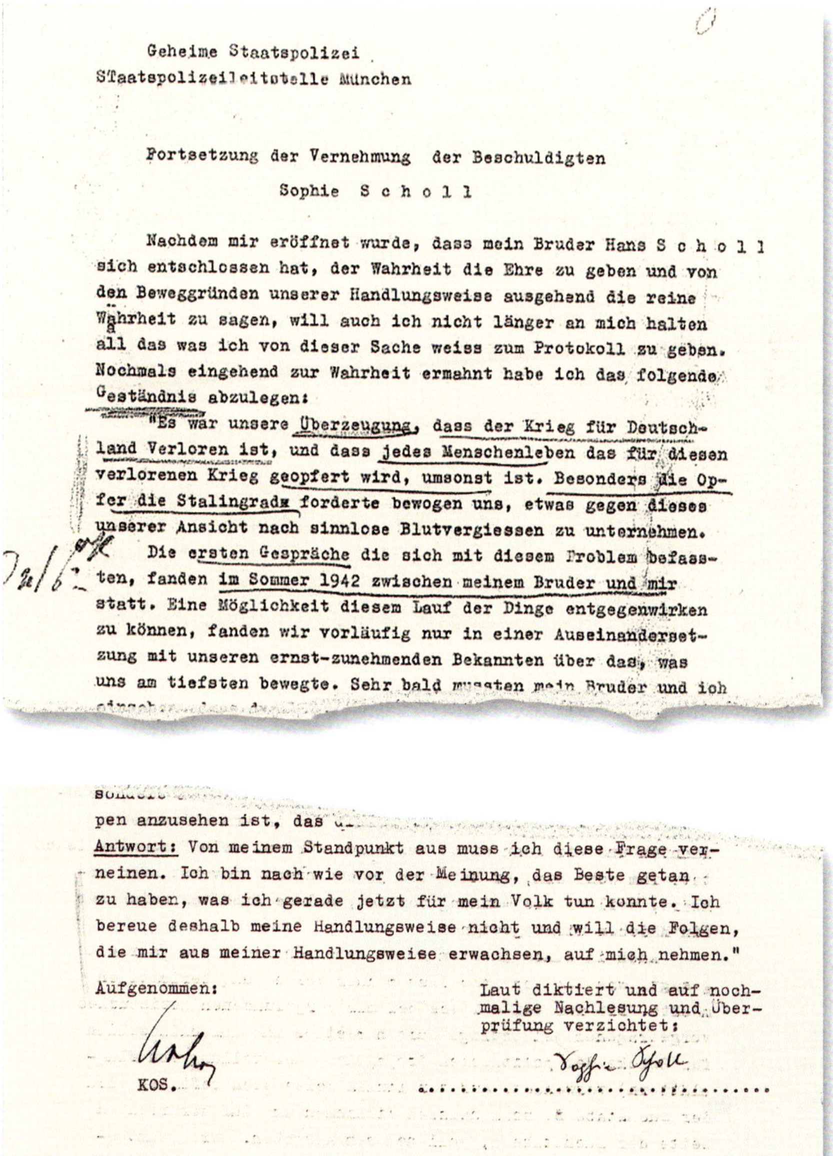

Geheime Staatspolizei
Staatspolizeileitstelle München

Fortsetzung der Vernehmung der Beschuldigten
Sophie S c h o l l

Nachdem mir eröffnet wurde, dass mein Bruder Hans S c h o l l sich entschlossen hat, der Wahrheit die Ehre zu geben und von den Beweggründen unserer Handlungsweise ausgehend die reine Wahrheit zu sagen, will auch ich nicht länger an mich halten all das was ich von dieser Sache weiss zum Protokoll zu geben. Nochmals eingehend zur Wahrheit ermahnt habe ich das folgende Geständnis abzulegen:

"Es war unsere Überzeugung, dass der Krieg für Deutschland verloren ist, und dass jedes Menschenleben das für diesen verlorenen Krieg geopfert wird, umsonst ist. Besonders die Opfer die Stalingrad forderte bewogen uns, etwas gegen dieses unserer Ansicht nach sinnlose Blutvergiessen zu unternehmen.

Die ersten Gespräche die sich mit diesem Problem befassten, fanden im Sommer 1942 zwischen meinem Bruder und mir statt. Eine Möglichkeit diesem Lauf der Dinge entgegenwirken zu können, fanden wir vorläufig nur in einer Auseinandersetzung mit unseren ernst-zunehmenden Bekannten über das, was uns am tiefsten bewegte. Sehr bald mussten mein Bruder und ich [illegible]

[illegible]
pen anzusehen ist, das [illegible]

Antwort: Von meinem Standpunkt aus muss ich diese Frage verneinen. Ich bin nach wie vor der Meinung, das Beste getan zu haben, was ich gerade jetzt für mein Volk tun konnte. Ich bereue deshalb meine Handlungsweise nicht und will die Folgen, die mir aus meiner Handlungsweise erwachsen, auf mich nehmen."

Aufgenommen:
Laut diktiert und auf nochmalige Nachlesung und Überprüfung verzichtet:

KOS.
Sophie Scholl

»Das Beste getan, was ich gerade jetzt für mein Volk tun konnte«: Ausriss aus dem Gestapo-Vernehmungsprotokoll von Sophie Scholl.

Von all dem wussten Sophie und Hans Scholl nichts, sie kämpften in diesen Stunden verzweifelt darum, der Gestapo doch noch zu entrinnen. Irgendwann erkannten beide, dass der Kampf aussichtslos war. Zu erdrückend waren die Beweise, zu groß die Gefahr, dass ihre Freunde in den Strudel des Verdachts hineingerissen wurden. Um vier Uhr morgens legte Hans ein Geständnis ab. Er bekannte, das Flugblatt vom Januar sowie dasjenige, das am Morgen des 18. Februar 1943 an der Universität sichergestellt worden war, verfasst und vervielfältigt zu haben, und erklärte, dass er hierbei keinerlei Unterstützung von anderen erhalten habe. Seine Schwester habe erst kurz zuvor von dem Flugblatt Kenntnis genommen und sich spontan angeboten, beim Verteilen in der Universität zu helfen. Doch der Versuch, alle Schuld auf sich zu nehmen und damit seine Schwester zu entlasten, scheiterte an der Aussage Sophies. Als man Sophie Scholl am Freitagmorgen, dem 19. Februar 1943, mitteilte, ihr Bruder habe gestanden, handelte sie so, wie sie es stets von sich und anderen gefordert hatte: »gerade zu sein«. Das bedeutete für sie, Verantwortung für ihre Taten zu übernehmen und sich nicht herauszureden.

Robert Mohr, der das Verhör mit den Geschwistern leitete, sagte nach dem Krieg aus, er habe Sophie nahegelegt, sich darauf zu berufen, dass sie völlig unbedarft und schuldlos in die Sache ihres Bruders hineingezogen worden sei. Die junge Frau sei darauf aber nicht eingegangen. Im Vernehmungsprotokoll heißt es: »Nachdem mir eröffnet wurde, dass mein Bruder Hans Scholl sich entschlossen hat, der Wahrheit die Ehre zu geben und von den Beweggründen unserer Handlungsweise ausgehend die reine Wahrheit zu sagen, will ich auch nicht länger an mich halten, all das, was ich von dieser Sache weiß, zum Protokoll zu geben ... Es war unsere Überzeugung, dass der Krieg für Deutschland verloren ist, und dass jedes Menschenleben, das für diesen verlorenen Krieg geopfert wird, umsonst ist. Besonders die Opfer, die Stalingrad forderte, bewogen uns, etwas gegen dieses unserer Ansicht nach sinnlose Blutvergießen zu unternehmen.«

Nüchtern und klar lesen sich diese Worte: Sophie Scholl handelte, wie es ihr Herz und ihr Verstand geboten. Am Ende des Verhörs nannte sie deutlich die politischen Motive ihres Tuns: »Ich war mir ohne Weiteres im Klaren darüber, dass unser Vorgehen darauf abgestellt war, die heutige Staatsform zu beseitigen und dieses Ziel durch geeignete Propaganda in breiten Schichten der Bevölkerung zu erreichen.«

Ich bin nach wie vor der Meinung, das Beste getan zu haben, was ich gerade jetzt für mein Volk tun konnte.

ANTWORT SOPHIE SCHOLLS
AUF DIE FRAGE, OB SIE NICHT EIN VERBRECHEN
AM DEUTSCHEN VOLK VERÜBT HABE

Sowohl Sophie als auch Hans versuchten, ihre Freunde vor dem Zugriff der Gestapo zu schützen, indem sie die volle Verantwortung für ihre Taten übernahmen. Vergeblich: Christoph Probst, Willi Graf, Professor Kurt Huber, Traute Lafrenz und andere aus dem Kreis der Gleichgesinnten wurden verhaftet. Alexander Schmorell gelang es zunächst zu fliehen; am 24. Februar 1943 wurde auch er festgenommen. Während eines Luftangriffs hatte er in einem Münchner Keller Schutz gesucht, war erkannt und verraten worden.

Prozess vor dem Volksgerichtshof

Gauleiter Paul Giesler persönlich drängte darauf, dass die Studenten so rasch wie möglich abgeurteilt wurden. »Da die Straftaten zu einer starken Beunruhigung der Zivilbevölkerung Süddeutschlands geführt haben, ist eine schnelle Aburteilung unerlässlich ... Auf die beschleunigte Durchführung des Verfahrens durch den Volksgerichtshof werde ich selbst hinwirken«, schrieb Giesler am 19. Februar 1943 an Reichsleiter Martin Bormann. Nach dem Skandal anlässlich seiner Festrede an der Münchner Universität wollte der öffentlich blamierte Gauleiter ein Exempel statuieren und sich an den Studenten rächen. Er erwirkte auch, dass Hans Scholl und Christoph Probst aus der Wehrmacht und damit aus der Militärgerichtsbarkeit entlassen wurden.

Damit war der Weg für eine Verhandlung vor dem Volksgerichtshof geebnet. Bereits am 20. Februar eilte dessen Präsident Roland Freisler mit dem Nachtzug von Berlin nach München. Welches Urteil er im Fall der Verhafteten sprechen würde, war vorauszusehen – nicht umsonst war Freisler als »Blutrichter« bekannt. Am Nachmittag des 21. Februar erhielten Hans und Sophie Scholl sowie Christoph Probst die Anklageschrift. »Gemeinschaftliche Vorbereitung eines hochverräterischen Unternehmens, gemeinschafliche Feindbegünstigung und gemeinschaftliche Wehrkraftzersetzung«, hieß es darin. Sophie Scholl zitterten die Hände, als sie die Anklageschrift las, bezeugte später ihre Zellengenossin Else Gebel. Sie sah jedoch nicht, was Sophie Scholl auf die Rückseite der Akte schrieb: »Freiheit, FREIHEIT«. Erst Jahrzehnte später wurden diese Worte entdeckt – Sophies Vermächtnis an die Nachgeborenen.

An diesem Sonntag, dem 21. Februar, erhielt Sophie Scholl auch Besuch von Robert Mohr, der sie verhört hatte und der Studentin Obst, Kekse und Zigaretten brachte. Später kam ihr Pflichtverteidiger, der jedoch wenig Anstalten machte, mit der Angeklagten die bevorstehende Verhandlung zu besprechen. Sophie Scholl hatte zu diesem Zeitpunkt bereits keine Illusionen mehr. Ob sie gehängt werde oder durch das Fallbeil sterben müsse, fragte sie den Rechtsanwalt nüchtern.

Roland Freisler, Präsident des Volksgerichtshofs, reiste nach München, um die Verhandlung gegen die »Weiße-Rose«-Mitglieder persönlich zu leiten.

Prozesse gegen die »Weiße Rose«

Am 19. April 1943 fand der zweite Prozess gegen die »Weiße Rose« statt, auch diesmal unter dem Vorsitz von Roland Freisler. Auf der Anklagebank saßen Alexander Schmorell, Willi Graf, Professor Kurt Huber, Hans Hirzel, Traute Lafrenz und neun weitere Freunde, die der Mitwirkung und Mithilfe an einem »hochverräterischen Unternehmen« beschuldigt wurden. Noch am selben Abend verkündete Roland Freisler die Todesurteile gegen Schmorell, Graf und Huber. Zehn weitere Angeklagte erhielten Haftstrafen, Falk Harnack wurde überraschend freigesprochen.

Über Verbindungen zum zivilen Widerstand gelangte das sechste Flugblatt der »Weißen Rose« nach England. Hunderttausende davon wurden – betitelt mit »Ein deutsches Flugblatt« beziehungsweise »Manifest der Münchner Studenten« – von alliierten Flugzeugen Ende 1943 über Deutschland abgeworfen.

EIN DEUTSCHES FLUGBLATT

DIES ist der Text eines deutschen Flugblatts, von dem ein Exemplar nach England gelangt ist. Studenten der Universität München haben es im Februar dieses Jahres verfasst und in der Universität verteilt. Sechs von ihnen sind dafür hingerichtet worden, andere wurden eingesperrt, andere strafweise an die Front geschickt. Seither werden auch an allen anderen deutschen Universitäten die Studenten „ausgesiebt". Das Flugblatt drückt also offenbar die Gesinnungen eines beträchtlichen Teils der deutschen Studenten aus.

Aber es sind nicht nur die Studenten. In allen Schichten gibt es Deutsche, die Deutschlands wirkliche Lage erkannt haben ; Goebbels schimpft sie „die Objektiven". Ob Deutschland noch selber sein Schicksal wenden kann, hängt davon ab, dass diese Menschen sich zusammenfinden und handeln. Das weiss Goebbels, und deswegen beteuert er krampfhaft, „dass diese Sorte Mensch zahlenmässig nicht ins Gewicht fällt". Sie sollen nicht wissen, wie viele sie sind.

Wir werden den Krieg sowieso gewinnen. Aber wir sehen nicht ein, warum die Vernünftigen und Anständigen in Deutschland nicht zu Worte kommen sollen. Deswegen werfen die Flieger der RAF zugleich mit ihren Bomben jetzt dieses Flugblatt, für das sechs junge Deutsche gestorben sind, und das die Gestapo natürlich sofort konfisziert hat, in Millionen von Exemplaren über Deutschland ab.

Manifest der Münchner Studenten

Erschüttert steht unser Volk vor dem Untergang der Männer von Stalingrad. 330.000 deutsche Männer hat die geniale Strategie des Weltkriegsgefreiten sinn- und verantwortungslos in Tod und Verderben gehetzt. Führer, wir danken Dir !

Es gärt im deutschen Volk. Wollen wir weiter einem Dilettanten das Schicksal unserer Armeen anvertrauen ? Wollen wir den niedrigsten Machtinstinkten einer Parteiclique den Rest der deutschen Jugend opfern ? Nimmermehr !

Der Tag der Abrechnung ist gekommen, der Abrechnung unserer deutschen Jugend mit der verabscheuungswürdigsten Tyrannei, die unser Volk je erduldet hat. Im Namen des ganzen deutschen Volkes fordern wir von dem Staat Adolf Hitlers die persönliche Freiheit, das kostbarste Gut der Deutschen zurück, um das er uns in der erbärmlichsten Weise betrogen hat.

In einem Staat rücksichtsloser Knebelung jeder freien Meinungsäußerung sind wir aufgewachsen.

G.39

Am nächsten Morgen, Montag, 22. Februar 1943, begann der Prozess. Der hohe, holzgetäfelte Saal im Münchner Justizpalast in der Prielmayerstraße war voll besetzt mit extra einbestellten Zuschauern, überwiegend Mitgliedern nationalsozialistischer Organisationen. Doch auch Lina, Robert und Werner Scholl hatten Platz im Saal gefunden. Durch ein Telefonat informiert, waren sie am Morgen aus Ulm angereist. Es war ihnen jedoch nicht gestattet, mit ihren Kindern auf der Anklagebank zu sprechen oder Kontakt aufzunehmen. »Da standen Menschen, die ganz offensichtlich von ihren Idealen erfüllt waren«, hielt Leo Samberger, Gerichtsreferendar und Augenzeuge, später fest. »Ihre Antworten auf die teilweise unverschämten Fragen des Vorsitzenden, der sich in der ganzen Verhandlung nur als Ankläger und nicht als Richter zeigte, waren ruhig, gefasst, klar und tapfer.« Freislers Verhandlungsführung beschrieb Samberger so: »Tobend, schreiend, bis zum Stimmüberschlag brüllend, immer wieder explosiv aufspringend.«

Als Robert Scholl versuchte, sich vor dem Richtertisch Gehör zu verschaffen, verwies der Vorsitzende die Eltern des Saales. Gegen 13.30 Uhr, nach einer kurzen Pause, in der sich das Gericht zu einer Beratung zurückzog, wurde das Urteil gegen Hans und Sophie Scholl sowie Christoph Probst gesprochen: »Die Angeklagten haben im Kriege in Flugblättern zur Sabotage der Rüstung und zum Sturz der nationalsozialistischen Lebensform unseres Volkes aufgerufen, defaitistische Gedanken propagiert und den Führer aufs gemeinste beschimpft und dadurch den Feind des Reiches begünstigt und unsere Wehrmacht zersetzt. Sie werden deshalb mit dem Tode bestraft. Ihre Bürgerehre haben sie für immer verwirkt.«

Sophie war doch die Mutigste von uns allen. Sie hatte keinen Respekt vor Freisler und hat das deutlich gemacht vor Gericht.

FRANZ J. MÜLLER, MITGLIED DER »WEISSEN ROSE«, IN EINEM INTERVIEW 1998

Ruhig und gefasst sollen die drei Studenten das Urteil aufgenommen haben. Für die Eltern Robert und Lina Scholl, die im Flur vor dem Gerichtssaal warteten, war es ein Schock. Immerhin wurde den Eltern gestattet, Hans und Sophie zu sprechen. Weder sie noch die Verurteilten ahnten, dass die Todesurteile noch am selben Tag vollstreckt werden sollten.

Das Ende

Im Gefängnis München-Stadelheim fand das letzte Zusammensein der Geschwister Hans und Sophie Scholl mit ihren Eltern und Bruder Werner statt. Befangen bot Mutter Lina selbst gemachte »Brödle« an, die Hans ablehnte, Sophie aber annahm und in ihre Manteltasche steckte. »Ich bin jetzt ganz fertig mit dem Leben«, erinnerte sich Werner später an die Worte von Hans. »Sofie lehnte leicht und lächelnd an der Heizung und hatte einen Glanz in den Augen, den ich sonst nicht kannte«, schilderte Lina Scholl die Begegnung. »Sie ließ gar nichts mehr an sich herankommen, sie hatte wohl in diesen Tagen alles niedergekämpft.« Als die Besuchszeit zu Ende ging, erinnerte die Mutter Sophie daran, immer auf Jesus Christus zu vertrauen. Diese erwiderte beinahe befehlend: »Ja – aber du auch.« Ein Händedruck, eine Umarmung – dann wurden Lina, Robert und Werner Scholl vom Wachpersonal

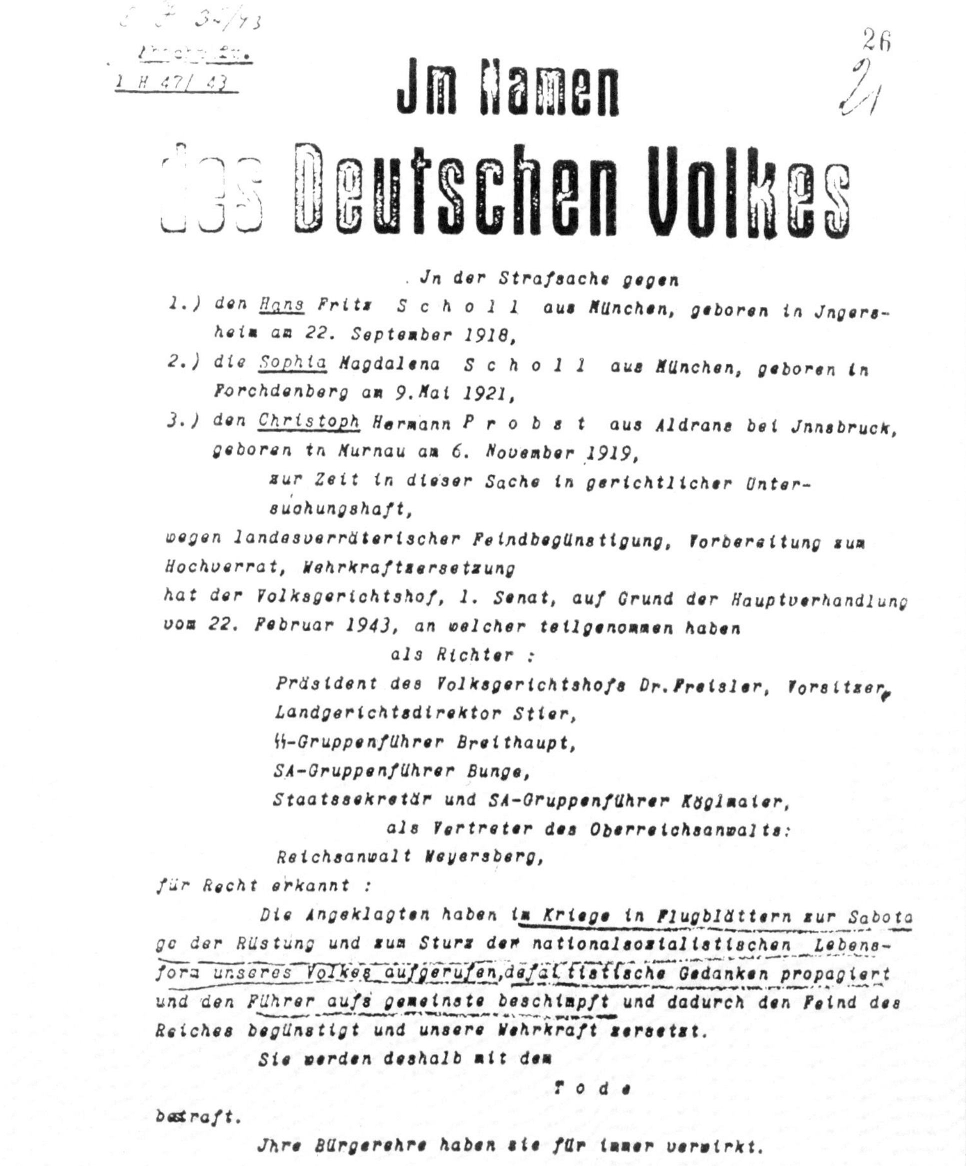

26

1 H 47/43

Jm Namen des Deutschen Volkes

Jn der Strafsache gegen

1.) den Hans Fritz Scholl aus München, geboren in Ingersheim am 22. September 1918,

2.) die Sophia Magdalena Scholl aus München, geboren in Forchdenberg am 9. Mai 1921,

3.) den Christoph Hermann Probst aus Aldrans bei Innsbruck, geboren in Murnau am 6. November 1919,

zur Zeit in dieser Sache in gerichtlicher Untersuchungshaft,

wegen landesverräterischer Feindbegünstigung, Vorbereitung zum Hochverrat, Wehrkraftzersetzung

hat der Volksgerichtshof, 1. Senat, auf Grund der Hauptverhandlung vom 22. Februar 1943, an welcher teilgenommen haben

als Richter:

Präsident des Volksgerichtshofs Dr. Freisler, Vorsitzer,
Landgerichtsdirektor Stier,
SS-Gruppenführer Breithaupt,
SA-Gruppenführer Bunge,
Staatssekretär und SA-Gruppenführer Köglmaier,

als Vertreter des Oberreichsanwalts:

Reichsanwalt Weyersberg,

für Recht erkannt:

Die Angeklagten haben im Kriege in Flugblättern zur Sabotage der Rüstung und zum Sturz der nationalsozialistischen Lebensform unseres Volkes aufgerufen, defätistische Gedanken propagiert und den Führer aufs gemeinste beschimpft und dadurch den Feind des Reiches begünstigt und unsere Wehrkraft zersetzt.

Sie werden deshalb mit dem

Tode

bestraft.

Jhre Bürgerehre haben sie für immer verwirkt.

»Im Namen des Deutschen Volkes«? Im Schnellverfahren wurden Sophie und Hans Scholl sowie Christoph Probst von Freisler zum Tod verurteilt.

aufgefordert zu gehen. Als kurz darauf Robert Mohr erschien, traf er Sophie Scholl weinend an. Es war das erste Mal, dass er die junge Studentin in Tränen aufgelöst sah. »Ich habe mich gerade von meinen Eltern verabschiedet, und Sie werden begreifen«, entschuldigte sie sich bei dem Gestapo-Beamten. Wenig später erhielten die Scholl-Geschwister getrennt voneinander das letzte Abendmahl. Zu Christoph Probst kam ein katholischer Pfarrer, um mit ihm das Sakrament der Kommunion zu begehen. Über Sophie Scholl berichtete der protestantische Pfarrer Karl Alt: »Ohne eine Träne zu vergießen, feierte auch sie das heilige Mahl, bis der Wächter an die Zellentür pochte und sie hinausgeführt war.«

Sofie und Hans waren so gefasst und abgeschlossen mit dem Leben, dass man selbst getröstet war.

LINA SCHOLL AN FRITZ HARTNAGEL, ULM, 23. FEBRUAR 1943

Gegen 16 Uhr wurde Sophie Scholl, ihrem Bruder Hans und Christoph Probst eröffnet, dass der »Herr Reichsminister der Justiz beschlossen habe, von seinem Begnadigungsrecht keinen

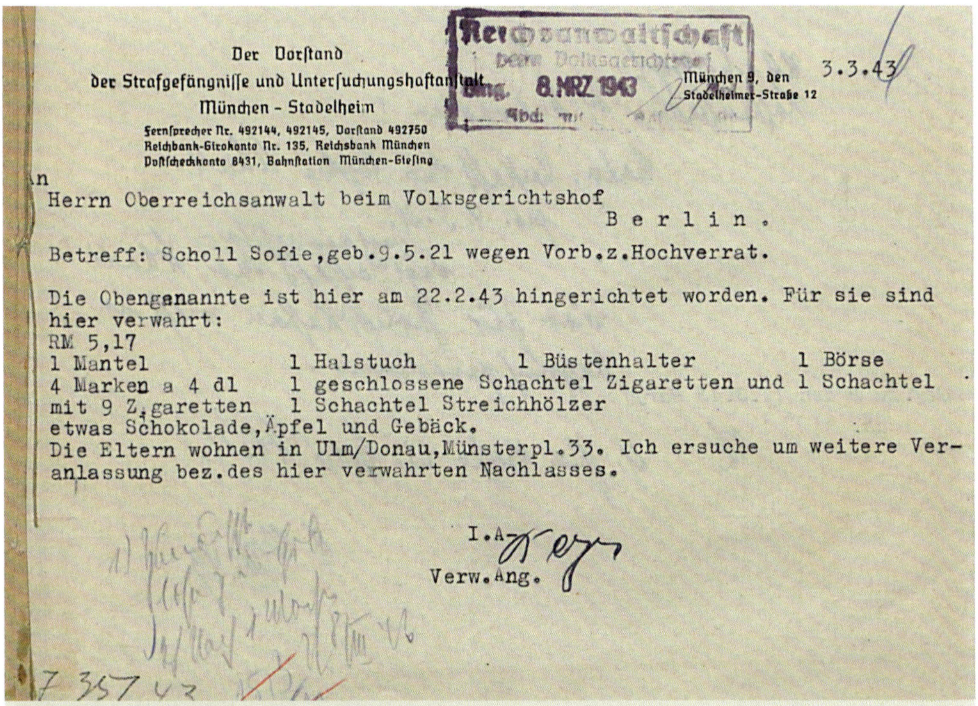

Der Vorstand
der Strafgefängnisse und Untersuchungshaftanstalt
München - Stadelheim
Fernsprecher Nr. 492144, 492145, Vorstand 492750
Reichbank-Girokonto Nr. 135, Reichsbank München
Postscheckkonto 8431, Bahnstation München-Giesing

Eing. 8. MRZ 1943

München 9, den 3.3.43
Stadelheimer-Straße 12

An
Herrn Oberreichsanwalt beim Volksgerichtshof
B e r l i n .

Betreff: Scholl Sofie, geb. 9.5.21 wegen Vorb. z. Hochverrat.

Die Obengenannte ist hier am 22.2.43 hingerichtet worden. Für sie sind hier verwahrt:
RM 5,17
1 Mantel 1 Halstuch 1 Büstenhalter 1 Börse
4 Marken a 4 dl 1 geschlossene Schachtel Zigaretten und 1 Schachtel mit 9 Zigaretten 1 Schachtel Streichhölzer
etwas Schokolade, Äpfel und Gebäck.
Die Eltern wohnen in Ulm/Donau, Münsterpl. 33. Ich ersuche um weitere Veranlassung bez. des hier verwahrten Nachlasses.

I. A.
Verw. Ang.

Mantel, Halstuch, Zigaretten: Lapidar führt das Schreiben der Haftanstalt München-Stadelheim die Hinterlassenschaften von Sophie Scholl auf.

Thomas Mann im britischen Rundfunk

»Ja, sie war kummervoll, diese Anfälligkeit der deutschen Jugend – gerade der Jugend – für die nationalsozialistische Lügenrevolution. Jetzt sind ihre Augen geöffnet, und sie legen das junge Haupt auf den Block für ihre Erkenntnis und für Deutschlands Ehre – legen ihn dorthin, nachdem sie vor Gericht dem Nazi-Präsidenten ins Gesicht gesagt: ›Bald werden Sie hier stehen, wie ich jetzt stehe‹, nachdem sie im Angesicht des Todes bezeugt: ›Ein neuer Glaube dämmert an Freiheit und Ehre.‹ Brave, herrliche junge Leute! Ihr sollt nicht umsonst gestorben, sollt nicht vergessen sein.« (27. Juni 1943)

Gebrauch zu machen« und dass das Todesurteil noch am selben Tag um 17 Uhr vollstreckt werden sollte. Offenbar erweckte das gnadenlose Tempo, in dem der Justizmord vollzogen werden sollte, beim Wachpersonal Mitleid. Entgegen der Gefängnisordnung erlaubte es den drei Freunden, noch einmal für wenige Minuten zusammenzukommen und Abschied zu neh-

»Humorvoll, gescheit, unternehmungslustig«: So blieb Sophie Scholl ihren Freunden in Erinnerung.

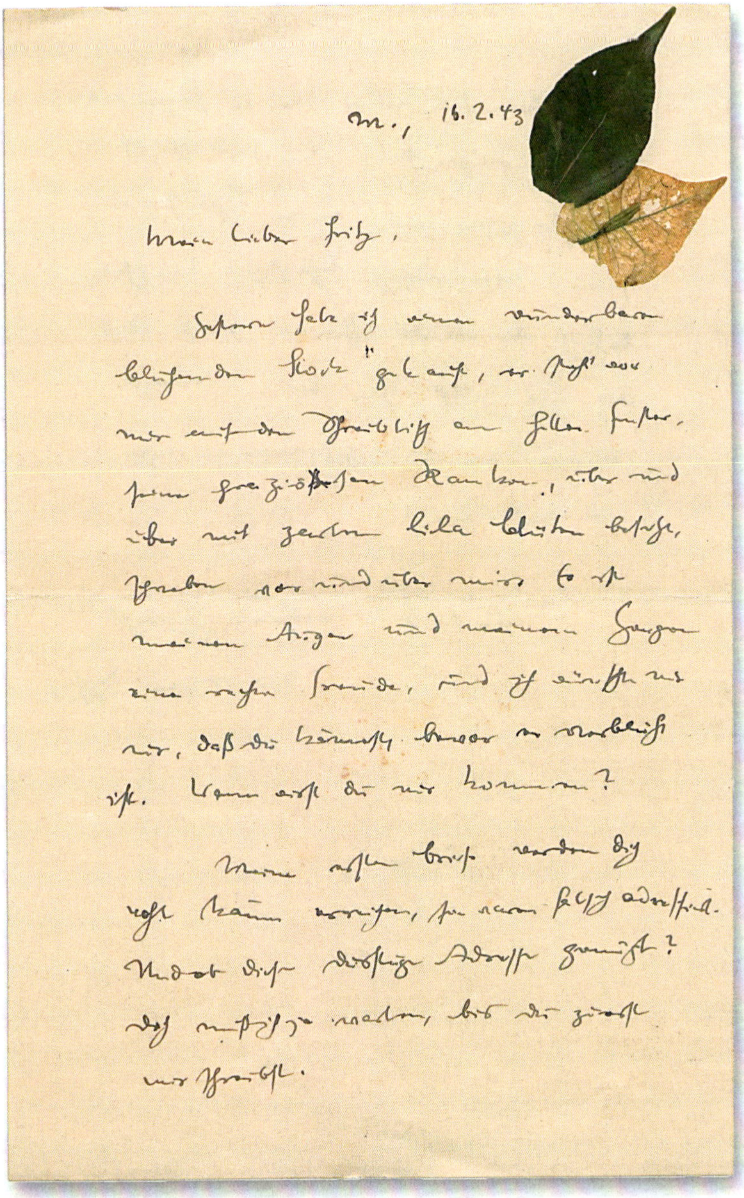

M., 16.2.43

Mein lieber Fritz,

Soeben habe ich einen wunderbar blühenden Stock gekauft, er steht vor mir auf dem Schreibtisch am hellen Fenster, seine graziösen Ranken, über und über mit zarten lila Blüten besetzt, schweben vor und über mir. Er ist meinen Augen und meinem Herzen eine rechte Freude, und ich wünschte nur, daß du kommst, bevor er verblüht ist. Wann wirst du mir kommen?

Meine ersten Brief werden Dich wohl kaum erreichen, sie waren falsch adressiert. Und hat dich die richtige Adresse gereicht? [illegible] [illegible] [illegible], bis du zurück mir schreibst.

»Ich wünschte mir nur, dass du kommst, bevor er verblüht ist«: Der letzte Brief Sophies erreichte Fritz Hartnagel erst, als sie nicht mehr lebte.

Eine weiße Rose zum Gedenken: das Grab Sophie Scholls auf dem Friedhof am Perlacher Forst in München.

men. Im Hof des Gefängnisses durften Sophie, Hans und Christoph eine letzte Zigarette rauchen, bevor sie zum Hinrichtungsraum geführt wurden. Johann Reichhart, der oberste Scharfrichter des Reiches, hatte die »Fallschwertmaschine« bereits vorbereitet. Um 17 Uhr wurde Sophie Scholl hinter den schwarzen Vorhang geführt, der die Guillotine vom Rest des Raumes trennte. Der Protokollant schrieb: »Die Verurteilte war ruhig und gefasst.« Nach sechs Sekunden war alles vorbei. Hans starb nur wenige Minuten später auf die gleiche Weise. Kurz bevor er seinen Kopf unter das Fallbeil legte, rief er laut: »Es lebe die Freiheit!« Fünf Minuten nach 17 Uhr wurde Christoph Probst hingerichtet. »Heute ohne Zwischenfall verlaufen«, meldete Reichsanwalt Weyersberg in einem Telegramm nach Berlin.

Zur selben Stunde öffnete Fritz Hartnagel im Lazarett Lemberg einen Brief seiner Verlobten Sophie Scholl, den diese ihm am 16. Februar, zwei Tage vor ihrer Verhaftung, geschrieben hatte. Der junge Offizier hatte zu diesem Zeitpunkt noch keine Nachricht aus München, ahnte nichts vom Schicksal seiner großen Liebe. »Mein lieber Fritz«, las er, »gestern habe ich einen blühenden Stock gekauft, er steht vor mir auf dem Schreibtisch am hellen Fenster, seine graziösen Ranken, über und über mit zarten lila Blüten bedeckt, schweben vor und über mir. Er ist meinen Augen und meinem Herzen eine rechte Freude, und ich wünschte mir nur, dass Du kommst, bevor er verblüht ist. Wann wirst Du nur kommen? ... Vielleicht können wir bald zusammen irgendwo anfangen! Sei für heute gegrüßt von Deiner Sophie.«

Aus dem Briefumschlag fielen Fritz Hartnagel lila Blüten entgegen, die sie als Zeichen ihrer Liebe für ihn hineingesteckt hatte. Ein letzter Gruß von Sophie Scholl, die zu diesem Zeitpunkt bereits nicht mehr lebte.

Literatur

sowie Autorinnen und Autoren der Kapitel

Kleopatra

Friederike Haedecke

Clauss, Manfred: Kleopatra. München 2010.

Foreman, Laura: Kleopatras versunkener Palast: Suche nach einer Legende. München 2000.

Hölbl, Günther: Geschichte des Ptolemäerreiches: Politik, Ideologie und religiöse Kultur von Alexander dem Großen bis zur römischen Eroberung. Darmstadt 2004.

Huß, Werner: Ägypten in hellenistischer Zeit. 332–30 v. Chr. München 2001.

Schäfer, Christoph: Kleopatra. Darmstadt 2006.

Schiff, Stacy: Kleopatra: Ein Leben. München 2013.

Schuller, Wolfgang: Kleopatra: Königin in 3 Kulturen. Eine Biographie. Reinbek 2012.

Shakespeare, William: Antony and Cleopatra. Englisch-Deutsche Studienausgabe, deutsche Prosafassung. Tübingen 1995.

Wenzel, Diana: Kleopatra im Film: Eine Königin Ägyptens als Sinnbild für orientalische Kultur. Remscheid 2005.

Jeanne d'Arc

Carl Dietmar

Calmette, Joseph: Die großen Herzöge von Burgund. München 1996.

Duby, Georges und Andrée (Hg.): Die Prozesse der Jeanne d'Arc. Berlin 1999.

Krumeich, Gerd: Jeanne d'Arc in der Geschichte: Historiographie – Politik – Kultur. Sigmaringen 1989.

Krumeich, Gerd: Jeanne d'Arc: Die Geschichte der Jungfrau von Orléans. München 2006.

Müller, Heribert: »Karl VI. – Karl VII.« In: Ehlers, Joachim/Müller, Heribert/Schneidmüller, Bernd (Hg.): Die französischen Könige des Mittelalters. München 1996, S. 303–336.

Nette, Herbert: Jeanne d'Arc: Mit Selbstzeugnissen und Bilddokumenten. Reinbek 2007.

Pernoud, Régine/Clin, Marie-Véronique: Johanna von Orleans: Der Mensch und die Legende. Bergisch Gladbach 1994.

Schirmer-Imhoff, Ruth (Hg.): Der Prozess der Jeanne d'Arc: Akten und Protokolle 1431–1456. München 2001.

Steinbach, Hartmut: Jeanne d'Arc: Wirklichkeit und Legende. Göttingen 1973.

Lucie-Smith, Edward: Johanna von Orleans: Eine Biographie. Düsseldorf 1977.

Thomas, Heinz: Jeanne d'Arc: Jungfrau und Tochter Gottes. Berlin 2000.

Tanz, Sabine: »Jeanne d'Arc. Eine Frau entscheidet Frankreichs Schicksal«. In: Schneider, Almut/Neumann, Michael (Hg.): Mythen Europas. Darmstadt 2005, S. 67–81.

Elisabeth I.

Anja Greulich

Appel, Sabine: Elisabeth I. von England. Die Biographie. Esslingen 2003.

Black, John B.: The Reign of Elizabeth: 1558–1603. Oxford u.a. 1994.

Jurewitz-Freischmidt, Sylvia: Krone und Schafott: Maria Stuart und Elisabeth I. – Eine Doppelbiografie. Gernsbach 2008.

Jurewitz-Freischmidt, Sylvia: Kampf der Königinnen: Maria Stuart und Elisabeth von England. München, Zürich 2011.

Klein, Jürgen: Elisabeth I. und ihre Zeit. München 2010.

Lavater-Sloman, Mary: Elisabeth, Herrin der Meere. Bergisch Gladbach 1988.

Muhlstein, Anka: Die Gefahren der Ehe: Elisabeth von England und Maria Stuart. Frankfurt/M. 2009.

Neale, John E.: Elisabeth I. Königin von England. München 1994.

Nette, Herbert: Elisabeth I. Mit Selbstzeugnissen und Bilddokumenten. Reinbek 2003.

Starkey, David: Elizabeth: Apprenticeship. London u.a. 2000.

Williams, Neville: Elisabeth I. von England: Beherrscherin eines Weltreichs. München 1994.

Wusowski, Cornelia: Elisabeth I.: Der Roman ihres Lebens. München 2004.

Katharina die Große

Friederike Haedecke

Cronin, Vincent: Katharina die Große. Eine Biographie. München, Zürich 2006.

Donnert, Erich: Katharina II. die Große (1729–1796). Kaiserin des Russischen Reiches. Regensburg 1998.

Gajda, Oliver: Katharina II. von Russland im Diskurs der Sexualität: Mittelbare Einflüsse narrativer Fiktion auf Geschichtsschreibung. Berlin 2002.

Kuntze, G. (Hg.): Erinnerungen der Kaiserin Katharina II. Bremen 2011.

Mörke, Olaf: »Die Diskussion um den Absolutismus als Epochenbegriff. Ein Beitrag über den Platz Katharinas II. in der europäischen Politikgeschichte«. In: Hübner, Eckhard/Kusber, Jan/Nitsche, Peter (Hg.): Russland zur Zeit Katharinas II.: Absolutismus – Aufklärung – Pragmatismus. Köln, Weimar, Wien 1998, S. 9–32.

Neumann-Hoditz, Reinhold: Katharina die Große. Mit Selbstzeugnissen und Bilddokumenten. Reinbek 2008.

Palmer, Elena: Peter III.: Der Prinz von Holstein. Erfurt 2005.

Sebag Montefiore, Simon: Katharina die Große und Fürst Potemkin. Frankfurt/M. 2009.

Troyat, Henri: Die große Katharina. München 1980.

Königin Luise

Stefan Brauburger

Bailleu, Paul: Königin Luise: Ein Lebensbild. Berlin, Leipzig 1908.

Bahra, Hanne: Königin Luise: Von der Provinzprinzessin zum preußischen Mythos. München 2010.

Brühl, Christine von: Die preußische Madonna. Berlin 2010.

de Bruyn, Günter: Preußens Luise. Vom Entstehen und Vergehen einer Legende. München 2008.

Demandt, Philipp: Luisenkult: Die Unsterblichkeit der Königin von Preußen. Köln, Weimar, Wien 2003.

Feuerstein-Praßer, Karin: Die preußischen Königinnen. München, Zürich 2008.

Flocken, Jan von: Luise: Eine Königin in Preußen. Biographie. Berlin 1990.

Förster, Birte: Der Königin-Luise-Mythos: Mediengeschichte des »Idealbilds deutscher Weiblichkeit«, 1860–1960. Göttingen 2011.

Gersdorff, Dagmar von: Königin Luise und Friedrich Wilhelm III.: Eine Liebe in Preußen. Reinbek 2002.

Hartmann, Heinrich: Luise: Preußens große Königin. Stegen/Ammersee 2010.

Ohff, Heinz: Ein Stern in Wetterwolken: Königin Luise von Preußen. Eine Biographie. München, Zürich 1994.

Schönpflug, Daniel: Luise von Preußen: Königin der Herzen. München 2013.

Schorn-Schütte, Luise: Königin Luise: Leben und Legende. München 2003.

Stamm-Kuhlmann, Thomas: König in Preußens großer Zeit. Friedrich Wilhelm III., der Melancholiker auf dem Thron. Berlin 1992.

Thiele, Johannes: Luise von Preußen. Reinbek 2010.

Wirsing, Sibylle: Die Königin: Luise nach zweihundert Jahren. Berlin 2010.

Sophie Scholl

Anja Greulich

Beuys, Barbara: Sophie Scholl. Biografie. München 2010.

Ellermeier, Barbara: Hans Scholl. Biographie. Hamburg 2012.

Gottschalk, Maren. Schluss: Jetzt werde ich etwas tun. Die Lebensgeschichte der Sophie Scholl. Weinheim, Basel 2012.

Hanser, Richard: Deutschland zuliebe: Leben und Sterben der Geschwister Scholl. Die Geschichte der Weißen Rose. München 1994.

Hartnagel, Thomas (Hg.): Sophie Scholl – Fritz Hartnagel. Damit wir uns nicht verlieren. Briefwechsel 1937–1943. Frankfurt/M. 2005.

Jens, Inge: Hans Scholl – Sophie Scholl: Briefe und Aufzeichnungen. Frankfurt/M. 2005.

Leisner, Barbara: Sophie Scholl: »Ich würde es genauso wieder machen«. München 2000.

McDonough, Frank: Sophie Scholl: The Real Story of the Woman Who Defied Hitler. Stroud 2009.

Milstein, Werner: Mut zum Widerstand. Sophie Scholl – ein Porträt. Neukirchen-Vluyn 2003.

Scholl, Inge: Die Weiße Rose. Frankfurt a. M. 1994.

Selg, Peter: »Wir haben alle unsere Maßstäbe in uns selbst.« Der geistige Weg von Hans und Sophie Scholl. Dornach 2006.

Vinke, Hermann: Das kurze Leben der Sophie Scholl. Ravensburg 2013.

Register

Personen-, Orts- und Sachregister

Kursive Seitenangaben verweisen auf Abbildungen

Personenregister

A

B

C

G

H

I

J

K

L

M

Q

R

S

Orts- und Sachregister

A

B

H

I

J

K

L

M

N

O

P

R

S

T

U

V

W

Z

Abbildungsnachweis

Frauen, die Geschichte machten

Titelei, Impressumsseite

AKG Images, Berlin:
1 (N.N.), 3 l. (Erich Lessing),
Bridgeman, Berlin:
3 M.
Keystone, Hamburg:
3 r.

Vorwort

AKG Images, Berlin:
6 (Visioars),
8 (Werner Forman),
9 l. (François Guénet),
10 (N.N.)
Bridgeman, Berlin:
9 r. (Philip Mould Ltd, London)
Süddeutsche Zeitung Photo, München:
12 (Geschwister-Scholl-Archiv)
Ullstein Bild, Berlin:
11 (Kasperski)

Kleopatra

AFP ImageForum, Paris, Frankreich:
25 r. (The Art Archive/Gianni Dagli Orti)
AKG Images, Berlin:
14 (20th Century Fox/Album),
16, 54 (Bildarchiv Steffens),
17, 19, 25 l., 43, 49, 55, 56 (N.N.),
20 (Werner Forman),
24 (Cameraphoto),
27, 33, 42 (Erich Lessing),
32 (Sotheby's),
41 (Nimatallah),
58 (Rabatti -Domingie)
Artothek, Weilheim:
22, 45
bpk – Bildagentur für Kunst, Kultur und Geschichte, Berlin:
13 (Christoph Gerigk),
37 (Münzkabinett, SMB/Reinhard Saczewski),
39 (The Metropolitan Museum of Art),
44 (Ägyptisches Museum und Papyrussammlung, SMB/Margarete Büsing)
Bridgeman, Berlin:
15, 26 (De Agostini Picture Library),
18 (Musee des Beaux-Arts, Caen, France/Giraudon),
30 (Vatican Museums and Galleries, Vatican City/Alinari),
35 (Private Collection),
52 (Apsley House, The Wellington Museum, London, UK/English Heritage Photo Library)
Ullstein Bild, Berlin:
47 (The Granger Collection)
Wikimedia:
36 (CNG)

Jeanne d'Arc

AFP ImageForum, Paris, Frankreich:
61 (Paygnard-Francedias),
88 (Photo12/Ann Ronan Picture Library),
113 (Jack Guez)
AKG Images, Berlin:
59, 62, 63, 82, 87, 98, 101, 104, 120 (N.N.),
60, 77, 94, 99, 115 (De Agostini Picture Library),
65, 66, 85, 97 (Jérôme da Cunha),
67, 75, 78, 79, 81, 95, 100, 108, 111 (Erich Lessing),
68, 69 (British Library),
73, 86, 89, 107, 117 (François Guénet),
119 (Robert O'Dea)
Bridgeman, Berlin:
91 (Private Collection/The Stapleton Collection),
102 (Private Collection/Archives Charmet),
105, 106 (De Agostini Picture Library)

Elisabeth I.

AFP ImageForum, Paris, Frankreich:
163 (Leemage)
AKG Images, Berlin:
122, 127, 129 l., 139, 152, 161, 162, 165, 175 (N.N.),
124, 135 (Erich Lessing),
126, 145, 159, 172, 177 (British Library),
136, 141, 143, 178 (IAM),
140, 157 (Rabatti – Domingie),
149, 151, 158 (De Agostini Picture Library)
Bridgeman, Berlin:
121, 128 (Walker Art Gallery, National Museums Liverpool),
123 (British Library Board. All Rights Reserved),
125 (Private Collection/Photo © Rafael Valls Gallery, London, UK),
129 r. (Hever Castle Ltd, Kent, UK),
130 (The Royal Collection © 2011 Her Majesty Queen Elizabeth II),
132, 134 (National Portrait Gallery, London, UK),

133 l. (The Trustees of the Weston Park Foundation, UK),
137 (Houses of Parliament, Westminster, London, UK),
144, 154, 171 (Private Collection),
155 (Nottingham City Museums and Galleries, Nottingham Castle),
156 (Private Collection/Photo © Philip Mould Ltd, London),
160 (Berkeley Castle, Gloucestershire, UK),
167 (Hardwick Hall, Derbyshire, UK/The Devonshire Collection/National Trust Photographic Library),
169 (Guildhall Art Gallery, City of London),
170 (De Agostini Picture Library),
174 (Bibliotheque Nationale, Paris, Frankreich/ Archives Charmet),
176, 180 (Hatfield Old Palace, Hatfield, Hertfordshire, UK),
179 (National Geographic Creative)

Kunsthistorisches Museum, Wien, Österreich:
150

National Portrait Gallery, London, UK:
131, 142, 168

Royal Collection Trust, London, UK:
133 r. (Her Majesty Queen Elizabeth II 2013)

Katharina die Große

AFP ImageForum, Paris, Frankreich:
210 (Leemage)

AKG Images, Berlin:
181, 185 r., 186, 191, 194, 201, 205, 209, 211, 212, 215, 218, 220, 221, 223, 229 (N.N.),
190 (Electa),
193 (Russian Picture Service),
208, 219 (RIA Nowosti),
225 r. (IAM)

bpk – Bildagentur für Kunst, Kultur und Geschichte, Berlin:
183 r. (Dietmar Katz),
185 l. (Hermann Buresch),
202 (Staatsbibliothek zu Berlin/Ruth Schacht),
203 (SPSG)

Bridgeman, Berlin:
189 (Art Gallery of Taganrog, Russland),
207 (State Hermitage Museum, St Petersburg, Russland),
216 l. (Tretyakov Gallery, Moskau, Russland),
216 r. (Archives du Ministere des Affaires Etrangeres, Paris, Frankreich/Archives Charmet), 225 l. (Private Collection),
227 (Bibliotheque Nationale, Paris, Frankreich/ Giraudon)

Getty Images, München:
196 (Hulton Archive)

Mauritius Images, Mittenwald:
183 l. (SuperStock),
230 (imagebroker)

Picture Alliance, Frankfurt:
184 (ZB)

RIA Nowosti, Moskau, Russland:
187, 214

State Historical Museum, Moskau, Russland:
199

Ullstein Bild, Berlin:
192, 197 (RIA Nowosti)

Wikimedia:
228

Königin Luise

AKG Images, Berlin:
236 l., 237, 239 l., 239 r., 241, 242 l., 245, 253 l., 253 r., 255, 258, 260, 263, 264, 267, 272, 283, 285 l., 285 r., 286, 287, 288 (N.N.),
246 (RIA Nowosti),
259, 261 (Erich Lessing),
274 (Visioars)
bpk – Bildagentur für Kunst, Kultur und Geschichte, Berlin:
231, 242 r., 252 (Eigentum des Haus Hohenzollern/Jörg P. Anders),
240 , 247, 268, 275, 282, 289 l. (N.N.),
243, 249 (Staatsbibliothek zu Berlin),
250 (Nationalgalerie, SMB/Andres Kilger),
251 (SPSG),
254 (Jürgen Liepe),
256, 271 (Kupferstichkabinett, SMB),
265 (Staatliches Museum Schwerin/Elke Walford),
270 (RMN-Grand Palais/Daniel Arnaudet),
280 (Dietmar Katz),
281 (Villa von der Heydt, SPK),
284 (Geheimes Staatsarchiv, SPK),
289 r. (Dietrich Graf)
Bridgeman, Berlin:
232 (Private Collection/Giraudon),
248 (Schlossmuseum, Schloss Friedenstein, Gotha, Germany/Bildarchiv Foto Marburg), 278 (Archives du Ministere des Affaires Etrangeres, Paris, Frankreich/Archives Charmet)
Hessisches Landesamt für Geschichtliche Landeskunde, Marburg:
235
ÖNB Bildarchiv Austria, Wien, Österreich:
238 (Kaiserlich-Königliches Lithographisches Institut des Grundsteuer-Katasters und Zentralmappenarchiv, Wien)
Ullstein Bild, Berlin:
234 (N.N.),
266 (Photo12/Fondation Napoléon)
Wikimedia:
236 r.

Sophie Scholl

Aicher, Manuel, Dietikon, Schweiz:
303, 305, 312, 315, 317, 323 r., 342
AKG Images, Berlin:
294 r. o., 294 r. u., 321 o., 321 u., 322 l., 322 r. (George (Jürgen) Wittenstein),
329 (N.N.)
Archiv der deutschen Jugendbewegung, Burg Ludwigstein, Witzenhausen:
311
bpk – Bildagentur für Kunst, Kultur und Geschichte, Berlin:
296, 309, 331, 338 (N.N.),
297 (Arthur Grimm)
Bundesarchiv Berlin:
299, 325 (NJ-1704 Bd. 32 © Gedenkstätte Deutscher Widerstand),
313 (N2370-1), 335 (ZC-13267 Bd. 3),
341 (ZC-13267 Bd. 8), 343 (N3370-9)
ddp Images, Hamburg:
344 (dapd/Johannes Simon)
Hartnagel, Thomas:
292, 314, 323 l.
Keystone, Hamburg:
319
National Archives and Records Administration – NARA, Washington, D.C., USA:
332
Süddeutsche Zeitung Photo, München:
291, 294 l., 302 (Geschwister-Scholl-Archiv),
295, 327, 337 (N.N.)
Ullstein Bild, Berlin:
328 (Süddeutsche Zeitung Photo),
334 (N.N.),
340 (Archiv Gerstenberg)